Die Umsatzbesteuerung der Bankleistung im Einlagen- und Kreditgeschäft

FREIBURGER STEUERFORUM

Herausgegeben von Wolfgang Kessler

Band 6

PETER LANG

Frankfurt am Main · Berlin · Bern · Bruxelles · New York · Oxford · Wien

Ralph-Erich Schmidt

Die Umsatzbesteuerung der Bankleistung im Einlagen- und Kreditgeschäft

Mängel und Alternativen
unter besonderer Berücksichtigung
einer Cash-Flow Umsatzbesteuerung
(TCA-Modell)

PETER LANG
Europäischer Verlag der Wissenschaften

Bibliografische Information Der Deutschen Bibliothek
Die Deutsche Bibliothek verzeichnet diese Publikation in der Deutschen Nationalbibliografie; detaillierte bibliografische Daten sind im Internet über <http://dnb.ddb.de> abrufbar.

Zugl.: Freiburg (Breisgau), Univ., Diss., 2003

D 25
ISSN 1617-917X
ISBN 3-631-51192-2

www.peterlang.de

GELEITWORT

Zur Schriftenreihe:

Mit der Begründung der Schriftenreihe „Freiburger Steuerforum" verfolgt der Herausgeber zwei Zielsetzungen: Einerseits soll für die interessierte Öffentlichkeit ein Forum geschaffen werden, in dem in unregelmäßigen Abständen herausragende Forschungsschwerpunkte des Stiftungslehrstuhles Betriebswirtschaftliche Steuerlehre an der Albert-Ludwigs-Universität Freiburg i. Brsg. vorgestellt werden. Die Reihe „Freiburger Steuerforum" verbindet den lokalen Bezug zur Universität mit dem Anspruch des Lehrstuhls zur Fortentwicklung des Unternehmenssteuerrechts beizutragen. Andererseits steht ausgewählten Doktoranden des Lehrstuhls damit eine Plattform zur Veröffentlichung ihrer Dissertationen zur Verfügung, die die Verbindung zum Lehrstuhl über den Tag des Promotionsbeschlusses hinaus dokumentiert.

Zu dieser Schrift:

Der Großteil der Leistungen von Kreditinstituten ist in Deutschland ebenso wie in den anderen Mitgliedstaaten der EU auf der Basis des (weitgehend) harmonisierten Umsatzsteuersystems von der Besteuerung befreit. Vergleichbare Steuerbefreiungen finden sich weltweit in all den Staaten, die Umsatzsteuern erheben. Diese generelle Herausnahme von banktypischen Leistungen aus der allgemeinen Umsatzbesteuerung wirft in mehrfacher Hinsicht grundlegende Fragen auf. Aus einzelwirtschaftlicher Sicht konzentriert sich das Interesse auf die Belastungen der Gewinn- und Verlustrechnung durch nichtabzugsfähige Vorsteuerbeträge und die Suche nach einem geeigneten Bankenschlüssel für Zwecke der Vorsteueraufteilung der nicht eindeutig zurechenbaren Vorsteuern. Aus gesamtwirtschaftlicher Sicht stellt sich dagegen die Frage nach der Berechtigung der Steuerbefreiung, dies wird um so deutlicher, wenn man den Charakter der Umsatzsteuer als allgemeine Verbrauchsteuer sowie die aus der Versagung des Vorsteuerabzugs und der hieraus resultierenden „Preisverschmutzung" durch Überwälzung in die Betrachtung einbezieht.. Die bestehende Möglichkeit der Option zur Umsatzsteuerpflicht vermag trotz des hierdurch eröffneten Vorsteuerabzugs die genannten Probleme nicht zu lösen, zumal auch die Möglichkeit der Option innerhalb der EU auf wenige Länder beschränkt ist.

Vor diesem Hintergrund hat die Europäische Kommission im Jahr 2000 einen Vorschlag zur Einführung einer generellen Umsatzsteuerpflicht bei Finanzdienstleistungen in Gestalt einer Cash-Flow orientierten Umsatzbesteuerung unterbreitet. Der Verfasser nimmt dies zum Anlass, die derzeitige Besteuerungspraxis der Umsatzsteuerbefreiung von Bankleistungen in der Form des Einlagen- und Kreditgeschäfts einer kritischen Analyse zu unterziehen und kommt zu dem Schluss, dass sich die derzeitige Steuerbefreiung der Umsätze im Kredit- aber auch im Einlagengeschäft der Banken nicht mit dem Ideal der Umsatzsteuer als einer vom Neutralitätsprinzip geprägten Verbrauchsteuer vereinbaren lässt. Außerdem verzerrt die derzeitige Rechtslage den Wettbewerb im Inland (z.B. Behinderung des Outsourcens bestimmter Arbeitsabläufe von Banken auf Tochtergesellschaften) und mit dem Ausland (Bevorteilung von Banken in Drittstaaten, die keine Umsatzsteuer kennen oder die Bankleistungen unter Vorsteuerabzug aus Eingangsleistungen von der Umsatzsteuer befreien). Andererseits zeigt der Verfasser aber auch sehr deutlich auf, dass alle alternativen Besteuerungsansätze innerhalb der traditionellen Umsatzsteuersysteme (generelle Umsatzsteuerpflicht, Nullsatzbesteuerung, ermäßigter Steuersatz, aber auch eine auf den Finanzsektor beschränkte additive Methode und Vorumsatzabzugsmethode) sowie der aktuelle Systemänderungsvorschlag einer Vorstufenbefreiung die Frage nach dem Verbrauch (Steuergut) und dessen Ermittlung (Steuerobjekt) bei Bankleistungen ebenso wenig beantworten können, wie das geltende Recht. Dies gilt auch und insbesondere für das auf den ersten Blick möglicherweise bestechend erscheinenden Konzept einer Cash-Flow Besteuerung des Einlagen- und Kreditgeschäfts mit Steuerkalkulationskonto (TCA-Modell), das vor allem aufgrund seiner enormen Komplexität keine Alternative zur gegenwärtigen Praxis ist.

Mit der hier vorgelegten Arbeit – die von der Fakultät für Wirtschaftswissenschaften an der Albert-Ludwigs-Universität Freiburg i. Brsg. als Dissertation angenommen wurde – hat sich der Autor ein sehr hoch gestecktes Ziel gesetzt, indem er den Versuch unternimmt, die bisher im deutschsprachigen Schrifttum im wesentlichen nur punktuell untersuchte Problematik der umsatzsteuerlichen Behandlung von Bankleistungen in Form des Einlagen- und Kreditgeschäfts umfassend zu analysieren. Dieses Ziel wird mit der vorliegenden Arbeit voll erreicht, die deshalb einen bemerkenswerten Forschungsbeitrag beinhaltet, der auch in der weiteren Diskussion sicher Beachtung finden wird. Ich freue mich, dieses Buch als Band 6 meiner Schriftenreihe der fachlichen Öffentlichkeit vorlegen und Wissenschaft wie Praxis gleichermaßen uneingeschränkt empfehlen zu können.

Freiburg, im Februar 2003 StB Prof. Dr. Wolfgang Kessler

Vorwort

Die vorliegende Arbeit wurde im Wintersemester 2002/2003 von der Wirtschaftswissenschaftlichen Fakultät der Albert-Ludwigs-Universität Freiburg i. Brsg. als Dissertation angenommen.

Mein besonderer Dank gilt meinem Doktorvater, Herrn Prof. Dr. Wolfgang Kessler, der es mir ermöglicht hat, diese Untersuchung neben meiner beruflichen Tätigkeit bei dem Sparkassenverband Baden-Württemberg durchzuführen. Außerdem hat Herr Prof. Dr. Kessler es in bemerkenswerter Weise erreicht, eine produktive und zugleich sehr angenehme Arbeitsatmosphäre zu schaffen, die mir zu keinem Zeitpunkt das Gefühl gab, am Lehrstuhl für Betriebswirtschaftliche Steuerlehre der Albert-Ludwigs-Universität Freiburg i. Brsg. „als Externer" ein Fremdkörper zu sein. Schließlich schulde ich ihm großen Dank für die prompte Erstellung des Erstgutachtens und die Aufnahme der Arbeit in die von ihm herausgegebene Reihe „Freiburger Steuerforum".

Danken möchte ich zudem Herrn Prof. Dr. Dieter K. Tscheulin für die unverzügliche Übernahme der Zweitkorrektur, Herrn Langel, ehemals Leiter der Steuerabteilung der Deutschen Bank für wertvolle Anregungen für meine Arbeit sowie Herrn Prof. Dr. Hans-Wolfgang Arndt für den uneingeschränkten Zutritt zu der Bibliothek für Deutsches und Internationales Steuerrecht der Universität Mannheim. Der Dank an meine Ehefrau Ruth für Rücksichtnahme und Geduld, die eine solche nebenberufliche Belastung abverlangt, ist durch Worte nicht abzugelten. Ihr ist diese Arbeit gewidmet.

Weinheim, im Februar 2003 Ralph-Erich Schmidt

INHALTSVERZEICHNIS

ABKÜRZUNGSVERZEICHNIS

a.A.	anderer Ansicht
ABl. EG	Amtsblatt der Europäischen Gemeinschaften
Abs.	Absatz
Anm.	Anmerkung
Art.	Artikel
B	Bank
BAT	Business Activities Tax
BB	Betriebs-Berater (Zeitschrift)
B. Bl.	Betriebswirtschaftliche Blätter (Zeitschrift)
BdF	Bundesminister(-ium) der Finanzen
BFH	Bundesfinanzhof
BFH/NV	Sammlung amtlich nicht veröffentlichter Entscheidungen des Bundesfinanzhofs (Zeitschrift)
BGBl.	Bundesgesetzblatt
BMF	Bundesminister(-ium) der Finanzen
bspw.	beispielsweise
BStBl.	Bundessteuerblatt
BT-Drucks.	Bundestagsdrucksache
BVerfG	Bundesverfassungsgericht
bzw.	beziehungsweise
Darst.	Darstellung
DB	Der Betrieb (Zeitschrift)
ders.	derselbe
d.h.	das heißt
DL	Dienstleistung
DStZ	Deutsche Steuerzeitung (Zeitschrift)

E	Endverbraucher
EG	Europäische Gemeinschaft
Einf.	Einführung
EL	Ergänzungslieferung
Erg.-Lfg.	Ergänzungslieferung
EStG	Einkommensteuergesetz
EU	Europäische Union
EuGH	Europäischer Gerichtshof
EuGHE	Sammlung der Rechtsprechung des Gerichtshofes der Europäischen Gemeinschaften
Euribor	European Interbank Offered Rate
EWG	Europäische Wirtschaftsgemeinschaft
FA	Finanzamt
FA N.F.	Finanzarchiv (Neue Folgen) (Zeitschrift)
FAZ	Frankfurter Allgemeine Zeitung (Zeitung)
FG	Finanzgericht
FN	Fußnote
FR	Finanz-Rundschau (Zeitschrift)
f. St.befr.	fiktive Steuerbefreiung
GbR	Gesellschaft bürgerlichen Rechts
GEH	Geldeinheiten
gem.	gemäß
ggf.	gegebenenfalls
gl. A.	gleicher Ansicht
GST	Goods and Services Tax

HB	Handelsblatt (Zeitung)
h.M.	herrschende Meinung
hrsg.	herausgegeben
HWF	Handwörterbuch des Bank- und Finanzwesens
i.d.F.	in der Fassung
i.d.R.	in der Regel
IFA	International Fiscal Association
i.S.	im Sinne
i.S.d.	im Sinne des
IStR	Internationales Steuerrecht (Zeitschrift)
i.S.v.	im Sinne von
i.V.m.	in Verbindung mit
i.V.z.	im Verhältnis zu
K	Kaskadeneffekt
Kreditwesen	Zeitschrift für das gesamte Kreditwesen (Zeitschrift)
KStG	Körperschaftsteuergesetz
KWG	Gesetz über das Kreditwesen
Lfg.	Lieferung
MSST	Multistage sales tax
m.w.N.	mit weiterem(n) Nachweis(en)
m.W.v.	mit Wirkung von
N	Nachholwirkung
NWB	Neue Wirtschafts-Briefe (Zeitschrift)

O	Option
OFD	Oberfinanzdirektion
o.J.	ohne Jahrgangsangabe
o.O.	ohne Ortsangabe
P	Preisbestandteil
PE	Privateinleger
PK	Privatkreditnehmer
r_H	Habenzins
r_S	Sollzins
RGBl.	Reichsgesetzblatt
RIW	Recht der Internationalen Wirtschaft (Zeitschrift)
rkr.	rechtskräftig
Rn.	Randnummer
Rz./RZ	Randzeichen
S.	(Satz) (Seite)
S_{Brutto}	Bruttosteuersatz
S_{Netto}	Nettosteuersatz
SBT	Single Business Tax
s.o.	siehe oben
sog.	so genannte
s.u.	siehe unten
Sp.	Spalte(n)
StVBG	Steuerverkürzungsbekämpfungsgesetz
StuW	Steuer und Wirtschaft (Zeitschrift)
TCA	Tax Calculation Account
Tz.	Textziffer

U	Unternehmer
UE	Unternehmereinleger
UK	Unternehmerkreditnehmer
UR	Umsatzsteuer-Rundschau (Zeitschrift)
U.S.	United States
USt	Umsatzsteuer
UStB	Der Umsatz-Steuer-Berater (Zeitschrift)
UStG	Umsatzsteuergesetz
UStR	Umsatzsteuerrichtlinie (deutsche)
USt-RL	Umsatzsteuer-Richtlinie (EU)
v.	von, vom
Va	Vorsteuerabzug
Vb	Vorsteuerbelastung
vgl.	vergleiche
WiSt	Wirtschaftswissenschaftliches Studium (Zeitschrift)
WPg	Die Wirtschaftsprüfung (Zeitschrift)
WS	Wertschöpfung
z.B.	zum Beispiel
ZfbF	Zeitschrift für betriebswirtschaftliche Forschung
z.G.	zu Gunsten
zzgl.	zuzüglich

DARSTELLUNGSVERZEICHNIS

Einleitung

1. Problemstellung

Bankleistungen nehmen in entwickelten Volkswirtschaften eine bedeutende Funktion wahr. Weder Unternehmen noch Privatpersonen noch die öffentliche Hand kommen ohne die Leistungen von Banken aus. Gleichwohl sind die meisten dieser Leistungen seit jeher regelmäßig von der Umsatzsteuer befreit.

Bereits das erste deutsche Umsatzsteuergesetz vom 26.7.1918[1] nahm in § 2 Nr. 2 UStG die „Kreditgewährungen und Umsätze von Geldforderungen, insbesondere von Wechseln und Schecken sowie von Wertpapieren, Anteilen von Gesellschaften und sonstigen Vereinigungen, Banknoten, Papiergeld, Geldsorten und von inländischen amtlichen Wertzeichen" von der Besteuerung aus. Diese Bestimmung ist auch in den nachfolgenden Fassungen des Umsatzsteuergesetzes (§ 2 Nr. 2 UStG 1919[2] und 1926[3], § 2 Nr. 5 UStG 1932[4], § 4 Nr. 8 UStG 1934[5]/1951[6]) bis auf unbedeutende redaktionelle Überarbeitungen unverändert enthalten geblieben und in § 33 der Durchführungsbestimmungen 1934[7] speziell für Kreditinstitute (nicht auch für andere Unternehmer) noch besonders präzisiert und erweitert worden[8]. Das neue Mehrwertsteuersystem übernahm in das Umsatzsteuergesetz 1967[9] die bisherigen Befreiungen des § 4 Nr. 8 UStG 1951, wobei der Kreis der steuerfreien Bankleistungen – entgegen der Intention des Gesetzgebers, im Inte-

---

1 RGBl 1918, 775.

2 RGBl 1919, 2157.

3 RGBl I 1926, 218.

4 RGBl I 1932, 39.

5 RGBl I 1934, 942. Neben der grundsätzlichen Umsatzsteuerbefreiung gab es noch nach § 65 UStDB 1934 (später § 68 Abs. 1 UStDB 1951) für Banken ein besonderes Umsatzsteuer-Pauschalierungsverfahren für Provisionen aus Bankumsätzen aller Art. Danach konnten sich Banken die Aufgliederung nach steuerfreien und steuerpflichtigen Geschäften ersparen, wenn sie 8% der gesamten Provisionen der Umsatzsteuer unterwarfen, vgl. LEINGÄRTNER, [1965].

6 BGBl I 1951, 791.

7 RGBl I 1934, 947.

8 Vgl. auch HOLZHEIMER [1967], S. 163 und (zuletzt) § 33 UStDB 1951: „ Bei den Bankumsätzen gehören zu den steuerfreien Umsätzen die Lieferungen von Wertpapieren, Devisen, Zinsscheinen, Wechseln, Avalen, die ein Unternehmer im eigenen Namen ausführt, die Prolongationen, die Inkassi, die Kreditgewährungen und der Kontokorrentverkehr (Diskonto- und Lombardgeschäfte, Zahlungs- und Überweisungsverkehr)."

9 BGBl I 1967, 545.

resse der Systemreinheit die Steuerbefreiungen auf ein Minimum zu reduzieren – erweitert und sachgemäß abgerundet wurde.[10] Außerdem beschränkte sich die Befreiungsvorschrift nicht mehr auf Kreditinstitute, sondern fand aus Gründen der Wettbewerbsneutralität und der systemgerechten Anwendung des Umsatzsteuergesetzes nunmehr für alle Unternehmer Anwendung.[11] Durch das die 6. USt-RL umsetzende Umsatzsteuergesetz 1980[12] wurde schließlich die Vorschrift des § 4 Nr. 8 UStG auch aus Gründen der besseren Übersichtlichkeit komplett neu gefasst[13] und ist seitdem mit einigen wenigen Änderungen unverändert in Kraft[14]. Insbesondere auch das Kredit- und das Einlagengeschäft der Banken und Sparkassen ist somit seit Einführung des Umsatzsteuergesetzes in Deutschland durchgehend von der Umsatzsteuer befreit.

Die Herausnahme eines Großteils der Leistungen von Kreditinstituten aus der allgemeinen Umsatzbesteuerung ist jedoch nicht nur auf Deutschland oder Europa (und hier insbesondere die Länder der EU mit ihrem weitgehend harmonisierten Umsatzsteuersystem[15]) beschränkt, sondern scheint auch weltweit in all den Staaten, die Umsatzsteuern erheben, der Regelfall zu sein.[16] Anstelle einer Umsatzsteuer wurden oder werden in vielen Ländern allerdings Kapitalverkehrsteuern erhoben.[17] Nur vereinzelt stößt man in der Literatur auf Länder mit Hinweis auf einen Einbezug von Bankleistungen in die Umsatzsteuer.[18]

---

[10] Vgl. PHILIPOWSKI [1971], S. 633.

[11] Vgl. MÜLLER-BARDORF [1967], S. 249.

[12] BGBl I 1979, 1553.

[13] Vgl. HOLZHEIMER [1980], S. 35; PFLÜGER in Hartmann/Metzenmacher [Umsatzsteuergesetz], E § 4 Nr. 8 Tz. 3–4 (Lfg. 4/97).

[14] Ebenda, Tz. 5-6 sowie Tz. 7-8 (Lfg. 4/00).

[15] Vgl. Art. 13 Teil B Buchstabe d der 6. USt-RL.

[16] Siehe OWENS [1996], S. 50; MERRILL [1997], S. 22-23; OECD [1998], S. 8-10.

[17] Vgl. TAIT [1988], S. 98.

[18] Z.B. die Elfenbeinküste, vgl. TAIT [1988], S. 98 als einzig ersichtliches Beispiel für ein Land, in dem Kreditzinsen entsprechend dem europäischen Umsatzsteuersystem mit Vorsteuerabzug einer separaten Steuer (hier 20%) unterworfen werden. In Europa erhoben bis zur Einführung der Mehrwertsteuer Italien eine Umsatzsteuer von 3,5% auf bestimmte Kreditzinsen sowie Frankreich eine besondere „Steuer auf Finanztätigkeiten" (TAF), vgl. HUTCHINGS [1973], S. 13 und 15. In Israel wurde bis 1981 eine nur den Finanzsektor betreffende Umsatzsteuer additiven Typs erhoben (siehe hierzu Abschnitt 3.2). In Kanada und Neuseeland wurde das Problem des Einbezugs von Bankleistungen in die Umsatzsteuer zumindest umfassender diskutiert, allerdings nicht umgesetzt.

Der Grund für die durchgängige Umsatzsteuerbefreiung der meisten Bankleistungen ist in sozialen Überlegungen, vor allem aber in den Schwierigkeiten zu sehen, die umsatzsteuerliche Bemessungsgrundlage dieser Leistungen in geeigneter Weise zu erfassen.[19] Dies wirft verschiedene Fragen auf:

Aus gesamtwirtschaftlicher Sicht ist zu hinterfragen, ob die Befreiung der Bankumsätze von der Umsatzsteuer mit dem Charakter der Umsatzsteuer als allgemeiner Verbrauchsteuer zu vereinbaren ist. Auch Aspekte der Wettbewerbsneutralität könnten gegen die Umsatzsteuerfreiheit des Kredit- und Einlagengeschäfts sprechen. Schließlich dürfte die generelle Befreiung der Bankgeschäfte trotz des hiermit verbundenen Vorsteuerabzugsverbots (s.u.) zu einem Verlust an Staatseinnahmen führen.

Die Befreiung der Bankumsätze von der Umsatzsteuer führt aber auch zu Problemen einzelwirtschaftlicher Art. Konsequenz der Umsatzsteuerbefreiung ist regelmäßig das allgemeine Vorsteuerabzugsverbot auf der Eingangsseite der Bank[20], d. h. der Ausschluss der Geltendmachung der auf den Lieferungen und Leistungen an das Bankinstitut ruhenden Umsatzsteuern. Nur in Ausnahmefällen bleibt der Vorsteuerabzug auch bei steuerfreien Leistungen gewahrt.[21] Die nichtabzugsfähigen Vorsteuerbeträge belasten das Ergebnis der Bank entweder unmittelbar über die Erhöhung der Sachaufwendungen oder mittelbar über erhöhte Abschreibungen, sofern die nichtabzugsfähigen Vorsteuern den Anschaffungs- oder Herstellungskosten eines Wirtschaftsguts zuzurechnen sind.[22] Zwar erfährt diese Kostenbelastung durch die Berücksichtigung als Betriebsausgaben bei den Ertragsteuern eine Entlastungswirkung, aus der nachstehenden Darstellung wird jedoch ersichtlich, dass im Zeitablauf die Nettobelastung der nichtabzugsfähigen Vorsteuern im Kreditgewerbe ständig zugenommen hat:

---

[19] Die Ermittlung der umsatzsteuerlichen Bemessungsgrundlage im Bankensektor ist deshalb schwierig, da die meisten Kreditinstitute nur den geringeren Teil ihrer Erlöse aus (umsatzsteuerlich unproblematisch zu erfassenden) Gebühren erzielen, während der überwiegende Teil in dem Überschuss der Zinsen aus gewährten Krediten über den Zinsen aus dem Einlagengeschäft enthalten ist. Bislang konnte jedenfalls noch keine befriedigende Durchführung der Umsatzbesteuerung im Einlagen- und Kreditgeschäft gefunden werden.

[20] § 15 Abs. 2 Nr. 1 UStG.

[21] Siehe hierzu die für Bankgeschäfte relevanten Vorschriften des § 15 Abs. 3 Nr. 1 Buchst. b und Nr. 2 Buchst. b UStG bei z.B. Finanzierungen von Exporten in Drittlandsgebiete oder Kreditvergaben an in Drittlandsgebieten ansässige Leistungsempfänger.

[22] § 9b EStG.

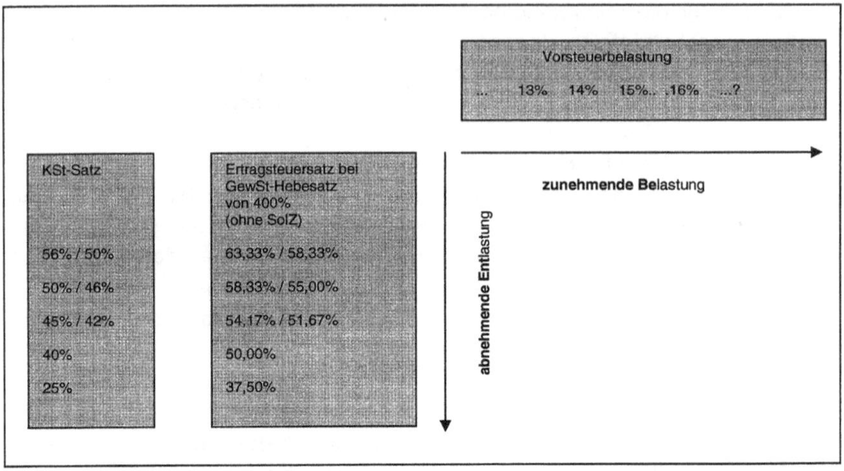

Darst. 1: Im Zeitablauf zunehmende Belastung durch nichtabzugsfähige Vorsteuern im Kreditgewerbe

Diese Entwicklung ist auf mehrere Ursachen zurückzuführen. Zum einen sind in der Vergangenheit die Umsatzsteuersätze mehrfach angehoben worden. Bei Einführung der (neuen) „Mehrwertsteuer"[23] zum 1.1.1968 betrug der Steuersatz noch 10%, derzeit beläuft er sich auf 16%; weitere Erhöhungen sind vor dem Hintergrund der chronischen Geldknappheit des Staates und des im Vergleich zu den anderen EU-Staaten am unteren Rande angesiedelten deutschen allgemeinen Umsatzsteuersatzes[24] nicht auszuschließen.[25] Zum anderen wurden die Ertragsteuersätze nicht zuletzt auch infolge des internationalen Steuerwettbewerbs ständig zurückgenommen, eine Entwicklung die mit einem Körperschaftsteuersatz von 25% aufgrund des Steuersenkungsgesetzes vom 23.10.2000[26] ihren (vorläufigen) Abschluss fand. So erfreulich diese Entwicklung für die Steuerpflichtigen und damit auch für die

[23] Zu der – missverständlichen - Bezeichnung „Mehrwertsteuer" siehe FN 57 dieser Arbeit.

[24] Zur Höhe von Umsatzsteuersätzen im internationalen Vergleich (Stand 1.1.2001) siehe Bundesministerium der Finanzen [2001a]. Danach hat von den Mitgliedstaaten der EU derzeit nur Luxemburg mit 15% einen niedrigeren allgemeinen Umsatzsteuersatz als Deutschland. Bis auf Spanien (ebenfalls 16%) bewegen sich die allgemeinen Umsatzsteuersätze (Normalsteuersätze) der anderen Mitgliedstaaten zum Teil deutlich über dem von Deutschland (bis zu 25% in Dänemark und in Schweden).

[25] DZIADKOWSKI [1998] S. 183 zufolge „ist unschwer erkennbar, dass die Umsatzsteuer künftig weiter als Allheilmittel für Abgabenlöcher herangezogen werden wird".

[26] BGBl I 2000, 1433.

Banken sein mag, bedeutet sie doch gleichzeitig eine abnehmende Entlastung bei der nichtabzugsfähigen Vorsteuer. Schließlich ist – aus der obigen Darstellung allerdings nicht ersichtlich – auf die zunehmende Automation im Kreditgewerbe[27] sowie den ständig steigenden Investitionsbedarf bei EDV-Anwendungen hinzuweisen, was auf der Eingangsseite zu einer Erhöhung der Umsatzsteuerbemessungsgrundlage führt. Zusammen mit sinkenden Margen im bilanzwirksamen Geschäft, steigenden Sachkosten und unverändert hohen Anteilen an Personalkosten erhöht diese Entwicklung den Druck auf das Bankgewerbe, betriebswirtschaftlich entschlossen zu handeln, z.B. durch den Verzicht auf die Umsatzsteuerbefreiung einiger Bankumsätze, um den Anteil an abzugsfähigen Vorsteuern zu erhöhen.

Ein für Banken praktisches Anwendungsproblem resultiert aus der Tatsache, dass Kreditinstitute neben steuerfreien auch steuerpflichtige Umsätze ausführen.[28] Nur die unmittelbar auf diese Ausgangsumsätze entfallenden Vorsteuerbeträge sind abzugsfähig. Bei den Vorsteuern, die nicht ausschließlich den zum Abzug berechtigenden (steuerpflichtigen) und den nicht zum Abzug berechtigenden (steuerfreien) Umsätzen zuzurechnen sind, ist dagegen eine Aufteilung vorzunehmen.[29] Bis Ende 1991 konnten Kreditinstitute die nicht direkt zurechenbaren Vorsteuern nach dem sog. „Bankenschlüssel" aufteilen.[30] Diese Aufteilungsmöglichkeit wurde jedoch durch die Umsatzsteuerrichtlinien 1992 abgeschafft. Trotz jahrelangen Bemühens konnten sich Kreditwirtschaft und Finanzverwaltung bis heute nicht auf eine beide Seiten zufrieden stellende und insbesondere auch für alle Kreditinstitute praktikable Nachfolgevorschrift einigen.

---

27 Bspw. die durch verstärkte Kundenselbstbedienung forcierte Nutzung von Geldausgabeautomaten und Kontoauszugsdruckern. Im Zuge dieses Prozesses werden nicht mit Vorsteuern belastete Personalaufwendungen durch vorsteuerbelastete Eingangsumsätze ersetzt, siehe DIXON [1991], S. 4 mit Hinweis auch auf die allgemeine Geldentwertung als weitere Ursache für das Problem der nichtabzugsfähigen Vorsteuerbeträge.

28 Z.B. die Verwaltung von Krediten und Kreditsicherheiten für fremde Kreditgeber, das Inkasso von Forderungen, die Verwahrung und Verwaltung von Wertpapieren, die Verwertung von Sicherungsgut, die Vermietung von Schließfächern, freiwillig versteuerte Umsätze im Falle der Umsatzsteueroption gem. § 9 UStG.

29 § 15 Abs. 4 UStG.

30 Abschn. 208 Abs. 4 UStR 1988.

Vor dem Hintergrund dieser gesamtwirtschaftlichen und einzelwirtschaftlichen Fragen, aber auch wegen der Unzufriedenheit über die unterschiedliche Handhabung der Option zur Umsatzsteuer bei Bankleistungen in den einzelnen Mitgliedstaaten der EU[31] sowie dem Bestreben nach einer innerhalb der EU einheitlich praktizierten Mehrwertsteuer-Eigenmittelbemessungsgrundlage[32], hat die Europäische Kommission zuletzt Anfang 2000 einen Vorstoß zur Einführung einer generellen Umsatzsteuerpflicht bei Finanzdienstleistungen in Gestalt einer Cash-flow orientierten Umsatzbesteuerung unternommen. Diese Vorschläge haben in Fachkreisen beträchtliche Aufmerksamkeit erlangt, ja sogar Unruhe erzeugt, da in Bezug auf praktische Durchführbarkeit und zugrunde liegende Konzeption dieser Vorschlag trotz Kompatibilität mit dem Vorsteuerabzugssystem deutlich von gewohnten Denkmustern bisheriger Besteuerungspraxis in Deutschland und den übrigen Mitgliedstaaten der EU abweicht. In der deutschen Fachliteratur haben diese Überlegungen bislang jedoch kaum einen Niederschlag gefunden.[33] Im Rahmen der vorliegenden Arbeit wird daher zu untersuchen sein, ob dieser völlig neuartige Besteuerungsansatz eine echte Alternative darstellt oder ob nicht doch eine Lösung innerhalb des traditionellen Umsatzsteuersystems gefunden werden kann.

2. Abgrenzung

Bank- und Finanzgeschäfte erschöpfend aufzuzählen oder zu definieren ist wegen ihrer Verschiedenartigkeit nicht möglich.[34] § 1 KWG enthält zwar eine Aufzählung von Bankgeschäften, die im Interesse eines funktionsfähigen Kreditwesens und des Schutzes der Bankgläubiger als aufsichtsbedürftig angesehen werden, die Auflistung ist jedoch nicht vollständig.[35] Aus dem Blickwinkel des Umsatzsteuerrechts listet § 4 Nr. 8 Buchst. a bis g UStG Umsätze im Geld- und Kapitalverkehr auf, aber auch diese Vorschrift ist nicht

---

[31] Vgl. Vorwort bei ERNST & YOUNG [1993].

[32] Näher hierzu FN 81 und 82.

[33] Nähere Ausführungen finden sich soweit ersichtlich lediglich bei SCHMIDT [1999], S. 237-246.

[34] Vgl. auch OECD [1998], S. 5 („There is no clear and widely agreed definition of a „Financial Institution" nor of „Financial Services".").

[35] Nicht berücksichtigt ist z.B das Eigengeschäft in Wertpapieren, der Devisen-, Edelmetall- und Derivatehandel für eigene Rechnung, das Factoring, das Leasing und die Anlageberatung, vgl. SÜCHTING [1998], S. 8.

vollständig, da durchaus nicht alle Bank- und Finanzumsätze, die bei Geld- und Kreditinstituten vorkommen, von der Umsatzsteuer befreit werden.[36] Die Studie der Europäischen Kommission trägt der Vielzahl von Finanzdienstleistungen Rechnung, indem sie sich in ihren Ausführungen nicht nur auf die typischen Bankumsätze beschränkt, sondern bspw. auch die Leistungen von Versicherungen in die Untersuchung mit einbezieht. Die vorliegende Arbeit konzentriert sich jedoch auf die umsatzsteuerliche Behandlung der „klassischen Bankprodukte" Einlagen und Kredite. Diese zweifache Einschränkung – institutionell auf Banken und funktionell auf das Einlagen- und Kreditgeschäft – ist zum einen darauf zurückzuführen, dass der Verfasser der vorliegenden Arbeit über praktische Erfahrungen im Bankenbereich verfügt, nicht aber in der Versicherungswirtschaft. Zum anderen ist der Zinsüberschuss aus dem Einlagen- und Kreditgeschäft der Banken – wenn auch mit abnehmender Tendenz – die unverändert wichtigste Ertragsquelle der meisten Banken.[37] Vor allem aber ist ohne eine zufrieden stellende umsatzsteuerliche Behandlung des Einlagen- und Kreditgeschäfts der Einbezug auch anderer Bankleistungen in die Umsatzsteuer nicht denkbar.[38]

---

[36] Siehe die Aufzählung steuerpflichtiger Umsätze in FN 28.

[37] So ausdrücklich („... deposit and loan services as the most important source of the value added in the banking sector ...") GENSER/WINKER [1997], S. 564 als Begründung für die Beschränkung ihrer Untersuchung auf das Einlagen- und Kreditgeschäft sowie HOFFMAN/PODDAR/WHALLEY [1987], S. 547 („.. core activity is financial intermediation between depositors and borrowers"). Der Deutschen Bundesbank zufolge belief sich in 2001 der Zinsüberschuss bei allen Bankengruppen zusammen auf 69,7% der Summe aller Überschüsse im operativen Geschäft, wobei die Bandbreite von 50,3% bei Großbanken über 80,8% bei Sparkassen bis zu 95,3% bei Realkreditinstituten verlief, DEUTSCHE BUNDESBANK [2002], S. 21. Auch international stellt der Zinsüberschuss nach wie vor in den meisten Ländern der OECD die Hauptertragsquelle der Kreditinstitute dar, vgl. ASHAUER [2002], S. 254. Zwar hat die zunehmende Kapitalmarktorientierung die Rolle der Kreditinstitute als Vermittler zwischen Anleger und Finanzierungssuchendem deutlich eingeschränkt. Aber gerade kleine und mittelständische Unternehmen werden weiter in hohem Maße auf die Fremdfinanzierung durch Kredite angewiesen sein, so dass das Einlagen- und Kreditgeschäft auch künftig eine wichtige Rolle bei Banken spielen wird.

[38] Eine Besonderheit bei (vor allem Universal-) Banken stellt deren durch Nachfrage- und Erlösverbundwirkungen gekennzeichnetes Leistungssortiment dar. Da Bankleistungen oftmals in untrennbarer Form miteinander verknüpft sind (bspw. Zahlungsverkehr mit Umsätzen im Einlagen- und Kreditgeschäft etwa in Form kostenloser oder verbilligter Kontenführung bei Halten bestimmter Mindestguthaben auf Einlagenkonten), kann die Umsatzbesteuerung des einen Bereichs (Zahlungsverkehr) leicht dadurch unterlaufen werden, dass anstelle umsatzsteuerpflichtiger Gebühren im Zahlungsverkehr niedrigere Einlagenzinsen bzw. höhere Kreditzinsen vereinbart werden.

3. Zielsetzung und Vorgehensweise

In der deutschsprachigen Literatur ist die umsatzsteuerliche Behandlung von Finanzdienstleistungen generell und von Bankleistungen im speziellen auffallend selten Gegenstand von Fachbeiträgen.[39] Größtenteils befassen sich die Beiträge mit einzelnen praktischen Anwendungsproblemen der bestehenden Vorschriften[40] und nicht mit systematischen Fragestellungen. Dem Verfasser sind nur zwei deutschsprachige Quellen bekannt, die auf die grundsätzliche Problematik der umsatzsteuerlichen Behandlung von Finanzdienstleistungen als solches (allerdings nur in einem knappen Absatz) eingehen. Die eine Quelle weist darauf hin, dass die in Mitgliedstaaten der EU unterschiedliche Einräumung des Rechts, für die Besteuerung zu optieren, zu Wettbewerbsverzerrungen zwischen den Mitgliedstaaten führt, und dass Geschäfte mit Drittstaaten steuerlich günstiger behandelt werden, was dem Prinzip der Gemeinschaftspräferenz entgegenstehe und kommt zu dem Ergebnis, es „sollte ernsthaft überlegt werden, ob hier nicht zur Besteuerung übergegangen werden sollte".[41] Das hiergegen gewöhnlich vorgebrachte Argument der Erhöhung der Bankkosten für Privatpersonen sei „nicht hundertprozentig stichhaltig. Die Beseitigung der jetzigen Prorata-Regelung dürfte nämlich auch mit nicht unbedeutenden Ersparnissen verbunden sein".[42] Nach der anderen Quelle ist zu beachten, dass die Entgelte für Finanzdienstleistungen nur partiell die konsumierbaren Dienstleistungen abgelten, ökonomisch aber u. a. auch einen Inflationsausgleich, eine Risikoprämie und eine Prämie für temporären Konsumverzicht umfassen, die alle in die einheitliche Bemessungsgrundlage einfließen. Allerdings rechtfertigten diese Komponenten keinesfalls die Belastung mit einer allgemeinen Verbrauchsteuer, da sie keinen Konsum indizieren. Da eine sachgerechte Abspaltung des konsumtiven

[39] Auch im Bewusstsein der für die Unternehmenssteuern in Banken Verantwortlichen führt die Umsatzsteuer „so manches Mal ein Dornröschendasein", HAMACHER/FRENZEL/DIETZ [2001], Kz 1910, S. 1.

[40] Vgl. PHILIPOWSKI [1979]; ders. [1980]; VÖLKEL/KARG [1983]; HAMACHER [1989]; HOFMANN [1991a]; ders. [1991b]; OHO/HEINZERLING [1991]; STROTHOTTE [1991]; ALBRECHT [1992]; AISENBREY/ECK [1993]; HAUFLER/RENNER/BOULEY [1995]; HARTMANN/ WEBER/ SCHNITTKER [1995]; HAMACHER/FRENZEL/DIETZ [2001] Kz 1910. Zu einer umfassenden Darstellung der steuerbaren Umsätze im Geld-, Kapital- und Kreditverkehr vgl. die rechtswissenschaftliche Habilitationsschrift von PHILIPOWSKI [1973].

[41] GOERGEN [1985], S. 28.

[42] Ebenda, S. 29.

Anteils der bezogenen Dienstleistung nicht möglich sei, erscheine es angemessen, Finanzdienstleistungen einem ermäßigten Steuersatz zu unterwerfen, der die Dienstleistungskomponente pauschalierend berücksichtige bei gleichzeitiger Berechtigung zum Vorsteuerabzug.[43]

Anders als in Deutschland diskutierte man in Ländern, in denen eine Umsatzsteuer erst jüngst erhoben wird bzw. die Einführung einer Umsatzsteuer überlegt wurde, dagegen auch die grundsätzliche Frage des Einbezugs von Bank- und Versicherungsumsätzen in die Umsatzsteuer.[44]

Ziel der vorliegenden Arbeit ist es daher, eine Diskussion über die derzeitige Besteuerungspraxis der Umsatzsteuerbefreiung von Bankleistungen in der Form des Einlagen- und Kreditgeschäfts in Deutschland bzw. den anderen Ländern der EU ungeachtet jeder Interessenvertretung zu führen und in diesem Zusammenhang auf mögliche Alternativen einer Umsatzsteuerpflicht einzugehen. Dabei wird der neuartige Vorschlag einer Cash-flow orientierten Umsatzbesteuerung, sowohl in Bezug auf Einzelaspekte in der Durchführung als auch in Bezug auf die dahinter stehende Konzeption, umfassend zu analysieren sein. Die Untersuchung gliedert sich hierzu in folgende Teile:

In Teil 1 werden die für die Untersuchung erforderlichen wesentlichen Merkmale der Umsatzsteuer herausgearbeitet. Teil 2 analysiert, inwieweit die derzeitige Handhabung der Umsatzsteuerbefreiung des Kredit- und Einlagengeschäfts von Banken und Sparkassen unter ökonomischen und systematischen Aspekten gerechtfertigt ist. Dabei soll auch untersucht werden, ob die gesetzlich mögliche Alternative der Option zur Umsatzsteuer gem. § 9 UStG zu einem anderen Ergebnis führt. Teil 3 behandelt alternative Besteuerungsansätze innerhalb des traditionellen Nettoumsatzsteuersystems. In diesem Zusammenhang werden auch die bislang hauptsächlich von der englischsprachigen Literatur hervorgebrachten alternativen Ansätze einer Umsatzbesteuerung von Finanztransaktionen dargestellt. Im Mittelpunkt der Arbeit

---

[43] Vgl. KEIL [1997], S. 371-372.

[44] Insbesondere in den USA, Kanada und Neuseeland, vgl. INSLEY, [1972]; INSTITUTE FOR FISCAL STUDIES [1978]; HOFFMAN/PODDAR/WHALLEY [1987]; GILLIS [1987]; HENDERSON [1988]; THOMPSON [1988]; HOFFMAN [1988]; DIXON [1991]; ders. [1991a]; SCHENK [1994]; JOERGENSEN/OWENS [1995]; MERRILL/ADRION [1995]; DREMINS [1995]; ALBA [1995]; OWENS [1996]; MERRILL/ EDWARDS [1996]; BRADFORD [1996]; MERRILL [1997]; PODDAR/ENGLISH [1997]; JENKINS [1999]; CHIA/WHALLEY [1999].

steht sodann Teil 4 mit der Untersuchung und Würdigung des Vorschlags einer umfassenden Cash-Flow-Umsatzbesteuerung von Finanzdienstleistungen. Teil 5 fasst die wesentlichen Ergebnisse zusammen und zieht die Schlussfolgerung dieser Arbeit.

1. Teil: Zur Umsatzsteuer als Untersuchungsgegenstand

1.1 Formen der Umsatzbesteuerung

Vorläufer der heutigen allgemeinen Umsatzsteuern mit in Hundertsätzen des Preises ausgedrückten Steuern auf Warenverkäufe finden sich bereits im Altertum und im Mittelalter.[45] Mit Beginn der Neuzeit verlagerte sich die Besteuerung auf die speziellen Verbrauchsteuern in Form sog. Akzisen, die ab dem Ende des 19. Jahrhunderts zugunsten von Ertragsteuern an Bedeutung verloren. Die finanziellen Konsequenzen des 1. Weltkrieges führten schließlich zu einer Wiederbelebung der Umsatzsteuer, zunächst als Warenumsatzstempelsteuer[46] und ab 1918 als allgemeine Umsatzsteuer[47], die neben Lieferungen auch sonstige Leistungen einbezog, wobei sich diese Entwicklung auch in zahlreichen anderen europäischen Staaten durchsetzte. Bei der heutigen Staatsfinanzierung ist die Umsatzsteuer nicht mehr wegzudenken.[48]

Die möglichen Erscheinungsformen der neuzeitlichen Umsatzsteuer sind außerordentlich vielfältig. Für eine Darstellung dieser Vielfalt können die verschiedenen Umsatzsteuertypen nach den folgenden vier Kriterien

1. Auswahl der steuerpflichtigen Unternehmungen (Zahl der Besteuerungsstufen)
2. Materielle Steuerbemessungsgrundlage (Brutto- oder Nettoumsatzsteuern)
3. Formale Abgrenzung des Umsatzes,
4. Eigenarten des Steuertarifs

systematisiert werden.[49] Herkömmlicherweise werden aber die verschiedenen Umsatzsteuersysteme nach den (beiden wichtigsten) Kriterien 1 und 2, wie in der in Darstellung 2 gezeigten Systematik, dargestellt[50]:

---

[45] Umfassend zur Geschichte der Umsatzsteuer GRABOWER [1925].

[46] Gesetz vom 26.6.1916, RGBl. 1916, S. 639.

[47] Gesetz vom 26.7.1918, RGBl. 1918, S. 779.

[48] In 2001 betrugen die Einnahmen aus der Umsatzsteuer knapp 139 Mrd. €, das waren rd. 31% des Gesamtsteueraufkommens in Deutschland, GLOBUS [2002].

[49] Vgl. POHMER [1980], S. 659ff.

[50] In Anlehnung an DZIADKOWSKI [1990], S. 5. Vgl. dazu auch BEA [1980], S. 27ff., WÖHE [1991], S. 334 ff. und SCHULT [1998], S. 126f. Die dunkel hinterlegten Felder geben das in Deutschland und in den anderen Ländern der EU (und auch weltweit vorherrschende) Umsatzsteuersystem wieder. Zu einem Überblick über weltweit praktizierte Umsatzsteuersysteme siehe TAIT [1988], S. 10-14 sowie OWENS [1996], S. 45-46.

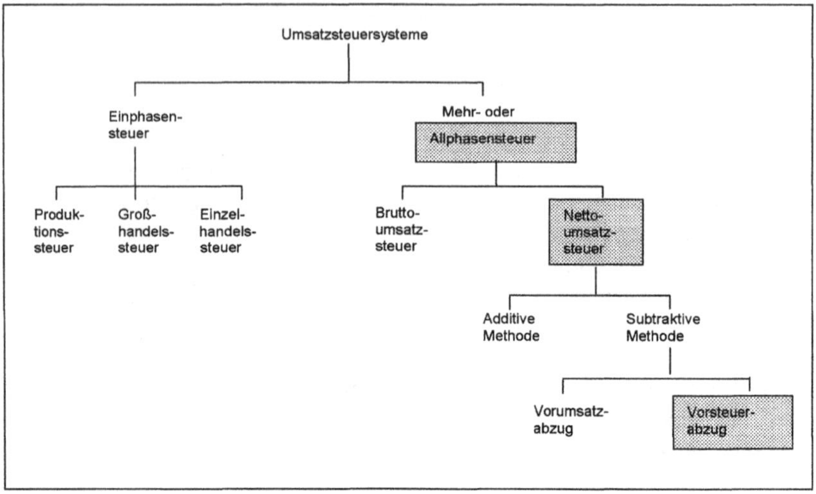

Darst. 2: Übersicht Umsatzsteuersysteme

Während sich der Bedeutungsinhalt bei der Unterscheidung nach der Zahl der Wirtschaftsstufen (Kriterium 1) unschwer aus dem Wortlaut ermitteln lässt[51], besteht bei der Differenzierung nach Netto- und Bruttoumsatz (Kriterium 2) eine Verwechslungsgefahr. Häufig werden diese Begriffe für einen Umsatz ohne bzw. einschließlich Umsatzsteuer verwendet[52]. Dieser Begriffsverwendung soll hier jedoch nicht gefolgt werden, sondern danach unterschieden werden, ob auf jeder (steuerpflichtigen) Stufe der Umsatz in voller Höhe besteuert wird, ohne zu berücksichtigen, dass auf die Vorleistungen bereits Umsatzsteuer gezahlt wurde (Bruttoumsatzsteuer), oder ob die Belastung der Vorleistungen mit Umsatzsteuer die tatsächliche Steuerschuld in einer noch weiter zu beschreibenden Form vermindert (Nettoumsatzsteuer).

---

51 Zu Ein- und Mehrphasensteuern siehe auch POHMER [1980], S. 659-660 sowie zu deren Vor- und Nachteilen BT-Drucks. IV 1590, S. 24-25.

52 Vgl. bspw. bei WÖHE [1991], S. 334.

Bei allen der in Darstellung 2 dargestellten Formen der Umsatzbesteuerung kann ferner noch nach der zeitlichen Zurechnung der Umsätze, also der Frage, ob das Bewirken der Leistung oder der Zahlungseingang als Umsatzrealisation anzusehen ist (Kriterium 3)[53] und nach den verschiedenen Tarifgestaltungen (Kriterium 4)[54] unterschieden werden.

In Deutschland wurde seit 1918 eine Allphasen-Umsatzsteuer erhoben, bis zum 31.12.1967 als Bruttoumsatzsteuer[55] und ab dem 1.1.1968 in Übereinstimmung mit den europäischen Harmonisierungsbestrebungen auf dem Gebiet der Umsatzsteuern als Nettoumsatzsteuer (mit Vorsteuerabzug).[56] Auch international ist die „value added tax" (VAT) am weitesten verbreitet.[57] Daher ist im Folgenden nur näher auf den Typ der Nettoumsatzsteuer einzugehen.

---

53 Die Umsatzbesteuerung nach vereinbarten Entgelten („Sollbesteuerung") ist im deutschen Umsatzsteuerrecht die Regel (§ 16 UStG). Nur unter bestimmten Voraussetzungen kann auf Antrag die Besteuerung nach vereinnahmten Entgelten („Istbesteuerung") gestattet werden (§ 20 UStG). Hingegen war es bei der Allphasen-Brutto-Umsatzsteuer bis 1967 gerade umgekehrt (Besteuerung nach vereinbarten Entgelten nur auf Antrag des Steuerpflichtigen, § 14 UStG i.d.F.v. 16.10.1934).

54 Hierunter fällt im Wesentlichen die Entscheidung, ob und ggf. nach welchen Kriterien Umsatzsteuersätze differenziert werden.

55 Zuletzt von 4% auf jeder Stufe des Lieferungs- und Leistungsverkehrs ohne Berücksichtigung der auf den Vorstufen bereits entstandenen Belastung.

56 Theoretisch ist die Nettoumsatzsteuer schon seit dem Reformvorschlag einer „veredelten Umsatzsteuer" von Siemens kurz nach dem 1. Weltkrieg – allerdings als Vorumsatzabzug – bekannt, SIEMENS [1921]. Im Rahmen der Vorbereitung zu einer grundlegenden Umsatzsteuerreform wurde in Deutschland zunächst auch das Allphasen-Nettoumsatzsteuersystem mit Vorumsatzabzug befürwortet, WISSENSCHAFTLICHER BEIRAT [1953], S. 66, während in Frankreich (und im Saarland) mit der 1954 eingeführten „Taxe sur la valeur ajoutée" (TVA) bereits frühzeitig das System des Vorsteuerabzugs gewählt wurde, KLENK [1994], S. 278.

57 Vgl. TAIT [1988], S. 3 und S. 10 ff. Die Bezeichnung „value added tax" oder „Mehrwertsteuer" ist aber insoweit missverständlich, als sie nur auf die Zahllast des Unternehmers (Saldo der Umsatzsteuern der Ausgangs- und der Eingangsseite) und damit auf die wirtschaftliche Wirkung der ab 1968 neuen Umsatzsteuer abstellt (indirekte Besteuerung des „Mehrwerts"). Bemessungsgrundlage für die Ermittlung des geschuldeten Steuerbetrages ist jedoch das Gesamtentgelt (ohne Steuer, § 10 Abs. 1 Satz 2 UStG) und nicht etwa der Mehrwert oder die Wertschöpfung. Allerdings bezeichnen die Richtlinien der EG die Umsatzsteuer als Mehrwertsteuer; auch die anderen Staaten der EU haben fast alle den Begriff der Mehrwertsteuer übernommen, siehe auch Bundesministerium der Finanzen [2001a], dort unter Spalte 2. In Deutschland wurde dieser Begriff lediglich als Zusatz – so lautete die erste Fassung des neuen Gesetzes noch „Umsatzsteuergesetz (Mehrwertsteuer") - verwendet, um zu kennzeichnen, dass es eine Steuer i.S. der 2. USt-RL umsetzte, BIRKENFELD [1993], S. 327. Bereits bei der Neufassung des Gesetzes von 1973 wurde der Begriff „Mehrwertsteuer" als Zusatz jedoch nicht mehr verwendet. Dagegen hat sich nach Ansicht von POHMER [1983], S. 377 im allgemeinen Sprachgebrauch die Bezeichnung „ Mehrwertsteuer" durchgesetzt. Zur Abgrenzung des Begriffs „Mehrwert" von den Begriffen „Wertschöpfung" bzw. „Nettoumsatz" als technische Ermittlungsvarianten des Mehrwerts siehe POHMER [1964], S. 332-335, ders. [1980], S. 661 und S. 696-698. Im Rahmen dieser Arbeit soll unter Wertschöpfung ganz allgemein die Summe der umsatzsteuerbaren Leistungen eines Unternehmers verstanden und der Unterschied zu dem Mehrwert oder dem Nettoumsatz nicht weiter problematisiert werden, kritisch hierzu WALDEN [1988], S. 42.

1.2 Varianten der Nettoumsatzsteuer als der dominierenden Form der Umsatzbesteuerung

Die verschiedenen Formen der Nettoumsatzsteuer können einerseits nach der Besteuerungstechnik und andererseits nach der Belastungskonzeption unterschieden werden.[58]

Die Besteuerungstechnik gibt Antwort auf die Frage, wie der bei der Nettoumsatzsteuer zu ermittelnde Differenzbetrag zu berechnen ist (additiv oder subtraktiv, wobei sich die Differenz wiederum auf zweifache Weise ermitteln lässt)[59]. Für die Berechnung des Nettoumsatzes gibt es demzufolge vier verschiedene Möglichkeiten:

1. Bei dem **Vorumsatzabzugsverfahren** (direkte subtraktive Methode) wird der Nettoumsatz als Differenz zwischen dem Umsatz auf der Ausgangsseite und dem Vorumsatz auf der Eingangsseite (den Lieferungen und sonstigen Leistungen der Vorstufen) einer Unternehmung besteuert.
2. Im Rahmen der **Vorsteuerabzugsmethode** (indirekte subtraktive Methode) werden nicht die Vorumsätze, sondern die auf ihnen ruhenden Umsatzsteuern (Vorsteuern) des Unternehmens von der auf der Ausgangsseite berechneten Umsatzsteuer abgezogen.
3. Die direkte **additive Methode** fasst die einzelnen Faktoren der Wertschöpfung, d.h. im wesentlichen die im Unternehmen erwirtschafteten Einkommenskomponenten Löhne und Gehälter, gezahlte Zinsen, Mieten und Pachten sowie den Gewinn der Unternehmung zusammen[60] und wendet hierauf den Umsatzsteuersatz an.
4. In der indirekten **additiven Methode** knüpft die Umsatzsteuer dagegen an jede Zahlung eines Faktorentgelts an.[61]

---

[58] Statt vieler siehe POHMER [1980], S. 687.

[59] Je nachdem, ob zuerst die Wertschöpfung ermittelt und hierauf dann der Umsatzsteuersatz angewendet wird (direkte Methode) oder ob die Komponenten der Wertschöpfung unmittelbar, d.h. ohne ausdrückliche Berechnung der Wertschöpfung, besteuert werden (indirekte Methode), vgl. TAIT [1988], S. 4.

[60] Zins- und Beteiligungserträge sowie erhaltene Mieten und Pachten sind dabei abzuziehen, weil sie nicht unmittelbar in diesem Unternehmen erwirtschaftet wurden, POHMER [1980], S. 694. Zu den hieraus resultierenden Spezialproblemen bei der Wertschöpfungsberechnung der Banken siehe Abschnitt 3.2.

[61] Da bei der additiven Methode der Unterscheidung zwischen direkter und indirekter Ermittlung keine ähnlich große Bedeutung wie bei den subtraktiven Methoden zukommt, wird üblicherweise

In der EU (und weltweit) hat sich die Vorsteuerabzugsmethode durchgesetzt. Die Geltendmachung des Vorsteuerabzugs setzt hierbei (neben weiteren Bedingungen) einen offenen Ausweis der Umsatzsteuer auf den Rechnungen voraus. Dagegen ist bei dem Vorumsatzabzugsverfahren und der additiven Methode ein offener Umsatzsteuerausweis nicht vorgesehen. Dies wäre regelmäßig auch praktisch unmöglich, da ansonsten die Unternehmer gezwungen wären, ihre auf die einzelnen Ausgangsumsätze entfallenden Vorumsätze bzw. Wertschöpfungsbestandteile zu ermitteln.[62] Bei den beiden letztgenannten Methoden lässt der Umfang der von den Unternehmen der Vorstufe entrichteten Umsatzsteuer somit die Höhe der eigenen Umsatzsteuerschuld des Unternehmens unberührt[63].

Nach der Belastungskonzeption sind unabhängig von den Besteuerungstechniken der Nettoumsatzsteuer ebenfalls drei Varianten auseinander zuhalten, die sich in der steuerlichen Behandlung der Investitionen unterscheiden[64]. Geht man davon aus, dass als Belastungsobjekte einer Umsatzsteuer grundsätzlich die Investitionsgüter und die Konsumgüter in Betracht kommen[65] und beschreibt man die Möglichkeiten anhand der von der Umsatzsteuer getroffenen volkswirtschaftlichen Größen[66], ergeben sich folgende, am Beispiel der Vorumsatzabzugs- und Vorsteuerabzugsmethode dargestellte Umsatzsteuervarianten:

1. Bei der Nettoumsatzsteuer vom **Bruttosozialproduktstyp** wird im Ergebnis das gesamte Bruttosozialprodukt von der Umsatzsteuer erfasst, da alle in den Vorleistungen enthaltenen Investitionen bzw. alle auf Investitionen entfallende Vorsteuerbeträge vom Abzug ausgeschlossen sind.

2. Eine Nettoumsatzsteuer vom **Einkommenstyp** lässt neben den in den Vorleistungen enthaltenen Verbrauchsmaterialien auch Abschreibungen auf Investitionsgüter zum Abzug zu. Bei der Vorsteuerabzugsme-

---

jedoch wie in Darst. 2 aufgeführt, nur von drei Nettoumsatzsteuermethoden ausgegangen, siehe WISSENSCHAFTLICHER BEIRAT [1962], S. 17f; WÖHE [1991], S. 343.

62 Ein ähnliches Zuordnungsproblem – allerdings nur beim Nebeneinander von steuerpflichtigen und steuerfreien Umsätzen - stellt sich auch bei der Vorsteuerabzugsmethode bezüglich der Eingangsumsätze (vgl. § 15 Abs. 4 UStG, siehe hierzu Abschnitt 2.4.1.5).

63 Vgl. POHMER [1983], S. 379.

64 Vgl. POHMER [1983], S. 381 sowie HOMBURG [2000], S. 139.

65 Vgl. BEA [1980], S. 30.

66 So auch U.S. TREASURY DEPARTMENT [1984], S. 5-7 und POHMER [1993], S. 381-383.

thode müsste dies technisch dadurch geschehen, indem die in den Abschreibungen enthaltenen Vorsteuerbeträge pro rata temporis erstattet werden[67].

3. Die Nettoumsatzsteuer vom **Konsumtyp** schließlich gewährt den Unternehmen den sofortigen Abzug aller Investitionen im Rahmen derer Vorleistungen bzw. aller auf Investitionen entfallenden Vorsteuerbeträge.

Mit der Verwirklichung des Nettoumsatzsteuersystems mit Vorsteuerabzug in der EU hat man sich somit gleichzeitig auch für eine Nettoumsatzsteuer vom **Konsumtyp** entschieden.

1.3 Systemtragende Prinzipien der Umsatzsteuer

Zum Wesen der Umsatzsteuer ist in der Literatur viel geschrieben worden[68], dem können und sollen in dieser Arbeit keine neuen Erkenntnisse hinzugefügt werden. Es soll auch nicht der Versuch unternommen werden, eine schlüssige Systematik der Wesensmerkmale der Umsatzsteuer zu erstellen, zumal „die Prinzipien des Mehrwertsteuerrechts weder konsequent durchgeführt sind noch widerspruchsfrei sind“[69]. Im Folgenden ist (sind) jedoch – für die weitere Untersuchung unverzichtbar - das (die) systemtragende(n) Prinzip(ien) der Umsatzsteuer herauszuarbeiten.[70] Dabei soll der neuzeitlichen Entwicklung der Umsatzsteuer und damit der Tatsache Rechnung getragen

---

[67] Vgl. HOMBURG [2000], S. 139.

[68] Ausdrücklich zum „Wesen der Umsatzsteuer“ vgl. STADIE in RAU/DÜRRWÄCHTER [Umsatzsteuergesetz], Einf. Anm. 50ff., Lfg. 104, November 2000; BIRKENFELD [Umsatzsteuer-Handbuch] Bd. I, Einf., Rz 133ff., Lfg. 11, April 1996; KLENK in SÖLCH/RINGLEB [Umsatzsteuer], vor § 1, Rz 9ff., EL 44, September 2000; VOGEL in VOGEL/REINISCH/HOFFMANN [Umsatzsteuergesetz], Einleitung, Anm. 14ff., 70. Erg.-Lfg. 9/91; ECKHARDT in ECKHARDT/WEISS [Umsatzsteuergesetz], Einleitung, Tz 1 ff, Stammwerk o.J.; zu den „wesenbestimmenden Eigentümlichkeiten der Mehrwertsteuer“ vgl. PLÜCKEBAUM/MALITZKY [Umsatzsteuergesetz], Einl. D, RZ 79ff, 49. Lfg./Febr. 1973 (ohne Bearbeiterangabe); zur „Charakterisierung der Umsatzsteuer“ REIß in TIPKE/LANG [1998], § 14 Rz. 1-2; zum „Charakter von Umsatzsteuern“ RUPPE [1997]; S. 974ff und zu „Besteuerungsgrundsätzen“ BIRKENFELD/FORST [1998], S. 129ff.

[69] KLENK in SÖLCH/RINGLEB/LIST [Umsatzsteuer], vor § 1, Rz 10, EL 44, September 2000. „Das System der 6. USt-RL geht nach der Rechtsprechung des EuGH [vielmehr] von verschiedenen Grundprinzipien und Grundelementen aus, die sich teilweise überschneiden und sich ergänzen“, BIRKENFELD [1997], S. 244.

[70] Die Kenntnis der systematischen Grundlagen einer Steuer sind erforderlich, um Verstöße gegen den Gleichheitssatz zu erkennen, Gesetzeslücken aufzudecken und den teleologischen Orientierungsmaßstab zu liefern, den der Rechtsanwender braucht, um den Sinn des Gesetzes zu ermitteln, TIPKE [1972], S. 2.

werden, dass es sich bei der Umsatzsteuer um eine im Interesse des Gemeinsamen Marktes zu harmonisierende (indirekte) Steuer handelt.[71] Die auf der Grundlage der Art. 99, 100 i. V. m. 189 Abs. 3 EWG-Vertrag verabschiedete 1. USt-RL vom 11.4.1967[72], die für alle Mitgliedstaaten ein gemeinsames Mehrwertsteuersystem vorschreibt, umschreibt in Art. 2 Abs.[73] 1 bis 3 die Umsatzsteuer wie folgt [Hervorhebungen durch den Verfasser]:

„Das gemeinsame Mehrwertsteuersystem beruht auf dem Grundsatz, dass auf Gegenstände und Dienstleistungen, *ungeachtet der Zahl der Umsätze*, die auf den vor der Besteuerungsstufe liegenden Produktions- und Vertriebsstufen bewirkt wurden, eine **allgemeine** *zum Preis* der Gegenstände und Dienstleistungen *genau proportionale* **Verbrauchsteuer** anzuwenden ist.

Bei allen Umsätzen wird die Mehrwertsteuer, die nach dem auf den Gegenstand oder die Dienstleistung anwendbaren Steuersatz auf den Preis des Gegenstands oder der Dienstleistung errechnet wird, *abzüglich des Mehrwertsteuerbetrags* geschuldet, der die verschiedenen Kostenelemente unmittelbar belastet hat.

Das gemeinsame Mehrwertsteuersystem wird *bis auf die Einzelhandelsstufe* einschließlich angewandt."

Durch Art. 2 der 1. USt-RL wurde damit nicht nur die gemeinschaftsweite Einführung der Allphasenumsatzsteuer mit Vorsteuerabzug, sondern gleichzeitig auch die in den folgenden Abschnitten beschriebenen beiden wesentlichen Merkmale[74] der Umsatzsteuer[75] festgelegt:

---

[71] Art. 93 EG-Vertrag (i.d.F. des Vertrages von Amsterdam, früher Art. 99 EG-Vertrag).

[72] ABl. EG 1967 Nr. L 71, S. 1301.

[73] Der Terminologie der Rechtsprechung folgend verwendet diese Arbeit den Begriff Unterabsatz nicht zur Unterteilung von Artikeln, sondern für die von Absätzen.

[74] Das deutsche Umsatzsteuerrecht enthält beide Begriffe (Verbrauchsteuer und Neutralität der Umsatzsteuer) nicht. Anders dagegen das schweizerische Mehrwertsteuergesetz vom 2.9.1999 (abgedruckt in HARTMANN/METZENMACHER [Umsatzsteuergesetz], Teil B 250, Lfg. 1/01), das in Art. 1 die Mehrwertsteuer ausdrücklich als allgemeine Verbrauchssteuer bezeichnet, deren Erhebung namentlich nach dem Grundsatz der Wettbewerbsneutralität und unter Berücksichtigung der Überwälzbarkeit erfolgt.

[75] An dieser Stelle nicht weiter ausgeführt, gleichwohl ein bedeutendes Wesensmerkmal der Umsatzsteuer, ist deren Prägung durch gemeinschaftsrechtliche Vorgaben, siehe BIRKENFELD [2002], S. 153, demzufolge sich die Umsatzsteuer „immer weiter von den nationalen Fesseln befreit".

1.3.1 Allgemeine Verbrauchsbesteuerung im Sinne einer Einkommensverwendungssteuer

Nach der unverändert gültigen 1. USt-RL[76] ist die Umsatzsteuer ausdrücklich eine allgemeine Verbrauchsteuer.[77] Auch der EuGH versteht die Umsatzsteuer als Verbrauchsteuer und orientiert daran seine Auslegung des einschlägigen Gemeinschaftsrechts.[78] In der Literatur hat sich ebenfalls die Verbrauchsteuerauffassung „klar durchgesetzt"[79]. Das Bundesverfassungsgericht bestätigte jüngst in zwei Urteilen, dass die Umsatzsteuer „die Kaufkraft, den Markterfolg des Konsumenten [erfasst]"[80]. Schließlich orientierte sich bereits der Ratsbeschluss vom 21.4.1970 über die Ersetzung der Finanzbeiträge der Mitgliedstaaten durch eigene Mittel der Gemeinschaften[81] an dem Letztverbrauch im umsatzsteuerlichen Sinne in den Mitgliedstaaten als einheitliche Bemessungsgrundlage.[82]

Die jahrzehntelang seit den Anfängen der Umsatzbesteuerung[83] speziell in Deutschland[84] geführte Diskussion, ob die Umsatzsteuer eine Verkehrsteuer (da sie an Verkehrsvorgänge anknüpfe), eine Verbrauchsteuer (da das We-

---

[76] Siehe FN 73. Durch Art. 36 der 6. USt-RL (ABl. EG 1977 Nr. L 145, S. 1) wurde lediglich Art. 2 (Unter-)Absatz 4 und Art. 5 der 1. USt-RL aufgehoben.

[77] Zu weiteren Bestimmungen in der 6. USt-RL, die die Besteuerung des Endverbrauchs sicherstellen sollen, siehe STADIE in RAU/DÜRRWÄCHTER/FLICK/GEIST [Umsatzsteuergesetz], Einf. Anm. 72, Lfg. 104, November 2000.

[78] Ebenda, Anm. 73 mit zahlreichen Rechtsprechungshinweisen.

[79] REIß in TIPKE/ LANG [1998], § 14 Rz. 1.

[80] BVerfG vom 29.10.1999, S. 157 und vom 10.11.1999, S. 161.

[81] ABl. EG 1970 Nr. L 94, S. 19. Dieser Ratsbeschluss ist durch spätere Ratsbeschlüsse (zuletzt vom 29.9.2000, ABl. EG 2000 Nr. L 253, S. 42) ersetzt worden.

[82] Gem. Art. 2 des Ratsbeschlusses vom 31.10.1994 umfassen die Eigenmittel neben Agrarabschöpfungen und Zöllen auch Einnahmen, die sich aus der Anwendung eines für alle Mitgliedstaaten einheitlichen Satzes (Mehrwertsteuer-Abführungssatzes) auf die nach Gemeinschaftsvorschriften bestimmte einheitliche Mehrwertsteuer-Eigenmittelbemessungsgrundlage eines jeden Mitgliedstaates ergeben. Diese einheitliche Bemessungsgrundlage knüpft an den umsatzsteuerpflichtigen Endverbrauch an, vgl. WACHWEGER [1973], S. 221; MÜLLER [1972], S. 19; BMF [2001], S. 40. Der Mehrwertsteueranteil an den Eigenmitteln wurde in der Vergangenheit durch schrittweise Absenkung des Mehrwertsteuer-Abführungssatzes von 1,4% über 1,0% auf 0,75% (ab 2002) verringert. Ab 2004 wird dieser Satz weiter auf 0,5% gesenkt, BMF [2001], S. 41-42. In jüngerer Zeit wurden jedoch auch Überlegungen angestellt, dieses Einnahmensystem durch eine eigene Europasteuer zu ersetzen, vgl. o.V. [18.6.2001], BMF [2001], S. 44 sowie o.V. [10.8.2001] bis hin zu der Forderung, durch Übergang der Gesetzgebungskompetenz auf die Gemeinschaft die Umsatzsteuer als echte EG-Gemeinschaftssteuer auszugestalten, HAGEN/ REIß [2000], S. 110; kritisch hierzu REISS [1997], S. 22.

[83] Vgl. bereits POPITZ [1918], S. 6.

[84] Vgl. RUPPE [1999], Einf. Tz 31.

sen einer Steuer von ihrem Zweck und ihrer Wirkung bestimmt werde und da die Umsatzsteuer den Verbraucher belasten wolle und auch tatsächlich belaste) oder eine in die rechtliche Form einer Verkehrsteuer gekleideten allgemeine Verbrauchsteuer ist[85], kann somit vor dem Hintergrund der Verbindlichkeit der Umsatzsteuerrichtlinien für alle Mitgliedstaaten der EU[86] als abgeschlossen oder zumindest als nicht weiter diskussionswürdig betrachtet werden. „Viele ... haben hierzu das Nötigste gesagt“[87]. Nach wohl eindeutig herrschender Meinung ist die Umsatzsteuer - ungeachtet ihrer erhebungstechnischen Ausgestaltung als Verkehrsteuer[88] - von der Belastungskonzeption her eine indirekte allgemeine Verbrauchsteuer bzw. allgemeine Konsumsteuer[89]. „Nur der Letztverbrauch soll mit der Steuer belastet bleiben“.[90]

Bei genauerer Betrachtung ist die Umsatzsteuer jedoch eine allgemeine Einkommensverwendungssteuer auf das für konsumtive Zwecke verwendete Einkommen.[91] Das (den besteuerungswürdigen Tatbestand beschreibende) **Steuergut** der Umsatzsteuer sind die konsumtiven Einkommens- und/oder Vermögensverwendungen des Verbrauchers[92]. Der Umsatz der Unternehmer ist dagegen (nur) das die Besteuerungsabsicht des Gesetzgebers gesetzestechnisch zum Ausdruck bringende **Steuerobjekt** der Umsatzsteuer.[93] „.. die intendierte und – explicite oder implicite – normierte wirtschaftliche Wirkung

---

[85] Vgl. TEHLER [1986], S. 1-3 mit weiteren Literaturhinweisen in den Fußnoten 4, 9 und 10.

[86] Art. 249 Abs. 3 EG.

[87] RUPPE [1995], S. 459 m.w.N.

[88] Auf einen inneren Formwiderspruch zwischen beabsichtigter Verbrauchsteuer und vollzogener Verkehrsteuer sowie den hieraus resultierenden Problemen verweist HARDORP [1986], S. 169.

[89] So führende Steuerjuristen und –ökonomen auf einem Symposium des Frankfurter Instituts in Berlin am 29. und 30.3.2001, vgl. o.V. (2.4.2001), S. 19; o.V. (2.4.2001a), S. 5.

[90] BIRKENFELD [1997], S. 244. Ders. an gleicher Stelle jedoch auch: „Wo kein Letztverbrauch feststellbar ist, darf nicht besteuert werden. Was allerdings Verbrauch ist, wer Verbraucher ist, sagt weder die Richtlinie noch erklärt es der EuGH. Er setzt es voraus“.

[91] Nicht derjenige ist mit der Umsatzsteuer belastet, der tatsächlich verbraucht, sondern derjenige, der Einkommen oder Vermögen aufwendet, um verbrauchbare Leistungen von Unternehmern zu erwerben; folglich ist derjenige, der auf Kosten anderer konsumiert, nicht mit Umsatzsteuer belastet, hingegen aber wohl derjenige, der als Nichtunternehmer Konsumgüter erwirbt und Dritten zum Verbrauch weitergibt, RUPPE [1999], Einf. Tz 35.

[92] Vgl. auch TIPKE [1992], S. 107, demzufolge sich dieses Konzept mit Hinweis auf die Bemessungsgrundlage der Umsatzsteuer („...alles, was der Leistungsempfänger aufwendet, um die Leistung zu erhalten ....“, § 10 Abs. 1 Satz 2 UStG) aus dem Gesetz selbst klar entnehmen lässt. Für die Einkommensverwendung (und nicht den Verbrauch an sich) als Steuergut siehe auch MENSCHING [1998], S. 255 sowie STADIE in RAU/DÜRRWÄCHTER [Umsatzsteuergesetz], Einf. Anm. 87, Lfg. 104, November 2000: "Belastungsgrund ist nicht der Verbrauch der Güter, sondern die Verwendung von Vermögen für Güter jedweder Art, unabhängig davon, worin sich ihr Nutzen zeigt."

[93] Vgl. LANG in TIPKE/ LANG [1998], § 7 Rz. 25 sowie RUPPE [1999], Einf. Tz 32-39.

einer Steuer ist das vorrangige Kriterium für den rechtlichen Charakter einer Steuer ..., hinter dem die Steuertechnik zurückzutreten hat, wenn sich Steuergegenstand und Steuergut nicht decken."[94]

Integraler Bestandteil einer allgemeinen Verbrauchsteuer ist, dass diese den Endverbraucher belastet bzw. bei indirekter Erhebung wie im Falle der Umsatzsteuer auf diesen überwälzt wird[95], ansonsten wird „das Ziel einer endgültigen Belastung nur des Letztverbrauchers nicht erreicht und der gewollte Charakter der Steuer ginge verloren"[96]. Allgemein wird unterstellt, dass die Umsatzsteuer als Verbrauchsteuer regelmäßig auf den Endverbraucher überwälzt wird[97]; ob eine Überwälzung aber auch tatsächlich realisiert wird, entscheidet jedoch die reale Marktsituation.[98] Durch empirische Untersuchungen sei jedoch bestätigt, dass die beabsichtigte Überwälzung im Allgemeinen gelingt.[99] Aber auch wenn die Überwälzung der Umsatzsteuer im Einzelfall tatsächlich nicht gelingt, stellt dies aus rechtlicher Sicht die Charakterisierung der Umsatzsteuer als indirekte, allgemeine Verbrauchsteuer nicht in Frage.[100] „Für das rechtliche Wesen (den rechtlichen Charakter) der Umsatzsteuer als allgemeiner Verbrauchsteuer ist erforderlich, aber auch ausreichend, dass die Steuer von Gesetzes wegen auf Überwälzung ange-

---

[94] SÖHN [1975], S. 17.

[95] Vgl. STRENG [1999], S. 155. Zum Begriff der Überwälzung siehe SCHMÖLDERS [1981], S. 1429-1430.

[96] SÖHN [1975], S. 3.

[97] So bereits POPITZ [1918], S. 12: „In der Regel wird die Überwälzung gelingen". „...[N]ur in Zeiten einer Kaufstockung, eines „Käuferstreiks" mag die Überwälzung nicht gelingen", POPITZ [1921], S. 38.

[98] Vgl. DZIADKOWSKI [1998], S. 182. Der Umfang der Überwälzung ist dabei primär von der Elastizität der Nachfragefunktion abhängig, der sich der Unternehmer am Konsummarkt gegenübersieht (unendlich elastisch, völlig unelastisch oder im Regelfall zwischen diesen beiden Extremwerten liegend), wobei den Überwälzungsgrad im Einzelfall festzustellen ein in der Praxis schwieriges Unterfangen darstellt, SCHULT [1998], S. 139-140.

[99] So POHMER [1983], S. 392 mit Verweis auf Untersuchungen der Deutschen Bundesbank für die Bundesrepublik Deutschland. Allerdings wird in der wirtschaftswissenschaftlichen Literatur darauf hingewiesen, dass die Annahme, infolge der Überwälzung treffe die Umsatzsteuer nicht den Unternehmer, übersieht, dass die Umsatzsteuer den Endverkaufspreis der Güter und Leistungen erhöht und die Preishöhe einen Einfluss auf die absetzbare Menge und damit auch auf den Gesamtgewinn des Unternehmers hat, vgl., SCHNEIDER [1982], S. 381 ff; WÖHE [1991], S. 341; THEILE [1996], S. 159 ff, für den die Umsatzsteuer als Verbrauch(er)steuer nicht haltbar ist und daher von einer „Steuer auf die unternehmerische Wertschöpfung" spricht, S. 163. Das Argument des Entzugs von Kaufkraft ist aber keine Besonderheit bei der Umsatzsteuer, sondern betrifft alle Steuern, mit der Private belastet werden (also z. B. auch die Einkommensteuer), vgl. auch HARDORP [1984], S. 641.

[100] „Von einer wirklichen (indirekten) Verbrauchsteuer könnte allerdings nicht gesprochen werden, wenn Bedenken gegen die Annahme bestünden, dass die Überwälzung auf die Steuerdestinatäre in der Regel tatsächlich gelingt" TIPKE [1992], S. 108.

legt ist"[101]. Die Überwälzung ist das „Grundprinzip der Umsatzsteuer"[102] aber auch das „Kardinalproblem"[103] dieser Steuer. „Sie ist darauf angelegt, auf den Endverbraucher überwälzt zu werden"[104].

1.3.2 Grundsatz der Neutralität

Steuerneutralität bedeutet ganz allgemein, dass eine Steuer auf die von der Besteuerung betroffenen Wirtschaftsvorgänge keinen Einfluss hat[105] und daher „die von den Märkten bewirkte Lenkung der Ressourcen nicht stört"[106]. Neutralität bzw. Einflusslosigkeit allein ist jedoch nichtssagend und muss daher mit sinngebenden Zusätzen wie beispielsweise Entscheidungsneutralität, Rechtsform- und Finanzierungsneutralität oder Wettbewerbsneutralität der Besteuerung versehen werden[107]. Bei der Umsatzsteuer wird der Neutralitätsbegriff regelmäßig mit dem Wettbewerbsbegriff verbunden. Sowohl bei der Einführung der Nettoallphasenumsatzsteuer in Deutschland als auch im Zuge der Harmonisierung der Umsatzsteuer innerhalb der EU war daher die Wettbewerbsneutralität tragendes Element des Umsatzsteuerrechts:

Bei der Bruttoallphasenumsatzsteuer bis 1967 waren deren Hauptkritikpunkte die Kumulativ- und Kaskadenwirkung[108] und der damit verbundene Anreiz

---

[101] SÖHN [1996], S. 165 m.w.N., demzufolge die Abwälzbarkeit auf den Endverbraucher zwar zum Wesen der Umsatzsteuer gehört, dem Steuerschuldner (Unternehmer) jedoch nicht die Gewähr bietet, dass er den von ihm entrichteten Steuerbetrag immer von der Person ersetzt erhält, der nach der Konzeption des Gesetzgebers letztlich die Steuer tragen soll. Zu Vorschriften (aus der Historie des Umsatzsteuergesetzes bis zu dem heutigen Umsatzsteuergesetz mit seinem § 29), die beweisen, dass die Überwälzungstendenz ganz allgemein vom Gesetz unterstellt wurde, vgl. auch MENSCHING [1997], S. 54. Ob der Gesetzgeber die Überwälzung der Umsatzsteuer wirklich wollte, wird aber auch - mit Hinblick auf die unerwünschten Preissteigerungen – bestritten, PHILIPOWSKI [1985], S. 199.

[102] POPITZ [1918], S. 6 sowie derselbe [1921], S. 392: "[D]ie Überwälzung ist vielmehr gerade bei der Umsatzsteuer ... die Voraussetzung der Steuer und charakterisiert sie als Verbrauchsteuer...". Popitz wird hinsichtlich der Steuerwirkungen aber auch die Bemerkung „Das Beste an der Umsatzsteuer ist, dass niemand genau weiss, wer sie eigentlich trägt" zugeschrieben.

[103] POPITZ [1928], S. 6.

[104] BVerfG vom 29.10.1999, S. 157 und vom 10.11.1999, S. 161.

[105] Einflusslosigkeit als Wesensmerkmal der Neutralität, LOHSE [1999], S. 131 f.

[106] SCHREIBER/STELLPFLUG [1999], S. 190.

[107] Siehe hierzu auch ROSE [1985], S. 339-341 mit seiner Untersuchung zu der Frage, ob fehlende Neutralität als Verstoß gegen Steuergerechtigkeit anzusehen ist.

[108] Beide Effekte beruhten darauf, dass auf jeder Wirtschaftsstufe die Steuer im Ankaufspreis enthalten war, der seinerseits bei jedem weiteren Umsatz die neue Bemessungsgrundlage für die Preiskalkulation bildete. Hierdurch kam es zum einen zu einer neuerlichen Besteuerung der auf jeder Stufe entstandenen Wertschöpfung ohne Steuern (Kumulativwirkung); so wurde bei einem beispielsweise dreistufigen Warenweg der Warenwert der ersten Stufe dreimal, der Warenwert

zur vertikalen Konzentration, d. h. Ausschaltung von Wirtschaftsstufen durch Angliederung vorgelagerter oder nachfolgender Produktions- und Handelsstufen[109]. Damit war die Bruttoumsatzsteuer nicht **konzentrationsneutral**. In diesem Zusammenhang wurde der Bruttoumsatzsteuer deren Mangel an **Wettbewerbsneutralität** vorgeworfen[110], da miteinander in Wettbewerb stehende Waren und Leistungen – unter Umständen sogar gleiche - unterschiedlich mit Umsatzsteuer belastet waren, je nachdem, ob das Produkt ein einstufiges oder mehrstufiges Unternehmen zu durchlaufen hatte[111].

Im Zug der Harmonisierung der Umsatzsteuern in der EU wurden bereits in der Präambel[112] der 1. USt-RL[113] Umsatzsteuern gefordert, „durch welche die Wettbewerbsbedingungen nicht verfälscht und der freie Waren- und Dienstleistungsverkehr im Gemeinsamen Markt nicht behindert werden". Wenige Passagen weiter heißt es dort: „Die größte Einfachheit und Neutralität eines Mehrwertsteuersystems wird erreicht, wenn die Steuer so allgemein wie möglich erhoben wird und wenn ihr Anwendungsbereich alle Produktions- und Vertriebsstufen sowie den Bereich der Dienstleistungen umfasst". Noch einmal einige Passagen weiter wird gefordert „...eine Wettbewerbsneutralität in dem Sinne .., dass gleichartige Waren innerhalb der einzelnen Länder ungeachtet der Länge des Produktions- und Vertriebswegs steuerlich gleich belastet werden und dass im grenzüberschreitenden Handelsverkehr die steuerliche Belastung der Waren bekannt ist, damit ein genauer Ausgleich dieser Belastung vorgenommen werden kann". Demnach bezieht sich das europarechtliche Neutralitätsprinzip auf die Wettbewerbsneutralität sowohl im Handel innerhalb eines Landes als auch im Handel zwischen den Mitgliedstaa-

---

der zweiten Stufe zweimal und der Warenwert der dritten Stufe einmal versteuert. Zum anderen entstand, da die Umsatzsteuer selbst Preisbestandteil wurde, auf jeder Stufe (mit Ausnahme der „Urstufe") Steuer auf die Steuer aller Vorstufen (Kaskadenwirkung), vgl. hierzu auch POHMER [1980], S. 667-669.

[109] Bspw. in Form der Fusion oder der Konzernbildung mit Organschaftsverhältnissen, vgl. WÖHE [1991], S. 336.

[110] BVerfG vom 20.12.1966, S. 7. An späterer Stelle (S. 11) stellt das Gericht allerdings ausdrücklich fest, dass es eine in jeder Hinsicht völlig wettbewerbsneutrale Steuer nicht gibt und auch kaum denkbar ist, da jede Steuer irgendwie in das freie Spiel der wirtschaftlichen Kräfte eingreift.

[111] Vgl. SCHLIENKAMP [1967], S. 2.

[112] Nach Art. 253 EG sind Richtlinien mit Gründen zu versehen. Daher ist allen Umsatzsteuer-Richtlinien jeweils eine Präambel vorangestellt, die zum rechtsverbindlichen Richtlinientext gehört und aus mehreren Erwägungsgründen besteht, die als Kontext zu den Einzelregelungen besondere Bedeutung für die Auslegung des Gemeinschaftsrechts haben (vgl. hierzu auch die Rechtsprechungsübersicht bei LOHSE in RAU/DÜRRWÄCHTER [Umsatzsteuergesetz], Einf. VI Abschnitt 1.3.2, Lfg. 97, März 1999).

[113] ABl. EG 1967 Nr. L 71, S. 1301.

ten.[114] Der erste Aspekt der unterschiedslosen Verbrauchsbesteuerung aller Güter und Dienstleistungen, unabhängig von der Zahl der Produktions- und Vertriebsstufen wird nochmals deutlich in Art. 2 der 1. USt-RL[115]: „Das gemeinsame Mehrwertsteuersystem beruht auf dem Grundsatz, dass auf Gegenstände und Dienstleistungen ... eine allgemeine zum Preis der Gegenstände und Dienstleistungen genau proportionale Verbrauchsteuer anzuwenden ist".

Technisch wird das Neutralitätsprinzip durch den Vorsteuerabzug innerhalb der Unternehmerkette umgesetzt.[116] Damit wirken die auf den Vorleistungen ruhenden Umsatzsteuerbeträge nicht als Kostenfaktor, die Steuer wird auf Ebene der Unternehmen neutralisiert. Mittels der (vollständigen) Vorsteuerentlastung „sind alle Waren unabhängig von der Anzahl vorheriger Bearbeitungs- und Handelsstufen prozentual gleich belastet. Die Mehrwertsteuer ist wettbewerbsneutral und hat keinen Einfluss mehr auf die Arbeitsteilung und Konzentration zwischen Unternehmen."[117] „Alle miteinander in Wettbewerb stehende Waren und Leistungen sind – gemessen am Verkaufspreis – in gleicher Höhe mit Umsatzsteuer belastet. Die Steuerbelastung entspricht stets dem nominellen Steuersatz."[118]

Nach dem Verständnis der Umsatzsteuerrichtlinien in der EU kann Neutralität der Umsatzbesteuerung somit im Sinne einer **allgemeinen** und **gleichmäßigen** Umsatzbesteuerung interpretiert werden, wobei Abweichungen durch Steuerbefreiungen oder Steuersatzdifferenzierungen diesem Ziel zuwiderlaufen.[119]

---

[114] THEILE [1995], S. 89 f. spricht in diesem Zusammenhang von Wettbewerbsneutralität „nach innen" und „nach außen". SCHLIENKAMP [1997], S. 120 weist jedoch zu Recht darauf hin, dass das Gebot der Wettbewerbsneutralität nicht nur innerstaatlich und innergemeinschaftlich, sondern auch im Verhältnis zu Drittländern zu beachten ist.

[115] ABl. EG 1967 Nr. L 71, S. 1301.

[116] § 15 Abs. 1 UStG bzw. Art. 17 bis 19 der 6. USt-RL.

[117] KIRCHHOF/MOLL [1981], S. 1436 f.

[118] SCHLIENKAMP [1967], S. 3. „Hierbei ist [allerdings] zu berücksichtigen, dass es Wettbewerb nicht nur zwischen gleichartigen und substitutiven Gütern gibt, da letztlich alle Anbieter gegeneinander um die Ausgabenbudgets der Nachfrager (= monetäre Gesamtnachfrage) konkurrieren", RÜRUP/SCHREIBER [1981], S. 1626. Im ausländischen Schrifttum wird daher explizit die Forderung nach umsatzsteuerlich neutraler Behandlung von Finanzdienstleistungen und anderen Gütern und Dienstleistungen, von verschiedenen Anbietern von Finandienstleistungen (einschließlich Factoring- und Leasingunternehmen sowie Anbietern von Warenkrediten) und von inländischen und ausländischen Finanzdienstleistungsanbietern, erhoben, TAIT [1995], S. 2; GILLIS [1990], S. 86.

[119] So auch WALDEN [1988], S. 58 und KRAUTWALD [1982], S. 16 ff. mit weiteren Ausführungen zu den Merkmalen „allgemein" und „gleich", die er sowohl auf das Steuerobjekt (Erfassung sämt-

Durch die Steuerentlastung auf der Eingangsseite ist die Umsatzsteuer ferner auch **produktionsneutral**, d. h. neutral in Bezug auf die eingesetzten Produktionsfaktoren Arbeit und Kapital[120] und beeinflusst damit nicht die Entscheidung „make or buy". „Compared to a no-tax situation, the tax would not encourage firms to favour the use of either labor or capital in the production process."[121] Schließlich wird vor allem in der Finanzwissenschaft die **intertemporale Neutralität** als erstrebenswerte Eigenschaft einer Konsumsteuer hervorgehoben.[122] Unter diesem Blickwinkel hat die Umsatzsteuer gegenüber der traditionellen Einkommensteuer den generellen Vorzug, nicht die „Konsum-Spar-Entscheidung" zu beeinflussen[123]; sie ist konsumneutral[124].

Bereits dieser (kurze) Überblick verdeutlicht, dass der Neutralitätsbegriff bei der Umsatzsteuer relativ und dabei äußerst vielfältig ist. Hierbei scheint der Begriff der Wettbewerbsneutralität zumindest in dem deutschsprachigen Fachschrifttum vorherrschend zu sein. Gleichwohl weist Lohse zu Recht darauf hin, dass die Wettbewerbsneutralität nicht den Begriffsumfang der vom Mehrwertsteuersystem gewährleisteten und der Rechtsprechung des EuGH zugrunde liegenden Neutralität erreicht.[125] Wenn im Rahmen dieser Arbeit ganz allgemein – und ohne sinngebenden Zusatz - von der Neutralität der Umsatzsteuer gesprochen wird, soll daher in Anlehnung an Lohse einer Sys-

---

licher Güter bei gleichem Steuersatz für alle Güter) als auch auf das Steuersubjekt bzw. den Steuerdestinatar (Erfassung sämtlicher Personen bei gleichem Steuersatz für alle Personen) anwendet. Ferner (Hervorhebungen jeweils durch den Verfasser): GILLIS [1987], S. 12: „Achievement of the aims of consumption taxation requires taxation of **all** personal consumption expenditure. Neutrality under a consumption-type VAT will be interpreted to require **uniform** taxation of all current personal consumption expenditure"; U.S. TREASURY DEPARTMENT [1984], S. 18-19: „**Exclusions** from the tax base would make the tax **less neutral** and distort consumption and production decisions in favour of the the preferentially-taxed items. The experience of other countries indicates that nonuniform coverage and **rate differentiation** are the prime sources of **non-neutrality** in the value-added tax" sowie NUTSFORD [1995], S. 3 mit Bezug auf die neuseeländische GST: "...the tax should apply to **all** goods and services at a **single rate** and .. **exemptions** should be kept to a **minimum**."

[120] Vgl. SCHMIDT [1999], S. 20 f.

[121] U.S. TREASURY DEPARTMENT [1984], S. 18.

[122] Vgl. LANG in TIPKE/LANG [1998], § 4 Rz. 119-122.

[123] Vgl. HILLER [1999], S. 793; SCHMIDT [1999], S. 21; mit Zahlenbeispiel: U.S. TREASURY DEPARTMENT [1984], S. 19 und SCHREIBER/STELLPFLUG [1999], S. 187 f.

[124] Treffender umschrieben in der englischen Fachliteratur: „A tax is neutral toward consumption if it does not cause consumers to change their buying habits, to buy more of some commodities and less of others", U.S. TREASURY DEPARTMENT [1984], S. 29.

[125] Vgl. LOHSE [1999], S. 134 und S. 137, wonach die EuGH-Rechtsprechung die unterschiedlichsten Aspekte zeigt, auf die die Mehrwertsteuer ohne Einfluss bleibt.

tematisierung gefolgt werden, die auf der Unterscheidung beruht, ob sich die Neutralität auf Eingangs- oder Ausgangsumsätze bezieht[126]:

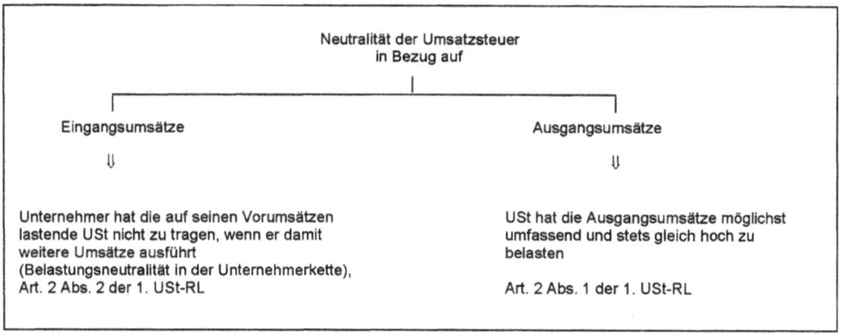

Darst. 3: Neutralität der Umsatzsteuer

Im Übrigen verdeutlicht dieser Neutralitätsbegriff den engen inneren Zusammenhang mit dem Verbrauchsteuercharakter der Umsatzsteuer, da die Belastung nur des Letztverbrauchers mit der Aussage gleichgesetzt werden kann, dass innerhalb der Unternehmerkette keine Steuerbelastung verbleiben darf. Nichts anderes besagt jedoch auch die Belastungsneutralität. Außerdem stellt dies die Voraussetzung für eine umfassende und gleich hohe Belastung der Ausgangsumsätze dar.[127]

[126] Ebenda, S. 138; gl. A. WESTENBERGER in OFFERHAUS/SÖHN/LANGE [Umsatzsteuer], § 9 UStG Rn. 19, 148. Erg.-Lfg., Mai 2002.

[127] In Teilen der Literatur wird insbesondere im Verhältnis von Verbrauchsteuercharakter und Wettbewerbsneutralität auch ein Über- und Unterordnungsverhältnis angedeutet. STADIE in RAU/DÜRRWÄCHTER [Umsatzsteuergesetz], Einf. Anm. 291, Lfg. 104, November 2000 beschreibt das Prinzip der Verbrauchbesteuerung als primären Maßstab für die Auslegung des Umsatzsteuergesetzes und spricht von dem „Subprinzip der Wettbewerbsneutralität". Dem schließt sich WALDEN [1988], S. 82 f. an, da er nicht die wettbewerbsneutrale Besteuerung, sondern die Verbrauchsbesteuerung als das Steuergut der Umsatzsteuer bezeichnet („.. deshalb ist nicht eine allgemeine Verbrauchsbesteuerung, sondern u.a. eine wettbewerbsneutrale Besteuerung ein zu beachtender Grundsatz (Nebenbedingung) im Rahmen der Umsatzsteuer als indirekter Verbrauchsteuer"), ebenso SÖHN [1976], S. 3, der die Herstellung gleicher Wettbewerbsverhältnisse nur als „vordergründiges" Harmonisierungsziel bezeichnet: „Was letztlich erreicht werden muss, erschließt sich erst aus dem *Charakter* ... der *Umsatzsteuer* ...". Auch JAKOB [1992], S. 11 scheint sich dem anzuschließen, da er die wettbewerbsneutrale Umsatzbesteuerung als „flankierende Auslegungslinie neben den allgemeinen Verbrauchsteuergedanken treten lässt". Eine andere Auffassung vertritt THEILE [1996], S. 158, wenn er darauf verweist, dass sich ungeachtet der ausdrücklichen Erwähnung der Umsatzsteuer als „allgemeine Verbrauchsteuer" in Art. 2 der 1. USt-RL weit häufiger das Erfordernis der Wettbewerbsneutralität finden lässt. „Ungeachtet dessen, dass die Definition von Wettbewerbsneutralität in der Richtlinie ihrerseits erläuterungsbedürftig ist, scheint dieses Ziel jenes der Verbrauchsbelastung zu dominieren" sowie ders. [1995], S. 27-32, der Wettbewerbsneutralität als primäres und Verbrauchsbelastung als (bloß) abgeleitetes Harmonisierungsziel bezeichnet, da sich die Forderung nach

Nachdem mit dem Verbrauchsteuercharakter und der Neutralität (in den verschiedensten Begriffsausprägungen) die beiden bedeutsamen Wesensmerkmale der Umsatzsteuer bestimmt sind, kann nunmehr in Teil 2 dieser Arbeit untersucht werden, ob der Gesetzgeber mit den derzeit gültigen Regelungen über die Umsatzbesteuerung des Einlagen- und Kreditgeschäfts der Banken das Ziel einer von dem Neutralitätsprinzip geprägten Verbrauchsteuer erreicht hat.

Wettbewerbsneutralität unmittelbar aus dem EG-Vertrag ergibt (Art. 3 i.V.m. Art. 93 EG), während die Charakterisierung der Umsatzsteuer als Verbrauchsteuer nur aus sekundär geltendem Gemeinschaftsrecht (Art. 2 Abs. 1 der 1. USt-RL) hervorgeht. Nach DZIADKOWSKI [1999] S. 625 scheint die Neutralität sogar zum beherrschenden Prinzip des Umsatzsteuersystems geworden zu sein. Welchem der beiden systemtragenden Prinzipien der Vorrang gebührt, kann nach Meinung des Verfassers dieser Arbeit jedoch dahingestellt bleiben, da beide Merkmale, obwohl nicht auf die gleiche Ebene gehörend (Wettbewerbsneutralität zielt – anders als der Verbrauchsteuercharakter – nicht auf die Verbraucher, sondern auf die auf Überwälzung der Umsatzsteuer angewiesene Unternehmer, vgl. TIPKE 1992, S. 113), sich letztlich gegenseitig bedingen: Belastung des Verbrauchs durch Umsatzbesteuerung bedeutet zwangsläufig, dass sich die Umsatzsteuer innerhalb der Unternehmerkette nicht belastend auswirken darf. Umgekehrt kann Neutralität der Umsatzsteuer im Sinne vollständiger Entlastung der Unternehmer von Vorsteuern (Belastungsneutralität) nur bedeuten, dass der Verbrauch (Endverbraucher) durch Umsatzbesteuerung belastet wird.

2. Teil: Analyse der derzeitigen Besteuerungspraxis

2.1 Zur Steuerbarkeit des Einlagen- und Kreditgeschäfts

§ 1 UStG zählt abschließend die Tatbestände auf, die der Umsatzsteuer unterliegen. Für das Einlagen- und Kreditgeschäft von Banken und Sparkassen kommt hier nur § 1 Abs. 1 Nr. 1 Satz 1 UStG in Betracht. Danach unterliegen Lieferungen und sonstige Leistungen (Umsätze), die ein Unternehmer im Inland gegen Entgelt im Rahmen seines Unternehmens ausführt, der Umsatzsteuer. Sämtliche dieser Tatbestandsmerkmale müssen erfüllt sein, damit ein steuerbarer Umsatz vorliegt.

Die Unternehmereigenschaft i. S. d. § 2 UStG liegt bei Kreditinstituten, die das Einlagen- und Kreditgeschäft betreiben, zweifelsfrei vor[128], ebenso das Tatbestandsmerkmal „im Rahmen seines Unternehmens". Da es sich bei Kreditinstituten um erwerbswirtschaftlich ausgerichtete Unternehmen handelt, ist auch das Kriterium der Entgeltlichkeit der Umsätze von Banken nicht weiter problematisch bzw. soll an dieser Stelle nicht weiter vertieft werden[129].

Aufgrund des Verbrauchsteuercharakters der Umsatzsteuer ist des Weiteren Voraussetzung für die Steuerbarkeit des Kredit- und Einlagengeschäfts von Banken, dass diese Leistungen im Inland erbracht werden.[130] In Abhängigkeit von Leistungsempfänger und Ort seiner Ansässigkeit sowie der Ansässigkeit der die Leistung ausführenden Bank lassen sich aufgrund der kasuistischen

---

[128] Bei privatrechtlich organisierten Banken über § 2 Abs. 1 UStG und bei Sparkassen als Anstalten des öffentlichen Rechts über § 2 Abs. 1 und 3 UStG i. V . m. § 1 Abs. 1 Nr. 6 KStG. Zumindest bei dem Einlagen- und Kreditgeschäft liegt es auf der Hand, dass hier Leistungen gegen Entgelt erbracht werden, anders als bspw. bei dem bloßen Halten von Beteiligungen an Kapitalgesellschaften (keine nachhaltige gewerbliche oder berufliche Tätigkeit i. S. des § 2 Abs. 1 UStG, so BFH vom 15.1.1987, S. 512).

[129] Vermeintlich kostenlose Serviceleistungen im Rahmen von Mischkalkulationen (z. B. kostenlose Girokontoführung bei Unterhalten eines bestimmten Mindestguthabens) erscheinen nur auf den ersten Blick ohne Gegenleistung und schließen die Entgeltlichkeit daher nicht aus.

[130] Zum Begriff des Inlandes siehe § 1 Abs. 2 UStG. Die Bestimmungen hinsichtlich des Ortes der sonstigen Leistung bei dem Kredit- und Einlagengeschäft von Banken sind in § 3 a Abs. 3 i. V. m. § 3 a Abs. 4 Nr. 6 Buchst. a und § 4 Nr. 8 Buchst. a bis g UStG bzw. § 3a Abs. 1 UStG geregelt. Vor Einführung dieser Vorschrift durch das UStG 1980 war der Ort der sonstigen Leistung durch § 3 Abs. 10 UStG 1967 (BStBl I 1967, S. 224) bestimmt; danach wurde (u. a.) eine sonstige Leistung im Inland ausgeführt, wenn der Unternehmer ausschließlich oder zum wesentlichen Teil im Inland tätig wurde. Gewährte ein inländischer Kreditgeber Darlehen an einen ausländischen Kreditnehmer, lag der Ort der Leistung somit immer im Inland, weil der Kreditgeber durch die Hingabe und durch das Belassen des Darlehens ausschließlich im Inland tätig wurde (BFH vom 21.7.1988, S. 117, ebenso BFH vom 21.11.1991, S. 640).

und komplizierten Regelungen für den Ort sonstiger Leistungen[131] bis zu 21 Fälle darstellen, die in der nachstehenden Darstellung zusammengefasst sind, wobei für das Drittland die gleiche Leistungsortbestimmung wie im deutschen Umsatzsteuergesetz unterstellt wird[132] sowie ferner, dass es sich bei dem aufgeführten EU-Ausland immer um das gleiche Land im Gemeinschaftsgebiet handeln soll[133]:

Empfänger der Bankleistung	Unternehmer	Privater	jur. Person des öffentl. Rechts	Unternehmer	Privater bzw. jur. Person des öffentl. Rechts	Unternehmer	Privater bzw. jur. Person des öffentl. Rechts
Bank	Inland			EU-Ausland		Drittland	
Inland	Inland	Inland	Inland	EU-Ausland	Inland	Drittland	Drittland
EU-Ausland	Inland	EU-Ausland	EU-Ausland	EU-Ausland	EU-Ausland	Drittland	Drittland
Drittland	Inland	Drittland	~~Drittland~~ Inland	EU-Ausland	Drittland	Drittland	Drittland

Darst. 4: Bestimmung des Ortes der Bankleistung

---

[131] Vgl. LIPPROSS [2000], S.145. Die Vorschriften über den (innerhalb der EU über Art. 9 der 6. USt-RL harmonisierten) Ort sonstiger Leistungen regeln zugleich den Grenzausgleich im grenzüberschreitenden Dienstleistungsverkehr, da auf Dienstleistungen dieser Grenzausgleich aus praktischen Gründen nur schwer anwendbar ist (siehe aber auch Hinweis bei RUPPE [1999], Einf Tz 21 auf das Schweizer Mehrwertsteuerrecht, das den Grenzausgleich auch auf Dienstleistungen ausdehnt, also den Import von Dienstleistungen der Steuer unterwirft und den Export von Dienstleistungen von der Steuer befreit).

[132] Für das EU-Ausland kann aufgrund der harmonisierten Regelungen über den Ort der Bankleistung (Art. 9 der 6. USt-RL) davon ausgegangen werden, dass die jeweiligen nationalen Regelungen dem deutschen Umsatzsteuergesetz entsprechen.

[133] Bankleistungen einer Bank im EU-Ausland A an einen Leistungsempfänger mit Ansässigkeit im EU-Ausland B wurden dagegen in die Darst. 4 nicht aufgenommen, da dieser Fall unter der oben getroffenen Prämisse genauso zu behandeln ist wie der Fall einer Leistung aus dem Inland an das EU-Ausland.

Aus der Darstellung werden drei Regeln der Ortsbestimmung der sonstigen Leistung unmittelbar ersichtlich[134]: Ist der Empfänger der Bankleistung ein Unternehmer, so erfolgt die Ortsbestimmung nach dem **Empfängerortprinzip.**[135] Ist der Empfänger dagegen kein Unternehmer (also Privatperson bzw. juristische Person des öffentlichen Rechts) und hat er seinen Wohnsitz oder Sitz im Drittlandsgebiet[136], wird die Bankleistung entsprechend dem **(Wohn-) Sitzortprinzip** an seinem Wohnsitz oder Sitz im Drittland ausgeführt[137]. Bei Bankleistungen an Nichtunternehmer mit Sitz im Gemeinschaftsgebiet (Inland oder EU-Ausland) bestimmt sich der Ort nach dem **Leistungsortprinzip**[138] mit Ausnahme der Sonderregelung der Rückverlagerung des Leistungsortes vom Drittland in das Inland gem. § 1 Abs. 1 Nr. 1 UStDV bei Bankleistungen einer drittlandsansässigen Bank an eine im Inland ansässige juristische Person des öffentlichen Rechts (soweit Nichtunternehmer).

Aus Sicht des Kreditinstituts ist bezüglich der Steuerbarkeit seiner Umsätze im Kredit- und Einlagengeschäft nunmehr wie folgt zu unterscheiden:

2.1.1 Kreditgeschäft

Das Gesetz über das Kreditwesen (KWG)[139] als wichtigste Rechtsgrundlage des Bankwesens in der Bundesrepublik Deutschland definiert in seinem § 1 Abs. 1 Nr. 2 als Kreditgeschäft die Gewährung von Gelddarlehen und Akzeptkrediten. Das Wesen des Kreditgeschäfts liegt also in der Gewährung von Krediten.

---

[134] Zu weiteren, einer Systematisierung des Ortes der sonstigen Leistung zugrunde liegenden Prinzipien, siehe LIPPROSS [2000], S.145-146 sowie WIDMANN [1990], S. 131-132.

[135] § 3 a Abs. 3 Sätze 1 und 2 UStG, in Darst. 4 hellgrau hervorgehoben (von oben nach unten verlaufende Betrachtung).

[136] Gebiet, das nicht Gemeinschaftsgebiet ist (§ 1 Abs. 2a Satz 3 UStG).

[137] § 3 a Abs. 3 Satz 3 UStG, letzte Spalte in obiger Darst. 4 (ebenfalls von oben nach unten verlaufende Betrachtung).

[138] § 3 a Abs. 1 UStG, in Darst. 4 dunkelgrau hervorgehoben (von links nach rechts verlaufende Betrachtung).

[139] BGBl I 1998 S. 2776 i.d.F. vom 9.9.1998, zuletzt geändert m.W.v. 1.8.2001 durch Gesetz vom 16.2.2001 (BGBl I 2001, S. 266).

Nach der älteren Rechtsprechung des BFH ist unter Kreditgewährung die zur Verfügungstellung von Kapital gegen das Versprechen künftiger Rückzahlung zu verstehen[140]. Allerdings stellte bereits der RFH klar, dass der Umsatz nicht in der Hingabe und späteren Rückzahlung der Kreditsumme besteht[141], „weil [insoweit] ein Leistungsaustausch gar nicht vorliegt, die Rückzahlung nicht etwa ein Entgelt für die Darlehensgewährung ist. Das Entgelt für die Darlehensgewährung ist vielmehr die Bezahlung von Zinsen..."[142]. Kreditgewährung im umsatzsteuerlichen Sinne ist also darin zu sehen, dass die Bank als Kreditgeber dem Kreditnehmer Geldkapital gegen Entgelt zur Nutzung überlässt[143], wobei das Entgelt in der Gegenleistung besteht, die der Kreditnehmer aufzuwenden hat, um die Kapitalnutzung zu erhalten (im wesentlichen also Zinsen[144]). „Die Überlassung von Kapital gegen Zins ist ein Leistungsaustausch, der von Seiten der Banken steuerbar ist"[145]. Die Kreditgewährung ist eine sonstige Leistung i.S.d. § 3 Abs. 9 UStG der Bank an den Kreditnehmer, und zwar eine Dauerleistung.[146] Hingabe und Rückgewähr des Kapitals sind lediglich nicht steuerbare Geldbewegungen, die außerhalb des Leistungsaustauschs stehen.[147] Diesem Verständnis hat sich schließlich auch der BFH angeschlossen.[148]

---

[140] BFH vom 8.3.1956, S. 158-159.

[141] So RFH vom 22.12.1933, S. 637, demzufolge „der Betrag, der an den Steuerpflichtigen lediglich zur Abdeckung eines in Anspruch genommenen Kredits vom Kreditnehmer gezahlt wird, [.] kein Entgelt für die Kreditgewährung ... dar[stellt]."

[142] RFH vom 26.4.1940, S. 656. „Die Kreditgewährung ist nur insoweit umsatzsteuerbar, als dem Kreditgeber als Entgelt für die Einräumung der Kapitalnutzung Zinsen, Provisionen oder Gebühren gewährt werden", BURHOFF et al. [1971], S. 204.

[143] Vgl. DASSEL/SCHÜTTE/EGGER, IX C S. 8-9; BIRKENFELD [1969], S. 335; MATHEJA [1973], S. 116 und BÄHR [1996], S. 156.

[144] Zum Entgelt für Kreditgewährungen im einzelnen HANDZIK in OFFERHAUS/SÖHN/LANGE [Umsatzsteuer], § 4 Nr. 8 UStG, Rn. 22-23, 141. Erg.-Lfg., September 2001.

[145] JAKOB [1992], S. 150.

[146] Vgl. HAHN/KORTSCHAK [1996], S. 210.

[147] Vgl. PHILIPOWSKI [1979], S. 2, der sich für eine neue Begriffsbestimmung i. S. v. „vorübergehende Nutzung von Kaufkraft" ausspricht.

[148] BFH vom 19.3.1970, S. 603 („Hingabe von Kredit .. zur Nutzung mit dem Versprechen künftiger Rückzahlung seitens des Kreditnehmers..") und BFH vom 21.7.1988, S. 118, der das Belassen des Kapitals wirtschaftlich als das Gewähren von Kaufkraft auf Zeit versteht und das Wesen des Geldkredits umsatzsteuerrechtlich in der Überlassung der Nutzung des Kapitals sieht. Die neuere Auffassung legt den Akzent somit auf die Dauerleistung, die ältere Rechtsprechung (siehe FN 140) auf die Hingabe des Kapitals, also auf einen Vorgang, mit dem die Dauerleistung beginnt. Bestimmte Handlungen des Kreditgebers, die nach Auszahlung des Kredits vorgenommen und gesondert vergütet werden (z. B. bei Auswechslung von Kreditsicherheiten oder Erteilung von Löschungsbewilligungen), konnten nach dem Verständnis der älteren Auffassung somit nicht Bestandteil oder Nebenleistung der Kreditgewährung sein, weil ja bereits mit der Kreditauszahlung die Kreditgewährung abgeschlossen war, vgl. PHILIPOWSKI in RAU/DÜRRWÄCHTER [Umsatzsteuergesetz], § 4 Nr. 8, Anm. 27, Lfg. 104, November 2000.

2.1.2 Einlagengeschäft

Das Einlagengeschäft ist nach § 1 Abs. 1 Nr. 1 KWG die Annahme fremder Gelder als Einlagen ohne Rücksicht darauf, ob Zinsen vergütet werden und dient den Kreditinstituten zur Beschaffung von Finanzierungsmitteln im Wesentlichen für das Kreditgeschäft.

Aus dem Blickwinkel der Bank kann die Annahme von Einlagen für sich allein betrachtet umsatzsteuerlich jedoch keinen Leistungscharakter haben, denn „die eigentliche Leistung wird vielmehr von der anderen Seite, d. h. vom Einleger in Form einer Kreditgewährung erbracht".[149] Mit den steuerbaren (und nach § 4 Nr. 8 Buchst. d) UStG von der Umsatzsteuer befreiten) Leistungen sind vielmehr die Leistungen dessen gemeint, der die Einlagen entgegennimmt. Folgerichtig verbleiben als Leistungen des Kreditinstituts im Einlagengeschäft nur Leistungen, die als Nebenleistungen des Einlagengeschäfts anzusehen sind, sofern dafür überhaupt ein Entgelt in Form von Gebühren, Provisionen oder Kostenerstattungen berechnet wird. Nach Auffassung der Finanzverwaltung gehören zu diesen Leistungen z. B. Kontenauflösungen, Kontensperrungen, die Veräußerung von Heimsparbüchsen und sonstige mittelbar mit dem Einlagengeschäft zusammenhängende Leistungen.[150]

---

[149] DASSEL/SCHÜTTE/EGGER [1982], IX C S. 23, November 1982: ferner bereits POPITZ [1918], S. 87: „Das Depositengeschäft dagegen steht dem Darlehensgeschäft gleich und ist steuerfrei". Zum gleichen Ergebnis kommen ECKHARDT in ECKHARDT/WEISS [Umsatzsteuergesetz], § 4 Nr. 8, Tz. 136, 5. Erg.-Lief., PLÜCKEBAUM/MALITZKY [Umsatzsteuergesetz], § 4 Nr. 8 UStG, RZ 124, 117. Lfg. / Juni 1988, PHILIPOWSKI in RAU/DÜRRWÄCHTER [Umsatzsteuergesetz], § 4 Nr. 8, Anm. 205, Lfg. 104, November 2000, demzufolge das Spiegelbild der Annahme von Einlagen - die Hergabe des Geldes als Einlage - schon als Kreditgewährung steuerfrei ist, vorausgesetzt, dass überhaupt eine steuerbare Leistung (z. B. Unternehmereigenschaft des Einlegers) gegeben ist, HARTMANN/ WEBER/ SCHNITTKER [1995], S. 19 mit Hinweis darauf, dass für Einlagen bei Kreditinstituten die Vorschriften über das Darlehen i. S. d. § 607 BGB gelten und daher auch umsatzsteuerlich die Einlage als Leistung des Anlegers (und zwar als Kreditgewährung) zu qualifizieren ist und BURHOFF/MIELKE/SCHWARZE [1974], S. 99, die z. B. die Spareinlage unter die Kreditgewährung subsumieren. Auch der EuGH mit Urteil vom 11.7.1996 – Regie dauphinoise (zu Fremdgeldanlagen eines Immobilienverwalters) betrachtet die Anlagen bei Finanzinstituten als an diese (die Finanzinstitute) erbrachte Dienstleistungen (Gelddarlehen), für die als Entgelt Zinsen gezahlt werden (Rdnr. 16), unentschieden jedoch dann wieder in Rdnr. 19 bei der rechtstechnischen Einordnung unter Art. 13 Teil B Buchstabe d in Nummer 1 oder 3 der 6. USt-RL.

[150] Vgl. Abschnitt 61 Abs. 1 UStR. Tatsächlich sind jedoch diese – nicht separat berechneten – Leistungen nicht „kostenlos", da sich die Bank diese Leistungen in Form von im Vergleich zu marktkonformen Zinssätzen geringeren Einlagenzinsen bezahlen lässt („Mischkalkulation").

Nach einer differenzierenden Auffassung ist danach zu unterscheiden, ob die Leistung der Bank[151] oder die Leistung des Sparers (also die Kreditgewährung)[152] den wirtschaftlichen Gehalt des Vorgangs ausmacht.[153] Bei Kombination beider Leistungen - Kreditvertrag (der Sparer überlässt Kapital zur Nutzung an die Bank und erhält dafür Zinsen) und Verwahrungsvertrag (die Bank übernimmt die Verwahrung des Kapitals und hat dafür i.V.z. einer „normalen" Kreditaufnahme weniger Zinsen zu bezahlen) – müssten ggf. die Grundsätze über den tauschähnlichen Umsatz Anwendung finden, sofern die Leistung des privaten Sparers unter dem Blickwinkel der Unternehmereigenschaft überhaupt steuerbar ist. Dies wird jedoch nach derzeitiger Rechtsprechung verneint.[154]

Somit ist für den Untersuchungsgegenstand dieser Arbeit – die Beschaffung und Auslegung von Finanzierungsmitteln – festzuhalten, dass die Banken und Sparkassen nur im Kreditgeschäft, nicht aber im Einlagengeschäft, das durch eine Kreditgewährung des Sparers gekennzeichnet ist, steuerbare Umsätze tätigen. Die Steuerbarkeit im Einlagengeschäft beschränkt sich auf

---

[151] Z.B. Ermöglichung des bargeldlosen Zahlungsverkehrs bei Girokonten oder die Verwahrung von kleineren Guthaben bei Sparkonten.

[152] Bspw. bei Sparkonten mit höheren Guthaben oder bei festverzinslichen Wertpapieren.

[153] Vgl. RUPPE [1999], § 1 Tz 44 und 57.

[154] Der BFH vertritt die Auffassung, dass „die Einnahmen des Sparers nicht auf einer Leistung im wirtschaftlichen Sinne" beruhen, da beim „üblichen Sparen" der „Gedanke einer sicheren Verwahrung der Ersparnisse, die Bildung von schnell greifbaren Rücklagen für Notfälle, das Ansparen für größere Anschaffungen und ähnliche Erwägungen .. bei ihm [dem Sparer] im Vordergrund [stehen]. Eine Geldhingabe mit der eindeutig überwiegenden Zielsetzung, den Geldinstituten einen Kredit zu gewähren, kann beim normalen Sparen nicht angenommen werden", BFH-Urteil vom 11.10.1973, S. 48. Weiter stellt der BFH mit Urteil vom 1.2.1973, S. 173 fest, dass „...das Verhalten .. bei der Ansammlung von Kapital ... nicht über das Nutzen des Eigenen und das Einsammeln von Nutzungen hinausgeht ... und damit den Rahmen des Eigenlebens (der privaten Sphäre) nicht überschreitet. Näher liegt es vielmehr, in Fällen der Geldeinlage auf Bankkonten, insbesondere auf Girokonten zur Inanspruchnahme der Bank im Rahmen des bargeldlosen Zahlungsverkehrs, wirtschaftliche Leistungen der Bank gegenüber dem Kunden zu erblicken". Ferner BFH mit Urteil vom 15.1.1987, S. 515: „[D]ie Einnahmeerzielung durch Zufluss von Zinsen und anderen Erträgen aus Kapitalanlagen und –beteiligungen [beruht] nicht auf nachhaltiger gewerblicher oder beruflicher Betätigung...". Zur Diskussion um die Frage der Unternehmereigenschaft durch die (bloße) Unterhaltung von Sparkonten siehe auch LUKAS [1973], S. 183-184 (die Unternehmereigenschaft verneinend); zurückhaltend zur Verneinung der Unternehmereigenschaft WAGNER [1991], S. 62-63 mit Bezug auf Art 4 Abs. 2 der 6. USt-RL, nach dem auch eine Leistung, die die Nutzung von körperlichen und nichtkörperlichen Gegenständen zur **nachhaltigen Erzielung von Einnahmen** umfasst, als wirtschaftliche Tätigkeit gilt (im Gegensatz zur **nachhaltigen Tätigkeit zur Erzielung von Einnahmen** gem. § 2 Abs. 1 S. 3 UStG); GIESBERTS [1991], S. 175-176 mit der Feststellung, dass die Verneinung der Unternehmereigenschaft des Kleinsparers sich allenfalls mit Erwägungen zum Unternehmerbegriff als Typusbegriff oder mit der Verkehrsanschauung begründen, nicht dagegen aus dem Leistungsbegriff ableiten lässt.

die gem. § 4 Nr. 8 Buchst. d UStG befreiten Leistungen der Bank, die in dieser Arbeit nicht weiter verfolgt werden. Daher ist im Folgenden nur auf das Kreditgeschäft der Kreditinstitute einzugehen.

2.2 Steuerbefreiung der Kreditgewährung

2.2.1 Einordnung in das System der Steuerbefreiungsvorschriften des Umsatzsteuergesetzes

Steuerbare Umsätze können entweder steuerpflichtig oder steuerfrei sein. In welchen Fällen steuerbare Umsätze steuerfrei sind, ist im Umsatzsteuergesetz abschließend aufgezählt. Steuerbefreiungen können dabei Umsätze auf der Eingangsseite (Einfuhr gem. § 1 Abs. 1 Nr. 4 UStG und innergemeinschaftlicher Erwerb gem. § 1 Abs. 1 Nr. 5 UStG) oder auf der Ausgangsseite (Lieferungen oder sonstige Leistungen gem. § 1 Abs. 1 Nr. 1 UStG) des Unternehmers betreffen:

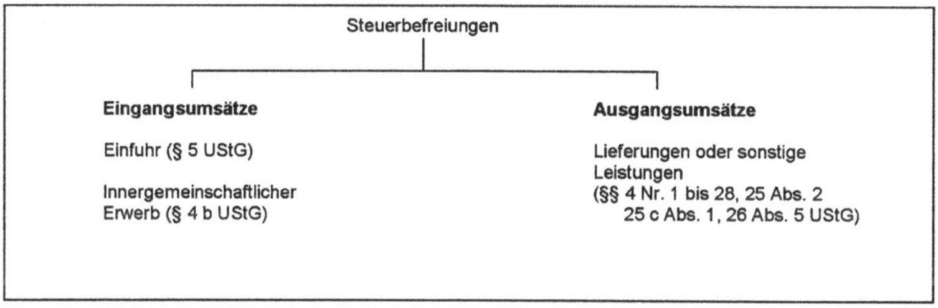

Darst. 5: Steuerbefreiungen des Umsatzsteuergesetzes

Diese Steuerbefreiungen lassen sich nun unter verschiedenen Gesichtspunkten aufgliedern[155]:

[155] Vgl. STADIE in RAU/DÜRRWÄCHTER [Umsatzsteuergesetz], vor §§ 4-9, Anm. 9 ff., Lfg. 95, Oktober 1998 und 46 ff., Lfg. 83, Juli 1995 und BIRKENFELD [Umsatzsteuer-Handbuch], II Rz. 11 ff., Lfg. 1 August 1992.

Objektive und subjektive Steuerbefreiungen:

Bis auf die subjektive Befreiung der Umsätze der Blinden durch § 4 Nr. 19 UStG handelt es sich bei allen anderen Befreiungstatbeständen um objektive Befreiungen, die an die Tätigkeit, d. h. an die Art der Umsätze und nicht an den Unternehmer anknüpfen.

Umsatzbezogene und empfängerbezogene Steuerbefreiungen:

Nur in Einzelfällen ist die Befreiung davon abhängig, dass die Umsätze an bestimmte Empfänger erbracht werden (§ 4 Nr. 4: Zentralbanken, Nr. 7: Streitkräfte anderer NATO-Mitglieder, diplomatische Missionen und zwischenstaatliche Einrichtungen, Nr. 23 und 25: Jugendliche und bestimmte andere Personen, Nr. 26 Buchst. a: juristische Personen des öffentlichen Rechts, Nr. 27 Buchst. b: Land- und forstwirtschaftliche Betriebe und gesetzliche Träger der Sozialversicherung). Alle anderen Befreiungen sind umsatzbezogen, die sich auf die Lieferung von Gegenständen oder die Erbringung sonstiger Leistungen beziehen.

Nach dem Zweck der Steuerbefreiung:

Die einzelnen Befreiungsvorschriften verfolgen die unterschiedlichsten Ziele. Verallgemeinerungsfähige Gründe sind nicht erkennbar.[156] Die Begründungen für die einzelnen Befreiungstatbestände reichen über systematische Erwägungen (z. B. bei der Einfuhr, dem innergemeinschaftlichen Erwerb, der Ausfuhr, der innergemeinschaftlichen Lieferung), Vermeidung einer Doppelbesteuerung mit Spezialverkehrsteuern (z. B. Grunderwerbsteuer, Versicherungsteuer), sozialpolitische und kulturelle Zwecke (z. B. bei den ärztliche Leistungen, Theatern, Orchestern, Museen, der Bildungs- und Sportpolitik) bis hin zu Zweckmäßigkeitsgründen (z. B. Umsätze für den Bank- und Geldverkehr).

---

[156] Vgl. BIRKENFELD [Umsatzsteuer-Handbuch], II Rz. 11.

Nach der Wirkung auf den Vorsteuerabzug:

Hier ist zu unterscheiden zwischen Befreiungstatbeständen, die den Vorsteuerabzug ausschließen (unechte Steuerbefreiungen)[157] und solchen, die den Vorsteuerabzug unberührt lassen (echte Steuerbefreiungen)[158]. Allerdings lässt § 9 UStG bei einem Teil der unechten Befreiungen eine Verzichtsmöglichkeit zu, um dem Unternehmer den Vorsteuerabzug wieder zu erschließen.[159] Im Übrigen ist der Vorsteuerabzug endgültig ausgeschlossen:

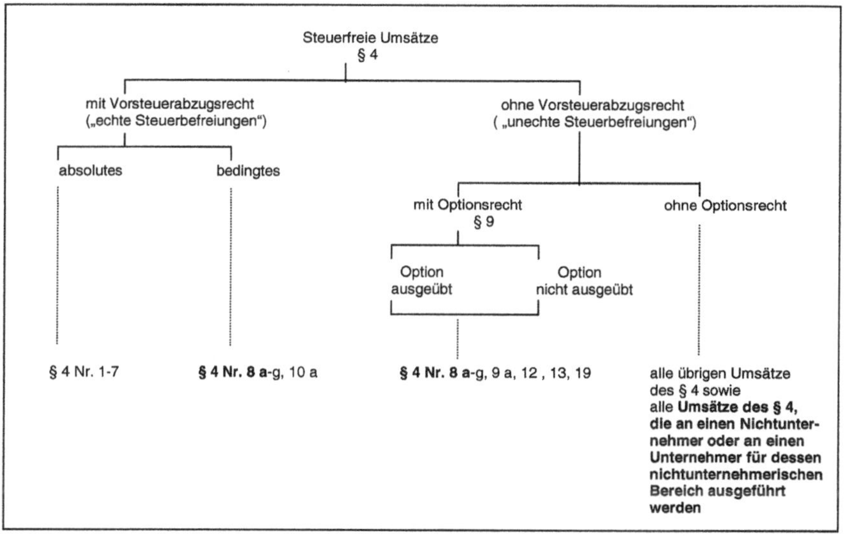

Darst. 6: Systematisierung der steuerfreien bzw. fiktiv steuerfreien Umsätze nach der Wirkung auf den Vorsteuerabzug (Hervorhebung der Steuerbefreiungen für das Kreditgeschäft)

---

[157] Sog. Ausschlussumsätze des § 15 Abs. 2 Nr. 1 bis 3 UStG, die nicht zugleich eine der Voraussetzungen des § 15 Abs. 3 UStG erfüllen.

[158] Das sind die in § 15 Abs. 3 Nr. 1 UStG aufgeführten steuerfreien Umsätze bzw. die in § 15 Abs. 3 Nr. 2 genannten fiktiv steuerfreien Umsätze (Umsätze im Ausland, die steuerfrei wären, wenn sie im Inland ausgeführt würden (§ 15 Abs. 2 Nr. 2 UStG) sowie unentgeltlichen Leistungen, die steuerfrei wären, wenn sie gegen Entgelt ausgeführt würden (§ 15 Abs. 2 Nr. 3 UStG)). Die echten Steuerbefreiungen bilden zusammen mit den steuerpflichtigen Umsätzen die sog. Abzugsumsätze.

[159] Näheres zur Umsatzsteueroption siehe Abschnitt 2.3.

Von den (steuerfreien bzw. fiktiv steuerfreien) Umsätzen mit absolutem Vorsteuerabzugsrecht[160] unterscheiden sich die (ebenfalls steuerfreien bzw. fiktiv steuerfreien) Umsätze mit bedingtem Vorsteuerabzugsrecht, dass sie nur unter der Voraussetzung zum Vorsteuerabzug berechtigen, wenn sie sich unmittelbar auf Gegen-stände beziehen, die in das Drittlandsgebiet ausgeführt werden[161] bzw. wenn sie an einen im Drittlandsgebiet ansässigen Leistungsempfänger ausgeführt werden.[162]

Fällt ein Umsatz unter mehrere Steuerbefreiungen, haben die Befreiungen mit Vorsteuerabzug Vorrang gegenüber den Befreiungen ohne Vorsteuerabzug[163], ebenso die Befreiungen mit Optionsrecht gegenüber den Befreiungen ohne Optionsrecht[164].

Bei der Steuerbefreiung der Kreditgewährung handelt es sich um einen Befreiungstatbestand der Ausgangsseite. Die Gewährung (und die Vermittlung) von Krediten fällt unter die Befreiungsvorschrift des § 4 Nr. 8 Buchst. a UStG. Sie ist eine objektive[165] und umsatzbezogene[166] Steuerbefreiung und beruht auf systematischen, verbrauchsteuerteleologischen und technischen (Zweckmäßigkeits-) Gründen.[167] Nach der Wirkung auf den Vorsteuerabzug gehört die Kreditgewährung (zusammen mit den anderen Bankumsätzen und den Versicherungsumsätzen) zu den einzigen Umsätzen, die - wie die Hervorhebung in Darstellung 6 zeigt - unter mehrere der dort aufgeführten Befreiungstatbestände fallen kann.

---

[160] § 15 Abs. 3 Nr. 1 Buchst. a) und Nr. 2 Buchst. a) UStG.

[161] § 15 Abs. 3 Nr. 1 Buchst. b) UStG.

[162] § 15 Abs. 3 Nr. 2 Buchst. b) UStG.

[163] Vgl. BIRKENFELD [Umsatzsteuer-Handbuch], II Rz. 14 sowie STADIE in RAU/DÜRRWÄCHTER [Umsatzsteuergesetz], vor §§ 4-9, Anm. 33, Lfg. 95, Oktober 1998, beide mit Verweis auf Abschn. 204 Abs. 4 UStR 2000, der allerdings nur den Fall regelt, dass ein Umsatz sowohl unter eine der in § 15 Abs. 3 Nr. 1 UStG bezeichneten Befreiungsvorschrift als auch unter eine Befreiungsvorschrift, die den Vorsteuerabzug ausschließt, fällt.

[164] Beispielsweise fällt die Veräußerung eines Grundstücks, das bislang ausschließlich zur Ausführung steuerbefreiter Umsätzen verwendet wurde (z. B. Bankgebäude) sowohl unter § 4 Nr. 9a UStG (Steuerbefreiung mit Optionsrecht) als auch unter § 4 Nr. 28 UStG (Steuerbefreiung ohne Optionsrecht). Daher geht § 4 Nr. 9a UStG vor, so dass zur Umsatzsteuer optiert werden kann, OFDén Freiburg, Karlsruhe und Stuttgart vom Dezember 1990 sowie FG Nürnberg vom 30.7.1991.

[165] § 4 Nr. 8 Buchst. a UStG erfasst die Kreditgewährung aller Unternehmer und hängt (anders als unter dem Umsatzsteuerrecht bis 1967 nicht von der Kreditinstitutseigenschaft der den Kredit gewährenden Person ab.

[166] § 4 Nr. 8 Buchst. a UStG ist auch unabhängig von der den Kredit erhaltenden Person.

[167] Näher hierzu Abschnitt 2.4.2.

2.2.2 Analyse der Wirkung von Steuerbefreiungen

Um den Einfluss der Umsatzsteuerbefreiungen auf den Marktpreis einer Leistung zu verdeutlichen, muss die bisher nur aus Sicht des leistenden Unternehmers vorgenommene Betrachtung erweitert werden um die des Empfängers dieser steuerfreien Leistungen. Dabei ist danach zu unterscheiden, ob die steuerfreien Umsätze direkt an Endverbraucher[168] erbracht werden (Endstufenbefreiungen) oder an Unternehmer, die den steuerfreien Umsatz neben anderen Eingangsumsätzen für ihre eigene Leistungserstellung verwenden (Zwischenstufenbefreiungen bzw. Befreiungen innerhalb der Unternehmerkette). Die Wirkung der Steuerbefreiung hängt nun davon ab, ob sie den Vorsteuerabzug ausschließt oder nicht, auf welcher Wirtschaftsstufe sich der Unternehmer mit den steuerfreien Umsätzen befindet und wie groß sein Anteil an der gesamten Wertschöpfung[169] der Leistung ist. Dies soll anhand der nachstehend beschriebenen vier Fälle und Darstellungen (End- und Zwischenstufenbefreiungen, jeweils mit und ohne Vorsteuerabzug) verdeutlicht werden, wobei zunächst angenommen wird, dass in der Leistungskette nur ein befreiter Unternehmer auftritt. In einem zweiten Schritt wird dann diese Annahme fallen gelassen und bei insgesamt gleich hoch belassenem umsatzsteuerbefreiten Wertschöpfungsanteil untersucht, wie sich die Einbindung steuerbefreiter Leistungen an mehreren Stellen der Leistungskette auf den Endpreis einer Leistung auswirkt.

Als Vergleichsmaßstab dient folgender Grundfall, der von einer Steuerpflicht auf allen Wirtschaftsstufen ausgeht:

Betrachtet wird eine dreigliedrige Leistungskette, innerhalb derer alle drei Unternehmer (U) steuerpflichtige Leistungen erbringen. Die in den folgenden Darstellungen verwendeten Pfeile mit gestrichelter Linie geben die Richtung der Leistungserstellung, die Pfeile mit durchgezogener Linie die Zahlungsströme wieder. Die Summe der Wertschöpfung (WS) aller drei Unternehmer beläuft sich auf 200 Geldeinheiten (GEH), der Umsatzsteuersatz beträgt 16%.

---

[168] Privatpersonen, aber auch z. B. hoheitlich tätige juristische Personen des öffentlichen Rechts.

[169] Zum Begriff siehe FN 57 und 60 sowie zur Wertschöpfungsberechnung speziell auch der Kreditinstitute GÖCKELER [1975].

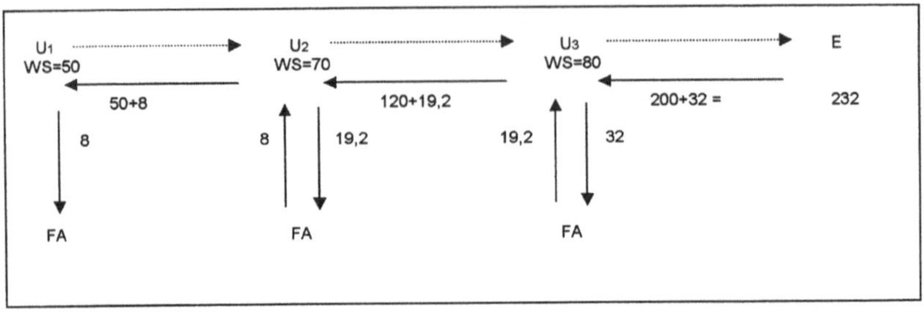

Darst. 7: Zahlungsströme bei Steuerpflicht aller Unternehmer in der Leistungskette

Der vom Endverbraucher (E) zu zahlende Preis beträgt im Grundfall 232 GEH und setzt sich aus der Summe der Wertschöpfung aller Wirtschaftsstufen (= 200 GEH) und der bei dem Finanzamt (FA) verbleibenden Umsatzsteuer von 32 GEH zusammen.

2.2.2.1 Ein steuerbefreiter Unternehmer in der Leistungskette

2.2.2.1.1 Endstufenbefreiung mit Vorsteuerabzug

Endstufenfreiungen bewirken zusammen mit dem Vorsteuerabzug, dass die Umsätze vollständig von deutscher Umsatzsteuer unbelastet bleiben. Der vom Endverbraucher geforderte Preis von 200 GEH setzt sich ausschließlich aus der Summe der Wertschöpfung der Unternehmer der Leistungskette zusammen. Durch den von U3 vorgenommenen Vorsteuerabzug von 19,2 GEH heben sich die Umsatzsteuerzahlungen aller Vorstufen auf. Im Ergebnis wird die Wertschöpfung aller Wirtschaftsstufen – und nicht nur der letzten, einzigen steuerbefreiten Stufe – von der Umsatzsteuer freigestellt.[170] Der Endpreis ist frei von sämtlicher Umsatzsteuer:

[170] Dies ist die Konsequenz des Nettoumsatzsteuersystems mit Vorsteuerabzug, bei der anders als bei der additiven Methode oder Vorumsatzabzugsmethode auf jeder Wirtschaftsstufe nicht die Wertschöpfung, sondern die gesamte Marktleistung der Umsatzsteuer unterworfen und als Folge hiervon bei einer Endstufenbefreiung die gesamte Wertschöpfung und nicht nur die Wertschöpfung der letzten, einzigen steuerbefreiten Stufe, von der Umsatzsteuer befreit wird.

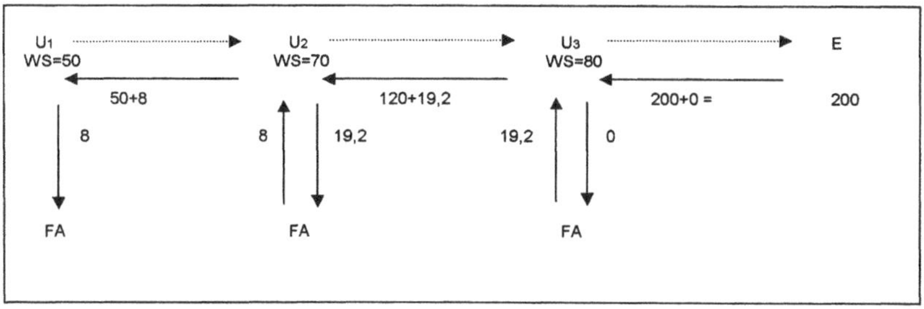

Darst. 8: Zahlungsströme bei Steuerbefreiung auf der Endstufe (U3) mit Vorsteuerabzug

2.2.2.1.2 Zwischenstufenbefreiung mit Vorsteuerabzug

Wird der steuerfreie Umsatz von einem anderen Unternehmer zur Ausführung eigener steuerpflichtiger Umsätze bezogen, tritt eine **Nachholwirkung** ein, da der auf die steuerbefreite Stufe folgende Unternehmer (U3) auf den gesamten Nettopreis Umsatzsteuer abführen muss. Diese umfasst damit auch die Wertschöpfung des steuerbefreiten Unternehmers (U2). Zwischenstufenbefreiungen mit Vorsteuerabzug führen aufgrund der Nachholwirkung zu keiner Entlastung von der Umsatzsteuer und können sich daher bei dem Endverbraucher nicht begünstigend auswirken. Der vom Endverbraucher zu zahlende Preis von 232 GEH entspricht dem des Grundfalls:

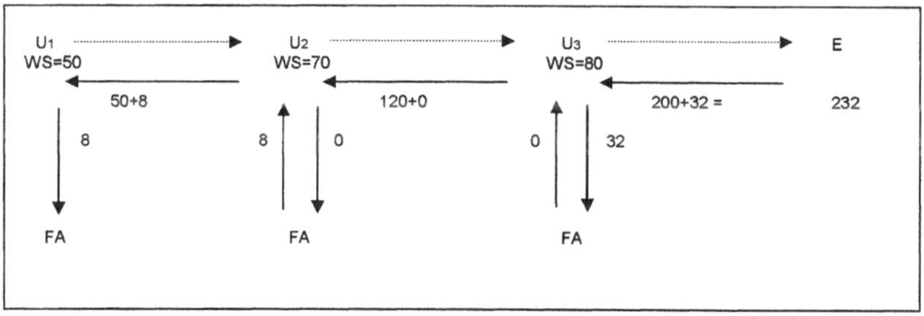

Darst. 9: Zahlungsströme bei Steuerbefreiung auf der Zwischenstufe (U2) mit Vorsteuerabzug

2.2.2.1.3 Endstufenbefreiung ohne Vorsteuerabzug

Möchte U3 die Höhe seines Gewinns aufrechterhalten, muss er die für ihn nicht als Vorsteuer abzugsfähige Umsatzsteuer der Vorstufe von 19,2 GEH im Preis an den Endverbraucher weiterreichen. Gelingt die Überwälzung der nichtabzugsfähigen Vorsteuern über den Preis auf den Endverbraucher[171], dann erhält dieser die Leistung mit einer Belastung an nichtabzugsfähiger Vorsteuer; diese wird zum unsichtbaren **Preisbestandteil** der Leistung des U3[172] mit der Folge, dass die befreite Leistung nicht um den vollen Umsatzsteuersatz entlastet wird. Im Vergleich zu dem Grundfall verbilligt sich der vom Endverbraucher zu fordernde Preis um 12,8 GEH, da die Wertschöpfung der befreiten Endstufe von der Umsatzsteuer freigestellt bleibt. Je höher der Wertschöpfungsanteil der Endstufe ist, desto wirksamer ist die Steuerbefreiung.

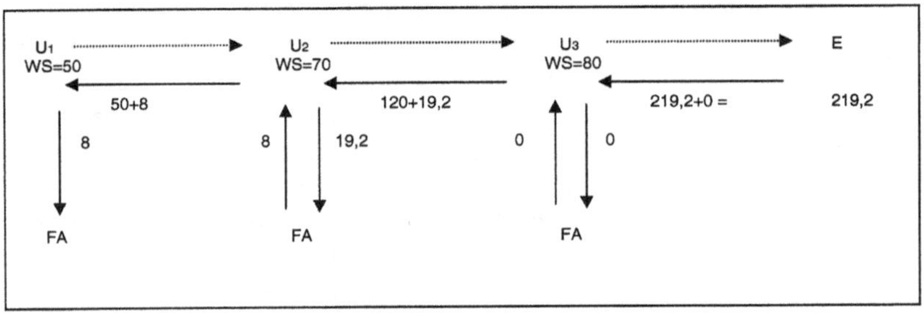

Darst. 10: Zahlungsströme bei Steuerbefreiung auf der Endstufe (U3) ohne Vorsteuerabzug

[171] Der Verbrauchsteuergedanke und das Neutralitätsprinzip der Umsatzsteuer setzen dies ohne weitere Hinterfragung voraus, siehe FN 97.

[172] Unsichtbar deshalb, da dieser Umsatzsteuerbetrag nicht offen in der Rechnung des U_3 ausgewiesen werden darf (§ 14 Abs. 2 UStG) und für E daher nicht ersichtlich ist.

2.2.2.1.4 Zwischenstufenbefreiung ohne Vorsteuerabzug

Wie im Fall der Zwischenstufenbefreiung mit Vorsteuerabzug folgt auch hier der steuerbefreiten Stufe eine steuerpflichtige Stufe. Schon wegen der dadurch eintretenden **Nachholwirkung** kann eine Verminderung der Endbelastung nicht eintreten. Außerdem muss wie im Fall des vorherigen Abschnitts der befreite Unternehmer (hier: U2) die bei ihm nicht abzugsfähige Vorsteuer in seinen Verkaufspreis einrechnen, wenn er seinen Gewinn nicht schmälern will. Die Steuer wird also - wiederum Gelingen der Überwälzung unterstellt - **Preisbestandteil** der Leistung des U2. Da dem steuerbefreiten U2 eine weitere steuerpflichtige Stufe U3 folgt, kommt es nun aber auch noch zu einer Erhebung von Umsatzsteuer auf die im Preis enthaltene Umsatzsteuer **(Kaskadeneffekt)**.

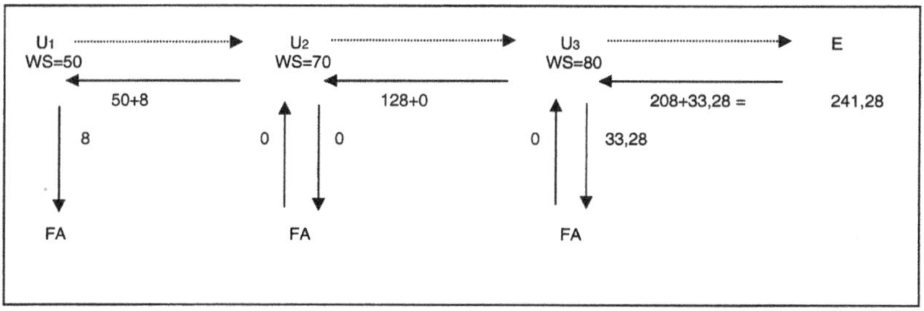

Darst. 11: Zahlungsströme bei Steuerbefreiung auf der Zwischenstufe (U2) ohne Vorsteuerabzug

Für den Endverbraucher wirkt sich die Zwischenstufenbefreiung ohne Vorsteuerabzug damit im Vergleich zu dem Grundfall nicht nur nicht begünstigend (also neutral) wie bei Zwischenstufenbefreiungen mit Vorsteuerabzug, sondern sogar zu seinem Nachteil aus:

	Nettoendpreis	USt[173]	Bruttoendpreis
Zwischenstufenbefreiung ohne Vorsteuerabzug	208,00	33,28	241,28
Grundfall	200,00	32,00	232,00
Nachteil	8,00 **Preisbestandteil**	1,28 **Kaskadeneffekt**	9,28

Unterstellt, im Fall der Zwischenstufenbefreiung ohne Vorsteuerabzug sollte die Wertschöpfung der steuerbefreiten Stufe von 70 GEH auch auf den nachfolgenden Stufen vollumfänglich steuerfrei bleiben (Fall einer durchgängig steuerbefreiten Wertschöpfung, d.h. eine steuerbefreite Wertschöpfung würde sich immer beim Endpreis auswirken)[174], vergrößert sich der Nachteil für den Endverbraucher noch um die eintretende Nachholwirkung:

	Nettoendpreis	USt	Bruttoendpreis
Zwischenstufenbefreiung ohne Vorsteuerabzug	208,00	33,28	241,28
Fall einer durchgängig steuerbefreiten Wertschöpfung auf der Zwischenstufe	200,00	20,80	220,80
Nachteil	8,00 **Preisbestandteil**	12,48 **Nachholwirkung** 11,20 **Kaskadeneffekt** 1,28	20,48

[173] Das gesamte Umsatzsteueraufkommen beläuft sich im obigen Fall auf 41,48 GEH (einschließlich der 8,00 GEH zum Preisbestandteil bei U_2 gewordenen Umsatzsteuer). Die effektive umsatzsteuerliche Belastung der Leistung an den Endverbraucher liegt mit 20,64% deutlich über dem gesetzlichen Steuersatz.

[174] Auf der nachfolgenden 3. Stufe beliefe sich die Umsatzsteuer dann auf 16% nur der steuerpflichtig verbliebenen Wertschöpfungsbeträge des U_1 und U_3 von zusammen 130 GEH, das sind 20,80 GEH.

2.2.2.1.5 Zwischenergebnis

Die nachstehende Darstellung fasst die Wirkungen **eines** steuerbefreiten Umsatzes in der Leistungskette für die vier Fallgruppen im Vergleich zu dem Grundfall zusammen:

Befreiung auf / Vorsteuerabzug	Endstufe	Zwischenstufe
Mit Vorsteuerabzug	Wertschöpfung aller Wirtschaftsstufen von der Umsatzsteuer freigestellt Ergebnis: **Vollständige Befreiung der Leistung von der Umsatzsteuer**	Besteuerung der Wertschöpfung auch der befreiten Wirtschaftsstufe infolge der Nachholwirkung Ergebnis: **Keine Entlastung der Leistung von der Umsatzsteuer**
Ohne Vorsteuerabzug	Wertschöpfung nur der letzten, befreiten Wirtschaftsstufe von der Umsatzsteuer freigestellt, da die Umsatzsteuer auf die Wertschöpfung der Vorstufen zum Preisbestandteil wird Ergebnis: **Nur beschränkte Entlastung der Leistung von der Umsatzsteuer**	Nachholwirkung Preisbestandteil Kaskadeneffekt: Umsatzsteuer auf die zum Preisbestandteil gewordene Umsatzsteuer Ergebnis: **Höhere Belastung der Leistung mit Umsatzsteuer**

Darst. 12: Analyse der Wirkungen von Steuerbefreiungen für den Endverbraucher im Vergleich zur Umsatzsteuerpflicht auf allen Wirtschaftsstufen (Grundfall) bei einem steuerbefreiten Umsatz in der Leistungskette

In Bezug auf die Umsatzsteuer sind bei Einschaltung eines steuerfreien Umsatzes in der Leistungskette folgende Wirkungen auseinander zuhalten:

Nachholwirkung (N): Folgt dem steuerfreien Umsatz ein weiterer, steuerpflichtiger Umsatz nach, wird die Steuerbefreiung wieder aufgehoben. Diese Nachholwirkung vollzieht sich auf der umsatzsteuerpflichtigen Stufe und kann folglich nur bei Zwischenstufenbefreiungen auftreten (siehe Darstellung 12).

Preisbestandteil (P): Sobald ein steuerbefreiter und nicht zum Vorsteuerabzug berechtigter Unternehmer auf seiner Eingangsseite eine steuerpflichtige Leistung bezieht, wird die hierauf lastende Umsatzsteuer bei ihm zum Kostenbestandteil bzw. (Gelingen der Überwälzung der Umsatzsteuer unterstellt) zum Preisbestandteil. Die Wirkung des Preisbestandteils tritt also auf der umsatzsteuerbefreiten Stufe ein. Da davon ausgegangen werden kann, dass alle steuerfreien Unternehmer nicht nur (umsatzsteuerfreie) Gehaltsaufwendungen, sondern auch (umsatzsteuerpflichtige) Sachaufwendungen als Eingangsumsätze beziehen, ist diese Wirkung immer zu verzeichnen, wenn ein steuerfreier Unternehmer ohne Vorsteuerabzugsrecht in die Leistungskette eingeschaltet ist. Die Wirkung des Preisbestandteils bestimmt sich somit über die Eingangsseite und ist unabhängig davon, ob sich der steuerfreie Umsatz auf der Endstufe oder einer Zwischenstufe vollzieht (siehe Darstellung 12).

Kaskadeneffekt (K): Ist die Umsatzsteuer bei einem steuerbefreiten Unternehmer ohne Vorsteuerabzugsrecht zum Preisbestandteil geworden und folgt dem steuerfreien Umsatz ein weiterer, steuerpflichtiger Umsatz, kommt es bei dem steuerpflichtigen Umsatz zu einer Erhebung von Umsatzsteuer auf Umsatzsteuer. Der Kaskadeneffekt ist somit immer eine dem Preisbestandteil nachfolgende Wirkung.

Allein aufgrund der Nachholwirkung ergibt sich im Vergleich zu dem Grundfall einer durchgängig umsatzsteuerpflichtigen Leistungskette keine zusätzliche Umsatzsteuerbelastung; diese entsteht erst dann, wenn nichtabzugsfähige Vorsteuer zum Preisbestandteil wird und auf der nächsten Stufe Umsatzsteuer auf Umsatzsteuer erhoben wird. Die nachteiligen Wirkungen der zum Preisbestandteil gewordenen Umsatzsteuer und des Kaskadeneffekts sind dabei um so höher, je umfangreicher die steuerbefreite, nicht zum Vorsteuerabzug berechtigte Wirtschaftsstufe umsatzsteuerpflichtige Eingangsumsätze bezieht.

2.2.2.2 Mehrere steuerbefreite Unternehmer in der Leistungskette

Treten in der Leistungskette vermehrt steuerfreie Umsätze auf, denen jeweils steuerpflichtige Umsätze folgen – ergibt sich also das für eine moderne Volkswirtschaft typische Bild einer umfassenden Arbeitsteilung – häufen sich die oben beschriebenen nachteiligen Wirkungen. Fügt man dem Grundfall weitere steuerfreie Stufen an, **ohne** die Gesamtsumme der Wertschöpfung (200 GEH) und **ohne** den Anteil der steuerfreien Wertschöpfung von 70 GEH zu verändern, erhöht sich (wiederum unterstellt, dem steuerfreien Unternehmer gelingt die Überwälzung nichtabzugsfähiger Vorsteuern auf seinen Absatzpreis)[175] die Umsatzsteuerbelastung der Endleistung. Mit zunehmender Abfolge steuerpflichtiger und steuerfreier Umsätze steigt dabei, wie die nachfolgenden Darstellungen zeigen, der von dem Endverbraucher zu zahlende Preis, wobei zu Gunsten besserer Übersichtlichkeit auf die Darstellung der Zahlungsströme mit dem Finanzamt verzichtet wird und die jeweils steuerfreien Unternehmer optisch hervorgehoben werden. Des Weiteren werden die verschiedenen Wirkungen der Steuerbefreiung ohne Vorsteuerabzug in die Darstellungen eingefügt:

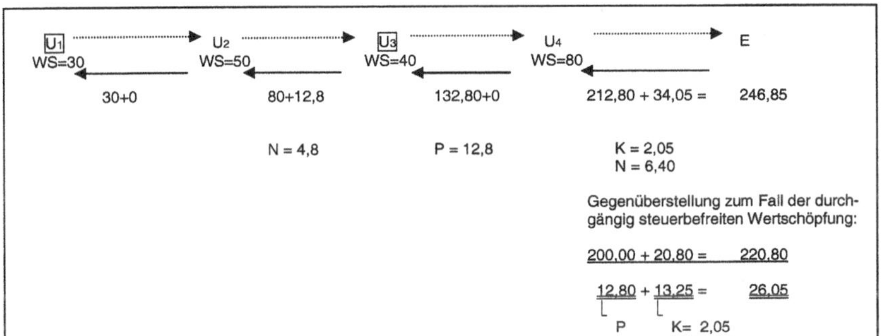

Darst. 13: Zahlungsströme bei zwei Steuerbefreiungen auf den Zwischenstufen ohne Vorsteuerabzug und bei unverändertem steuerfreien Wertschöpfungsanteil

[175] Siehe FN 171.

Die Darstellung verdeutlicht, dass bei zwei – durch einen steuerpflichtigen Umsatz von einander getrennten - steuerfreien Umsätzen in der Leistungskette der vom Endverbraucher zu zahlende Preis nicht nur höher als im Grundfall ist, sondern auch den Preis bei Zwischenstufenbefreiungen ohne Vorsteuerabzug bei nur einem steuerfreien Umsatz in der Leistungskette um 5,57 GEH übersteigt. Dies liegt darin begründet, dass durch die Vorschaltung eines weiteren steuerfreien Umsatzes bei dem nachfolgenden steuerpflichtigen Umsatz eine weitere Nachholwirkung von 4,8 GEH eintritt, die den nicht abzugsfähigen Vorsteuerbetrag der nächstfolgenden steuerfreien Stufe erhöht, dort zum Preisbestandteil wird und eine Stufe weiter bei der nächsten steuerpflichtigen Stufe zu Umsatzsteuer von Umsatzsteuer führt (4,8 GEH x 16% USt = 0,77 GEH).

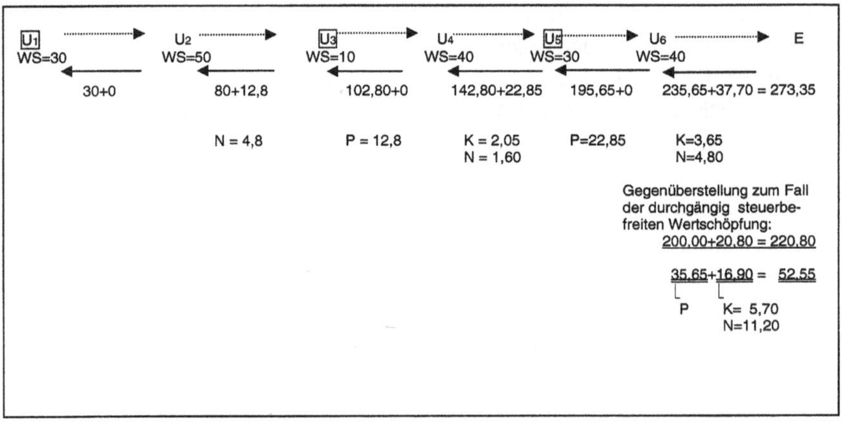

Darst. 14: Zahlungsströme bei drei Steuerbefreiungen auf den Zwischenstufen ohne Vorsteuerabzug und unverändertem steuerfreien Wertschöpfungsanteil

Darstellung 14 zeigt auf, dass vor allem die Häufigkeit, mit der steuerfreie Umsätze jeweils gefolgt von steuerpflichtigen Umsätzen in der Leistungskette auftreten (je öfter sich also steuerfreie und steuerpflichtige Umsätze abwechseln), die Höhe der insgesamt anfallenden Umsatzsteuer beeinflusst. Bei weiterhin insgesamt gleich hoher steuerfreier und steuerpflichtiger Wertschöpfung erhöht sich durch die bloße Verteilung der steuerfreien Wertschöpfung von 70 GEH auf nunmehr drei steuerfreien Stufen der Endpreis gegenüber der vorherigen Situation von 246,85 GEH auf 273,35 GEH. Die sprunghaft um 26,50 GEH gestiegene Umsatzsteuer beruht darauf, dass die bis zur letzten steuerfreien Stufe entstandene Umsatzsteuer von 22,85 GEH dort ein weiteres Mal zum Preisbestandteil wird und auf der nächsten Stufe eine weitere Umsatzsteuerkumulation von 3,65 GEH (= 22,85 GEH x 16% USt) entsteht. Da die 22,85 GEH ihrerseits bereits zu einem Teil von 2,05 GEH aus dem vorherigen Kaskadeneffekt entstanden sind (der Restbetrag von 20,80 GEH entspricht der Umsatzsteuer auf die Summe aller Wertschöpfungen vor der letzten steuerfreien Stufe von 130 GEH), ist im Ergebnis Umsatzsteuer auf Umsatzsteuer auf Umsatzsteuer entstanden.

Der im Vergleich zu dem Grundfall um 41,35 GEH gestiegene Preis ist darauf zurückzuführen, dass bei dem steuerfreien U3 Umsatzsteuer auf jeweils alle Vorstufen und bei U5 ebenfalls Umsatzsteuer auf jeweils alle Vorstufen (und damit erneut auch auf die Vorstufen von U3) anfällt. Außerdem werden bei den steuerpflichtigen U4 und U6 diese Umsatzsteuerbeträge jeweils noch einmal der Umsatzsteuer unterworfen:

bei U_3 entsteht	Umsatzsteuer auf die WS des U_1	4,80 GEH
	Umsatzsteuer auf die WS des U_2	8,00 GEH
bei U_4 entsteht	Umsatzsteuer auf zum Preisbestandteil gewordene Umsatzsteuer aller Vorstufen	2,05 GEH
bei U_5 entsteht	Erneute Umsatzsteuer auf die WS des U_1	4,80 GEH
	Erneute Umsatzsteuer auf die WS des U_2	8,00 GEH
	Umsatzsteuer auf die WS des U_3	1,60 GEH
	Umsatzsteuer auf die WS des U_4	6,40 GEH
bei U_6 entsteht	Erneut Umsatzsteuer auf zum Preisbestandteil gewordene Umsatzsteuer aller Vorstufen	5,70 GEH
SUMME		**41,35 GEH**

2.2.3 Folgerungen aus der steuerfreien Kreditgewährung

Banken sind in vielfältiger Weise in den Wirtschaftsprozess eingebunden, als Kreditgeber anderer Unternehmer und als Abnehmer von Leistungen anderer Unternehmer. Haben diese Unternehmer ihrerseits zuvor Leistungen der Banken in Anspruch genommen (und welches Unternehmen kommt ohne Kredite aus), sind Banken mittelbar auch Abnehmer eigener Leistungen. Banken werden somit regelmäßig auf mehreren Zwischenstufen anzutreffen sein, bei Kreditgewährungen an Endverbraucher zusätzlich auch auf der

Endstufe. Eine Endstufenbefreiung in dem Sinne, dass Banken ausschließlich auf der Endstufe einer Leistungskette auftreten[176], kann dagegen ausgeschlossen werden, denn jede Bank ist auf Leistungen anderer Unternehmer angewiesen, die ihrerseits - wie festgestellt - Leistungen von Banken beziehen.

Somit werden je nach Einbezug und Stellung der Banken in der Leistungskette die einzelnen Leistungen willkürlich nach den Zufälligkeiten des Leistungsweges von der Umsatzsteuer erfasst, eine Feststellung, die allgemein auch unter der alten Allphasen-Brutto-Umsatzsteuer bis 1967 getroffen wurde.[177] Damit trägt die Kreditgewährung als bedeutsame[178] Steuerbefreiung wegen ihres mangelnden Vorsteuerabzugs zu einer erheblichen Preisverschmutzung bei, die in ihren Überwälzungswirkungen kaum noch verfolgbar ist.[179] Es wird geschätzt, dass die Umsatzsteuer nur zu 63% auf Konsumgüter entfällt, dagegen zu 21% Zwischenprodukte und zu 16% Investitionsgüter besteuert.[180]

[176] Siehe Abschnitte 2.2.2.1.1 und 2.2.2.1.3.

[177] Vgl. POHMER/PFLUGMANN-HOHLSTEIN [1993], S. 38. Die Kumulationswirkungen aufgrund von Steuerbefreiungen innerhalb der Unternehmerkette auch im neuen Umsatzsteuergesetz wurde schon unmittelbar nach Inkrafttreten des neuen Rechts kritisiert, vgl. BOTTLER [1968], S. 93 und 95.

[178] Neben den Leistungen der Versicherungen gem. § 4 Nr. 10 UStG sowie den Grundstücksumsätzen nach § 4 Nr. 9a und Nr. 12 UStG gehört die Kreditgewährung (bzw. der gesamte Katalog der Finanzdienstleistungen gem. § 4 Nr. 8 UStG) zu den einzig nennenswerten Leistungen, die auch an andere Unternehmer erbracht werden. Die Bedeutung der Steuerbefreiung der Finanzdienstleistungen wird noch dadurch unterstrichen, dass bei Grundstücksumsätzen im unternehmerischen Bereich – anders als z.B. in der Kreditwirtschaft, siehe hierzu Abschnitt 2.3.2 – regelmäßig optiert werden dürfte. POPITZ [1918], S. 6 bezeichnete die Befreiung des Geld- und Kreditverkehrs gar als die wichtigste Steuerbefreiung des damaligen Umsatzsteuergesetzes. Diese Feststellung dürfte auch heute noch Gültigkeit haben, siehe DAHM/HAMACHER [1998], S. 456, wonach der Mechanismus der Weiterwälzung nichtabzugsfähiger Vorsteuern „vor allem bei Bankumsätzen greift".

[179] Vgl. HOMBURG [2000], S. 145.

[180] Vgl. o.V. [2.4.2001]. Diese Angaben beziehen sich vermutlich auf die Untersuchung von Gottfried und Wiegard aus dem Jahre 1991, siehe hierzu GOTTFRIED/WIEGARD [1991], S. 308, betreffend das Jahr 1984. Da zu diesem Zeitpunkt der allgemeine Umsatzsteuersatz noch 14% betrug, fällt die in den obigen Prozentsätzen zum Ausdruck kommende Preisverschmutzung heute sicherlich um einiges höher aus. Leider ist nicht bekannt, in welchem Ausmaß die steuerfreien Leistungen der Banken hierzu beitragen. Jedoch dürfte dieser Anteil nicht unerheblich sein, da nur solche steuerfreien Leistungen des § 4 UStG ohne Vorsteuerabzug zu der Preisverschmutzung führen können, die an andere steuerpflichtige Unternehmer erbracht werden und für die nicht zur Umsatzsteuer optiert wurde. Dies reduziert den Kreis der in Frage kommenden Umsätze im Wesentlichen auf die Bank- und Versicherungsumsätze (siehe FN 178).

2.3 Steuerpflicht der Kreditgewährung durch Option zur Umsatzsteuer

2.3.1 Voraussetzungen, Gesetzeszweck und Frage der Vorteilhaftigkeit des Verzichts auf Steuerbefreiungen

Auf eine Umsatzsteuerbefreiung kann verzichtet werden, wenn der Umsatz[181] unter eine der in § 9 Abs. 1 UStG aufgeführten Steuerbefreiungen fällt[182], auch der Leistungsempfänger Unternehmer ist[183] und die Leistung für das Unternehmen des Empfängers erbracht wird.[184] Der Verzicht wirkt sich somit stets nur in der Unternehmerkette aus[185].

Die bisherigen Ausführungen haben gezeigt, dass - wenn an einen anderen Unternehmer geleistet wird und dessen weiterer Umsatz nicht steuerbefreit ist - innerhalb dieser Unternehmerkette Steuerbefreiungen ohne Vorsteuerabzug sich wegen der Wirkung des Preisbestandteils und des Kaskadeneffekts nachteilig auswirken. Zur Vermeidung dieser nachteiligen Wirkungen eröffnet die Umsatzsteueroption die Möglichkeit, auf die Steuerbefreiung in-

[181] Da § 9 Abs. 1 UStG den Verzicht auf die Steuerfreiheit eines Umsatzes regelt, setzt er voraus, dass der Umsatz steuerbar ist, da nur ein steuerbarer Umsatz auch steuerfrei sein kann. Im Falle einer nichtsteuerbaren Leistung (z.B. Umsätze im Ausland oder unentgeltliche Leistungen) ist eine Option gem. § 9 UStG daher nicht möglich. Damit scheidet ein Verzicht auf die fiktiven, d.h. nur unterstellten Steuerbefreiungen des § 15 Abs. 2 Nr. 2 und 3 UStG aus (so für den Fall des § 15 Abs. 2 Nr. 3 ausdrücklich BFH vom 26.2.1987, S. 606).

[182] Hierbei handelt es sich um Umsätze im Geld- und Kapitalverkehr (§ 4 Nr. 8a bis g UStG), Umsätze, die unter das Grunderwerbsteuergesetz fallen (§ 4 Nr. 9a UStG), Umsätze aus der Vermietung und Verpachtung von Grundstücken und ähnlichen Umsätzen (§ 4 Nr. 12 UStG) sowie Leistungen der Wohnungseigentümergemeinschaften (§ 4 Nr. 13 UStG) und Umsätze von Blinden und Blindenwerkstätten (§ 4 Nr. 19 UStG).

[183] Die Unternehmereigenschaft des Verzichtenden dagegen folgt bereits aus der Steuerbefreiung des getätigten Umsatzes, da nur steuerbare Umsätze – für die wiederum die Unternehmereigenschaft des Ausführenden Voraussetzung ist, vgl. § 1 Abs. 1 Nr. 1 i.V.m. § 4 UStG - nach der Systematik des Umsatzsteuergesetzes steuerfrei sein können.

[184] Dies ist unproblematisch bei Leistungen, die bei dem Empfänger ausschließlich unternehmerisch genutzt werden können (z. B. Produktionsmaschine in einem Herstellungsbetrieb). Bei Leistungen, die ihrer Natur nach aber auch in einem nichtunternehmerischen Bereich eingesetzt werden können, hängt die Wirksamkeit des Verzichts auf die Steuerfreiheit des Umsatzes durch den leistenden Unternehmer von der Zuordnung der Leistung durch den Leistungsempfänger ab. Gegebenenfalls muss sich der leistende Unternehmer Kenntnis durch Auskunft beim Leistungsempfänger darüber verschaffen, ob die Leistung für dessen Unternehmen eingesetzt wird bzw. muss der leistende Unternehmer durch schuldrechtliche Vereinbarungen auf die unternehmerische Verwendung der Leistung Einfluss nehmen.

[185] Unerheblich ist für die Beurteilung von § 9 Abs. 1 UStG dagegen, ob der andere Unternehmer zum Vorsteuerabzug berechtigt ist. Lediglich im Zusammenhang mit bestimmten Leistungen bei Grundstücken ist nach § 9 Abs. 2 UStG der Verzicht auf die Steuerfreiheit nur zulässig, soweit der Leistungsempfänger das Grundstück ausschließlich für Umsätze verwendet, die den Vorsteuerabzug nicht ausschließen (vgl. hierzu auch die Übergangsregelung des § 27 Abs. 2 UStG).

nerhalb der Unternehmerkette freiwillig zu verzichten und stattdessen die Steuer nach den allgemeinen Vorschriften des Umsatzsteuergesetzes zu berechnen und als offen ausgewiesene (Vor-)Steuer weiterzugeben.[186] Infolge des hierdurch wiedererlangten Vorsteuerabzugs wird die systemwidrige Steuerkumulation vermieden. Die Möglichkeit der Option ist somit keine Steuervergünstigung für Unternehmer, sondern korrigiert nur systemwidrige Auswirkungen von Steuerbefreiungen[187], die den Endverbraucher begünstigen sollen, beim Unternehmer als Leistungsempfänger dagegen zu einer zusätzlichen Belastung führen.

Der Unternehmer mit steuerfreien Umsätzen auf der Zwischenstufe steht somit vor dem Entscheidungsproblem, ob er dieses Optionsrecht ausnutzen soll. Anders als nach früherem Recht stellt sich diese Frage ab 1980 bei jedem einzelnen Umsatz (Prinzip der Einzeloption).[188] Ein Verzicht auf die Steuerbefreiung ist auch im Falle mehrerer Umsätze gegenüber demselben Leistungsempfänger für jeden einzelnen Umsatz möglich. Für diese Entscheidung müssen insbesondere die Auswirkungen auf die Abnehmer berücksichtigt werden. Da die Optionsmöglichkeit für Umsätze an Nichtunternehmer ausscheidet, verbleiben als Abnehmer nur Unternehmer, die danach zu unterscheiden sind, ob sie zum Abzug der ihnen in Rechnung gestellten Vorsteuer berechtigt sind oder nicht. Im Falle der Berechtigung des Leistungsempfängers zum Vorsteuerabzug „ist die Option vernünftigerweise immer auszuüben“[189]; der optierende Unternehmer stellt sich um die (nunmehr) abzugsfähige Vorsteuer besser. Können dagegen die leistungsempfangenden Unternehmer die ihnen in Rechnung gestellte Umsatzsteuer nicht als Vorsteuer abziehen, wird die Optionsmöglichkeit zum „nichttrivialen Entscheidungsproblem“[190]. Zur Ermittlung der Vorteilhaftigkeit der Option ist dem aus dem Vorsteuerabzug resultierenden Vorteil der Nachteil aus der Defini-

---

[186] Nur aus dem System der Umsatzsteuer heraus wird verständlich, dass es sich bei der freiwilligen Steuerzahlung nicht um einen Widerspruch in sich handelt.

[187] Vgl. auch SCHMIDT [1968], S. 328 sowie WESTENBERGER in SCHÜLE/TESKE/WENDT [Umsatzsteuer], § 9, Tz 9, 19. Nachtrag, Mai 1975.

[188] Dies soll dem Umstand Rechnung tragen, dass die Interessenlage bei jedem Umsatz verschieden sein kann und dass der Unternehmer seine Entscheidung für die Steuerpflicht dementsprechend bei jedem Umsatz unter Berücksichtigung der Vor- und Nachteile für ihn und seinen Vertragspartner unterschiedlich treffen kann. Nach dem Umsatzsteuergesetz 1969/1973 musste die Option dagegen alle unter eine verzichtbare Befreiungsvorschrift fallenden Umsätze umfassen (Globaloption). Das Bundesfinanzministerium hatte jedoch entgegen dem Gesetzeswortlaut eine Einzeloption zugelassen (BdF vom 28.6.1969, S. 363).

[189] ROSE [1967], S. 38.

[190] GRATZ [1981], S. 2148.

tivbelastung mit Umsatzsteuer bei dem leistenden Unternehmer[191] gegenüberzustellen.[192] Dabei ist nicht nur auf den einzelnen Umsatz[193] abzustellen. Vielmehr sind Umsatzsteuer und Vorsteuer des ganzen Optionszeitraums zu betrachten. Hierbei sind auch Zinsvorteile aus der Anlage der Vorsteuerbeträge im Falle der Ausübung der Option und die ertragsteuerliche Behandlung der nichtabzugsfähigen Vorsteuerbeträge[194] zu berücksichtigen.[195]

2.3.2 Umsatzsteueroption im Kreditgewerbe

Aus einzelwirtschaftlicher Sicht der Banken verfolgt die Option zur Umsatzsteuer das Ziel, den aufgrund der Großzahl ihrer steuerfreien Umsätze sehr stark eingeschränkten Vorsteuerabzug durch Erhöhung des Umfangs der steuerpflichtigen Umsätze zu verbessern. Insbesondere nach Durchführung größerer Investitionen (z.B. Neubau von Bankgebäuden) kann die Umsatzsteueroption im Kreditgewerbe vorteilhaft sein. Hierzu stehen alle in § 9 Abs. 1 UStG aufgeführten Umsätze zur Verfügung, die zum Geschäft der Banken gehören. Dies sind im Wesentlichen der Großteil der typischen Bankgeschäfte i.S.d. § 4 Nr. 8 Buchst. a) bis g) UStG, die Veräußerung von zur Rettung uneinbringlicher Forderungen erworbener Grundstücke sowie die Vermietung von Grundstücken[196]. Zweckmäßigerweise sind hierbei die

---

191 Regelmäßig wird sich der Leistungsempfänger die Umsatzsteuer nicht zusätzlich aufschlagen lassen, so dass diese beim optierenden Unternehmer eine Erlösschmälerung darstellt.

192 Vgl. auch FORSTER/SCHORER [2002], S. 28.

193 Bezogen auf einen einzelnen Umsatz wird man die Option dann ausüben, wenn die Umsatzsteuer geringer ist als die Vorsteuer, d. h., wenn bei gleichem Umsatzsteuersatz die vorsteuerbelasteten Bezüge den Wert der eigenen Leistung übersteigen, das Geschäft also mit Verlust endet, vgl. ROSE [1967], S. 38-39.

194 Zur Entlastungswirkung der nichtabzugsfähigen Vorsteuerbeträge bei den Ertragsteuern siehe auch Abschnitt 1 der Einleitung zu dieser Arbeit.

195 Grundlegend zu Fragen der optimalen Gestaltung des Optionsrechts, GRATZ [1981].

196 Beispielsweise durch die lange Jahre praktizierte Auslagerung von Immobilieninvestitionen (Neubau, Erwerb oder Erweiterung von Hauptstellen- und Zweigstellengebäuden von Kreditinstituten) auf hierfür eigens gegründete Tochtergesellschaften und steuerpflichtige Vermietung dieser Betriebsgebäude an die Bank, vgl. BdF vom 29.5.1992 sowie zur Frage eines möglichen Rechtsmissbrauchs BFH vom 18.12.1996 (verneinend bei ausreichender Ausstattung der vorgeschalteten Gesellschaft mit finanziellen Mitteln) sowie zuletzt PHILIPOWSKI [2000], S. 278-282, der allein auf die Handlungen der vorgeschalteten Person abstellt (Entgegennahme der Vorbezüge für sich selbst oder für den hinter ihr stehenden Vorschaltenden). Durch das am 1.1.1994 in Kraft getretene Missbrauchsbekämpfungs- und Steuerbereinigungsgesetz vom 21.12.1993 (BStBl I 1994, S. 50) ist § 9 Abs. 2 UStG jedoch dahingehend geändert worden, dass eine Option bei Grundstücksvermietungen nur noch bei unternehmerischer Verwendung der Immobilie durch zum Vorsteuerabzug berechtigte Unternehmer zulässig ist. Damit wurde den Vorschaltmodellen insbesondere der Kredit- und Versicherungswirtschaft die Grundlage entzogen. Zu beachten ist jedoch noch die zu „Altgebäuden“ ergangene Übergangsregelung des § 27 Abs. 2 Nr. 3 UStG.

Bankleistungen zu versteuern, denen im Einzelfall relativ hohe Vorsteuern unmittelbar zugerechnet werden können (z.B. Vermietung von Grundstücken an vorsteuerabzugsberechtigte Unternehmer)[197] oder die aber von ihrem Umfang her relativ hohe Entgelte einbringen (z. B. Kreditgewährung)[198].

Im Rahmen dieser Arbeit gilt das Augenmerk der Option den Kreditgewährungen, also den Umsätzen im Sinne des § 4 Nr. 8 Buchst. a) UStG. Diese Überlegung dürfte auch in der Praxis zumindest bei den Kreditinstituten im Mittelpunkt stehen, bei denen der Zinsüberschuss unverändert die bedeutendste Ertragsquelle darstellt. Die Option zur Umsatzsteuer bedeutet damit die freiwillige Versteuerung der erhaltenen Kreditzinsen (sowie Provisionen usw.)[199] durch die Bank. Bemessungsgrundlage des Umsatzes Kreditgewährung ist das Entgelt, d.h. alles, was der Leistungsempfänger (Kreditnehmer) aufwendet, um die Leistung zu erhalten, jedoch abzüglich der Umsatzsteuer.[200] Damit bildet im Fall der Option der gesamte Kreditzins die Bemessungsgrundlage der Umsatzsteuer.

Da bei der Option umsatzsteuerrechtliche und geschäftspolitische (wirtschaftliche) Restriktionen zu beachten sind, spielt die Auswahl der Kunden, die einer Option zugänglich sind, eine bedeutende Rolle bei der Vorbereitung[201] der Besteuerung der Kreditgewährungen:

---

197 Bezogen auf die drei Gruppen von Vorsteuerbeträgen – voll zum Vorsteuerabzug zugelassene Vorsteuerbeträge (1. Gruppe), voll nicht zum Vorsteuerabzug zugelassene Vorsteuern (2. Gruppe) und nicht eindeutig zuordenbare Vorsteuerbeträge (3. Gruppe), vgl. Abschnitt 2.4.1.5 - bedeutet dies eine Verlagerung der Vorsteuern von der 2. Gruppe nach der 1. Gruppe.

198 Um beispielsweise innerhalb der 3. Gruppe der Vorsteuerbeträge zu einer Vergrößerung des Anteils der zum Vorsteuerabzug berechtigenden Umsätzen zu führen.

199 Das Prinzip der Einzeloption (vgl. Abschnitt 2.3.1) ermöglicht es, nicht alle Erträge aus dem Kreditbereich der Umsatzsteuer unterwerfen zu müssen, sondern die Bereiche auszuklammern, in denen die Umsatzsteueroption umstritten bzw. mit erheblichem abwicklungstechnischem Aufwand verbunden ist, so etwa bei Wechselkrediten, Laufzeitzinsdarlehen, Avalen oder Kredite, die in die Betreibung gehen, vgl. GEIGER [1981], S. 13; HAUFLER/RENNER/BOULEY [1995], S. 363.

200 § 10 Abs. 1 Sätze 1 und 2 UStG.

201 Ausführlich hierzu PHILIPOWSKI [1980], Rand-Nr. 17-62.

Kreditnehmer (Empfänger der Bankleistung)			
Unternehmer für deren Unternehmen		**Unternehmer für deren nichtunternehmerischen Bereich****	**Nichtunternehmer*****
zum Vorsteuerabzug berechtigt **optionsfähig** Teilweise Weitergabe der ersparten Vorsteuern?	nicht zum Vorsteuerabzug berechtigt* **optionsfähig** Option jedoch nicht zweckmäßig, da zusätzliche Umsatzsteuer regelmäßig nicht durchsetzbar	**nicht optionsfähig**	**nicht optionsfähig**

* Unternehmer, die nach § 4 Nr. 7 ff UStG steuerfreie Umsätze tätigen (z.B. Bausparkassen- und Versicherungsvertreter, Wohnungsunternehmen, Ärzte), Kleinunternehmer nach § 19 Abs. 1 UStG sowie Land- und Forstwirte nach § 24 UStG

** Privatsphäre natürlicher Personen als Unternehmer

*** Privatpersonen sowie Hoheitsbetriebe von Körperschaften des öffentlichen Rechts

Darst. 15: Umsatzsteueroption im Kreditgewerbe in Abhängigkeit von der Kundenstruktur

Aus rechtlichen Gründen scheidet eine Option bei Krediten an Nichtunternehmer[202] sowie an Unternehmer für deren privaten Bereich[203] aus. Ferner ist zu berücksichtigen, dass bei den in § 15 Abs. 2 Nr. 2 und 3 UStG aufgeführten fiktiv steuerfreien Umsätzen eine Option ebenfalls nicht zulässig ist.[204] Der Verzicht auf Steuerbefreiung nach § 9 Abs. 1 UStG ist somit - da Banken für ihre Kreditvergaben regelmäßig ein Entgelt verlangen – insbesondere bei Kreditleistungen an Unternehmer im Ausland (Drittland und EG-Ausland) für deren unternehmerischen Bereich unwirksam.[205] Aus Sicht einer

---

[202] Siehe Abschnitt 2.3.1.

[203] Regelmäßig werden bei Kreditinstituten sämtliche Kredite an Unternehmerkunden unter einem Kundenschlüssel erfasst. Nicht selten werden für diese Kunden auch private Kreditkonten geführt. Daher ist auch bei ein und derselben Person jeder Kredit **zusätzlich** danach zu verschlüsseln, ob er dem unternehmerischen Bereich (z.B. optionsfähige Finanzierung der Gewerbehalle) oder dem privaten Bereich (z.B. nichtoptionsfähige „Mit"-Finanzierung der eigengenutzten Wohnung) zuzuordnen ist.

[204] Siehe FN 181.

[205] Da der Ort der Kreditgewährung im Ausland liegt, vgl. Darst. 4 in Abschnitt 2.1.

inländischen Bank ergibt sich damit – bezogen auf das nach Art und Ansässigkeit ihrer Kreditnehmer strukturierte Kreditportfolio - nur **eine** Optionsmöglichkeit:

Kreditnehmer / Bank im Inland	Unter-nehmer	Privater	jur. Person des öffentl. Rechts	Unter-nehmer	Privater bzw. jur. Person des öffentl. Rechts	Unter-nehmer	Privater bzw. jur. Person des öffentl. Rechts
	Inland			EU-Ausland		Drittland	
Ort der Leistung	Inland	Inland	Inland	EU-Ausland	Inland	Drittland	Drittland
Option möglich?	**Ja**	**Nein**	**Nein**	**Nein**	**Nein**	**Nein**	**Nein**

Darst. 16: Option zur Umsatzsteuer in Abhängigkeit von Art und Ansässigkeit der Kreditkunden

Rechtlich kann eine Bank somit nur bei ihrem Kreditgeschäft mit inländischen Firmenkunden zur Umsatzsteuer optieren. Dies gilt jedoch unabhängig davon, ob der den Kredit empfangende Unternehmer zum Vorsteuerabzug berechtigt ist oder nicht. Bei ihren Kreditnehmern ohne Vorsteuerabzugsrecht muss die Bank allerdings berücksichtigen, dass zusätzlich zu dem Kreditzins in Rechnung gestellte Umsatzsteuer aufgrund der Marktverhältnisse nicht akzeptiert werden dürften[206], denn diese Unternehmer haben aus der Option nur Nachteile. Die Option ist somit regelmäßig nicht durchsetzbar, wenn der Bankkunde auch nur teilweise vom Vorsteuerabzug ausgeschlossen ist.[207] „Voraussetzung für eine problemlose Option ist, dass der Kunde den vollen Vorsteuerabzug genießt“[208]. Aus rechtlichen und wirtschaftlichen Gründen ist

206 So müsste eine Bank anstelle eines marktüblichen Zinssatzes von z.B. 8% nach Option zur Umsatzsteuer 9,28% (8% zzgl. 16% USt) fordern. Die Erwägung, den Zinssatz auch nach Option zur Umsatzsteuer für ihre nicht vorsteuerabzugsberechtigten Kreditnehmer bei 8% zu belassen und die Umsatzsteuer hieraus in Höhe von 1,10% (16/116 x 8%) selbst zu tragen, dürfte angesichts der nur geringfügigen Verbesserung des allgemeinen Vorsteuerabzugs ausscheiden.

207 Z.B. Kredite an einen Zahnarzt mit eigener Herstellung von Zahnprothesen oder Finanzierung eines gemischt genutzten Gebäudes, vgl. HOFMANN [1991a], S. 28. Dagegen wird der voll zum Vorsteuerabzug berechtigte Kreditnehmer regelmäßig mit einer solchen Zinserhöhung einverstanden sein, wenn die Umsatzsteuer auf den Kreditzins in einer Rechnung i.S.d. § 14 UStG gesondert ausgewiesen wird, weil er die Steuer dann als Vorsteuer abziehen kann. Hier könnten ggf. Widerstände wegen möglicher Valutaverluste erwachsen, die sich jedoch in engen Grenzen halten sollten (vgl. HAUFLER/RENNER/BOULEY [1995], S. 363, die bei einem Kredit von 1 Mio DM von einem Nachteil des Kreditkunden aus der Vorfinanzierung der Umsatzsteuer von etwa 30 DM jährlich, bei Dauerfristverlängerung durch den Kunden von etwa 20 DM jährlich, ausgehen. In der Praxis scheint das Wertstellungsproblem bislang jedoch keine Bedeutung erlangt zu haben, vgl. auch GEIGER [1981], S. 15 f.

208 HOFMANN [1991a], S. 28 und HOFMANN [1991b], S. 1388.

daher die Umsatzsteueroption im Kreditgeschäft auf inländische vorsteuerabzugsberechtigte Unternehmer beschränkt.

Da der Nutzen der Option zur Umsatzsteuer im Kreditgeschäft durch den beschränkten Adressatenkreis der Option begrenzt wird, kann es je nach Einzelfall durchaus fraglich sein, ob sich die mit einer Option verbundene Verwaltungsmehrarbeit (z. B. notwendige Abgrenzung der Kundschaft und Verkomplizierung des Rechnungswesens) lohnt, wenn der Umfang des einer Option zugänglichen Kreditgeschäfts nicht ausreichend groß genug ist. Zweckmäßig dürfte daher der Verzicht auf die Steuerbefreiung der Zinsen nur bei Banken mit überwiegend gewerblicher Kundschaft sein.[209]

Zudem könnte der durch die Umsatzsteueroption erzielte Kostenvorteil wieder in Frage gestellt werden, wenn Kreditnehmer verlangen sollten, an dem durch die Option zur Umsatzsteuer höheren Vorsteuerabzug der Bank über eine Verbilligung des Kreditzinses zu partizipieren[210], eine Forderung, die vor dem Hintergrund der Umsatzsteueroption als Korrektur systemwidriger Auswirkungen von Steuerbefreiungen[211] nicht gänzlich unbegründet erscheint. Zur Durchsetzung dieser Forderung könnten zumindest die inländischen gewerblichen Kreditnehmer, die beispielsweise ihre Liquidität bei der kreditgebenden Bank anlegen, darauf hinweisen, dass sie mit der gleichen rechtlichen Begründung wie die Bank auch bzgl. ihrer Kredite (= Einlagen bei der Bank) zur Umsatzsteuer optieren könnten.[212] Dann verbliebe aber gegenüber dem vorherigen Zustand nur die vermehrte Arbeit.

---

[209] Vgl. MITTELSTEINER [1967], S. 696; ebenso HAUFLER/RENNER/BOULEY [1995], S.362 sowie HUBER/ WELLE [1967], S. 1333, denen zufolge den Banken von einer Option abzuraten sein wird, die wie Beamtenbanken und Teilzahlungsbanken fast nur mit Privatkunden in Rechtsbeziehungen stehen. Dagegen hält GEIGER [1981], S. 12 in Anbetracht weiter wachsender vorsteuerbelasteter Sachaufwendungen und der weiteren Anhebung des Umsatzsteuersatzes die Option auch dann für sinnvoll, wenn „der Anteil der Kredite an Private bei weitem überwiegt".

[210] Vgl. PHILIPOWSKI [1969], S. 328 und HUTCHINGS [1973], S. 20. Ausdrücklich für eine nur im Einvernehmen mit dem Bankkunden ausübbare Option, um die Bank zu einem Nachgeben bei den Kreditkonditionen zu bewegen WESTERBURGEN [1995], S. 6, 10 und 12. PHILIPOWSKI [1980], Rand-Nr. 73 und GEIGER [1981], S. 16 zufolge war das Thema Mehrwertsteuer jedoch kein Anlass zu einem Nachgeben bei den Konditionen. Sollte eine Bank gleichwohl zu einer Verbilligung des Kreditzinses bereit sein, verbliebe aber immer noch die Frage, wie der weiterzugebende Vorteil berechnet wird, da dieser dem Zweck des § 9 UStG zufolge ja eigentlich nur den vorsteuerabzugsberechtigten Kreditnehmern zugute kommen dürfte. Dieses Problem wird verkannt, wenn die Umsatzsteueroption als Alternative zu einer allgemeinen Gebührenerhöhung in Betracht gezogen wird, so aber HAUFLER/RENNER/BOULEY [1995], S.363.

[211] Siehe Abschnitt 2.3.1.

[212] Dies stünde im Widerspruch zu dem Interesse der Bank, die eigenen Vorsteuern möglichst gering zu halten, vgl. zu diesem Problem bereits TESKE in SCHÜLE/TESKE/WENDT [Umsatzsteuer], § 4 Nr. 8, Tz 169, 9. Nachtrag, April 1971. Die Umsatzsteuerbelastung auf ihrer Eingangsseite könnte die Bank nur dadurch auffangen, dass sie die Einlage unmittelbar einem oder mehre-

Wegen dieser Probleme, aber auch wegen der Unsicherheit über die nunmehr vorzunehmende Vorsteueraufteilung infolge des Nebeneinander von umsatzsteuerfreien und umsatzsteuerpflichtigen Umsätzen durch die Option, haben die Kreditinstitute bisher i.d.R. nicht optiert.[213] In der Sparkassenorganisation dürfte hierbei auch die Auslastung der Gemeinschaftsrechenzentren durch anderweitige Prioritäten eine Rolle gespielt haben, denn ohne EDV-Unterstützung ist eine Option bei der Vielzahl von Geschäftsvorfällen nicht durchführbar.[214] Dem Verfasser sind aus der Sparkassenorganisation lediglich zwei Fälle bekannt, in denen im Kreditgeschäft zur Umsatzsteuer optiert wurde. In der genossenschaftlichen Kreditinstitutsgruppe scheint allerdings die Umsatzsteueroption verbreiteter zu sein.

Sollte sich die Option im Kreditgeschäft der Banken in größerem Umfang als bisher oder sogar generell durchsetzen, ist jedoch zu vermuten, dass - ähnlich wie bei Steuerentlastungen durch Steuerreformen der vergangenen Jahre oder Entlastungen bei der Mindestreserve – auch eine Entlastung bei der nichtabzugsfähigen Vorsteuer den Konkurrenzdruck auf die Zinsmargen weiter erhöht.[215] Kreditinstitute, die bereits heute optieren, würden dann ihre Pioniergewinne verlieren.

---

ren umsatzsteuerpflichtigen Kredit(en) zuordnet. Da dies nicht immer gelingen wird bzw. fraglich erscheint, wie der Nachweis zu führen wäre (Verbuchung jeder umsatzsteuerpflichtigen Einlage auf einem separaten externen Konto (um die Verwendung der Mittel darlegen zu können) muss aus verwaltungsökonomischen Gründen ausscheiden), befände sich die Bank in einer schwächeren Verhandlungsposition, sollten Kreditnehmer auf diese Weise Druck ausüben. Aus umsatzsteuerlicher Sicht besteht für die Kreditnehmer hierzu allerdings keine Notwendigkeit, da die den Einlagen bei Kreditinstituten (Hilfsumsätze des gewerblichen Kreditnehmers) zuzurechnenden Vorsteuerbeträge nur dann vom Vorsteuerabzug ausgeschlossen sind, wenn sie diesen Umsätzen ausschließlich zuzurechnen sind, § 43 Nr. 3 UStDV. Ohne die Vorschrift des § 43 Nr. 3 UStDV würden auch bei ansonsten ausschließlich umsatzsteuerpflichtigen Ausgangsumsätzen eines gewerblich tätigen Unternehmers bei diesem die steuerfreien Zinsen auf die Einlage bei der Bank zu einer Aufteilungsnotwendigkeit der Vorsteuern nach § 15 Abs. 4 UStG und damit zwingend zu einem teilweisen Vorsteuerausschluss führen, dem er durch Option zur Umsatzsteuer ggf. begegnen würde.

[213] Vgl. auch JAKOB [1992], S. 150, wobei dessen Begründung, „man scheu[e] offenbar den Verwaltungsaufwand, bei der Vielzahl der Leistungsentgelte (Provisionen und Kosten) noch zusätzlich und davon getrennt den Steuerbetrag auszuweisen“, im Zeitalter der EDV keine überragende Rolle spielen dürfte. Die Möglichkeit für Unternehmerkunden von Banken, diese rechtlich zur Option zu zwingen (um ggf. von niedrigeren Nettokreditzinsen zu profitieren), besteht nicht, WESTENBERGER in SCHÜLE/TESKE/WENDT [Umsatzsteuer], § 9, Tz 5, 19. Nachtrag, Mai 1975.

[214] Vgl. auch HAUFLER/RENNER/BOULEY [1995], S. 362, wonach vor allem auch die Abwicklung mit der eigenen EDV-Anlage bei der Sparkasse Pforzheim als nicht einem Gemeinschaftsrechenzentrum angeschlossenen Kreditinstitut den Anlass gaben, den Schritt zur Option zu wagen.

[215] Vgl. HÖRMANN [2001], S. 397; ders. [2001a], S. 1020.

2.4 Beurteilung

Nachdem sämtliche steuerbaren (steuerfreie sowie durch Option steuerpflichtige) und nichtsteuerbaren Kreditgewährungen auf ihre umsatzsteuerliche Behandlung hin untersucht worden sind, lassen sich für die Kreditvergabe der Banken an ihre jeweiligen Kunden die umsatzsteuerlichen Regelungen aus inländischer Sicht wie folgt darstellen:

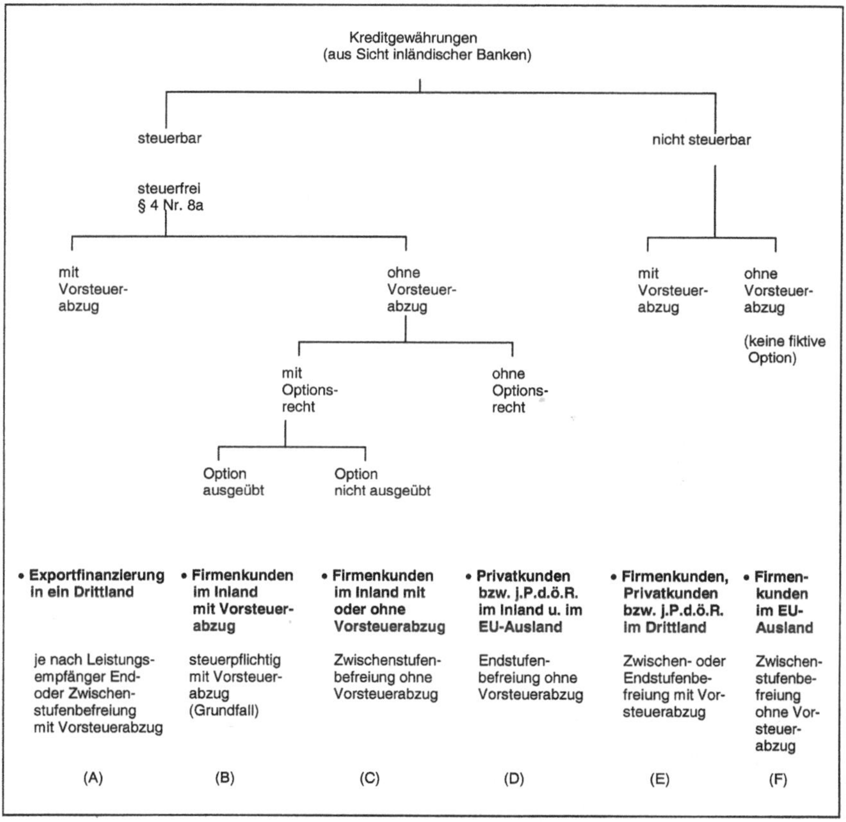

Darst. 17: Zusammenfassung der umsatzsteuerlichen Behandlung der Kreditgewährung inländischer Banken in Abhängigkeit von Art und Ansässigkeit ihrer Kreditkunden

2.4.1 Nachteile der Steuerbefreiung der Kreditgewährung

2.4.1.1 Verstoß gegen den Verbrauchsteuercharakter und die Neutralität der Umsatzsteuer

Unter dem Blickwinkel des Verbrauchsteuercharakters und des Neutralitätsprinzips der Umsatzsteuer vermögen alleine die Kreditvergabe

- im Rahmen der Exportfinanzierung in Drittländer (A)
- an Firmenkunden im Inland, sofern auf die Umsatzsteuerbefreiung verzichtet wird (B) sowie
- an Kunden mit Sitz im Drittand (E)

aufgrund des damit verbundenen Vorsteuerabzugs überzeugen. Im Fall von A und E findet der Verbrauch im Drittland statt und die Leistung ist im Drittland vollkommen von der inländischen Umsatzsteuer entlastet. Im Fall von B wird entsprechend dem Grundgedanken des Nettoumsatzsteuersystems innerhalb der Unternehmerkette die Entlastung von Umsatzsteuer erreicht.

Nicht überzeugen kann dagegen

- wenn bei Kreditvergaben an inländische Firmenkunden trotz eines Optionsrechts auf die Umsatzsteuerbefreiung - wegen des damit verbundenen Verwaltungsaufwands oder weil die Option nicht durchsetzbar ist[216] - nicht verzichtet wird (C):

  Kann die Bank ihre nichtabzugsfähigen Vorsteuerbeträge in den Kreditzins einrechnen, führt dies zu einer Verteuerung der Kreditgewährung für den Firmenkunden. In der Folge stellt sich dann für diesen Unternehmer auf dessen Ausgangsseite die Frage, ob er die Verteuerung der Kreditgewährung auf seinen Abgabepreis abwälzen kann. Gelingt die Überwälzung und handelt es sich bei dem Firmenkunden um einen zum Vorsteuerabzug berechtigten Unternehmer (oder einen nicht vorsteuerabzugsberechtigten Unternehmer, der seinerseits an vorsteuerabzugsberechtigte Unternehmer leistet, z. B. eine Versicherung), dann führt dies wegen der Wirkung des Preisbestandteils und des Kaskadeneffekts zu einer Verteuerung des Bruttoabsatzpreises für den Endverbraucher und damit zu ei-

[216] Siehe Abschnitt 2.3.2.

ner Überbesteuerung des Verbrauchs[217]; ist der Kreditnehmer ein nichtvorsteuerabzugsberechtigter Unternehmer, der seinerseits an Endverbraucher leistet (z. B. Arzt), wird der Verbrauch dagegen unterbesteuert[218]. Kann der Firmenkunde die Kreditverteuerung nicht weiter abwälzen, erleidet er unabhängig, ob er zum Vorsteuerabzug berechtigt ist oder nicht, durch Senkung seines Nettoabsatzpreises eine Schmälerung seines Gewinns, was zwar insgesamt eine zum Verbrauch proportionale Umsatzsteuerbelastung gewährleistet, aber einen Verstoß gegen den Grundsatz der Neutralität darstellt, da der Unternehmer in Höhe der nichtabzugsfähigen Vorsteuern der Bank belastet bleibt.

Gelingt es der Bank dagegen nicht, ihre nicht abzugsfähigen Vorsteuerbeträge im Preis der Kreditgewährung weiterzugeben[219] - bleibt also der Kreditzins im Vergleich zu dem Nettozins bei einer steuerpflichtigen Kreditgewährung unverändert - führt dies zu einer entsprechenden Gewinnschmälerung der Bank. Diese Belastung widerspricht dem Grundsatz der Neutralität der Umsatzsteuer. Außerdem verstößt dies gegen den Verbrauchsteuercharakter der Umsatzsteuer, da der Verbrauch bei der Kreditgewährung vollkommen unbesteuert bliebe. Vorteilhaft wäre allenfalls, dass Preisverzerrungen aufgrund nicht vorhandener Preisbestandteilswirkungen und Kaskadeneffekte nicht eintreten können.

---

[217] Siehe die Fälle der Steuerbefreiungen ohne Vorsteuerabzug auf einer, zwei oder drei Zwischenstufen in Abschnitt 2.2.2.1.4 und 2.2.2.2, bei denen sich bei einer Wertschöpfung von insgesamt 200 GEH die Umsatzsteuer auf 41,28 GEH, 46,85 GEH und 73,35 GEH beläuft, das sind (bei einem Umsatzsteuersatz von 16%) 20,64%, 23,43% und 36,68%. Dies entspricht nicht mehr dem Leitbild einer zum Preis proportionalen Umsatzsteuer. Zwar handelt es sich bei den Zahlen dieser Fälle um willkürliche Beispiele; auch mag man einwenden, dass der Wertschöpfungsanteil der steuerfreien Bankleistungen an den Leistungen der Nichtbankenunternehmer nicht so hoch ist. Ferner ist zu berücksichtigen, dass sich die bei der Bank nichtabzugsfähige Vorsteuer als Preisbestandteil nicht nur im (höheren) Kreditzins, sondern auch im (niedrigeren) Einlagenzins niederschlägt. Außerdem verteilen sich die nichtabzugsfähigen Vorsteuern der Banken auf Unternehmer- und Privatkundschaft. Andererseits werden Bankleistungen auf allen Wirtschaftsstufen nachgefragt und tragen so zu den in ihren Überwälzungswirkungen kaum noch nachverfolgbaren Preisverzerrungen (siehe FN 179) in einem sicherlich nicht unwesentlichem Maße bei.

[218] Der Endverbrauch bleibt - trotz Steuerbefreiung des Umsatzes - in Höhe der weitergegebenen nichtabzugsfähigen Vorsteuerbeträge belastet.

[219] Bereits die deutlichen Entlastungen bei der Mindestreserve und bei der Abschaffung der Vermögensteuer und Gewerbekapitalsteuer haben gezeigt, dass diese Kostensenkungen den Konkurrenzdruck auf die Zinsmargen im Kundengeschäft erhöht haben, so dass letztlich die gesunkene Steuerlast durch ein niedrigeres Teilbetriebsergebnis kompensiert wurde (siehe FN 215). Daher ist nicht auszuschließen, dass die Überwälzung der nichtabzugsfähigen Vorsteuerbeträge im Kreditgewerbe aufgrund der Marktverhältnisse scheitert.

- die Umsatzsteuerbefreiung der Kreditgewährung an Privatkunden bzw. an juristische Personen des öffentlichen Rechts mit Sitz im Inland oder im EU-Ausland (D).

  Gelingt der Bank diesen Kreditnehmern gegenüber die nichtabzugsfähigen Vorsteuerbeträge in den Kreditzins einzurechnen, ist die Konsequenz nur bei der (in der Praxis realistischer Weise nicht anzutreffenden) reinen Endstufenbefreiung eindeutig. Hier stellt sich der Endverbraucher im Vergleich zu einer steuerpflichtigen Kreditgewährung immer um die ersparte Umsatzsteuer auf die Wertschöpfung der Bank besser. Dem Verbrauchsteuercharakter der Umsatzsteuer wird durch diese Unterbesteuerung der Kreditgewährung nicht Rechnung getragen. Da Banken jedoch in vielfältiger Weise in den Wirtschaftsprozess eingebunden und damit immer zugleich auch auf den Zwischenstufen angesiedelt sind und dies vor allem auch mehrfach (man bedenke nur, wie viele Leistungsstufen mitunter durchlaufen werden bis eine Marktleistung entsteht und dass regelmäßig auf diesen Stufen auch Kredite nachgefragt werden), stehen dem Vorteil der Umsatzsteuerbefreiung der Wertschöpfung der Bank die zusätzliche Verteuerung auf deren Eingangsseite aus den Wirkungen des Preisbestandteils und des Kaskadeneffekts gegenüber, was eine eindeutige Aussage, ob der Verbrauch über – oder unterbesteuert wird, nicht zulässt. [220]

  Kann die Bank ihre nichtabzugsfähigen Vorsteuern dagegen nicht überwälzen, wird der Verbrauch an Bankleistungen insoweit weder im Inland noch im EU-Ausland besteuert.

- die Steuerfreiheit bei der Kreditvergabe an Firmenkunden im EU-Ausland (F) wegen der Belastung der Leistung im EU-Ausland mit deutscher Umsatzsteuer und bei Weitergabe dieser Belastung auch noch wegen des dann im EU-Ausland auftretenden Kaskadeneffekts.

---

220 Variiert man beispielsweise den Fall in Darst. 13, indem zwischen U_4 und E eine weitere Bank (steuerfreie Stufe) eingeschaltet wird, die von den vier Vorstufen jeweils einen Wertschöpfungsanteil von 15 GEH übernimmt (um die Gesamtwertschöpfung von 200 GEH unverändert zu lassen), ergibt sich mit 231,68 GEH ein gegenüber dem Grundfall günstigerer Endpreis (Unterbesteuerung des Verbrauchs). Beläuft sich dagegen der von den vier Vorstufen übernommene Wertschöpfungsanteil auf 5 GEH, beträgt der Endpreis 241,79 GEH (Überbesteuerung des Verbrauchs).

Die derzeitige Steuerbefreiung der Umsätze im Kreditgeschäft der Banken, aber auch in deren Einlagengeschäft[221], lässt sich somit – wie alle anderen Steuerbefreiungen ohne Vorsteuerabzug auch - nicht mit dem Leitbild der Umsatzsteuer als einer vom Neutralitätsprinzip geprägten allgemeinen Verbrauchsteuer vereinbaren. Aufgrund der Kumulationswirkungen werden ähnliche Probleme wie bei der alten Bruttoumsatzsteuer bis 1967 aufgeworfen: Die Umsatzsteuerbelastung des Preises am Ende der Leistungskette hängt von den Zufälligkeiten des Leistungsweges ab; gleiche Leistungen werden nicht gleich besteuert.[222] Verbraucher wie Unternehmer werden (Gelingen der vom Umsatzsteuerrecht intendierten Preisüberwälzung unterstellt) sowohl bei Zwischen- als auch bei Endstufenbefreiungen ungleich behandelt.[223] Die konsequente Durchführung der systemtragenden Prinzipien der Umsatzsteuer bedarf jedoch einer gleichmäßigen Belastung aller von der Umsatzsteuer Betroffenen.[224]

Die generelle Problematik aller Steuerbefreiungen ohne Vorsteuerabzug wurde schon früh erkannt und überwiegend als **Systembruch** kritisiert.[225] Die Begründung zum Regierungsentwurf für den Vorsteuerausschluss bei steu-

---

[221] Siehe Abschnitt 2.1.2.

[222] Siehe FN 217 und 220. REIß [1990], S. 26 zieht daraus die Schlussfolgerung, dass „im Bereich der steuerfreien Umsätze das ungenaue alte Bruttoumsatzsteuersystem fortlebt".

[223] Vgl. TEICHMANN [1975], S. 198. Bezogen auf Kreditgewährungen werden bei Zwischenstufenbefreiungen Verbraucher, die von anderen Unternehmern Leistungen beziehen, in die steuerfreie Kreditgewährungen eingegangen sind, ungleich behandelt, je nachdem, wie hoch die in der Kreditgewährung enthaltene nichtabzugsfähige Vorsteuer ist. Dem entspricht die Ungleichbehandlung der Unternehmer, da derjenige, in dessen Leistungen steuerfreie Kreditgewährungen mit geringer nichtabzugsfähiger Vorsteuerbelastung eingegangen sind, günstiger kalkulieren kann als der Unternehmer, in dessen Leistung steuerfreie Kreditgewährungen mit hoher nichtabzugsfähiger Vorsteuerbelastung eingegangen sind; siehe hierzu auch ERNST & YOUNG [1993], S. 19-20 mit Hinweis auf eine Überbesteuerung von Leistungen, die Finanzdienstleistungen als Eingangsleistung haben und der Tendenz einer geringeren Konsumnachfrage nach solchen Leistungen. Bei Endstufenbefreiungen müssten Verbraucher, die Kredite von Banken mit beispielsweise gerade neu errichteten Bankgebäuden beziehen, ggf. einen höheren Kreditzins bezahlen als Kreditnehmer von Banken, die ihren Betrieb schon längere Zeit in den gleichen Räumlichkeiten führen und bei ihrer Kalkulation die nichtabzugsfähigen Vorsteuern nur in geringerem Umfang zu berücksichtigen haben. Auf der Unternehmerseite sind durch die Versagung des Vorsteuerabzugs lohnintensive Banken gegenüber kapitalintensiven Banken bevorteilt.

[224] So speziell aus Sicht des Verbrauchsteuergedankens SÖHN [1976], S. 31. Aber auch das Prinzip der Neutralität verlangt, wenn schon eine Belastung der Unternehmer durch die heimliche Umsatzsteuer unvermeidlich ist, dass diese alle Unternehmer möglichst gleichmäßig trifft.

[225] Sowohl im Rahmen der Umstellung von dem Bruttoumsatzsteuersystem auf das Nettoumsatzsteuersystem durch das am 1.1.1968 in Kraft getretene UStG 1967, WISSENSCHAFTLICHER BEIRAT [1962], S. 57-58; FASOLD [1967], S. 1205-1206; KLEIN [1967], S. 253-255; GEORGI [1968], S. 271-273 als auch im Entstehungsstadium der 6. USt-RL, TEICHMANN [1975], S. 189-205; SÖHN [1976], S. 24-28; POHMER [1980], S. 692; DZIADKOWSKI [1985] („heimliche" Umsatzsteuer); REIß in TIPKE/LANG [1998], § 14 Rz 132.

erbefreiten Leistungen, derzufolge „es ausgeschlossen [erscheint], Wirtschaftszweigen, die selbst keine Steuerleistungen erbringen, die ständige Erstattung der auf den früheren Stufen von anderen Unternehmern gezahlten Umsatzsteuerbeträge im Wege des Vorsteuerabzugs zu gewähren“[226], vermag nicht zu überzeugen, denn ein Unternehmer mit steuerfreien Leistungen „erhält doch nicht ständig die auf früheren Stufen von anderen Unternehmern gezahlten Umsatzsteuerbeträge zurück, sondern lediglich diejenigen Vorsteuerbeträge, die er selbst an seine Lieferanten im Rahmen der an ihn bewirkten Eingangsleistungen entrichtet hat“[227]. Unter Verbrauchsteuergesichtspunkten[228] kann es nicht um die Entlastung bestimmter Wirtschaftszweige, sondern nur darum gehen, ob eine Entlastung der Einkommensverwendung durch Endverbraucher für bestimmte Leistungen gewollt ist. Ist dies der Fall, dann besteht jedoch kein Anlass, die leistenden Unternehmer vom Vorsteuerabzug auszuschließen.

Von der Feststellung eines Systembruchs zu unterscheiden ist die Frage nach der **Verfassungsmäßigkeit unechter Steuerbefreiungen** wegen Verstoßes gegen das Gleichheitsgebot infolge ungleichmäßiger Belastungen aufgrund Verwehrung des Vorsteuerabzugs.[229]

---

[226] BT-Drucks. IV 1590, S. 26. So ausdrücklich auch SCHLIENKAMP [1967], S. 14 (..."vermeiden, dass bestimmte Unternehmer, ohne selbst Steuern zu zahlen, laufend die auf den Vorstufen von anderen Unternehmern gezahlten Steuerbeträge erstattet erhalten.“) und SCHÜLE [1967], S. 217 („Das Recht zum Vorsteuerabzug kann .. dem Unternehmer nicht isoliert und unabhängig von der eigenen Steuerpflicht eingeräumt werden. Voraussetzung für die ... durch den Vorsteuerabzug erreichte Aufhebung der Besteuerung der Vorleistungen ist vielmehr die eigene Steuerpflicht.“).

[227] GEIST in RAU/DÜRRWÄCHTER/FLICK/GEIST, Umsatzsteuergesetz, § 15 Anm. 54 (zitiert nach TEICHMANN [1975], S. 201). Dies verkennt auch das in der Literatur anzutreffende Argument der immerwährenden negativen Steuerposition, siehe BRADFORD [1996], S. 439, der mit Bezug auf die Steuerbefreiung des Zinsgeschäftes feststellt: „If a financial institution earned all its profits from ... financial transactions and had any deductible or creditable expenses, the business would be in a perennial negative tax position.“

[228] Bzw. Einkommensverwendungsgesichtspunkten, siehe Abschnitt 1.3.1.

[229] Die Verfassungsmäßigkeit verneinen FASOLD [1967], S. 1206; Teichmann [1975], S. 198. Dagegen die Verfassungsmäßigkeit mit Hinweis auf die Rechtsprechung des Bundesverfassungsgerichts bejahend STADIE in RAU/DÜRRWÄCHTER [Umsatzsteuergesetz], Einf., Anm. 201-206, Lfg. 104, November 2000, demzufolge eine gesetzliche Regelung nur nach den Maßstäben der Verfassung, nicht aber unter dem Gesichtspunkt der Systemwidrigkeit für verfassungswidrig erklärt werden kann. Danach kann der Gesetzgeber ein von ihm aufgestelltes System durchbrechen, solange die getroffene Belastungsentscheidung zu keiner sachlich nicht zu rechtfertigenden Ungleichbehandlung führt. Eine Ungleichbehandlung sei aber infolge der Möglichkeit, zur Steuerpflicht zu optieren sowie mangels ungleicher Vorsteuerbelastung der miteinander konkurrierenden Unternehmer nicht gegeben; gl.A. (verfassungsrechtliche Bedenken nur bei Wettbewerbsverzerrung) RUPPE [1999], § 6 Tz. 21-24. Speziell im Bereich des Kreditgewerbes sei aufgrund der Tatsache, dass die Kreditinstitute von der Umsatzsteueroption keinen Gebrauch machten, die unterschiedliche Vorsteuerbelastung nicht als wesentlich anzusehen, STADIE, Anm. 204, a.a.O.

Da es sich bei Kreditgewährungen um Leistungen handelt, die auf allen Stufen einer Volkswirtschaft nachgefragt werden, tragen diese Bankleistungen in wahrscheinlich nicht unerheblichem Maße zu den unerwünschten Preisverzerrungen aufgrund dieses Systembruchs bei[230], zumal zwischenzeitlich der Umsatzsteuersatz mehrfach angehoben wurde und der Umfang nichtabzugsfähiger Vorsteuern in der Kreditwirtschaft ständig gestiegen ist. Die Möglichkeit, auf die Steuerbefreiung der Kreditgewährung zu verzichten, um insoweit auch den Verbrauch an Bankleistungen durch Private der Umsatzsteuer zu unterwerfen bzw. um bei Bankleistungen an Unternehmer das Problem nichtabzugsfähiger Vorsteuerbeträge zu vermeiden, vermag keine vollständige Abhilfe verschaffen. Zum einen kann bei Bankleistungen an Private nicht optiert werden. Zum anderen ist auch bei Bankleistungen an Unternehmer eine durchgängige Option nicht möglich, bei Umsätzen an Unternehmer im EU-Ausland aus rechtlichen Gründen[231] und bei Umsätzen an inländische Unternehmer, falls diese nicht zum Vorsteuerabzug berechtigt sind bzw. bei Umsätzen an vorsteuerabzugsberechtigte Unternehmer wegen der mit der Option verbundenen Probleme. Außerdem würde der Grundsatz der Neutralität der Umsatzsteuer voraussetzen, dass die Bank im Falle der Option den Kreditzins an die davon betroffenen Unternehmer entsprechend reduziert. Nach den bisherigen Erfahrungen sind die Banken hierzu jedoch nicht bereit[232] bzw. würden die Banken bei der Ermittlung der nunmehr unterschiedlich hohen Kreditzinsen für Unternehmer (Nettozins zzgl. offen ausgewiesener Umsatzsteuer) und Private (Bruttozins einschließlich nichtabzugsfähiger Vorsteuerbeträge) vor kaum lösbare Probleme gestellt[233]. Aus systematischen Überlegungen kann schließlich eine Regelung wie die des § 9 UStG ohnehin nicht überzeugen, da sie nur scheinbare Systemgerechtigkeit schafft, weil es in das Belieben des Unternehmers gestellt ist, die Option auszuüben. Dieser wird sich aber an betriebswirtschaftlichen Überlegungen orientieren und nicht an systemtragenden Prinzipien. Es ist jedoch Sache des Gesetzgebers, zu entscheiden, ob ein systemtragendes Prinzip konsequent durchgeführt wird oder nicht.[234] Ob der bei steuerfreien Kreditge-

---

230 Siehe FN 180, 217 und 220.

231 Keine Option bei fiktiv steuerfreien Umsätzen (siehe FN 181).

232 Siehe FN 210.

233 Entweder müsste die Bank von vornherein (also schon bei der Kalkulation) die nichtabzugsfähigen Vorsteuerbeträge auf den Kreditzins für Private aufschlagen (zwangsläufig ungenau, da die Bank weder Umfang der von Privaten abgerufenen Bankleistungen noch Höhe der anfallenden Vorsteuerbeträge kennt) oder im nachhinein (z. B. am Jahresende, wenn der Umfang der durch die Option nunmehr abzugsfähigen Vorsteuerbeträge feststeht) ihren Unternehmerkunden entsprechend der abgenommenen Bankleistungen die ersparten Vorsteuern gutschreiben.

234 Vgl. TEICHMANN [1975], S. 197.

währungen unbestrittener Maßen vorliegende Systembruch daher unter Verfassungsgesichtspunkten als unschädlich bezeichnet werden kann, erscheint mit Hinblick auf die nur beschränkten Möglichkeiten, durch Option zur Umsatzsteuer der Ungleichbehandlung bei der Vorsteuerbelastung zu entgehen, zumindest zweifelhaft.[235]

Aus finanzwissenschaftlicher Sicht ist schließlich zu konstatieren, dass infolge der Steuerbefreiung der Finanzdienstleistungen die Neutralität zwischen diesen Leistungen und anderen steuerpflichtigen Leistungen nicht gewahrt ist.[236]

2.4.1.2 Nationale und internationale Wettbewerbsbeeinträchtigung

National wirkt die Steuerbefreiung der Kreditgewährung insoweit wettbewerbsverzerrend, als die miteinander in Wettbewerb stehenden Banken volumenmäßig in unterschiedlicher Höhe mit nicht abzugsfähigen Vorsteuern belastet sind. Banken mit einer hohen Wertschöpfung (gleichbedeutend mit geringeren nichtabzugsfähigen Vorsteuern als Folge eines bspw. hohen Personaleinsatzes) haben gegenüber Banken mit einer niedrigeren Wertschöpfung einen Steuervorteil. In Teilen der Literatur wurde allerdings auch schon behauptet, dass diese Wettbewerbsverzerrung im Kreditgewerbe geringfügig sei[237] und als Begründung auf die Tatsache verwiesen, dass die Kreditinstitute von dem Verzicht auf die Steuerbefreiungen keinen Gebrauch machen[238]. Ob sich diese Auffassung vor dem Hintergrund der im Zeitablauf zunehmenden Belastung durch nichtabzugsfähige Vorsteuern im Kreditgewerbe[239] auch heute noch aufrechterhalten lässt, erscheint jedoch zumindest zweifelhaft. Wenn Banken die Option nicht wahrnehmen, dann nicht, weil die Vorsteuerbelastung als vernachlässigbar angesehen wird, sondern wegen der damit verbundenen Probleme[240].

---

[235] Zu dem Argument mangelnder Ungleichheit bei der Vorsteuerbelastung miteinander konkurrierender Kreditinstitute als weiterem Rechtfertigungsgrund für die Verfassungsmäßigkeit dieser Ungleichbehandlung (siehe FN 229) – gerade auch im internationalen Zusammenhang - siehe die Ausführungen unter Abschnitt 2.4.1.2.

[236] Vgl. GILLIS [1987], S. 13; NUTSFORD [1995], S. 5.

[237] Vgl. STADIE [1989], S. 12-13; ders. in RAU/DÜRRWÄCHTER [Umsatzsteuergesetz], Einf. Anm. 204, Lfg. 104, November 2000.

[238] Ebenda (RAU/DÜRRWÄCHTER [Umsatzsteuergesetz]).

[239] Siehe Darst. 1.

[240] Siehe Abschnitt 2.3.2.

Eine steuerliche Wettbewerbsbeeinträchtigung in anderer Hinsicht folgt aus der Behinderung des Outsourcens bestimmter Arbeitsabläufe innerhalb von Banken auf Tochtergesellschaften[241] oder auf fremde Dritte, da sich deren Leistungserstellung für die Bank im Vergleich zur eigenen Leistungserstellung durch die Bank um die Umsatzsteuer auf die nicht mit Vorsteuer belasteten Eingangsleistungen der Tochtergesellschaft (insbesondere Personalaufwendungen) verteuert.[242] „Make" ist gegenüber „Buy" bevorteilt[243], mit der Folge, dass

- auf sinnvolle Aufgabenauslagerung (volkswirtschaftlich grundsätzlich erwünschte Arbeitsteilung) verzichtet wird („in-house-supply") bzw.
- Vorumsätze eingegliedert werden durch Angliederung von Dienstleistungsgesellschaften.

Durch beide Entwicklungen gehen unnötigerweise Konzentrationsbestrebungen im Bankenbereich aus.[244] Außerdem führt der Leistungsbezug von Tochtergesellschaften zu einer Transferpreisproblematik ähnlich der im internationalen Bereich der Ertragsteuern.[245]

---

[241] Insbesondere zur Erbringung technischer Dienstleistungen wie EDV, Zahlungsverkehrs- oder Wertpapierabwicklung, siehe aber auch die jüngeren Initiativen zur Errichtung von Kreditfabriken, vgl. hierzu HOLTMANN/KLEINHEYER [2002]. Zur Verdeutlichung der Dimension dieser Bemühungen siehe ferner o.V. [26.3.2002a], S. 23, wonach Banken traditionell fast 100 Prozent ihrer Wertschöpfung im eigenen Haus betreiben, verglichen mit 18% in der Autoindustrie.

[242] Unterstellt, die Erbringung der erforderlichen Dienstleistung verursache Personalaufwendungen von 200 GEH und vorsteuerbelastete Sachaufwendungen von 100 GEH netto, dann kostet dies die Bank bei eigener Leistungserstellung insgesamt 316 GEH. Wird dieser Leistungsprozess jedoch auf eine eigens hierfür gegründete Tochtergesellschaft oder auf fremde Dritte ausgelagert, muss diese(r) – selbst bei Gewinnverzicht – bei gleichen Kosten 300 GEH zzgl. Umsatzsteuer von 48 GEH der Bank in Rechnung stellen. Per Saldo verteuert sich damit die Eingangsleistung für die Bank um 32 GEH, das sind 16% Umsatzsteuer auf die nicht mit Vorsteuer belasteten Personalaufwendungen.

[243] Vgl. auch ERNST & YOUNG [1993], S. 20-21.

[244] Vgl. RUPPE [1995], S. 464 sowie REIß in TIPKE/ LANG [1998], § 14 Rz. 133. Der umsatzsteuerliche Anreiz für diese Konzentrationsbestrebungen könnte dadurch vermindert werden, dass auf Eigenleistungen in Unternehmen Umsatzsteuer erhoben wird, siehe SCHENK [1994], S. 830 u.a. auch mit Hinweis auf die Schwierigkeiten, solche Leistungen zu identifizieren, sowie ALBA [1995], S. 337 („rules against self-supply"). Art. 5 Abs. 7 und Art. 6 Abs. 3 der 6. USt-RL verschaffen den Mitgliedstaaten die Möglichkeit, innerhalb eines Unternehmens erbrachte Leistungen der Umsatzsteuer zu unterwerfen, wenn bei Durchführung dieser Leistungen durch einen anderen Unternehmer ein voller Vorsteuerabzug nicht durchführbar gewesen wäre. Hiervon hat Deutschland jedoch nicht Gebrauch gemacht.

[245] Kreditinstitute mit einer angegliederten (und nicht organschaftlich verbundenen) Dienstleistungsgesellschaft haben ein Interesse an einer möglichst geringen Umsatzsteuerbemessungsgrundlage beim Bezug der Dienstleistung (Bestreben der Minimierung von Transferpreisen). Wenn auch die Zielrichtung bei der Minimierung der Ertragsteuern bei niedrigerem ausländischen Steuerniveau eine andere ist (Maximierung der Transferpreise im Falle des Leistungseinkaufs), sind die

Die Verteuerung durch nichtabzugsfähige Vorsteuern bei Outsourcing lässt sich jedoch durch die Begründung einer Organschaft vermeiden.[246] Kleinere Kreditinstitute, für die jeweils allein die Gründung einer Tochtergesellschaft nicht lohnend ist, müssten sich bei Auslagerung in ein Gemeinschaftsunternehmen allerdings zu einer Mehrmütterorganschaft zusammenschließen[247], die im Bereich der Umsatzsteuer von der Finanzverwaltung jedoch nicht anerkannt wird.[248] Damit sind größere Kreditinstitute, die sich entweder die Leistungserstellung im eigenen Haus leisten oder den Weg einer Organschaft beschreiten können, gegenüber kleineren Banken, die sich aus Kostengründen extern zusammenschließen müssen (z. B. gemeinsames Rechenzentrum), infolge des Kostenfaktors nichtabzugsfähige Vorsteuern bevorzugt.

Der Kostenfaktor nichtabzugsfähige Vorsteuern fiele ferner dann nicht an, wenn es gelänge, die Vorumsätze an das Kreditinstitut ebenfalls von der Umsatzsteuer zu befreien. In diese Richtung zielen – gestützt auf die Rechtsprechung des EuGH - Überlegungen, auch den in selbständigen Gesell-

---

möglichen Techniken und die generelle Lösung des Problems durch Fremdvergleich („arms´s length pricing rules") die gleichen, vgl. ERNST & YOUNG [1993], S. 18-19.

[246] Nach § 2 Abs. 2 Nr. 2 UStG gilt der Umsatz zwischen der Tochtergesellschaft (Organgesellschaft) und der Bank (Organträger) als nichtsteuerbarer Innenumsatz, so dass der oben beschriebene Verteuerungseffekt durch nichtabzugsfähige Vorsteuern auf Personalaufwendungen verhindert wird, da eine Wertschöpfungsstufe wegfällt, vgl. KESSLER/SCHMIDT [2001], S. 1683. Zur Organschaft als Gestaltungsinstrument des Insourcings personalintensiver Leistungen siehe SLAPIO [2000], S. 1000-1001.

[247] Voraussetzung für die Vermeidung einer Verteuerung durch nichtabzugsfähige Vorsteuern bei Aufgabenauslagerung auf eine gemeinsame Organgesellschaft ist jedoch, dass der Organkreis durch die Organgesellschaft und den Kreditinstituten als Organträger gebildet wird, da nur dann gewährleistet ist, dass es sich bei den ausgelagerten Umsätzen um nichtsteuerbare Innenumsätze handelt. Bislang nahmen Rechtsprechung und Finanzverwaltung aber an, dass sich der Organkreis aus gemeinsamer Organgesellschaft und der sog. Stimmrechts-GbR als Organträger zusammensetzt. Wenn aber die Gesellschafter außerhalb des Organkreises stehen, sind die Umsätze zwischen Organgesellschaft und den Gesellschaftern als steuerbar (und hier steuerpflichtig) zu behandeln. Mit Urteil vom 9.6.1999 zur Gewerbesteuer hat der BFH allerdings seine Rechtsprechung insofern geändert, als die (gewerbsteuerliche) Organschaft zu den Muttergesellschaften und nicht zu der GbR besteht. Als Reaktion auf diese Rechtsprechungsänderung hat der Gesetzgeber durch das Unternehmenssteuerfortentwicklungsgesetz vom 20.12.2001 (BGBl. I S. 3858) die Mehrmütterorganschaft gesetzlich im Sinne der Finanzverwaltung mit der Personengesellschaft als Organträger geregelt, allerdings nur für den Bereich der Körperschaftsteuer (§ 14 Abs. 2 KStG) und der Gewerbesteuer (§ 2 Abs. 2 Satz 3 GewStG). Die umsatzsteuerlichen Vorschriften zur Organschaft bleiben dagegen unverändert. Damit wäre für nicht zum Vorsteuerabzug berechtigte Unternehmer wie Banken der Weg frei, eine Aufgabenauslagerung über eine Mehrmütterorganschaft vorzunehmen, vgl. aber FN 248.

[248] Unter Berufung auf die Voraussetzung der finanziellen Eingliederung, die nur im Verhältnis zu maximal einem Gesellschafter (falls dieser überhaupt mehrheitlich an der Organgesellschaft beteiligt ist) bestehen könnte; a.A. Teile der Literatur, die die Grundsätze des BFH-Urteils vom 9.6.1999 (s. FN 247) auch auf die Umsatzsteuer übertragen, vgl. MENNER/BROER [2000], S. 244 ff.; WALTER/GROSCHUPP [2000], S. 454 und PRINZ [2002], S. 71.

schaften ausgelagerten Leistungen eine der Steuerbefreiungen aus dem Bankenkatalog des § 4 Nr. 8 UStG zuzusprechen, was bislang von der Finanzverwaltung regelmäßig jedoch nicht akzeptiert wird.[249]

Schließlich ließe sich der Kostenbestandteil nichtabzugsfähige Vorsteuer vermeiden, wenn wie im Rahmen der Gesetzgebungsinitiative zum Steueränderungsgesetz 2001 ursprünglich vorgesehen, Art. 13 Teil A Abs. 1 Buchst. f der 6. USt-RL durch Einfügung eines neuen § 4 Nr. 27 Buchst. a UStG in nationales Recht umgesetzt worden wäre. Danach sollten „die gegen Kostenerstattung ausgeführten Leistungen von Gemeinschaften gegenüber ihren Mitgliedern, soweit diese Leistungen unmittelbar von nichtunternehmerischen oder steuerfreien Leistungen verwendet werden", steuerfrei sein.[250] Dieser Vorschlag ist jedoch nicht realisiert worden. Damit verbleibt weiterhin nur die Möglichkeit der unmittelbaren Berufung auf die 6. USt-RL.[251]

---

[249] Vgl. grundlegend EuGH vom 5.6.1997 mit Anmerkung von DICKOPF [1997], S. 401-402 und Hinweis von HAMACHER [1997], S. 718-719 zum Fall des Rechenzentrums der dänischen Sparkassen – Sparekassernes Datacenter (SDC). Im Kern bejaht der EuGH die Umsatzsteuerbefreiung auch bei ausgelagerten Umsätzen, wenn diese einen eigenständigen Charakter haben, für die von der Steuer befreiten Umsätze spezifisch und wesentlich sind (für die im Urteilsfall relevante Befreiungsvorschrift für die Umsätze im Zahlungs- und Überweisungsverkehr (Art. 13 Teil B Buchst. d Nr. 3 der 6. USt-RL bzw. § 4 Nr. 8 Buchst. d UStG) stellt der EuGH auf die wesentliche Funktion einer Überweisung ab, die in der auftragsgemäßen Übertragung einer Geldsumme von einem Bankkonto auf ein anderes besteht) und sich nicht in der Erbringung einer rein materiellen oder technischen Leistung erschöpfen (Rdnr. 66 im Urteil vom 5.6.1997,). Gerade dies wird jedoch von der Finanzverwaltung verneint, da sich die Verantwortung der Rechenzentren regelmäßig auf die technische und elektronische Durchführung des Zahlungsverkehrs beschränke, vgl. BMF vom 30.5.2000. Zu der Auslegung weiterer Befreiungsvorschriften siehe EuGH vom 25.2.1999 – Card Protection Plan Ltd., vom 8.3.2001 – Försäkringsaktiebolag Skandia (beide zu Versicherungsumsätzen) und vom 13.12.2001 - CSC Financial Services Ltd. (zu Leistungen eines Call Centers). Die Möglichkeiten der Befreiung ausgelagerter Dienstleistungen von der Umsatzsteuer aufgrund der einzelnen Urteile werden in der Literatur kontrovers diskutiert, siehe SCHLÜTER/HÖHFELD [2000]; MENNER/HERRMANN [2001]; REIß [2002]; MENNER/ HERRMANN [2002]; WIDMANN [2002a]; LOHSE [2002]; MENNER/HERRMANN [2002a]. Zu entsprechenden Überlegungen in Neuseeland („Expanded Concept of Exempt Financial Services") und deren Zurückweisung durch die nationale Gerichtsbarkeit siehe SCHENK [1994], S. 831.

[250] Vgl. HAMACHER/FRENZEL [2002], S. 305.

[251] Jedoch kritisch zu prüfen vor allem im Hinblick auf die Gemeinschaft als Gesellschaftsform des Zusammenschlusses (womit andere Gesellschaftsformen wie die Kapitalgesellschaft ausgeschlossen wären), auf das Erfordernis, nur nach dem Kostendeckungsprinzip zu arbeiten (was auf Gewinnmaximierung ausgerichtete Gesellschaften ebenfalls ausschließen würde) sowie darauf, dass die Leistungen der Gemeinschaft unmittelbar zur Ausführung steuerfreier Leistungen der Mitglieder erbracht werden müssen (was im Hinblick auf die zu § 14 Nr. 14 Satz 2 UStG ergangene Regelung des Abschnitts 94 Abs. 1 Satz 5 UStR, wonach die von der Gemeinschaft ausgeführten Leistungen ihrerseits die Voraussetzungen der Steuerbefreiung erfüllen müssen, problematisch sein könnte, siehe auch Abschnitt 94 Abs. 2 Satz 3 UStR, demzufolge eine unmittelbare Verwendung zu steuerfreien Leistungen nicht gegeben ist, wenn die Gemeinschaft z.B. die Buchführung oder Rechtsberatung für ihre Mitglieder übernimmt). Dagegen dürfe die weitere Voraussetzung, wonach die Steuerbefreiung nicht zu Wettbewerbsverzerrungen führen darf, weniger problematisch sein, da die Gemeinschaftsunternehmen regelmäßig nicht am Markt auftre-

International kann sich eine Wettbewerbsverzerrung nicht nur aus den bereits weiter oben erwähnten unterschiedlichen Volumengrößen an nichtabzugsfähigen Vorsteuern, sondern zusätzlich auch aus unterschiedlich hohen Umsatzsteuersätzen[252] ergeben. Die nachstehende Darstellung vergleicht die Höhe der Vorsteuerbelastung der Kreditvergabe je nach Ansässigkeit von Kreditgeber und Kreditnehmer, wobei zwecks Verdeutlichung der Ort der Bankleistung aus Darstellung 4 mit aufgenommen und um die Frage nach dem Vorsteuerabzug ergänzt wird. Es soll von einer Umsatzsteuerbelastung von 16% im Inland (aktueller Steuersatz in Deutschland), 20% im EU-Ausland (in der Mehrzahl der EU-Mitgliedstaaten ist der Steuersatz deutlich höher als in Deutschland) und 0% im Drittland (z.B. USA, die keine bundesweit geregelte Umsatzsteuer kennen) ausgegangen werden. Außerdem wird unterstellt, dass jede Bank ihren Bedarf an Leistungsbezügen im eigenen Land deckt.[253]

---

ten und nur Leistungen an Gesellschafter erbringen. Im österreichischen Umsatzsteuergesetz ist eine solche Befreiung ausdrücklich für „Bank-, Versicherungs- oder Pensionskassenumsätze" vorgesehen (§ 6 Abs. 1 Z 28 UStG 1994). Vor allem im zweiten Teil, der auch die Leistungen zwischen den Mitgliedern der Unternehmenszusammenschlüsse befreit, übertrifft diese Vorschrift den Umfang der gemeinschaftsrechtlichen Vorgabe des Art. 13 Teil A Abs. 1 Buchst. f der 6. USt-RL. Das UStG 1992 enthielt dagegen noch eine Regelung, die den Kreditunternehmen und Versicherungen für empfangene Datenverarbeitungsleistungen unter bestimmten Voraussetzungen einen Vorsteuerabzug i.H.v. 50% (Unterstellung, dass das Entgelt zur Hälfte auf Personalkosten und Gewinnaufschlag entfällt) zugestand, um die Ausgliederung von Datenverarbeitungsanlagen zwecks Rationalisierung sowie die Zusammenarbeit zwischen Banken und Versicherungen auf dem Gebiet der Datenverarbeitung zu erleichtern, vgl. RUPPE [1999], § 6 Tz 484-485.

[252] Die Schwankung der Umsatzsteuersätze im internationalen Vergleich reicht von 5% in Japan bis 25% in Dänemark und Schweden (Stand: 1.1.2001) bzw. 0% in Ländern wie die USA, die keine Umsatzsteuer auf Bundesebene kennen, siehe Bundesministerium der Finanzen [2001a].

[253] Insbesondere bei Großkreditvergaben im Inland durch eine Bank im EU-Ausland oder Drittland ist es nicht erforderlich, dass diese Banken teure Filialnetze im Inland mit entsprechend vorsteuerbelastetem Sachaufwand unterhalten. Aufgrund der heutzutage gegebenen technischen Möglichkeiten (z. B. Internet) ist es praktisch möglich, von jedem beliebigen Punkt der Erde aus eine Kreditfinanzierung anzubieten.

Kreditnehmer / Bank	Unternehmer			Privater		
	Inland	EU-Ausland	Drittland	Inland	EU-Ausland	Drittland
Inland	Inland kein Va Vb = 16% Va bei O Vb = 0%	EU-Ausland kein Va Vb = 16% keine O bei nur f.St.befr.	Drittland Va Vb = 0%	Inland kein Va Vb = 16%	Inland kein Va Vb = 16%	Drittland Va Vb = 0%
EU-Ausland	Inland kein Va Vb = 20% keine O bei nur f.St.befr.	EU-Ausland kein Va Vb = 20% Va bei O Vb = 0%	Drittland Va Vb = 0%	EU-Ausland kein Va Vb = 20%	EU-Ausland kein Va Vb = 20%	Drittland Va Vb = 0%
Drittland	Inland Va entfällt Vb = 0%	EU-Ausland Va entfällt Vb = 0%	Drittland Va entfällt Vb = 0%	Drittland Va entfällt Vb = 0%	Drittland Va entfällt Vb = 0%	Drittland Va entfällt Vb = 0%

Va = Vorsteuerabzug   Vb = Vorsteuerbelastung   O = Option   f.St.befr.= fiktive Steuerbefreiung

Darst. 18: Belastung mit nichtabzugsfähiger Vorsteuer bei der Kreditvergabe im internationalen Vergleich

Die Darstellung verdeutlicht bei horizontaler Betrachtung von links nach rechts, dass sich - mit Ausnahme der Ansässigkeit des Kreditnehmers im Drittland wegen des damit verbundenen Vorsteuerabzugs - die Höhe der Vorsteuerbelastung bei der Kreditvergabe nach dem Land richtet, von dem aus die Bank tätig wird. Entscheidend für den Wettbewerb ist jedoch der umworbene Kreditkunde und damit die vertikale Betrachtung von oben nach unten. Diese zeigt – ebenfalls wieder mit Ausnahme des im Drittland ansässigen Kreditnehmers – deutliche Belastungsunterschiede aufgrund nichtabzugsfähiger Vorsteuern bei der Bank und damit Wettbewerbsverzerrungen zwischen den in den verschiedenen Ländern tätigen Anbietern von Bankleistungen:

- Banken in Drittstaaten, die keine Umsatzsteuer kennen oder die Bankleistungen unter Vorsteuerabzug aus Eingangsleistungen von der Umsatzsteuer befreien, sind gegenüber Banken in einem Mitgliedstaat der EU im Vorteil, da sich ein Problem der Belastung der Kreditgewährung mit nichtabzugsfähigen Vorsteuern erst gar nicht stellt.[254]

- Bei Banken innerhalb der EU (Inland und EU-Ausland) sind diejenigen Institute, deren Herkunftsländer vergleichsweise niedrige Umsatzsteuersätze aufweisen (z. B. Deutschland), bevorteilt.

- Außerdem kann bei Kreditgewährungen an Unternehmer mit Sitz in einem Mitgliedstaat der EU eine im gleichen Mitgliedstaat tätige Bank ihre Vorsteuerbelastung durch Option zur Umsatzsteuer auf 0% reduzieren, ein Vorteil, den eine in einem anderen Mitgliedstaat tätige Bank infolge Versagung der Option bei nur fiktiv steuerfreien Umsätzen nicht wahrnehmen kann[255].

- Kreditvergaben innerhalb der EU an umsatzsteuerpflichtige Unternehmer mit Sitz in einem anderen Mitgliedstaat führen dazu, dass sich die Wirkungen des Preisbestandteils und des Kaskadeneffekts aufgrund verschiedener Umsatzsteuersätze in den beiden Mitgliedstaaten unterschiedlich berechnen. Die Kreditgewährung einer Bank in einem Mitgliedstaat mit niedrigen Umsatzsteuersätzen an ein Unternehmen in einem Mitgliedstaat mit hohen Umsatzsteuersätzen wirkt sich auf die Umsatzsteuerbelastung bei den Endverbrauchern günstig (vergleichsweise niedrige Vorsteuerbelastung am Anfang der Leistungskette), bei Krediten in umgekehrter Richtung dagegen ungünstig (vergleichsweise hohe Vorsteuerbelastung am Anfang der Leistungskette) aus.

---

[254] Vgl. ERNST & YOUNG [1993], S. 20. Das Problem ließe sich lösen, wenn man den Import von Bankleistungen aus diesen Staaten der Umsatzsteuer unterwirft; dies scheitert aber an der umsatzsteuerlichen Erfassung dieser Leistungen, die leicht verborgen werden können, GARBER/ RABOY [1989], S. 172.

[255] Siehe FN 181.

Eine Beeinträchtigung der internationalen Wettbewerbsneutralität folgt ferner aus der unterschiedlichen Handhabung der Umsatzsteueroption bei Bank- und Finanzumsätzen in den Mitgliedstaaten der EU. Die Möglichkeit der Option ist nur von drei Mitgliedstaaten genutzt worden[256]. Außerdem unterscheiden sich die nationalen Optionsrechte beträchtlich nach Umfang und Modalitäten der Durchführung.[257]

Die unterschiedliche Vorsteuerbelastung bei Banken in verschiedenen Ländern führt aber auch zu einer Wettbewerbsverzerrung bei den Abnehmern der Bankleistungen, da kleine und mittlere Unternehmen sowie Endverbraucher ihren Bedarf an Bankleistungen überwiegend im Inland decken und folglich mit nichtabzugsfähiger Vorsteuer der Bank belastet werden, während Großunternehmen vergleichsweise leichter mit ausländischen Banken Geschäftskontakte knüpfen können.[258]

Die Belastungsunterschiede in Verbindung mit der fehlenden umsatzsteuerlichen Erfassung von importierten Bankleistungen[259] machen das System auch anfällig für Steuerumgehungen, indem – um den Vorsteuerabzug zu maximieren – Kredite an verbundene Unternehmen in Drittländern gewährt werden, die anstelle der inländischen Bank die Kredite im Inland vergeben.[260]

2.4.1.3 Keine Finanzierungsneutralität

Sieht man Finanzierungsneutralität als erstrebenswerte Ausprägung des Wunsches nach „Entscheidungsneutralität der Besteuerung in Bezug auf die Finanzierung"[261] an[262], darf die Umsatzsteuer die Höhe der Kosten der verschiedenen Finanzierungsarten[263] nicht beeinflussen.

---

[256] Belgien, Frankreich und Deutschland, siehe KOMMISSION der Europäischen Gemeinschaften [1983], S. 27.

[257] Vgl. die Übersicht bei KOMMISSION der Europäischen Gemeinschaften [1983], S. 93

[258] Vgl. auch JOERGENSEN/OWENS [1995], S. 23 („Intense competition means that corporate customers can shop around for the best offer.")

[259] Siehe FN 254.

[260] Diese Problem wird von Vertretern nationaler Finanzbehörden durchaus gesehen, vgl. NUTSFORD [1995], S. 14 sowie TREVETT [1995], S. 2 und 5.

[261] SIEGEL [2001], Sp. 1999.

[262] Einer Umfrage von Rose unter Hochschulprofessoren zufolge wird Finanzierungsneutralität von betriebswirtschaftlicher Seite oft als wünschenswert bezeichnet, vgl. ROSE [1985], S. 340.

[263] Zur Systematisierung der Finanzierungsarten vgl. SIEGEL [2001], Sp. 2006 ff.

Tatsächlich ist die Fremdfinanzierung durch Banken jedoch mit deren nichtabzugsfähiger Vorsteuer belastet (Überwälzung unterstellt). In geringerem Umfang dürfte die Fremdfinanzierung über den Kapitalmarkt (z.B. durch Ausgabe von Schuldverschreibungen) mit dieser Umsatzsteuer belastet werden, da hierbei von Banken nur Emissionsleistungen beansprucht werden, ebenso bei der Aufnahme von Eigenkapital am Kapitalmarkt. Lediglich die Selbstfinanzierung (aus Gewinnen) bleibt von der Umsatzsteuer unbeeinflusst.

Allerdings relativiert sich der unterschiedliche Einfluss der Umsatzsteuer auf die Höhe der Kapitalkosten der einzelnen Finanzierungsarten, wenn man sich deren unterschiedlichen ökonomischen Eigenschaften vor Augen führt.[264] Kein Unternehmer wird aber seine Entscheidung zu Gunsten einer Finanzierung nur vor dem Hintergrund der unterschiedlichen Belastung mit Umsatzsteuer treffen. Nur wenn untereinander substituierbare Finanzierungsleistungen miteinander konkurrieren und durch Umsatzsteuer in einem solchen Maße unterschiedlich hoch belastet werden, dass einzelne Finanzierungsformen diskriminiert würden, liegt aus Sicht der Nachfrager nach Finanzierungsmitteln ein Verstoß gegen die Finanzierungsneutralität vor, dem aus Sicht der Anbieter von Finanzierungsleistungen ein Verstoß gegen die Wettbewerbsneutralität entspricht.

2.4.1.4 Verkomplizierung auf der umsatzsteuerlichen Ausgangsseite

Nicht alle Umsätze der Bank sind gemäß § 4 Nr. 8 Buchst. a bis g UStG von der Umsatzsteuer befreit. Anders als Unternehmer mit ausschließlich umsatzsteuerpflichtigen Ausgangsumsätzen haben Banken daher ihre Ausgangsumsätze nach umsatzsteuerfreien und umsatzsteuerpflichtigen Leistungen zu trennen. Dies ist in den meisten Fällen auch relativ unproblematisch.[265]

---

[264] Eine spezielle Berechtigung für die Forderung nach Finanzierungsneutralität ergäbe sich demnach nur dann, wenn zwei zur Auswahl stehende Finanzierungsformen sich durch keinerlei ökonomisch relevante Eigenschaften voneinander unterscheiden würden, so dass lediglich die Umsatzsteuer Ungleichbehandlung schaffen würde, vgl. ROSE [1985], S. 340.

[265] Siehe die Aufzählung umsatzsteuerpflichtiger Bankleistungen in FN 28.

Allerdings kann die Trennung in umsatzsteuerfreie und –pflichtige Umsätze in der Praxis auch durchaus zu Komplikationen führen, wie z. B. bei der Trennung in optionsfähige und nichtoptionsfähige Kreditgewährungen aufgezeigt wurde.[266] Als ein weiteres Beispiel für die die Abwicklung der Bankgeschäfte in der Praxis erschwerenden Differenzierungen mag die Verwaltung von Krediten und Kreditsicherheiten dienen. Nachdem durch das Jahressteuergesetz 1996[267] im Zuge der Umsatzsteuerharmonisierung auf EU-Ebene die Verwaltung von Krediten und Kreditsicherheiten vom Befreiungstatbestand des § 4 Nr. 8 Buchst. a UStG ausgenommen wurde, bleibt nur noch die Verwaltung von Krediten und Kreditsicherheiten bei im eigenen Namen gewährten Kredite als unselbständige Nebenleistung zur steuerfreien Kreditgewährung von der Umsatzsteuer befreit. Dagegen ist die Verwaltung bei Krediten, die ein anderer Kreditgeber oder die der Verwaltende im Namen eines anderen gewährt hat, eine steuerpflichtige Leistung der Bank.[268] Dieses Nebeneinander von umsatzsteuerlich unterschiedlich zu beurteilenden Umsätzen bei Banken macht es somit erforderlich, selbst innerhalb der gleichen Umsatzart die erbrachten Leistungen in umsatzsteuerfreie und umsatzsteuerpflichtige Umsätze zu trennen.[269]

Außerdem muss infolge der Bestimmungen über den Leistungsort auch bei umsatzsteuerfreien Bankleistungen zwischen nicht zum Vorsteuerabzug und zum Vorsteuerabzug berechtigenden Umsätzen unterschieden werden, was eine Differenzierung nach dem Ansässigkeitsort der Leistungsempfänger erforderlich macht.[270] Bei der Veräußerung von (gebrauchten) Gegenständen durch eine Bank ist sogar auf die umsatzsteuerliche Verwendung dieser Gegenstände in der Vergangenheit innerhalb der Bank abzustellen.[271]

---

[266] Siehe Darstellungen 15 und 16.

[267] BGBl I 1995, S. 1250.

[268] Zum Fall der Kreditverwaltung bei Kreditvergaben im eigenen Namen, aber für fremde Rechnung (Treuhandkredite), zeichnet sich allerdings eine Entwicklung ab, die die Auffassung der Kreditwirtschaft bestätigt, dass diese Kreditverwaltungsleistungen umsatzsteuerfrei sind, siehe BFH vom 19.6.2002.

[269] Zu welchen Folgen das Nebeneinander umsatzsteuerlich unterschiedlich zu beurteilender Umsätze führen kann, zeigt anschaulich die Abgrenzungsliste zum Depotgeschäft, in der das BMF zusammen mit den Verbänden des Kreditgewerbes in 82 Einzelpositionen aufzählt, welche Umsätze der Umsatzsteuer unterliegen und welche nicht, BMF vom 29.6.1993.

[270] Kreditgewährungen an drittlandsansässige Personen (Unternehmer oder Endverbraucher) berechtigen zum Vorsteuerabzug. In allen anderen Fällen (Kreditvergaben an im Inland oder im EU-Ausland ansässige Personen, gleichgültig ob Unternehmer oder Endverbraucher) ist ein Vorsteuerabzug dagegen – mit Ausnahme der Option bei Kreditgewährungen an inländische Unternehmer - nicht möglich, siehe auch Darst. 17.

[271] Nach § 4 Nr. 28 UStG ist die Lieferung von Gegenständen von der Umsatzsteuer befreit, wenn die Bank die gelieferten Gegenstände ausschließlich für steuerfreie Bankumsätze verwendet hat,

Schließlich zeigt sich auch in dem Nebeneinander von steuerfreien und steuerpflichtigen Bankleistungen die Anfälligkeit des Systems für Umgehungen, da aufgrund der Vielfalt an Erscheinungsformen von Finanzdienstleistungen es oftmals ein leichtes wäre, an sich steuerpflichtige Umsätze durch steuerfreie Umsätze zu substituieren.[272]

2.4.1.5 Verkomplizierung auf der umsatzsteuerlichen Eingangsseite

Da Banken neben dem umsatzsteuerfreien Kreditgeschäft ohne Vorsteuerabzug[273] auch Umsätze mit Vorsteuerabzug[274] tätigen, ist es erforderlich, die einzelnen Vorsteuerbeträge der Eingangsseite einer der drei Gruppen von Vorsteuern zuzuordnen:

- voll zum Vorsteuerabzug zugelassene Vorsteuerbeträge i. S. des § 15 Abs. 1 und 3 UStG
- voll nicht zum Vorsteuerabzug zugelassene Vorsteuern i. S. des § 15 Abs. 2 UStG
- nicht eindeutig weder der ersten noch der zweiten Gruppe zuordenbare Vorsteuerbeträge. Hierunter fallen die (üblicherweise nur restlichen) nicht ausschließlich den nach Maßgabe von § 15 Abs. 1 bis 3 UStG nichtvorsteuerabzugsschädlichen bzw. vorsteuerabzugsschädlichen Ausgangsumsätzen zugerechneten Eingangsleistungen, die bei Banken jedoch den Großteil ihrer Eingangsumsätze ausmachen[275].

---

wobei Abschnitt 122 Abs. 2 der UStR bei der Verwendung dieser Gegenstände eine Wesentlichkeitsgrenze von 5% vorsieht. Auf diese Steuerfreiheit kann nicht verzichtet werden (§ 9 Abs. 1 UStG). Wenn allerdings der Gegenstand geringstfügig (zu weniger als 5%) umsatzsteuerpflichtig verwendet wurde, kann auf die Bagatellgrenze verzichtet werden, um bspw. über die Vorsteuerberichtigungsmöglichkeit des § 15a UStG noch eine anteilige Vorsteuerabzugsverbesserung zu erreichen.

[272] Problematik der Mischkalkulation bei Banken, siehe FN 129 und 150 (Senkung des Einlagenzinses anstelle bspw. steuerpflichtiger Kontoführungsgebühren). Im Wertpapierhandel mit Kunden ist diese Problematik noch offensichtlicher, wo es jeder Bank freisteht, Nettokauf- und –verkaufskurse zu stellen, anstatt die Wertpapiere unter Ausweis einer umsatzsteuerpflichtigen Provision zum Einheitskurs zu liefern oder abzunehmen, vgl. auch ERNST & YOUNG [1993], S. 22.

[273] § 15 Abs. 2 Nr. 1 UStG.

[274] Originär steuerpflichtige Umsätze (siehe FN 28), durch Option zur Umsatzsteuer ehemals steuerfreie Umsätze sowie steuerfreie Umsätze gem. § 15 Abs. 3 Nr. 1 Buchst. b und Nr. 2 Buchst. b UStG.

[275] Um ihre Vorsteuerabzugsquote zu verbessern, besteht vor allem für international tätige Banken der Anreiz, von Kreditnehmern aus Drittländern bezahlte Zinsen zu maximieren; in diesem Sinne auch TREVETT [1995], S. 2 („They [providers of financial services] therefore have an incentive to maximise their international and zero-rated supplies and hence their recovery of input tax." Bei

Anders als bei den Vorsteuerbeträgen der ersten und zweiten Gruppe hat bei den Vorsteuerbeträgen der dritten Gruppe eine Aufteilung in nicht abziehbare und abziehbare Beträge zu erfolgen. Dies führt zu gravierenden Problemen[276], was sich nicht zuletzt auch darin zeigt, dass der Gesetzgeber die Regelungen über die Aufteilung der Vorsteuerbeträge wiederholt geändert hat:

Nach den Umsatzsteuergesetzen vom 29.5.1967[277] und vom 16.11.1973[278] bestanden drei Möglichkeiten der Feststellung des Anteils der abziehbaren Vorsteuerbeträge[279]:

- § 15 Abs. 3 UStG sah eine **schematische Aufteilung aller Vorsteuerbeträge** nach dem Umsatzverhältnis von vorsteuerabzugsschädlichen zu den übrigen Ausgangsumsätzen vor.

- Zwecks wirtschaftlich genauerer Zurechnung konnte jedoch auch das Finanzamt auf Antrag des Unternehmers gestatten, diese **schematische Aufteilung** auf die Vorsteuerbeträge zu **beschränken**, die weder den zum Vorsteuerabzug berechtigenden noch den nicht zum Vorsteuerabzug berechtigenden Ausgangsumsätzen ausschließlich zuzurechnen waren (§ 15 Abs. 4 Nr. 1 UStG) bzw.

Kreditzinsen von Tochterunternehmen stellt sich wiederum (siehe FN 245) die Transferpreisproblematik, hier jedoch ist das Bestreben auf die Maximierung der Transferpreise gerichtet.

276 Wörtlich heißt es in der Begründung zum Regierungsentwurf des UStG 1967 (BT-Drucks. IV/1590 S. 26): „Steuerbefreite Umsätze erschweren aber auch, wenn der begünstigte Unternehmer zugleich steuerpflichtige Umsätze tätigt, die praktische Durchführbarkeit der Mehrwertsteuer ... in hohem Maße; denn die in solchen Fällen notwendige Trennung der abziehbaren und nicht abziehbaren Vorsteuerbeträge muss, insbesondere bei den auf Investitionsgütern lastenden Vorsteuerbeträgen, zu erheblichen Schwierigkeiten und unbefriedigenden Lösungen führen". Außerdem ist aufgrund des Nebeneinander von steuerfreien und steuerpflichtigen Umsätzen aufgrund der Vorsteuerberichtigungsvorschrift des § 15 a UStG für einen Zeitraum von bis zu 10 Jahren nach Anschaffung oder Herstellung eines Wirtschaftsguts eine Änderung dessen Verwendungsverhältnisse im Vergleich zu dem Kalenderjahr der erstmaligen Verwendung zu prüfen.

277 Umsatzsteuergesetz (Mehrwertsteuer), BGBl I S. 545.

278 Umsatzsteuergesetz (UStG 1973), BGBl I S. 1682.

279 Vgl. auch in dem BdF-Schreiben vom 28.6.1969, S. 357 die Beispiele in Abschn. F I Abs. 2 Nr. 1 bis 3.

- alternativ die **gesamten Vorsteuerbeträge** danach aufzuteilen, wie sie den vorsteuerabzugsschädlichen und den übrigen Ausgangsumsätzen **bei wirtschaftlicher Betrachtung**[280] zuzurechnen waren (§ 15 Abs. 4 Nr. 2 UStG):

  Die Finanzverwaltung[281] gestattete hierbei bestimmten Unternehmergruppen (so ausdrücklich auch Kreditinstituten), die nicht ausschließlich zurechenbaren Vorsteuerbeträge nach dem Verhältnis aufzuteilen, das sich aus der Gegenüberstellung zweier Summen (der Summe A und der Summe B) ergibt; abziehbar war der Anteil der Vorsteuerbeträge, der auf die Summe A entfiel. Danach gehörten zur Summe A:

  1. Die **Erträge** aus den zum Vorsteuerabzug berechtigenden Lieferungen, Forderungsabtretungen und Schuldübernahmen.
  2. Die **Entgelte** für die übrigen zum Vorsteuerabzug berechtigenden sonstigen Leistungen.

  und zur Summe B:

  1. Die **Erträge** aus den nach § 4 Nr. 6 ff. steuerfreien Lieferungen, Forderungsabtretungen und Schuldübernahmen sowie aus allen Geldgeschäften, die Umsätze an den Unternehmer darstellen (insbesondere Diskont aus dem Ankauf von Wechseln und Erträge aus dem Ankauf von Forderungen).
  2. Die **Entgelte** für die nicht unter die vorstehende Nr. 1 fallenden, nach § 4 Nr. 6 ff. steuerfreien sonstigen Leistungen,

  Als **Ertrag** war der aus dem jeweiligen Geschäft erzielte **Rohgewinn** anzusehen.[282]

---

[280] Das Gesetz selbst sprach zwar nicht von der wirtschaftlichen Betrachtung, wohl aber das BdF-Schreiben vom 28.6.1969, S. 357 unter Abschn. F Teil I Abs. 2 Nr. 3 sowie die Gesetzesbegründung (vgl. zu BT-Drucks. V/1581, S. 15).

[281] Vgl. BdF-Schreiben vom 28.6.1969, S. 360 unter Abschn. F Teil IV Abs. 3.

[282] Demnach schied nach dieser – wegen ihrer Bedeutung für die Kreditwirtschaft auch als Bankenschlüssel genannten - Verwaltungsregelung der Ansatz von Rohgewinnen bei der Ermittlung der abziehbaren Vorsteuerbeträge für das Kreditgeschäft der Banken aus, da es sich bei Kreditgewährungen um sonstige Leistungen handelt, die mit den Entgelten (also mit dem gesamten Zinsertrag und nicht nur mit der Zinsmarge) anzusetzen sind.

Das Umsatzsteuergesetz vom 26.11.1979[283]

- bestimmte in seinem § 15 Abs. 4 Satz 1 als generelle Aufteilungsmethode die Aufteilung der Vorsteuern nach wirtschaftlichen Gesichtspunkten (bisheriger § 15 Abs. 4 Nr. 2 UStG 1973).

- „Zur Vermeidung praktischer Schwierigkeiten"[284] konnte die Aufteilung gem. § 15 Abs. 4 Satz 2 UStG auch im Wege einer sachgerechten Schätzung vorgenommen werden. Dabei war nach Auffassung der Finanzverwaltung wie bisher auf die im Einzelfall bestehenden wirtschaftlichen Verhältnisse abzustellen und bei dem angewandten Maßstab systematisch von der Aufteilung nach der wirtschaftlichen Zuordnung auszugehen, wobei ausdrücklich festgehalten wurde, dass eine Aufteilung, die allein auf die Höhe der Umsätze des Unternehmers abstellt, nicht als sachgerechte Schätzung anzusehen ist.[285] Allerdings wurde die nach Abschn. F Teil IV Abs. 3 des BdF-Schreibens vom 28.6.1969 insbesondere für Kreditinstitute zugelassene Aufteilung (Bankenschlüssel) als sachgerechte Schätzungsmethode zugelassen.[286]

- Daneben enthielt § 15 Abs. 5 UStG als weitere Aufteilungsmethode die Aufteilung der nach Abs. 4 aufzuteilenden Vorsteuerbeträge nach dem Verhältnis der zum Ausschluss vom Vorsteuerabzug führenden Umsätze zu den übrigen Umsätzen (bisheriger § 15 Abs. 4 Nr. 1 UStG); die ursprünglich geplante Übernahme der rein schematischen Aufteilungsmethode des § 15 Abs. 3 UStG 1973 wurde wegen ihrer großen Ungenauigkeit und der erheblichen Gefahr von Steuerausfällen nicht übernommen.[287] Die Anwendung des Umsatzschlüssels gem. Abs. 5 war allerdings ausgeschlossen, wenn sie zu ungerechtfertigten Steuervorteilen führte (§ 15 Abs. 6 UStG).

---

[283] Umsatzsteuergesetz (UStG 1980), BGBl I S. 1953.

[284] So die Gesetzesbegründung zu dem Gesetzentwurf der Bundesregierung vom 5.5.1978, BT-Drucks. 8/1779, Anlage 1, zu § 15 Abs. 4 bis 7).

[285] Vgl. BdF-Schreiben vom 30.6.1981, S. 520 Tz. 105.

[286] Vgl. BdF-Schreiben vom 30.6.1981, S. 521 Tz. 106.

[287] Vgl. BT-Drucks. 8/1779, S. 59.

Zum 1.1.1990 wurde der bisherige § 15 Abs. 4 UStG 1980 unverändert übernommen, Absatz 5 (und 6) wurden aufgehoben[288]; die Gesetzesfassung des § 15 Abs. 4 UStG 1990 ist bis auf eine redaktionelle Überarbeitung[289] bis heute unverändert in Kraft. Ab 1990 war somit die gesetzliche Grundlage für die Umsatzmethode ganz entfallen. Die Umsatzsteuerrichtlinien sahen in Abschn. 208 Abs. 4 zwar noch bis einschließlich Besteuerungszeitraum 1991 die weitere Anwendung des Bankenschlüssels vor, in die Umsatzsteuerrichtlinien 1992 wurde diese Vereinfachungsregelung jedoch nicht mehr übernommen.[290] Da eine praktikable Neuregelung durch die Finanzverwaltung ausstand, wurde in der Praxis in Abstimmung mit den jeweilig zuständigen Finanzämtern zumindest für Teilbereiche der Bank der Bankenschlüssel jedoch auch noch in späteren Besteuerungszeiträumen de facto akzeptiert.[291]

Mitte der 90er Jahre wurde von der Frankfurter Finanzverwaltung (Bereich Großbetriebsprüfung von Kreditinstituten) neue Grundsätze der Vorsteueraufteilung[292] entwickelt, die ausgehend vom Prinzip der wirtschaftlichen Zurechnung das Vorsteueraufkommen des gesamten Unternehmens der Bank in einem ersten Schritt auf die verschiedenen Unternehmensteile (Zentrale, inländische Betriebsstätten, ausländische Betriebsstätten, Organgesellschaften) aufgliedern, um innerhalb der einzelnen Unternehmensteile dann die Voraussetzungen des § 15 Abs. 1 UStG zu prüfen und die direkt zurechenbaren Vorsteuerbeträge gem. § 15 Abs. 2 und Abs. 3 UStG zu ermitteln. Für die nicht direkt zurechenbaren Vorsteuern wird dann in einem zweiten Schritt nach relevanten Aufteilungsmaßstäben gem. § 15 Abs. 4 UStG gesucht. Hierzu werden für bestimmte Geschäftsbereiche wirtschaftlich adäquate Sonderschlüssel (z. B. für den Immobilienbereich bei Vermietung oder Immobilienleasing die Aufteilung der Vorsteuern aus Einzelkosten nach Nutzflächen oder Kubatur oder für EDV-Dienstleistungen an Dritte die Zuordnung der Vorsteuern des gesamten EDV-Bereichs nach Rechnerlaufzeiten) bzw. für verbleibende noch aufzuteilende Vorsteuern eine Aufteilung nach allgemeinem Schlüssel (z. B. nach der betrieblichen Kostenrechnung oder durch

---

288 Siehe Art. 7 Nr. 4 des Gesetzes zur steuerlichen Förderung des Wohnungsbaus und zur Ergänzung des Steuerreformgesetzes 1990 vom 22.12.1989 (Wohnungsbauförderungsgesetz – WoBauFG), BGBl I S. 2408.

289 Die redaktionelle Überarbeitung betraf die Ausdehnung des Vorsteuerabzugs auf die Steuer für den innergemeinschaftlichen Erwerb von Gegenständen.

290 Vgl. BMF-Schreiben vom 11.3.1993.

291 Siehe auch HAMACHER/FRENZEL/DIETZ [2001], Kz 1910, S. 43-44.

292 Vgl. Schreiben des BMF an die Bankenverbände vom 31.7.1997 (Az. IV C 3 – S 7306 – 4/97), o.O. sowie DAHM/HAMACHER [1998], S. 449-450.

Zuhilfenahme eines den Sachaufwand repräsentierenden Mitarbeitereinsatzschlüssels) vorgeschlagen. Ein Umsatzschlüssel wird in dem neuen Konzept nicht akzeptiert. Diese von der Finanzverwaltung vorgeschlagene betriebswirtschaftliche Methode der Vorsteueraufteilung ist in den als sog. Archivmitteilung herausgegebenen Leitfaden für die steuerliche Betriebsprüfung bei Kreditinstituten aufgenommen, nicht jedoch in einem BMF-Schreiben fixiert worden, so dass dieses Modell keinen bindenden Charakter i. S. einer Verwaltungsanweisung erlangen konnte, die bundeseinheitlich verwaltungsintern zu beachten wäre. Nach Ansicht der Kreditwirtschaft stellt die Handhabung der vorgeschlagenen geänderten Grundsätze zur Vorsteueraufteilung die Praxis aufgrund der erforderlichen technisch und organisatorisch sehr aufwendigen und detaillierten Aufschlüsselungen vor kaum lösbare Probleme.[293] Ungeachtet der praktischen Erwägungen wurden auch schwerwiegende rechtliche Bedenken (u. a. Hinweis auf Art. 17 und 19 der 6. EG-Richtlinie mit der Möglichkeit der Aufteilung nach Umsätzen) vorgetragen.[294]

Dem Vernehmen nach folgt die Mehrzahl der Kreditinstitute bei der Aufteilung der nicht direkt zurechenbaren Vorsteuerbeträge in den Grundzügen weiterhin einem Umsatzschlüssel und nicht dem von der Finanzverwaltung entworfenen Modell.[295] Bis heute fehlt es damit an einer zufrieden stellenden, allgemeinen Handhabung der Vorsteueraufteilung bei Kreditinstituten. Erst in jüngster Zeit scheint sich bei dem Bankenschlüssel eine Entwicklung in eine ganz neue Richtung abzuzeichnen, die unter Bezugnahme auf die Rechtsprechung des EuGH[296] einen typisierten Aufteilungsschlüssel vorschlägt, in den als Bemessungsgrundlage bei den meisten banktypischen Geschäften und insbesondere auch bei den Kreditgeschäften eine **Marge** als Überschuss aus den Zinseinnahmen und den Refinanzierungskosten eingehen soll. Das BMF hat den Kreditwirtschaftsverbänden mit Schreiben vom

[293] Vgl. gemeinsames Schreiben der Verbände des Kreditgewerbes an das Bundesministerium der Finanzen vom 29.10.1997, o.O.

[294] Vgl. GEURTS [1998], S. 141 sowie DAHM/HAMACHER [1998], S. 454.

[295] Den Umsatzschlüssel unterstützend könnte sich die jüngste Rechtsprechung zur Frage der Vorsteueraufteilung auch bei Herstellung gemischt genutzter Gebäude erweisen, vgl. (allerdings nicht im BStBl. II veröffentlichtes) Urteil des BFH vom 17.8.2001, wonach auch hier eine Aufteilung nach Ertragswerten (Umsatzschlüssel) sachgerecht sein kann, vgl. hierzu auch HEIDNER [2002]. Kritisch zu dem Umsatzschlüssel, da dieser „time and effort" nicht richtig widerspiegele und außerdem leicht im Sinne der anwendenden Bank beeinflusst werden kann, indem hohe zum Vorsteuerabzug berechtigende Umsätze mit niedrigem Personal- und Sacheinsatz generiert werden, NUTSFORD [1995], S. 29-30.

[296] Vgl. EuGH-Urteil vom 14.7.1998 – First National Bank of Chicago.

2.5.2001 den Entwurf eines „neuen Konzepts für die Vorsteueraufteilung bei Kreditinstituten" vorgelegt. Hierzu haben die Kreditwirtschaftsverbände mit Schreiben vom 18.7.2001 grundsätzlich zustimmend Stellung genommen. Obwohl derzeit noch keine endgültige Erlassregelung vorliegt, hat das Konzept in der Praxis bereits positive Resonanz gefunden.[297] Nicht zuletzt auch aus Gründen der Wettbewerbsneutralität zumindest innerhalb der EU wäre es zu begrüßen, wenn man sich EU weit auf eine gemeinsame Pro-rata-Regel i.S.v. Art. 19 der 6. USt-RL verständigen könnte.

2.4.1.6 Ausfall an Steuereinnahmen

Zu den budgetären Aspekten der derzeit praktizierten Steuerbefreiung der Kreditgewährungen gibt es nur vereinzelte Literaturhinweise, die jedoch reichlich spekulativ erscheinen, sich zudem immer nur auf einzelne Aspekte beziehen und schließlich in Teilen auch in Widerspruch zueinander stehen.[298] Dem kann und soll hier keine weitere Zahlenspekulation angefügt werden. Statt dessen sollen an dieser Stelle einige allgemeine Überlegungen darüber angestellt werden, welche Änderungen in Bezug auf das Umsatzsteueraufkommen eintreten würden, ginge man zu einer generellen Umsatzsteuerpflicht aller erhaltenen Kreditzinsen über.

---

[297] Sollte die Finanzverwaltung sich tatsächlich dieser Margenüberlegung für Zwecke der Vorsteueraufteilung nach § 15 Abs. 4 UStG anschließen, würde sie damit ihre – im BdF-Schreiben vom 28.6.1969 zum Ausdruck gebrachte - ablehnende Haltung zum Ansatz eines Rohgewinns auch beim Kreditgeschäft im nachhinein aufgeben. Auch der Mehrwertsteuer-Ausschuss bei der Kommission hat sich nach nahezu einstimmiger Meinung bei der Pro-rata-Ermittlung dafür ausgesprochen, Zinsen aus Kreditgeschäften mit ihrem **Bruttobetrag** anzusetzen (Wertpapier- und Devisenumsätze dagegen mit der **Bruttospanne**), SCHLIENKAMP [1984], S. 53-54.

[298] Vgl. DÜRRWÄCHTER [1967], S. 10 mit der pauschalen Aussage, dass allgemein bei steuerfreien Umsätzen dem Aufkommen infolge des ausgeschlossenen Vorsteuerabzugs nur eine relativ geringe Bedeutung beizumessen sei; konträr GILLIS [1987], S. 28, der den Verlust der Vorsteuerabzugsbeträge als beträchtlich bezeichnet: „ ... in the U.S. financial sector ... purchases from other firms are as much as twenty to thirty percent of value-added ..."; DREMINS [1997], S. 17 mit Einzelhinweis, dass sich der Effekt aus dem Vorsteuerausschluss in Irland für „financial service providers" auf 100 Mio Pfund p.a. beläuft. Untersuchungen, die den Steuerausfall infolge Umsatzsteuerbefreiung über den Anteil des Finanzsektors am Bruttoinlandsprodukt (z.B. 7%), multipliziert mit dem jeweils gültigen Umsatzsteuersatz (z.B. 10%), vereinfachend als Prozentsatz des Bruttoinlandsprodukts (0,7%) zum Ausdruck bringen (vgl. bspw. GILLIS [1997], S. 31), können nicht als Vergleich zu den Auswirkungen der Steuerbefreiung der Kreditgewährung herangezogen werden, da die hierbei zugrunde gelegte Wertschöpfung im wesentlichen auf der Zinsspanne zwischen Kredit- und Einlagenzins basiert.

Aus den Umsätzen der **Eingangsseite** der Banken würde der Staat einen Verlust an Umsatzsteuereinnahmen verzeichnen, da die Banken nunmehr sämtliche Vorsteuern uneingeschränkt abziehen könnten.[299] Die **Ausgangsseite** der Banken ist einer differenzierenderen Betrachtung zu unterziehen. Soweit Kredite an Privatpersonen, an die öffentliche Hand oder an nicht zum Vorsteuerabzug berechtigte Unternehmer gewährt werden, steigen die Staatseinnahmen um die Umsatzsteuer auf die Kreditzinsen. Bei Krediten an vorsteuerabzugsberechtigte Unternehmer wäre die Auswirkung auf den Staatshaushalt dagegen neutral, weil der Umsatzsteuer aus der Kreditgewährung der Banken ein gleich hoher Vorsteuerabzug auf Seiten der Unternehmer entgegenstünde. Schließlich müssten jedoch auch noch die bisherigen Auswirkungen auf Ebene der **den Kreditgewährungen der Banken nachfolgenden umsatzsteuerpflichtigen Umsätzen** anderer Unternehmer berücksichtigt werden. Hier muss der Staat auf Umsatzsteuereinnahmen insoweit verzichten, als sich das Problem der Weitergabe der nichtabziehbaren Vorsteuer auf Seiten der Bank nicht mehr stellt und damit zwangsläufig auch die Wirkung des Kaskadeneffekts entfällt.

Per Saldo würden sich die Staatseinnahmen bei Einführung einer generellen Umsatzsteuerpflicht der Kreditgewährung sicherlich deutlich erhöhen, eine Annahme, die vor dem Hintergrund einer Versteuerung des gesamten Kreditzinses und nicht nur der Zinsspanne plausibel erscheint.[300] Diese Annahme erhärtet sich, wenn man die Auswirkungen auf die Staatseinnahmen getrennt nach den Kundengruppen der Bank darstellt. Bei Krediten an Privatpersonen, die öffentliche Hand oder nicht vorsteuerabzugsberechtigte Unternehmer steigen die Staatseinnahmen, da das Umsatzsteueraufkommen größer ist als die anteilige Vorsteuerabzugsverbesserung auf Seiten der Bank.[301] Bei

---

[299] Die Wirkung des Kosten- bzw. Preisbestandteils (siehe Abschnitt 2.2.2.1.5) entfällt, da die „Umsatzkette" nun nicht mehr unterbrochen wird.

[300] Die nach Kenntnis des Verfassers einzige fundierte Analyse zu dem durch die Umsatzsteuerbefreiung des Einlagen- und Kreditgeschäfts verursachten Verlustes an Staatseinnahmen stammt von GENSER/WINKER [1997] und kommt für Deutschland (für das Jahr 1994) zu einem Steuerausfall von ca. 10 Mrd. DM, was in etwa 4% des gesamten Umsatzsteueraufkommens entspricht. Hierbei ist allerdings zu berücksichtigen, dass die Autoren diesen Einnahmenausfall entsprechend der Handhabung des Statistischen Bundesamtes, die Wertschöpfung der Banken in der Differenz zwischen Zinserträgen und Zinsaufwendungen zu erblicken, ermittelt haben. Der Einnahmenausfall aus der Steuerbefreiung des Kreditzinses (und nicht nur der Zinsspanne) dürfte daher noch um einiges höher ausfallen.

[301] Dies folgt aus einem Vergleich der Ausgangsseite mit der Eingangsseite der Bank, da die nunmehr umsatzsteuerpflichtige Bemessungsgrundlage der Ausgangsseite (erhaltene Kreditzinsen) die bislang bereits umsatzsteuerpflichtige Bemessungsgrundlage der Eingangsseite (mit Vorsteuer belastete Sachkosten) auf Dauer immer (auch deutlich) übersteigt. Die hierdurch per Saldo ausgelösten Steuermehreinnahmen können auch nicht durch einen im Vergleich zu der Ausgangsseite höheren Umsatzsteuersatz auf der Eingangsseite beeinträchtigt werden, da auf bei-

Krediten an Unternehmer mit steuerpflichtigen Ausgangsumsätzen erleidet der Staat infolge des Wegfalls der Wirkungen des Preisbestandteils und des Kaskadeneffekts dagegen einen Einnahmenverlust. Das Kreditgeschäft mit Privatpersonen (und anderen nichtvorsteuerabzugsberechtigten Personen, „Privatkundengeschäft") würde damit zu höheren Einnahmen und das Kreditgeschäft mit vorsteuerabzugsberechtigten Unternehmern („Firmenkundengeschäft") zu niedrigeren Einnahmen führen. Die Gesamtauswirkung auf die Staatseinnahmen wird somit nicht nur durch das Verhältnis von steuerpflichtigen Kreditgewährungen zu steuerpflichtigen Eingangsumsätzen im Privatkundengeschäft, sondern auch durch das Verhältnis der Kreditgewährungen an Privatkunden zu den Kreditgewährungen an Firmenkunden bestimmt.

Die Argumentation, wonach den gestiegenen Staatseinnahmen aus der Umsatzsteuer auf Zinsen infolge der hohen Staatsverschuldung aber zumindest teilweise künftig auch höhere Zinsausgaben des Staates gegenüber stünden, verkennt, dass der Staat hier die Umsatzsteuer „an sich selbst zahlt". Eine ungleiche Entwicklung der Einnahmen- und Ausgabenerhöhung bei den einzelnen Gebietskörperschaften ließe sich jedoch kaum vermeiden, da die Finanzverfassung in Deutschland bei der Zuteilung der Steuereinnahmen die in dem föderalen Staatsaufbau bestehenden unterschiedlich hohen Verschuldungen nicht berücksichtigt.

Zu den umsatzsteuerlichen Mehreinnahmen für den Staat tritt noch das Mehraufkommen aus der gestiegenen Bemessungsgrundlage bei den Ertragsteuern, da sich die Gewinne der Banken durch den Wegfall des Vorsteuerabzugsverbots entsprechend erhöhen.[302] Andererseits sinken die Einnahmen bei den Ertragsteuern, wenn die bei Privatpersonen höheren Kreditkosten bei der Einkommensteuer (z.B. im Rahmen der Einkünfte aus Vermietung und Verpachtung gem. § 21 EStG) abzugsfähig sind.

---

den Seiten der Bank fast immer der Regelsteuersatz des § 12 Abs. 1 UStG zum Tragen kommt. Durch teilweise Belastung der Eingangsumsätze nur mit dem ermäßigten Umsatzsteuersatz (z.B Bücher und Zeitungen gem. § 12 Abs. 2 Nr. 1 UStG i.V.m. der Nr. 49 der Anlage) wird im Gegenteil der für die Einnahmen des Staates positive Bemessungsgrundlageneffekt durch die Steuersatzseite noch verstärkt.

[302] Würde die Börsenumsatzsteuer noch existieren, müsste auch deren Steueraufkommen (einnahmenmindernd) in die Betrachtung einbezogen werden, da ihre Existenzgrundlage bei Einführung einer so weitreichenden Umsatzbesteuerung wie die des Kreditgeschäfts sicherlich nicht mehr hätte aufrechterhalten werden können (Vermeidung einer Doppelbesteuerung durch Umsatzbesteuerung auch des Wertpapiergeschäfts der Banken). Eine ähnliche Überlegung wäre wohl auch im Zusammenhang mit der Versicherungssteuer anzustellen, da eine so bedeutende Änderung wie die Besteuerung des Kreditgeschäfts der Banken mit Sicherheit auch auf die umsatzsteuerliche Behandlung des Geschäft der Versicherungsgesellschaften ausstrahlen würde.

Schließlich ist noch auf den Einfluss gestiegener Zinskosten auf die konjunkturelle Entwicklung hinzuweisen. Ein niedrigeres Wirtschaftswachstum sowie ein Weniger an Konsummöglichkeiten würden sich in geringeren Einnahmen bei den Ertragsteuern und der Umsatzsteuer wiederspiegeln.

2.4.1.7 Zwischenergebnis: Die Steuerbefreiung der Kreditgewährung ist systemwidrig, wettbewerbsverzerrend und nicht praktikabel

Die seit den Anfängen der Umsatzbesteuerung praktizierte Freistellung der meisten Bankgeschäfte im Allgemeinen und der Kreditgewährung im Besonderen von der Umsatzsteuer ist durch gravierende Mängel gekennzeichnet. Die Steuerbefreiung ohne Vorsteuerabzug steht im Widerspruch zu den beiden systemtragenden Prinzipien der Umsatzsteuer: Dem Verbrauchsteuercharakter, da die Leistung der Bank an Endverbraucher nicht explizit der Umsatzsteuer unterworfen wird und dem Grundsatz der Neutralität, demzufolge innerhalb der Unternehmerkette keine Steuerbelastung verbleiben darf, so dass die Umsätze bei den Endverbrauchern stets gleich hoch belastet sind. Sie durchbricht wie alle unechten Steuerbefreiungen, die den Vorsteuerabzug ausschließen, das System der Umsatzsteuer und wird zu Recht als systemwidrig, tendenziell auch als Gleichheitssatz verletzend, verworfen. Außerdem verzerrt sie den Wettbewerb im Inland und mit dem Ausland. Insbesondere wirft sie aber auch - auf der Ausgangsseite, vor allem jedoch auf der Eingangsseite der Bank - erhebliche technische Schwierigkeiten auf, sofern neben den steuerfreien auch steuerpflichtige Umsätze getätigt werden. Die derzeit in Deutschland und den anderen Ländern der EU praktizierte Steuerbefreiung der Kreditgewährung überzeugt damit weder den Steuersystematiker noch den Steuerpraktiker.

2.4.2 Rechtfertigung der Steuerbefreiung der Kreditgewährung

Die im vorherigen Abschnitt beschriebenen, durch die (vorsteuerabzugsschädliche) steuerbefreite Kreditgewährung verursachten Probleme, ließen sich bei einer generellen Umsatzsteuerpflicht der Kreditgewährung vermeiden. Daher stellt sich die Frage, warum bislang von einer Steuerpflicht abgesehen wurde und ob die für eine Steuerbefreiung genannten Gründe einer kritischen Betrachtung Stand halten. Über diese Steuerbefreiung bestehen divergierende, aber teilweise auch sich überschneidende Begründungen:

2.4.2.1 Argument der „besonderen Natur der Bankgeschäfte"

Von Beginn der Umsatzbesteuerung in Deutschland an wurde die Befreiung der Bank- und Börsengeschäfte, bei denen sich wie bei Liefergeschäften über Geld oder Wertpapiere der Steuergegenstand mit dem umgesetzten Kapitalbetrag deckt, von der allgemeinen Umsatzsteuer damit rechtfertigt, dass aufgrund der besonderen Natur der Bankgeschäfte bei ihnen Umsatz und Ertrag in keinem fassbaren Verhältnis steht und sie daher ohne Überwälzung die Belastung mit Umsatzsteuer nicht tragen können.[303] „...Umsätze von Geld- und Geldforderungen [sind] ihrem Wesen nach etwas anderes als Warenlieferungen und Dienstleistungen."[304] „Geld [ist] keine gewöhnliche Ware".[305] „... Geldumsätze [können] nicht Waren- oder Leistungsumsätzen im Sinne der USt gleichgesetzt werden ...".[306] „Der wesentliche Teil der Umsätze des Geld- und Kapitalverkehrs wurde aber überhaupt von der Besteuerung ausgenommen, um ... der Tatsache Rechnung zu tragen, dass bestimmte Umsätze der Banken in keinem messbaren Verhältnis zum wirt-

---

[303] Vgl. POPITZ [1921], S. 243-244; KNOF [1936], S. 268; FLOSS [1964], S. 11; HOLZHEIMER [1967], S. 163; DASSEL/SCHÜTTE/EGGER [1982], IX C, S. 2. Bei Umsätzen, die auch bei anderen Gewerbezweigen der Umsatzsteuer unterliegen, wurde aufgrund des Grundsatzes gerechter Steuerverteilung dagegen ausdrücklich der Einbezug in die Besteuerung hingewiesen, KNOF a.a.O.

[304] PHILIPOWSKI [1969], S. 319 sowie S. 326: „Der Geld- und Kapitalverkehr lässt sich mit den allgemein üblichen Begriffen, Methoden und Regeln des Umsatzsteuerrechts nur schwer erfassen."

[305] PHILIPOWSKI [1973], S. 1.

[306] SEUFERT [1968], S. 299. Siehe zuletzt auch HAMACHER/FRENZEL/DIETZ [2001], Kz 1910, S. 16, denen zufolge Bank- und Finanzumsätze „angesichts ihrer potentiellen Bemessungsgrundlage häufig nicht in das System der Umsatzsteuer hineinpassen, da diese Bemessungsgrundlagen zu unangemessenen Ergebnissen führen würden, die die Umsätze überhaupt verhindern würden" und dies mit dem Beispiel der Veräußerung von Aktien belegen, der nach der üblichen umsatzsteuerlichen Sichtweise der Kurswert zugrunde zu legen wäre, was jedoch für einen nicht Vorsteuerabzugsberechtigten einen Wiederverkauf ohne Verluste erst ermöglicht, wenn Kurssteigerungen den betreffenden Umsatzsteuersatz eingeholt haben.

schaftlichen Erfolg stehen und deshalb für die Umsatzbesteuerung ungeeignet sind."[307] Die Schwierigkeiten bei der Ermittlung und Besteuerung eines so verstandenen Umsatzes des Geld- und Kapitalverkehrs (also eines Umsatzes, der in einem messbaren Verhältnis zum wirtschaftlichen Erfolg steht), bildete somit einen „außerordentlich schwerwiegenden Grund" für die Befreiung von der Umsatzsteuer und wurden als in keinem vertretbaren Verhältnis zum fiskalischen Ertrag stehend angesehen.[308]

Wie fest in den Denkstrukturen die bisherige Handhabung verankert ist zeigt eine Äußerung, derzufolge „[d]ie Steuerbefreiung der Kreditgewährung und des Geld- und Kapitalverkehrs damit durchaus zum System der Mehrwertbesteuerung [gehört]"[309].

Für das Kredit- und Einlagengeschäft wird diese Argumentation verständlicher, wenn man deren Beziehung von Leistung (Umsatz) und Entgelt vergleicht mit der bei gewöhnlichen Güterlieferungen oder nichtfinanziellen Dienstleistungen. Nichtfinanzielle Transaktionen sind dadurch gekennzeichnet, dass dem Verbraucher ein Strom von Waren und Dienstleistungen zustrebt und in entgegengesetzter Richtung dem Lieferer oder Leistungserbringer ein finanzieller Strom zufließt[310]; der Zahlungsstrom stellt hierbei das Entgelt[311] für den Güter- bzw. Dienstleistungsstrom dar. Dagegen bestehen beim Einlagen- und Kreditgeschäft der Banken sowohl Leistung als auch Entgelt aus Zahlungsströmen. Hier verschwimmt die Grenze zwischen Leistung und Entgelt in den Zahlungsströmen[312], die einerseits Bestandteil der zugrunde liegenden Leistung sind (z. B. eine Kreditauszahlung oder eine Einlage), andererseits aber auch das Entgelt für die Finanzdienstleistung enthalten.[313]

---

[307] HOLZHEIMER [1967], S. 163. In diesem Zusammenhang wurde aber auch die Auffassung vertreten, die Geldumsätze bereits in § 1 UStG als nicht steuerbar und vom Gesetz nicht betroffen aufzuführen, vgl. SEUFFERT [1968], S. 300.

[308] Ebenda. Allerdings werden weder Angaben zu einem möglichen fiskalischen Ertrag eines so verstandenen Umsatzes gemacht noch wird ausgeführt, wie ein solcher Umsatz zu ermitteln ist. Es kann nur gemutmaßt werden, dass schon zum damaligen Zeitpunkt Überlegungen eine Rolle spielten, in dem Ergebnis des Zinsgeschäfts, also der Differenz zwischen Soll- und Habenzinsen einer Bank, den „richtigen Umsatz" der Bank zu erblicken.

[309] HOLZHEIMER [1967], S. 164.

[310] Vgl. HUTCHINGS [1973], S. 28.

[311] § 10 UStG bzw. Art. 11 der 6. USt-RL.

[312] Vgl. SCHMIDT [1999], S. 206.

[313] Nach herkömmlicher Auffassung der Zins.

Außerdem kann sich bereits allein im Zeitpunkt eines Zahlungsstroms eine Finanzdienstleistung konkretisieren.[314]

Letztlich ist damit das Argument des besonderen Wesens der Bankgeschäfte eine Frage der Definition des Umsatzes bei Bankgeschäften und dessen Isolation aus den Zahlungsströmen und somit auch gleichzeitig eine Frage nach der Ermittlung der zutreffenden Bemessungsgrundlage der Leistungen im Einlagen- und Kreditgeschäft.[315] Eine eigenständige Bedeutung kommt der „besonderen Natur der Bankgeschäfte" nicht zu.[316]

2.4.2.2 Doppelbelastung mit Kapitalverkehrsteuern

Bereits die Befreiung der Kreditgewährung von der Bruttoumsatzsteuer bis 1967 wurde damit begründet, dass bestimmte Kreditgewährungen schon einer besonderen Belastung durch Wechsel-, Wertpapier- und Börsenumsatzsteuer unterliegen[317], die der wirtschaftlichen Bedeutung dieser Umsätze besser Rechnung tragen[318]. Abgesehen von dem zweifelhaften Versuch, den Sondertatbestand einer Entlastung bei der einen Steuerart durch eine Belastung mit anderen Steuern auszugleichen, die zudem noch den Mangel haben, den Steuerbetrag nach der Kreditsumme statt nach dem Entgelt zu bemessen, dürfte das Argument der Kompensation spätestens mit Abschaffung dieser Kapitalverkehrsteuern[319] hinfällig geworden sein.

---

[314] Vgl. SCHMIDT [1999], S. 206.

[315] Siehe hierzu die Abschnitte 2.4.2.3 und 2.4.2.5.

[316] Schließlich wird als Begründung für die Steuerbefreiung auch noch darauf verwiesen, dass Finanzdienstleistungen untereinander stark substituierbar und international höchst mobil sind und deshalb besonders sensibel auf Besteuerung reagieren, so bereits POPITZ [1921], S. 244: „Jede Belastung [mit Umsatzsteuer] muss aber bei der Leichtigkeit, mit der der Geldverkehr sich anpassen kann, zu Umstellungen führen." Außerdem wird eingewendet, dass in vielen Ländern, in denen die Bankgeschäfte von der Umsatzsteuer befreit sind, der politische Druck, den der Finanzsektor hervorzubringen in der Lage ist, einer der Hauptgründe für die Steuerbefreiung von der Umsatzsteuer bzw. den Verzicht auf eine alternative Besteuerung der Finanzumsätze sei, TAIT [1988], S. 99 mit Hinweis, dass in vielen Ländern diese Umsätze allerdings bereits auch mit Sondersteuern belastet waren. Von der Besteuerungskonzeption einer allgemeinen Verbrauchsbesteuerung her sind dies jedoch keine einsichtigen Gründe, die von der Bank im Rahmen des Einlagen- und Kreditgeschäfts erbrachten Dienstleistungen von der Umsatzsteuer zu entlasten.

[317] Vgl. WISSENSCHAFTLICHER BEIRAT [1962], S. 38.

[318] „...der Natur des Geldverkehrs angepasste Verkehrsteuern...", POPITZ [1921], S. 244; vgl. auch FLOSS [1964], S. 11; DASSEL/SCHÜTTE/EGGER [1982], IX C, S. 2.

[319] Letztmals wurde in Deutschland die Wechsel- und Börsenumsatzsteuer in 1990 und die Gesellschaftsteuer in 1991 erhoben, SIEGEL [2001], Sp. 2000.

2.4.2.3 Verbrauchsteuerteleologischer Grund

Unter dem Blickwinkel der Umsatzsteuer als allgemeiner Verbrauchsteuer wird die Auffassung vertreten, den Bankleistungen würde kein privater Verbrauch zugrunde liegen und sie könnten deshalb unbesteuert bleiben. Die Befreiung unter anderem auch der Kreditgewährung beruhe darauf, „dass die[se] Leistungen typischerweise nicht zu einem privaten Verbrauch von Gütern und Dienstleistungen führen, sondern allenfalls einen solchen vorbereiten“.[320] Als instruktives Beispiel für diese Auffassung mag der Vergleich zweier Autokäufer dienen, von denen der eine sein Auto bar bezahlt, während der andere hierfür einen Kredit aufnimmt. Obwohl der Barzahler keine, der Kreditnehmer dagegen eine Bankleistung in Anspruch nimmt, sei der Nutzen bei beiden Autokäufern gleich.[321]

Diese Sichtweise zweifelt somit an, dass Zinsaufwendungen von Endverbrauchern für erhaltene Kredite Konsumausgaben darstellen und damit als Indikator für die individuelle Leistungsfähigkeit dienen können. Allerdings steht sie damit im Widerspruch zu der Auffassung, wonach die eigentliche Aufgabe einer Umsatzsteuer darin liegt, die Verwendung von Einkommen und/oder Vermögen für Verbrauchsgüter i.w.S. (Verbrauchsgüter, Gebrauchsgüter, Werkleistungen, Dienstleistungen) zu belasten.[322] Entscheidend dafür, ob Zinsaufwendungen der Umsatzsteuer unterlegt werden sollen, ist also, was man im Zusammenhang mit Kreditgewährungen unter Verbrauch bzw. Einkommensverwendung versteht. Hierauf wird im 4. Teil dieser Arbeit einzugehen sein.

---

[320] REIß in TIPKE/LANG [1998], § 14 Rz. 94; ähnlich BEA [1980], S. 32 mit der Feststellung, „dass grundsätzlich nur eine Besteuerung des Realgüterumsatzes den Zielen des UStG entsprechen kann“ oder HEIDNER in BUNJES/GEIST [Umsatzsteuergesetz], § 4 Nr. 8 Rz 2 („...bloße Hin- u. Herbewegungen von Kapital statt .. ein stwürdiger Endverbrauch“); in diesem Sinne auch JAKOB [1992], § 3 Rdnr. 10 und CREZELIUS [1991], § 26 Rz. 5 („Die Befreiung des Geld- und Kapitalverkehrs ... ist aus dem Verbrauchsteuercharakter der Umsatzsteuer verständlich, da nur die Einkommensverwendung durch den Güter- und Leistungsverbrauch belastet werden soll“).

[321] Vgl. CHIA/WHALLEY [1999], S. 705. „... individual preferences are not defined directly over financial services, but only over the goods that are consumed. Intermediation services facilitate consumption but do not directly provide utility“, ebenda, S. 704.

[322] Siehe Abschnitt 1.3.1.

2.4.2.4 Sozialpolitische Gründe

Soziale Erwägungen können ein weiterer Grund sein, von einer möglichst umfassenden Besteuerung durch Befreiung einzelner Tatbestände abzusehen. Unter diesem Gesichtspunkt hat der Gesetzgeber bei der Umstellung des alten Bruttoumsatzsteuersystems auf das Nettoumsatzsteuersystem ab 1968 die bislang schon bestehende Befreiung der Kreditgewährung von der Umsatzsteuer beibehalten[323] und dadurch eine Erhöhung der Zinsbelastung für Kreditnehmer, die nicht Unternehmer sind, vermieden[324].

Im Übrigen bestand bei Einbezug des Kreditgeschäfts in die Umsatzbesteuerung die Gefahr, dass die anderen Bankgeschäfte ebenfalls als umsatzsteuerpflichtig hätten bestimmt werden müssen. Davon wäre auch die Entgegennahme von Einlagen – also das Sparen – betroffen gewesen, denn die Einlage stellt nichts anderes dar als eine Kreditgewährung des Sparers an seine Bank.[325] Hierbei sind nun zwei Effekte auseinander zuhalten: Während die Umsatzversteuerung der Kreditgewährung (also des Einlagenzinses) weder für den Sparer noch für die Bank zu materiellen Konsequenzen führen würde[326], hätte die Leistung der Bank an den Einleger per Saldo eine Verteuerung des Sparens zur Folge[327], es sei denn, jeder Sparer wäre in Bezug auf seine Einlage als Unternehmer zu qualifizieren und dadurch in die Lage versetzt, die Umsatzsteuerbelastung durch Vorsteuerabzug auszugleichen. Eine Verteuerung des Sparens hätte also nur in Verbindung mit einer „nicht

---

[323] Vgl. zu BT-Drucks. V/1581, S. 5.

[324] Siehe WISSENSCHAFTLICHER BEIRAT [1962], S. 38-39, demzufolge einerseits eine Belastung der nicht durch spezielle Kapitalverkehrsteuern erfasste Kreditgewährungen mit der Umsatzsteuer als nicht tragbar erscheine, andererseits aber auf die Entlastungsmöglichkeit der den Kredit empfangenden Unternehmer durch den Vorumsatz- oder Vorsteuerabzug hingewiesen wird. Damit verbliebe nur für Kreditnehmer, die nicht Unternehmer sind, eine Erhöhung der Zinsbelastung, die allerdings „angesichts der erstrebten gleichmäßigen steuerlichen Belastung aller Güter und (Dienst)Leistungen in Kauf genommen werden müsste."

[325] Siehe FN 152.

[326] Für den Sparer nicht, da sich der Einlagenzins um die (sofern der Sparer Unternehmer ist von ihm, andernfalls de lege ferenda von der Bank im Wege des Abzugsverfahrens) abzuführende Umsatzsteuer erhöhen würde und für die Bank nicht, da sie die mit dem Einlagenzins verbundene Umsatzsteuer im Wege des Vorsteuerabzugs wieder erstattet bekäme.

[327] Durch die Verrechnung der nunmehr steuerpflichtigen und nicht mehr gem. § 4 Nr. 8 Buchst. d UStG steuerfreien Leistungen bei der Führung der Konten mit dem Einlagenzins.

vertretbaren Ausdehnung des ohnedies schon weitgespannten Unternehmerbegriffs“[328] vermieden werden können. Das aber hat der Gesetzgeber offensichtlich nicht gewollt.[329]

2.4.2.5 Technische Gründe

Diese Rechtfertigung ist eng mit dem Argument der „besonderen Natur der Bankgeschäfte“ und dem verbrauchsteuerteleologischen Grund verbunden. Ausgehend von dem Bestreben des Gesetzgebers, den Umfang der Steuerbefreiungen zu beschränken[330], wurde bereits früh die grundsätzliche Notwendigkeit erkannt, Bankumsätze wie andere Leistungen auch zu besteuern[331], aus „technischen Gründen“[332] bzw. wegen „praktischer Schwierigkeiten“[333] hiervon aber wiederum[334], d.h. wie bereits unter altem Umsatzsteuerrecht, abgesehen.

Auf den ersten Blick mutet dies seltsam an, ist es technisch doch ein Leichtes, sämtliche Kreditzinsen um den jeweils aktuellen Umsatzsteuerbetrag zu erhöhen und hierüber eine Rechnung i.S.d. § 14 UStG auszustellen, zumal von Gesetzes wegen seit den Anfängen des (neuen) Umsatzsteuergesetzes eine Option zur Umsatzsteuerpflicht auch bei Kreditgewährungen zulässig war[335]. Die vorgebrachten technischen oder praktischen Gründe werden eigentlich erst vor dem Hintergrund verständlich, dass sich der Gesetzgeber offensichtlich scheute, Kreditzinsen wie normale Entgelte anzusehen und in

---

[328] BFH-Urteil vom 1.2.1973, S. 173 („Sparer-Urteil“, siehe FN 154).

[329] Ebenda. Kritisch hierzu HAMACHER/FRENZEL/DIETZ [2001], Kz 1910, S. 11, wonach in der Person des Sparers eigentlich alle Unternehmereigenschaften des § 2 Abs. 1 UStG erfüllt sind und hierdurch einem ganzen Volk die Möglichkeit des Vorsteuerabzugs durch Umsatzsteueroption gem. § 9 Abs. 1 UStG eröffnet würde (allerdings mit der Konsequenz, dass das Umsatzsteuersystem in diesem Bereich zum Erliegen käme); a.A. STADIE in RAU/DÜRRWÄCHTER [Umsatzsteuergesetz], § 2, Anm. 235, Lfg. 98, Mai 1999, demzufolge die Unternehmereigenschaft des Sparers deshalb zu verneinen ist, weil diese Betätigung nicht nachhaltig i.S. einer gewerblichen Tätigkeit, d.h. nicht dem Typus des Unternehmers entspricht.

[330] Vgl. zu BT-Drucks. V/1581, S. 5.

[331] Vgl. WISSENSCHAFTLICHER BEIRAT [1962], S. 38.

[332] BT-Drucks. IV/1590, S. 37 („Von der an sich notwendigen Besteuerung aller Bankumsätze wurde insbesondere aus technischen Gründen abgesehen“).

[333] HOLZHEIMER [1967], S. 163 bzw. aus „praktisch-technischen Gründen“ RUPPE [1995], S. 464.

[334] Vgl. SCHLIENKAMP [1967], S. 7.

[335] Siehe § 9 i.V.m § 4 Nr. 8 UStG 1967, BGBl I 1967, 545.

voller Höhe der Umsatzsteuer zu unterwerfen. Über die Gründe lassen sich mangels eindeutiger Belege nur Mutmaßungen anstellen.[336] Neben dem sozialen Argument der Verteuerung der Kreditgewährung sowie der damit verbundenen Überlegung das Einlagengeschäft (das Sparen) betreffend[337], spielte aber sicherlich die Konvention in der volkswirtschaftlichen Gesamtrechnung eine Rolle. Danach werden Zinsen nicht als in der Wirtschaftseinheit des Kreditgebers entstandenes, sondern in der die Zinsen zahlenden Wirtschaftseinheit entstandenes und von dieser verteiltes Einkommen angesehen, d.h. die Ertragszinsen sind bei der Berechnung der Wertschöpfung der kapitalüberlassenden Wirtschaftseinheit nicht als wertschöpfungsrelvante Erträge zu erfassen. Dieses Ergebnis, das zur Folge hätte, dass die Kapitalüberlassung (und damit ein wesentlicher Geschäftsbestandteil der Banken) keine unternehmerische Tätigkeit ist, würde indessen der Tätigkeit einer Bank nicht gerecht werden. Daher wurde für die Ermittlung der Wertschöpfung der Banken in der volkswirtschaftlichen Gesamtrechnung die Konvention getroffen, die Differenz zwischen Ertragszinsen und Aufwandszinsen – also den Zinsüberschuss, die Marge - als unterstelltes Dienstleistungsentgelt zu behandeln.[338]

Gelangt man nun zu dem Ergebnis, das Entgelt für den Umsatz der Bank im Kreditgeschäft nicht in dem Kreditzins, sondern in der Spanne zwischen Kredit- und Einlagenzins zu erblicken[339], ergibt sich das Problem der Ermittlung dieser Marge[340] bezogen auf das Kredit- oder Einlagengeschäft mit jedem **einzelnen** Bankkunden (Kreditnehmer oder Sparer[341]). Eine Umsatzversteue-

[336] Die Ausführungen bei POPITZ [1921], S. 219 („...Ungeeignetheit des Umsatzsteuermaßstabes für die Geschäfte des Geldverkehrs...“) und S. 243-244 lassen nicht eindeutig erkennen, warum Kreditzinsen nicht der Umsatzsteuer unterliegen sollen. Unschlüssig auch THOMPSON [1988], S. 1188.

[337] Siehe vorherigen Abschnitt 2.4.2.4.

[338] Vgl. grundlegend DOROW [1972], GÖCKELER [1975], S. 17-19 mit weiteren Nachweisen sowie (auch mit Zahlenangaben des Statistischen Bundesamtes zu der so ermittelten Wertschöpfung) GENSER/WINKER [1997], S. 567-568; ferner LEVITT [1995], S. 4-6. Kritisch anzumerken bleibt jedoch, dass die Umsatzsteuer keine Wertschöpfungssteuer darstellt, siehe bereits FN 57.

[339] Mit der Frage des zutreffenden Entgelts naturgemäß eng verbunden ist die noch zu beantwortende Frage nach der korrekten umsatzsteuerlichen Leistung der Bank im Einlagen- und Kreditgeschäft, vgl. auch HENDERSON [1988], S. 41 („... conceptual confusion in identifying theses services...“). Siehe hierzu die Ausführungen unter Abschnitt 4.3.2.3 dieser Arbeit.

[340] Ebenso LEVITT [1995], S. 2 („...practical difficulty of defining and measuring value added.“).

[341] In Abschnitt 2.1.2 wurde bereits hingewiesen, dass die von der Bank im Einlagenbereich erbrachten Leistungen wegen deren Nichtsteuerbarkeit infolge eines mangelnden ausdrücklichen Entgelts („Mischkalkulation“) oder wegen der Steuerbefreiung des § 4 Nr. 8 Buchst. d UStG entgegen dem Verbrauchsteuercharakter nicht der Umsatzsteuer unterliegen. Diese Leistungen wären jedoch durch die Marge erfasst und mit besteuert.

rung nur auf Ebene der Gesamtbank würde zwar dem Verbrauchsteuergedanken insoweit Rechnung tragen, als ein unversteuerter Endverbrauch ausgeschlossen werden könnte. Im Verhältnis zu den vorsteuerabzugsberechtigten Firmenkunden der Bank würden allerdings unverändert die Wirkungen des Preisbestandteils und des Kaskadeneffekts auftreten und zu einer Überbesteuerung des Verbrauchs beitragen. Daher wäre von der Bank zwingend für jedes einzelne Kredit- und Einlagengeschäft die jeweilige Marge der Umsatzsteuer zu unterlegen, um ihren Unternehmerkunden den Vorsteuerabzug zu ermöglichen. Diese technische Hürde - Ermittlung der Gesamtmarge **und** Aufteilung dieser Marge auf den Einleger und den Kreditnehmer - stellt jedoch bis heute das eigentliche Kernproblem der Umsatzbesteuerung des Einlagen- und Kreditgeschäfts der Banken auf Basis ihrer Wertschöpfung (Marge) dar.[342]

2.4.2.6 Zwischenergebnis: Verbrauchsteuerteleologische Bedenken und technische Schwierigkeiten als maßgebliche Rechtfertigungsgründe

Die oben beschriebenen Rechtfertigungsversuche halten nicht alle einer näheren Betrachtung stand:

Bereits ausgeführt wurde, dass das Argument der Doppelbelastung (Umsatzsteuer und Kapitalverkehrsteuern) entfallen ist, da Kapitalverkehrsteuern in Deutschland nicht mehr erhoben werden.

Sozialpolitische Gründe (Vermeidung der Verteuerung der Kreditgewährung und des Sparens bei Privatpersonen) sind zwar zumindest nachvollziehbar, ohne an dieser Stelle näher gewertet zu werden[343]. Allerdings ist nicht verständlich, warum der Gesetzgeber die Befreiung von der Umsatzsteuer dann nicht konsequent umgesetzt hat (durch Steuerbefreiung mit Vorsteuerabzug, sog. „zero-rating"), sondern sich im Dickicht der nichtabzugsfähigen Vorsteuern verfangen hat und sich den Folgeproblemen der unerwünschten Wirkungen des Preisbestandteils und des Kaskadeneffekts und der damit verbundenen Preisverschmutzung ausgesetzt sieht bis hin zu dem Vorwurf, mit

---

[342] Siehe hierzu Abschnitt 4.1.

[343] Beispielsweise durch Hinterfragung, ob es sich bei der Kreditgewährung oder bei dem Sparen um lebensnotwendige Leistungen handelt, die von der Umsatzsteuer befreit werden müssen, während existenznotwendige Verbrauchsgüter wie Lebensmittel in Deutschland immerhin mit einem Steuersatz von 7% (allerdings verbunden mit Vorsteuerabzugsberechtigung) belastet werden.

dieser Ausgestaltung des Umsatzsteuergesetzes gegen Art. 3 GG verstoßen zu haben.[344] Somit muss sich der Gesetzgeber, will er an der sozialpolitischen Begründung der Steuerbefreiung für Bankleistungen festhalten, vorhalten lassen, sich zumindest widersprüchlich zu verhalten.[345]

Das Argument der „besonderen Natur“ spielt keine eigenständige Rolle, sondern hängt innerlich eng mit dem verbrauchsteuerteleologischen Grund und den technisch-praktischen Schwierigkeiten zusammen. Diese beiden letztgenannten Gründe sind, sieht man von der widersprüchlichen sozialpolitischen Begründung ab, bislang die einzigen Rechtfertigungen von Gewicht. Wer das Problem der Besteuerung des Einlagen- und Kreditgeschäfts von Banken lösen will, muss demnach sowohl die Frage nach dem Verbrauch bzw. der Einkommensverwendung bei Bankleistungen (= Frage nach dem Steuergut) als auch die Frage nach der zufrieden stellenden Ermittlung dieses Verbrauchs (= Frage nach dem Steuerobjekt) befriedigend beantworten.

---

[344] Auf eine Abstufung in der Bedeutung verschiedener Leistungen und deren umsatzsteuerliche Behandlung weist DIXON [1991], S. 7 hin. Demnach wäre die Umsatzsteuer in Großbritannien im Jahre 1973 unter der Prämisse eingeführt worden, lebensnotwendige Leistungen (z.B. Nahrungsmittel) zum Nullsatz (= Steuerbefreiung mit Vorsteuerabzug) zu besteuern, weniger bedeutende Leistungen (z.B. Zinsen) ohne Vorsteuerabzug von der Umsatzsteuer zu befreien und die sonstigen Leistungen mit dem Normalsteuersatz zu belegen.

[345] Außerdem stellt sich stets die Frage, ob sozialpolitische Zwecke nicht effizienter durch direkte Geldtransfers an die jeweiligen Zielgruppen erfolgen sollten, da Steuerbefreiungen oder Steuersatzermäßigungen unterschiedslos alle Bevölkerungsgruppen erreichen. In diesem Sinne auch GRABOWER [1952], S. 2 unter Berufung auf Popitz: „Die Umsatzsteuer, diese unsozialste aller Steuern, muss roh und einfach bleiben. Sie hat ausschließlich die Aufgabe, Geld zu schaffen, und soll bewusst alle Feinheiten auf sozialem, ethischem und kulturellem Gebiet in erster Linie den Gewinnsteuern überlassen“.

3. Teil: Alternative Umsatzbesteuerungsansätze im Einlagen- und Kreditgeschäft innerhalb der traditionellen Umsatzsteuersysteme

Nachdem in dem vorangegangenen 2. Teil die Mängel der derzeitigen Besteuerungspraxis aufgezeigt wurden, soll nunmehr im 3. Teil untersucht werden, ob in Anbetracht der Vielfalt an Formen der Umsatzbesteuerung[346] andere Besteuerungsansätze im Finanzsektor im Vergleich zu der nach derzeitigem Recht praktizierten Vorsteuerabzugsmethode zu einer mit weniger Problemen behafteten Lösung beitragen können:

1. Modifikationen der gegenwärtigen Vorsteuerabzugsmethode[347]
2. beschränkt auf den Finanzsektor andere Nettoumsatzsteuersysteme wie die additive Methode und die Vorumsatzabzugsmethode[348] sowie
3. aus Anlass der aktuellen Überlegungen zur Reform des gesamten Umsatzsteuersystems in Deutschland im Zusammenhang mit der Bekämpfung der Umsatzsteuerkriminalität die Einzelhandelsumsatzsteuer[349].

Andere Einphasensteuern oder die alte Bruttoumsatzsteuer bis 1967 brauchen dagegen nicht weiter verfolgt zu werden. Erfahrungen mit der Umsatzbesteuerung von Bankleistungen in anderen Staaten werden – sofern vorhanden - im Kontext der jeweiligen Methode dargestellt.

---

346 Vgl. Darst. 2.

347 Siehe Abschnitt 3.1.

348 Siehe Abschnitt 3.2 und 3.3.

349 Siehe Abschnitt 3.4.

3.1 Vorsteuerabzugsmethode de lege ferenda

In dem gegenwärtigen Nettoumsatzsteuersystem der Vorsteuerabzugsmethode sind in Bezug auf die Besteuerung von Bankleistungen verschiedene Möglichkeiten denkbar:

	Eingangsseite	**Ausgangsseite**
Derzeitiges Recht	Kein Vorsteuerabzug	Keine Umsatzsteuer
	Vorsteuerabzug	Option zur Umsatzsteuer
Alternativen	Vorsteuerabzug	Zwingend Umsatzsteuer
	Vorsteuerabzug	Keine Umsatzsteuer
	Vorsteuerabzug	Ermäßigte Umsatzsteuer
	Kein Vorsteuerabzug	Zwingend Umsatzsteuer

Darst. 19: Systematik möglicher Ausprägungen der Vorsteuerabzugsmethode

Im Folgenden wird auf die Alternativen zu den in dem 2. Teil der Arbeit behandelten Ausprägungen derzeitigen Rechts eingegangen, wobei die letztgenannte, grundsätzlich denkbare, aber nur theoretische Möglichkeit – Umsatzsteuerpflicht bei gleichzeitigem Vorsteuerabzugsverbot – als ernsthafte Alternative auszuschließen ist.

3.1.1 Umsatzsteuerpflicht aller Kreditgewährungen

Im Gegensatz zu der nach derzeitiger Rechtslage nicht oder nur optional der Umsatzsteuer unterliegenden Kreditgewährung könnte man durch einfache Streichung des § 4 Nr. 8 Buchst. a) UStG eine generelle Umsatzsteuerpflicht aller Kreditgewährungen in Erwägung ziehen.[350] Eine reguläre Umsatzbesteuerung der Kreditgewährung beseitigt die in Abschnitt 2.4.1 erwähnten gravierenden Nachteile der unechten Steuerbefreiung[351]:

- Da der gesamte Zins der Umsatzsteuer unterliegt, wird die Leistung der Bank im Kreditgeschäft der Umsatzsteuer unterworfen und dem Verbrauchsteuercharakter insoweit Genüge getan.[352] Da die Bank infolge der nunmehr umsatzsteuerpflichtigen Ausgangsumsätze den Vorsteuerabzug aus ihren Eingangsleistungen beanspruchen kann, muss sie keine nichtabzugsfähige Vorsteuer mehr in den Kreditzins einrechnen. Die zusätzlich zu dem Kreditzins anfallende Umsatzsteuer wird gesondert ausgewiesen[353] und ermöglicht den unternehmerischen Kunden der Bank den Vorsteuerabzug aus den Kreditzinsen. Die Wirkung des Preisbestandteils und des Kaskadeneffekts tritt nicht mehr ein. Damit ist auch dem Grundsatz der Neutralität der Umsatzsteuer Rechnung getragen.

- Durch den eröffneten Vorsteuerabzug entfällt ferner die Wettbewerbsbeeinträchtigung infolge unterschiedlich hoher Belastung mit nichtabzugsfähigen Vorsteuern. Auch das Outsourcen bestimmter Arbeitsabläufe innerhalb der Banken wird nicht mehr behindert. Lediglich die internationale Wettbewerbsneutralität im Bankgeschäft mit Privatkunden wird nach wie vor durch unterschiedlich hohe Umsatzsteuersätze im

---

[350] Vgl. auch U.S. TREASURY DEPARTMENT [1984], S. 49-50; kritisch HOFFMAN/PODDAR/WHALLEY [1987], S. 548. Selbstverständlich könnte die Streichung nicht auf § 4 Nr. 8 Buchst. a) UStG beschränkt bleiben. Schon allein um Ausweichreaktionen zu vermeiden (niedrigerer Kreditzins gegen höheren Preis verbleibender steuerfreier Bankleistungen), vor allem aber wegen des Verbrauchsteuercharakters, wären auch die anderen Bankleistungen i.S.d. § 4 Nr. 8 UStG umsatzsteuerpflichtig zu machen.

[351] In diesem Sinne auch LEVITT [1995], S. 4.

[352] Aus Sicht der Befürworter einer Steuerfreistellung des Kreditzinses – nicht jedoch der Leistung der Bank im Kreditgeschäft –stellt dies gar eine Überbesteuerung des Verbrauchs dar. Zu der Frage der Einhaltung des Verbrauchsteuercharakters auch im Einlagengeschäft siehe die Überlegungen am Ende dieses Abschnitts.

[353] Damit entfällt auch der Vorwurf der „heimlichen Umsatzsteuerbelastung“.

EU-Ausland und in Drittländern beeinträchtigt. Dies ist aber eine Folge der Regelung des Grenzausgleichs über die Ortsbestimmungen bei sonstigen Leistungen und ließe sich durch eine Verlagerung des Ortes der Bankleistung an den Wohnsitz des Kunden (Bestimmungslandprinzip) vermeiden.

- Infolge des Vorsteuerabzugs aus dem Kreditzins ist insoweit auch die Finanzierungsneutralität hergestellt. Da die an Banken gezahlten Kreditzinsen in voller Höhe der Umsatzsteuer unterliegen, bedürfte es allerdings weiter führender Überlegungen, ob und wie andere Finanzierungsformen, insbesondere auch Eigenkapital, künftig einer Umsatzsteuerbelastung unterzogen werden müsste, um eine Gleichbehandlung zu erreichen.

- Wenn Banken nur noch umsatzsteuerpflichtige Ausgangsleistungen erbringen[354] und infolgedessen in voller Höhe zum Vorsteuerabzug berechtigt sind, entfällt die Verkomplizierung sowohl auf der Ausgangs- als auch auf der Eingangsseite. Sämtliche Überlegungen i.Z.m. einem neuen Bankenschlüssel wären Makulatur.

- Schließlich stünden dem Verlust an Steuereinnahmen infolge des den Banken eröffneten unbegrenzten Vorsteuerabzugs beträchtliche Mehreinnahmen aus der Umsatzsteuer auf sämtliche von Endverbrauchern gezahlten Kreditzinsen gegenüber, so dass per Saldo von einem deutlich Anstieg der Umsatzsteuereinnahmen für den Fiskus ausgegangen werden kann.

Allerdings führt die Anwendung des regulären Steuersatzes auf den Kreditzins als Entgelt für die Kreditgewährung zu einer spürbaren Zinserhöhung, vor allem in Zeiten eines ohnehin schon hohen Zinsniveaus[355]. Hiergegen dürften sich sicherlich zahlreiche kritische Stimmen mit der Begründung der Verteuerung der Kredite für z.B. den Wohnungsbau oder eines infolge der Zinserhöhung allgemeinen Rückgangs von Investitionen wenden. Letzterem

[354] Es kann davon ausgegangen werden, dass auch die anderen Bankleistungen aus dem Katalog des § 4 Nr. 8 UStG künftig umsatzsteuerpflichtig würden (siehe FN 350). Aber auch wenn ein Restbestand steuerbefreiter Bankleistungen verbliebe, wäre die Problematik der Vorsteueraufteilung unter der Annahme eines unveränderten Vorsteuervolumens (siehe hierzu jedoch auch die Ausführungen im Zusammenhang mit FN 367) erheblich entschärft.

[355] So auch die Befürchtungen in Neuseeland anlässlich der Diskussion in den 80er Jahren des 20. Jahrhunderts über den Einbezug von Finanzdienstleistungen in die Goods and Services Tax (Vorsteuerabzugsmethode), NUTSFORD [1995], S. 15.

wäre jedoch zu entgegnen, dass Investitionen im unternehmerischen Bereich infolge des Vorsteuerabzugs aus den Zinsaufwendungen gerade nicht von der Kreditverteuerung betroffen wären. Was die sozialpolitisch motivierten Gründe angeht, ist sowieso fraglich, ob diese Argumente z.G. der Verschonung der Kreditgewährung von der Umsatzsteuer aufrecht erhalten werden können, solange andere, existenznotwendigere Leistungen wie bspw. Lebensmittel mit Umsatzsteuer (allerdings zum ermäßigten Steuersatz) belastet werden. Nur die Verteuerung der Kreditgewährung an sich kann somit nicht als ernst zu nehmendes Argument gegen den Einbezug der Kreditgewährung in die Umsatzbesteuerung akzeptiert werden.[356]

Als Folge gestiegener Kreditkosten müssten inländische Banken jedoch mit Ausweichreaktionen von Privatpersonen rechnen, die

- ihren Kreditbedarf bei ausländischen Banken decken, solange im Ausland keine vergleichbare Umsatzsteuer auf Kreditgewährungen erhoben wird bzw. solange keine zufrieden stellende umsatzsteuerliche Erfassung der Kreditgewährung ausländischer Banken im Inland erfolgt[357] oder

- unter Umgehung des Finanzsektors Kredite direkt bei anderen Privatpersonen nachfragen[358].

Ferner wäre zu hinterfragen, ob bei einer generellen Umsatzsteuerpflicht aller Kreditgewährungen die Einlagen privater Sparer bei Banken weiterhin als nicht steuerbare Kreditleistungen angesehen werden können.[359] Zwar knüpft die bisherige Begründung dieser Nichtsteuerbarkeit an dem Unternehmerbegriff an und damit an einer vorgelagerten Stufe zu der Frage nach einer Umsatzsteuerpflicht oder Umsatzsteuerbefreiung. Sobald jedoch bei einer generellen Umsatzsteuerpflicht aller Kreditgewährungen auf der Einlagenseite der Banken danach unterschieden werden müsste, ob es sich um die

---

[356] Vgl. auch WISSENSCHAFTLICHER BEIRAT [1962], S. 39 mit Hinweis darauf, dass angesichts der erstrebten gleichmäßigen steuerlichen Belastung aller Güter und (Dienst-)Leistungen) die Wirkung der Erhöhung der Zinsbelastung ggf. in Kauf genommen werden müsste.

[357] Siehe FN 254.

[358] Sog. „disintermediation“, siehe auch NUTSFORD [1995], S. 15

[359] Vgl. auch NUTSFORD [1995], S. 6.

Einlage eines Unternehmers oder einer Privatperson handelt[360], wäre durchaus eine Änderung in dieser Frage vorstellbar, zumal die bisherige Auffassung sich nicht mit dem umsatzsteuerlichen Leistungsbegriff vereinbaren lässt[361] bzw. nur mit politischem Willen zu erklären ist[362]. Dies würde aber zu praktischen Problemen führen, von der Frage des Einbezugs in das Umsatzsteuersystem nahezu aller (weil Einlagen bei Banken tätigenden) Privathaushalte[363] bis zu der Frage nach dem korrekten Entgelt für die Einlage, da gerade der Einlagenbereich oftmals Gegenstand einer Mischkalkulation bei Banken ist.[364] Solange aber weiterhin die Unternehmereigenschaft aller Privateinleger verworfen und ein der Höhe nach korrektes Entgelt[365] für die Leistung der Bank im Einlagenbereich nicht erhoben wird, bleibt dieser Verbrauch unbesteuert. Ein Verstoß gegen den Verbrauchsteuercharakter der Umsatzsteuer tritt nur dann nicht ein, wenn es sich bei dem Einleger um einen vorsteuerabzugsberechtigten Unternehmer handelt und aus Gründen der Praktikabilität eine Verrechnung einander gegenüberstehender Entgelte innerhalb der Unternehmerkette (Einlagenzins z.G. des unternehmerischen

---

360 Von der zu treffenden Unterscheidung können auch Einlagen ein und derselben Person – einmal aus deren unternehmerischen und einmal aus deren privaten Bereich –betroffen sein. Die Folgen wären unterschiedliche Zinssätze mit störenden Auswirkungen auf die Geld- und Kapitalmärkte, aber auch auf das Rechnungswesen der Banken, vgl. auch INSLEY [1972], S. 76.

361 Vgl. hierzu FN 154 in Abschnitt 2.1.2

362 Vgl. HAMACHER/FRENZEL/DIETZ [2001], Kz 1910, S. 11, wonach die Qualifizierung einer Spareinlage eines Bankkunden nicht als Kreditgewährung durch den Kunden, sondern als Einlageleistung der Bank (Umkehrung des Leistungsbegriffs) darauf beruht, dass dogmatisch verhindert werden soll, dass ein ganzes Volk von Vorsteuerabzugsberechtigten das Umsatzsteuersystem in diesem Bereich zum Erliegen bringt. Bereits jetzt schon beläuft sich die Anzahl der zu registrierenden Unternehmer auf rd. 4,6 Millionen, BUND DER STEUERZAHLER [2002], S. 43, bei Einbezug aller Sparer würde diese Zahl jedoch ein Vielfaches davon betragen. Linderung könnte hierbei allenfalls die Kleinunternehmereigenschaft vieler der Sparer verschaffen. Allerdings dürfte ein rational handelnder Sparer nicht bereit sein, auf eventuelle Vorsteuerbeträge im Zusammenhang mit seiner Spartätigkeit zu verzichten.

363 Als Alternative zu der Erhebung und Abführung der Umsatzsteuer auf Einlagen durch die vormaligen Privathaushalte wird vorgeschlagen, dass Banken für diese Haushalte deren Umsatzsteuer einbehalten und an das Finanzamt abführen, vgl. HOFFMAN/PODDAR/WHALLEY [1987], S. 549. Durch diese Anlehnung an das umsatzsteuerliche Abzugsverfahren (nach Ausdehnung auch auf Umsätze von Privatpersonen), ggf. gekoppelt mit der Nullregelung, könnten jedoch allenfalls die Probleme der Ausgangsseite der (vormaligen) Privatpersonen bewältigt werden. Ungelöst verbliebe dagegen die umsatzsteuerliche Handhabung auf der Eingangsseite, da die (vormaligen) Privathaushalte zum Vorsteuerabzug aus allen ihren mit den Einlagen in wirtschaftlichem Zusammenhang stehenden Eingangsleistungen berechtigt wären.

364 Die umsatzsteuerlich korrekte Behandlung dieses tauschähnlichen Umsatzes mit Baraufgabe setzt Kenntnis zumindest einer von zwei Unbekannten – dem Marktzins oder dem Preis für die kostenlose Girokontoführung – voraus.

365 D.h. ein durch Mischkalkulation nicht beeinflusstes Entgelt.

Einlegers und Dienstleistungsentgelt z.G. der Bank) akzeptiert wird. Steuersystematisch ist dies gleichwohl abzulehnen, da eine solche Behandlung eines tauschähnlichen Umsatzes innerhalb der Unternehmerkette nicht dem Vorsteuerabzugssystem entspricht.[366]

Der Einbezug aller Kreditgewährungen in eine generelle Umsatzsteuerpflicht hätte aber gravierende Auswirkungen auf den Vorsteuerabzug der Bank. Da nicht ausgeschlossen werden kann, dass ein Restbestand an steuerbefreiten Bankleistungen verbleibt, müsste künftig wegen der von der Bank zu zahlenden Umsatzsteuer auf Einlagen von Unternehmerkunden und ggf. auch von Privatkunden, die nunmehr in Bezug auf ihre Einlage als Unternehmer gelten (s.o.), ein erheblich größeres Vorsteuervolumen aufgeteilt werden.[367]

Schließlich ist die Belegung des Kreditzinses mit dem regulären Umsatzsteuersatz unter dem Blickwinkel der Konvention der volkswirtschaftlichen Gesamtrechnung, wonach Zinsen als beim Kreditnehmer entstandenes und verteiltes Einkommen angesehen werden[368], kritisch zu sehen. Wenn bei Banken der erhaltene Kreditzins ungeschmälert der Umsatzsteuer unterliegt, gleichzeitig aber auch bei dem Kreditnehmer die gezahlten Kreditzinsen Wertschöpfungsbestandteil sind, ist die Summe der Wertschöpfung von Banken und Nichtbanken um die Kreditzinsen zu hoch ausgewiesen. Damit wären aber auch die Umsatzsteuereinnahmen des Staates im Verhältnis zu der gesamten Wertschöpfung in der Volkswirtschaft zu hoch bemessen.[369]

---

[366] Dieses Problem stellt sich nicht im Kreditgeschäft, da hier die Richtungen bei den Leistungen (Kreditgewährung und darin enthaltene Dienstleistungskomponente) und den Entgelten (Kreditzins und Dienstleistungsentgelt) übereinstimmen.

[367] Ob sich das Problem der Vorsteueraufteilung bei Banken aufgrund gestiegener Vorsteuerabzugsquote infolge steuerpflichtiger Kreditzinsen tatsächlich erheblich entschärfen würde (siehe FN 354), muss daher bezweifelt werden.

[368] Siehe Abschnitt 2.4.2.5.

[369] Allerdings gilt dies – in eingeschränktem Maße – auch für den Fall, dass als Wertschöpfung der Banken nur die Zinsmarge angesetzt wird, da die Zurechnung dieser Marge auf die Kreditnehmer (als Vorleistung bzw. als Wertschöpfungsbestandteil) nicht möglich ist, vgl. auch GÖCKELER [1975], S. 20.

3.1.2 Umsatzsteuerbefreiung mit generellem Vorsteuerabzug

Die Anwendung dieser Vorsteuerabzugsmethode führt infolge der Befreiung der Leistungen auf der Ausgangsseite bei gleichzeitigem vollem Vorsteuerabzug aus allen bezogenen Eingangsleistungen zu einer völligen Steuerentlastung der betreffenden Leistungen.[370] Diese Handhabung ist in Staaten der EU außerhalb Deutschlands bei einigen ausgewählten Umsätzen nicht ungewöhnlich[371] und auch im europäischen Umsatzsteuerrecht vorgesehen[372], in Deutschland selbst allerdings auf Ausfuhrumsätze beschränkt. Der Nullsatz stellt die einfachste Lösung dar, Kredit- und Einlagenzinsen, aber auch die in Verbindung mit dem Einlagen- und Kreditgeschäft stehenden Dienstleistungskomponenten der Banken nicht mit Umsatzsteuer zu belasten.[373]

Im Vergleich zu der Steuerbefreiung der Kreditgewährung bei Vorsteuerausschluss und der Umsatzsteuerpflicht weist die Steuerbefreiung mit Vorsteuerabzugsrecht eine Reihe von Vor- und Nachteilen auf:

---

[370] Sog. echte Steuerbefreiung (zur Abgrenzung ggü. den unechten Steuerbefreiungen siehe Abschnitt 2.2.1). Wegen dieses Unterschieds hat es sich in der wirtschaftswissenschaftlichen Literatur eingebürgert, bei Steuerbefreiungen mit Vorsteuerabzug von Nullsatzbesteuerung (im Englischen „zero rating") zu sprechen und den Begriff „Steuerbefreiungen" (im Englischen „exemption") für unechte Steuerbefreiungen zu verwenden. Der Unterschied zwischen diesen beiden Arten der Steuerbefreiung wird bei GILLIS [1990], S. 84 prägnant umschrieben mit: „...the exemption method frees a firm from paying tax on sales of exempt items (services), but it does not free the items (services) from tax. Zero-rating, however, achieves both."

[371] Siehe hierzu die Übersicht bei TAIT [1988], S. 52 sowie Bundesministerium der Finanzen [2001a].

[372] Nach Art. 28 Abs. 2 Buchst. a der 6. USt-RL i.V.m. Art. 17 letzter Gedankenstrich der 2. USt-RL können die Mitgliedstaaten der EU während der alle fünf Jahre zu überprüfenden Übergangszeit (Art. 28 Abs. 4 der 6. USt-RL) „aus genau definierten sozialen Gründen zugunsten der Endverbraucher ... Befreiungen mit etwaiger Erstattung der auf der vorausgehenden Stufe entrichteten Steuern vorsehen ...". Allerdings beschränkt sich dieses Wahlrecht auf die Beibehaltung nationalen Umsatzsteuerrechts, das am 1. Januar 1991 anwendbar war. Daher ist nach geltendem Recht in Deutschland eine Nullsatzbesteuerung auch der Bankumsätze ausgeschlossen. Auch in den anderen Ländern der EU werden Bankumsätze – mit Ausnahme der Umsätze im Drittland – nicht zum Nullsatz besteuert. Aber selbst im Falle einer Beibehaltung (wenn die jeweiligen nationalen Umsatzsteuergesetze eine Nullsatzbesteuerung von Bankleistungen vorgesehen hätten) wäre noch zu prüfen gewesen, ob deren Befreiung unter „genau definierte soziale Gründe" hätte subsumiert werden können oder ob nicht doch die erhebungstechnischen Probleme bzw. die verbrauchsteuerteleologischen Bedenken den Ausschlag für die Umsatzsteuerbefreiung der Bankleistungen gaben (siehe Abschnitt 2.4.2.6 dieser Arbeit).

[373] Vgl. auch HUTCHINGS [1973], S. 53.

Der größte Vorzug der Nullsatzbesteuerung liegt in deren Neutralität auf der Eingangs- und Ausgangsseite begründet. Anders als bei der Umsatzsteuerpflicht ist infolge Fehlens einer jeglichen Steuerbelastung bei Kreditzinsen die Neutralität auch auf der Ausgangsseite vollkommen sichergestellt, d.h. inländische Banken müssen in ihrem Privatkundengeschäft nicht mit Ausweichreaktionen z.G. von Banken ausländischer Staaten, in denen keine oder keine vergleichbare hohe Umsatzsteuer erhoben wird, rechnen.[374]

Besonders nachteilig erweist sich die Nullsatzbesteuerung jedoch in Bezug auf die Sicherstellung des Verbrauchsteuercharakters der Umsatzsteuer. Unbelasteter Verbrauch steht ohne Frage in Widerspruch zu dem Charakter einer allgemeinen Verbrauchsteuer.[375] Ein weiterer gravierender Nachteil liegt in dem Verlust an Staatseinnahmen begründet.[376] Beide Nachteile ließen sich bei Beschränkung der Nullsatzbesteuerung auf Bankumsätze innerhalb der Unternehmerkette[377] vermeiden bzw. mildern. Dies würde jedoch nach Unternehmer- und Privatkunden getrennte Preisermittlungen für Bankleistungen voraussetzen.[378] Außerdem wäre zuvor noch die Frage der Aufteilung der Eingangsumsätze der Bank auf Privat- und Unternehmerkundengeschäft zu lösen, damit über die erhaltenen Vorsteuerbeträge die Kreditzinsen im Geschäft mit Unternehmerkunden verursachungsgerecht ermittelt werden können.[379]

Bezüglich der Möglichkeiten des Outsourcings, der Finanzierungsneutralität und der einfachen Handhabung auf der umsatzsteuerlichen Eingangsseite teilt die Umsatzsteuerbefreiung mit generellem Vorsteuerabzugsrecht die Vorzüge der Umsatzsteuerpflicht. Allerdings muss wie nach derzeitigem Recht auf der Ausgangsseite nach umsatzsteuerfreien und umsatzsteuerpflichtigen Umsätzen unterschieden werden.

---

374 Vgl. MERRILL/ADRION [1995], S. 1498 („equal treatment of imported and domestic financial services").

375 Vgl. SÖHN [1976], S. 28, der allerdings zu Recht auch darauf hinweist, dass Steuerbefreiungen ohne Versagung des Vorsteuerabzugs insofern ein verbrauchsteuerkonformerer Weg sein können, als eine unterschiedliche Belastung der Verbraucher (wie bei Steuerbefreiungen ohne Vorsteuerabzugsrecht) vermieden wird.

376 Auch im Vergleich zu dem Fall der Steuerbefreiung derzeitigen Rechts wegen des Vorsteuerabzugsverbots und des Kaskadeneffekts hieraus.

377 So z.B. der Vorschlag bei PINEL [1995], S. 3.

378 Und damit gespaltene Geld- und Kapitalmarktzinssätze, siehe auch FN 360.

379 Zusätzlich mussten die abzugsfähigen Vorsteuerbeträge aber auch noch auf die einzelnen Unternehmerkunden zugeordnet werden.

Ferner stellt sich auch bei der Nullsatzbesteuerung die Frage nach der zutreffenden umsatzsteuerlichen Behandlung der Privateinleger. Zwar sind deren erhaltenen Zinsen umsatzsteuerfrei, bei Bejahen der Unternehmereigenschaft stünde ihnen gleichwohl ein Vorsteuerabzug aus allen die Einlagen betreffenden Eingangsleistungen zu.[380]

Schließlich müsste auch politischen Bedenken Rechnung getragen werden, da die Bevorzugung der Leistungen einer Branche wie die der Banken durch eine Steuerbefreiung mit vollem Vorsteuerabzug sicherlich kritisch hinterfragt werden würde.[381]

3.1.3 Ermäßigter Umsatzsteuersatz mit Vorsteuerabzugsrecht

Die Anwendung eines oder mehrerer gegenüber dem regulären Steuersatz ermäßigter Umsatzsteuersätze ist international weit verbreitet.[382] Auf die Möglichkeiten der Differenzierung bei den Steuersätzen wird soweit ersichtlich nirgends verzichtet.[383] Steuersatzermäßigungen lassen den vollen Vorsteuerabzug unberührt und führen zu einer Entlastungswirkung, sofern der begünstigte Umsatz dem Endverbraucher gegenüber erbracht wird. Bei

---

380 Siehe Abschnitt 3.1.1.

381 Nicht auszuschließen ist, dass andere Branchen mit bislang nur unechten Steuerbefreiungen unter Berufung auf die Bankumsätze ebenfalls nach einer Nullsatzbesteuerung verlangen würden. Darüber hinaus war auch gerade in der Entstehungsphase des neuen Umsatzsteuerrechts ab 1968 darauf hingewiesen worden, dass eine Situation, in der bestimmte Unternehmer, ohne selbst Steuern zu zahlen, laufend Steuerbeträge erstattet bekommen, vermieden werden sollte, vgl. BT-Drucks. IV/1590 A VI 3b (S. 26), ebenso SCHÜLE [1967], S. 217, demzufolge die eigene Steuerpflicht Voraussetzung für den Vorsteuerabzug ist. Auch im ausdrücklichen Zusammenhang mit Finanzdienstleistungen wird diese Problematik gesehen („adverse public reaction to the persistent negative tax position that many financial service providers would be in"), MERRILL/ADRION [1995], S. 1498. Zu der Kritik an dieser Auffassung siehe Abschnitt 2.4.1.1 (dort unter FN 227).

382 Vgl. Bundesministerium der Finanzen [2001a].

383 Vgl. POHMER [1980], S. 663. Zwar gibt es Länder, in denen nur ein einheitlicher Steuersatz vorgeschrieben wird (z.B. Japan, siehe Bundesministerium der Finanzen [2001a], doch bestehen in diesen Ländern regelmäßig auch Steuerbefreiungen für bestimmte Umsätze, die ihrer Wirkung nach einer Tarifdifferenzierung gleich zu setzen sind. Kritisch zu der Anwendung mehrerer Steuersätze z.B. TAIT [1988], S. 42-44. Außerdem stünde die Einführung eines weiteren ermäßigten Umsatzsteuersatzes für Leistungen des Finanzsektors im Gegensatz zu dem Bemühen der Europäischen Kommission, die Zahl der Steuersätze in der EU auf zwei (ein Normalsatz und ein ermäßigter Satz) festzulegen, siehe hierzu LANGER in HARTMANN/METZENMACHER [Umsatzsteuergesetz], E vor § 12 Tz 22 ff. (Lfg. 6/98).

ermäßigt belasteten Umsätzen an andere vorsteuerabzugsberechtigte Unternehmer, deren Umsätze zum Regelsteuersatz versteuert werden, kommt es dagegen zu einer Nachholwirkung. Die Forderung nach Steuersatzermäßigungen liegt regelmäßig in sozialen Gesichtspunkten begründet.[384]

Im Hinblick auf die aus dem Ausschluss des Vorsteuerabzugs resultierenden unbefriedigenden Konsequenzen bei unechten Steuerbefreiungen sprechen sich insbesondere die Kritiker dieses Systems für Steuersatzermäßigungen (mit Vorsteuerabzug) als Alternative zu den unechten Steuerbefreiungen aus.[385]

Bei dieser Ausprägung der Vorsteuerabzugsmethode würden Kreditzinsen offen mit einem ermäßigten Umsatzsteuersatz belastet werden. Dieser könnte sich in Anlehnung an den bereits existierenden Steuersatz des § 12 Abs. 2 UStG auf 7% belaufen oder aber in der Höhe festgesetzt werden, dass der Fiskus aus dem erweiterten Vorsteuerabzug der Banken keinen Verlust erleidet[386]. Denkbar wäre aber auch, den Bedenken derjenigen Rechnung zu tragen, die eine Steuerfreistellung des Kreditzinses befürworten und nur die Leistung der Bank im Kreditgeschäft im engeren Sinne besteuern wollen, indem der reguläre Umsatzsteuersatz in dem Umfang ermäßigt wird, bis der Verbrauchsanteil der Leistung der Bank an der Finanztransaktion erreicht wird.[387]

---

[384] Vgl. hierzu nur den Katalog der in § 12 Abs. 2 UStG aufgeführten Umsätze sowie BT-Drucks. IV/1590), S. 17 mit Hinweis auf die Notwendigkeit, zur Milderung der Regressionswirkung der Umsatzsteuer bestimmte Güter des lebensnotwendigen Bedarfs mit ermäßigten Steuersätzen zu belegen.

[385] Infolge der heimlichen und unterschiedlich hohen tatsächlichen Belastung der Endverbraucher bei unechten Steuerbefreiungen seien Steuersatzermäßigungen auf der Endstufe der systemreinere und für den Verbraucher ehrlichere Weg, SÖHN [1976], S. 18 und 27; ebenso DZIADKOWSKI/WALDEN [1985], S. 360; DZIADKOWSKI [1985], S. 421 sowie RUPPE [1995], S. 462, demzufolge der unechten Steuerbefreiung die Besteuerung zum ermäßigten Steuersatz bei weitem vorzuziehen ist, weil sich mit ihr eine eindeutige und gleichmäßige Entlastungswirkung erzielen lässt und prägnant HARDORP [1986], S. 170: („[Unechte] Steuerbefreiungen sind ...nur Belastungsminderungen nicht vorhersehbaren Ausmaßes .... Systematisch sinnvoller wäre ...niedrige[rer], im Extremfall ..Nullsteuersatz .... Man wüsste – im Gegensatz zu heute – in einem solchen Fall dann, was man täte, man wüsste, woran man wäre. ... Einfacher wäre es, die unsystematischen Steuerbefreiungen zu streichen und stattdessen durch bewusste Belastungsentscheidungen – in Form niedrigerer Steuersätze – zu ersetzen."

[386] Vgl. WESTERBURGEN [1995], S. 8 , wobei auch noch an das Mehraufkommen bei den Gewinnsteuern, das sich indirekt durch die neuen Vorsteuerabzugsmöglichkeiten ergibt, zu denken wäre, HUTCHINGS [1973], S. 53.

[387] Vgl. ALBA [1995], S. 339, wobei Voraussetzung hierfür ist, dass dieser Anteil geschätzt werden kann; ebenso KEIL [1997], S. 371, der sich bei der Bemessung der Steuersatzhöhe für eine pauschalierende Berücksichtigung der Dienstleistungskomponente ausspricht. Unter Verweis auf BAKKER/CHRONICAN [1985], S. 46 wird bei ALBA a.a.O. vorgeschlagen, den ermäßigten Steuersatz nach der Formel „Net Interest Margin / Interest Rate x Standard VAT Rate" zu

Da sich die Umsatzbesteuerung zum ermäßigten Steuersatz und Nullsatzbesteuerung lediglich durch die Höhe des Steuersatzes unterscheiden, weist die ermäßigte Besteuerung die grundsätzlich auch der Nullsatzbesteuerung vergleichbaren Vor- und Nachteile gegenüber der derzeitigen Rechtslage auf: Die Methode der ermäßigten Umsatzbesteuerung ist neutral[388], behindert nicht das Outsourcen von Aufgaben im Bankgeschäft, wahrt die Finanzierungsneutralität und verzeichnet eine einfache Handhabung des Vorsteuerabzugs auf der Eingangsseite. Nachteilig ist allerdings die Verkomplizierung auf der Ausgangsseite infolge Verwendung eines weiteren Umsatzsteuersatzes.

Bezüglich der Frage des Verbrauchsteuercharakters und der Steuereinnahmen liegen die Vor- und Nachteile der Besteuerung zum ermäßigten Umsatzsteuersatz gegenüber der derzeitigen Rechtslage zwischen den diesbezüglichen Vor- und Nachteilen der Umsatzsteuerpflicht und der Steuerbefreiung mit Vorsteuerabzug angesiedelt, wobei das Maß der Einhaltung des Verbrauchsteuercharakters und das Ausmaß des Verlustes an Staatseinnahmen unmittelbar von der Höhe des ermäßigten Steuersatzes abhängen.

Ferner stellt sich bei der Umsatzbesteuerung zu einem ermäßigten Steuersatz wie bei der Besteuerung zum regulären Steuersatz die Frage nach dem maßgeblichen leistenden Unternehmer im Einlagengeschäft und nach den Konsequenzen hieraus.[389]

Unter steuersystematischen Gesichtspunkten ist die Einführung eines weiteren, ermäßigten Umsatzsteuersatzes kritisch anzumerken, da mit zunehmender Anzahl von Steuersätzen die allgemeine Umsatzsteuer sich einer speziellen Verbrauchsteuer annähert.[390] Außerdem wird das gesamte Umsatzsteuersystem gegenüber lobbyistischen Zielen anfälliger, da eine weitere Ausweitung der Zahl der ermäßigten Steuersätze im Vergleich zu der erstmaligen Einführung eines weiteren ermäßigten Steuersatzes die wohl leichtere Aufgabe darstellen würde. Vor allem aber muss noch einmal daran erin-

---

bestimmen. Hier wird allerdings nur eine Schätzung durch eine andere Schätzung – nämlich die Höhe der „Net Interest Margin" – ersetzt. Mit diesem Problembereich beschäftigt sich umfassend der 4. Teil dieser Arbeit.

[388] Mit der Einschränkung bei dem Privatkundengeschäft im Verhältnis zu Banken anderer Staaten, die keine oder eine geringere generelle Umsatzsteuerbelastung kennen. Im Vergleich zu der regulären Umsatzsteuerpflicht (Abschnitt 3.1.1) ist dieser Nachteil jedoch infolge der Ermäßigung des Steuersatzes geringer zu veranschlagen.

[389] Siehe hierzu die Überlegungen am Ende des Abschnitts 3.1.2.

[390] Vgl. POHMER [1980], S. 664.

nert werden, dass die derzeitige Rechtslage mit den geschilderten Nachteilen weniger sozialen Gründen, sondern verbrauchsteuerteleologischen Überlegungen und hieraus resultierenden erhebungstechnischen Problemen zu verdanken ist.[391] Hier verschafft die Besteuerung zum ermäßigten Satz aber keine befriedigende Abhilfe, denn nur die Reduktion des anzuwendenden Umsatzsteuersatzes löst nicht die Frage nach dem zutreffenden Verbrauch im Einlagen- und Kreditgeschäft der Banken.[392]

3.1.4 Zusammenfassender Überblick

Die Vor- und Nachteile der einzelnen Ausprägungen der Vorsteuerabzugsmethode bei der Kreditgewährung fasst die nachstehende Übersicht zusammen:

	Steuerbefreiung ohne Vorsteuerabzug	**Umsatzsteuerpflicht**	**Steuerbefreiung mit Vorsteuerabzug**	**Ermäßigter Steuersatz**
Verbrauchsteuer-charakter	Nicht gewahrt	Gewahrt[393]	Nicht gewahrt	z.T. nicht gewahrt (abhängig von Steuersatzhöhe)
Neutralität	Nicht gewahrt	Gewahrt[394]	Gewahrt[395]	Gewahrt[396]
Outsourcing	Behindert	Nicht behindert	Nicht behindert	Nicht behindert
Finanzierungs-neutralität	Nicht gewahrt	Gewahrt	Gewahrt	Gewahrt
Ausgangsseite	Verkomplizierung	Keine Verkomplizierung	Verkomplizierung	Verkomplizierung
Eingangsseite	Verkomplizierung	Keine Verkomplizierung	Keine Verkomplizierung	Keine Verkomplizierung
Steuereinnahmen	Verlust	Kein Verlust	Höchster Verlust	z.T. Verlust (abhängig von Steuersatzhöhe)

Darst. 20: Vergleich unterschiedlicher Ausprägungen der Vorsteuerabzugsmethode

---

[391] Siehe Abschnitt 2.4.2.6.

[392] Um wie viel eleganter erscheint demgegenüber die Nullsatzbesteuerung, bei der die Frage nach dem Steuergut infolge Nichterhebung von Umsatzsteuer einfach entfällt. Ebenso SCHMIDT [1999], S. 185, demzufolge ein Versagen der Erhebungstechnik als Begründung einer Tarifdifferenzierung ausscheidet und nur die Steuerbefreiung in diesem Fall Abhilfe schaffen kann, indem sie die Erhebungstechnik suspendiert.

[393] Unter der Prämisse, dass in dem gesamten Kreditzins der umsatzsteuerlich relevante Verbrauch (die Einkommensverwendung) zu sehen ist.

[394] Jedoch nicht im Privatkundengeschäft Im Verhältnis zu Banken aus Staaten mit keiner oder geringerer Umsatzsteuerbelastung als in Deutschland.

[395] Gerade auch im Verhältnis zu dem Privatkundengeschäft der Banken ausländischer Staaten (siehe FN 394).

[396] Im Privatkundengeschäft aber nur dann, wenn der ermäßigte Umsatzsteuersatz für Bankleistungen in Deutschland den Steuersatz im Ausland nicht übersteigt.

Unter steuersystematischen Gesichtspunkten kann die Nullsatzbesteuerung als Alternative zu der derzeitigen Rechtslage der Umsatzsteuerbefreiung der Kreditgewährung ohne Vorsteuerabzug nicht überzeugen. Diese Methode verstößt gegen den Verbrauchsteuercharakter der Umsatzsteuer und löst außerdem nicht das Problem der auf der Ausgangsseite der Bank anzuwendenden unterschiedlichen Steuersätze (0% und regulärer Steuersatz), es sei denn, auch die Besteuerung der übrigen Bankleistungen würde der Besteuerung zum Nullsatz angepasst.[397] Aus politischer Sicht dürfte gegen die Steuerbefreiung bei vollem Vorsteuerabzug außerdem der damit verbundene offensichtliche Verzicht auf Steuereinnahmen sprechen.

Der Einbezug der Kreditgewährung in die reguläre Umsatzsteuerpflicht vermeidet zwar sämtliche Nachteile bei der Umsatzsteuerbefreiung ohne Vorsteuerabzug und wäre insoweit die steuersystematisch zufriedenstellendste Lösung. Allerdings müsste zuvor Einvernehmen darüber hergestellt werden, dass der Verbrauch (die Einkommensverwendung) bei dem Einlagen- und Kreditgeschäft der Banken in der Kreditgewährung als solches und das Entgelt hierfür in dem gesamten Zins besteht. Gerade dies wird bislang jedoch bestritten und als Rechtfertigung für die derzeitige Steuerbefreiung herangezogen. Aus diesem Blickwinkel heraus werden somit bei einer Umsatzsteuerpflicht aller Zinsen verbrauchsteuerteleologische und erhebungstechnische Schwierigkeiten mit dem regulären Steuersatz „erschlagen", anstatt die Besteuerung an den wirtschaftlichen Sachverhalt, den tatsächlichen Verbrauch, anzupassen. Insbesondere die Befürworter einer Steuerfreistellung des Zinses werden daher die volle Umsatzversteuerung von Kreditzinsen (und Einlagenzinsen) mit Hinblick auf eine Überbesteuerung des Verbrauchs ablehnen. Aus politischer Sicht kann schließlich nicht ausgeschlossen werden, dass die Verteuerung der Kreditgewährung ohne kritische Hinterfragung der bisherigen Rechtfertigung der Steuerbefreiung doch noch unter sozialpolitischen Gründen problematisiert wird.

Die beiden letztgenannten Kritikpunkte (Überbesteuerung des Verbrauchs sowie Verteuerung der Kredite) ließen sich bis zu einem gewissen Punkt durch eine Ermäßigung des auf Kreditgewährungen anzuwendenden Steuersatzes mildern. Diese Gestaltungsmöglichkeit könnte– unter Verdrängung steuersystematischer Überzeugungen – ein Gesichtspunkt sein, der insbe-

---

[397] Diese Vorgehensweise ist jedoch abzulehnen, da sich ansonsten die Frage aufdrängt, warum bislang eindeutig regulär zu versteuernde Leistungen einer Bank nur im Hinblick auf eine Lösung der Umsatzsteuerfrage im Einlagen- und Kreditgeschäft nunmehr ebenfalls nicht besteuert werden sollten.

sondere auch unter praktischen Überlegungen für eine ermäßigte Besteuerung der Kreditgewährung als Kompromisslösung spricht, zumal eine steueraufkommensneutrale Bestimmung der Steuersatzhöhe denkbar wäre. Dies darf allerdings nicht darüber hinwegtäuschen, dass auch hier eine Auseinandersetzung mit der Frage des zutreffenden Verbrauchs (der Einkommensverwendung) im Einlagen- und Kreditgeschäft der Banken nicht stattfindet, so dass ein aufkommensneutraler Steuersatz die zutreffende Besteuerung dieses Verbrauchs nur höchst zufällig – und niemals überprüfbar - widerspiegeln würde.

3.2 Additive Methode

Bei der additiven Methode wird die gesamte Wertschöpfung eines Unternehmens durch Summierung der in dem Unternehmen erzeugten Einkommen (im wesentlichen Löhne und Gehälter, Zins-, Miet- und Pachtaufwendungen sowie Gewinn) und anschließender Kürzung um die aus der Kapitalüberlassung an andere Wirtschaftseinheiten fließende Erträge (Beteiligungs-Zins-, Miet- und Pachterträge) ermittelt.[398] Da Zinsen entsprechend dieser Konvention der Wertschöpfungsrechnung nicht als in dem das Kapital überlassenden Unternehmen entstandenes, sondern als in dem die Zinsen zahlendem Unternehmen entstandenes und von diesem verteiltes Einkommen angesehen und somit der Ertragszins bei der Bank aus Kreditgewährungen nicht als wertschöpfungsrelevanter Ertrag erfasst wird[399], führt dies bei Kreditinstituten zu problematischen Ergebnissen[400]. Die additive Methode müsste daher für ihre Anwendung im Einlagen- und Kreditgeschäft der Banken noch

---

398 Vgl. POHMER [1980], S. 694.

399 Vgl. GÖCKELER [1975], S. 17.

400 Vgl. POHMER [1980], S. 694; ders. [1983], S. 381. Zur Verdeutlichung soll von folgender (stark vereinfachten) Gewinn- und Verlustrechnung einer Bank mit Eintragungen auf der Sollseite von Vorleistungen in Form von bspw. Materialeinkäufen von 100 GEH, Personalaufwendungen von 350 GEH, Zinsaufwendungen von 500 GEH und dem Gewinn von 50 GEH sowie auf der Habenseite Provisionserlöse von 200 GEH und Zinserträge von 800 GEH ausgegangen werden. Entsprechend der Konvention der Wertschöpfungsrechnung, wonach Zinsentgelte nicht als Umsatz, sondern als Produktionsfaktor zu betrachten und als Summanden und Subtrahenden in der Ermittlung der Wertschöpfung zu erfassen sind, beträgt die Wertschöpfung dieser Bank nur 100 GEH. Damit wird unterstellt, dass die Kapitalüberlassung keine unternehmerische Tätigkeit und der Umfang der für die Berechnung der Wertschöpfung der Bank relevanten Erträge in erheblichem Maße schrumpft (im Beispiel auf die Provisionserträge), vgl. auch GÖCKELER [1975], S. 17-18 sowie POHMER [1964], S. 333, Anm. 85, demzufolge diese Handhabung der Tätigkeit der Banken nicht gerecht wird, „weil bei diesen Unternehmungen in den Zinserträgen nicht nur Kapitalnutzungsentgelte, sondern auch „Eigenleistungsentgelte“ enthalten sind“, die „in der Differenz zwischen Zinserträgen und Zinsaufwendungen bei Kreditinstituten am deutlichsten zum Ausdruck [kommen]“.

entsprechend angepasst werden, z.B. durch Anpassung der einzelwirtschaftlichen Wertschöpfungsrechnung der Banken an die Konvention volkswirtschaftlicher Gesamtrechnungen in Ländern mit marktwirtschaftlicher Wirtschaftsordnung, in denen allgemein die Differenz zwischen Ertragszinsen und Aufwandszinsen als unterstelltes Dienstleistungsentgelt bei der Berechnung der Wertschöpfung der Kreditinstitute behandelt wird.[401]

Gegen eine generelle Anwendung der additiven Methode sprechen jedoch bereits die im Zuge der Reformüberlegungen zur alten Bruttoumsatzsteuer geäußerten Bedenken über die generelle Anwendung dieser Methode in einer Volkswirtschaft.[402] Der Hauptnachteil der additiven Methode liegt in der Erfassung nur der gesamten Wertschöpfung eines Unternehmens begründet. Eine unmittelbare Ermittlung der auf einzelne Leistungen entfallenden Teile der Gesamtwertschöpfung ist nicht möglich mit der Folge, dass bspw. volkswirtschaftlich erwünschte Steuerbefreiungen einzelner Leistungen oder Differenzierungen des Steuersatzes nach einzelnen Leistungen kaum möglich sind.[403] Ein weiteres Problem stellt sich durch den Einbezug des Gewinns in die Bemessungsgrundlage der Umsatzsteuer, da alle den Gewinn beeinflussende Faktoren wie bspw. Rückstellungsbildung oder Herstellungskostenermittlung von der Einkommensbesteuerung auf die Umsatzbesteuerung übertragen würden.[404]

Bei einer ausschließlich auf den Finanzsektor beschränkten Anwendung der additiven Methode könnte eine Bank ihre Umsatzsteuerschuld somit nur auf ihre Gesamtleistung bezogen ermitteln, eine einzeltransaktionsbezogene Berechnung wäre allenfalls mit mehr oder weniger willkürlich ausgewählten Schlüsselgrößen und zudem nur im nachhinein möglich, da wegen der erfor-

---

[401] Vgl. DOROW [1972], S. 377-382 und GÖCKELER [1975], S. 19-20. Im obigen Beispiel (siehe FN 400) betrüge die nach der additiven Methode berechnete Wertschöpfung der Bank dann 400 GEH, da die Zinsen nunmehr als Umsatz und nicht mehr als Produktionsfaktor betrachtet werden und daher nicht mehr als Summanden und Subtrahenden in der Ermittlung der Wertschöpfung erfasst werden. Dann müsste jedoch die Berechnung der Wertschöpfung nach der additiven Methode auch in den anderen Sektoren der Volkswirtschaft angepasst werden, da ansonsten die Wertschöpfung der Unternehmungen, die Kredite nachfragen, zu hoch ausgewiesen wird, weil die gesamten Zinsaufwendungen dieser Unternehmungen als Bestandteil ihrer Wertschöpfung erfasst werden, vgl. GÖCKELER [1975], S. 20.

[402] Diese Bedenken reichen bis hin zur der Auffassung, dass Abgaben, die mit Hilfe der additiven Methode die unternehmerische Wertschöpfung belasten, nicht mehr den Umsatzsteuern zuzurechnen sind. Vielmehr beruht(e) die Gewerbesteuer auf diesem additiven Konzept (vor allem als noch die Lohnsumme Bestandteil der Gewerbesteuer war), vgl. RUPPE [1999], Einf Tz 14.

[403] Vgl. WISSENSCHAFTLICHER BEIRAT [1962], S. 64.

[404] Vgl. WÖHE [1991], S. 343.

derlichen Gewinnermittlung die zu verteilende Gesamtbemessungsgrundlage erst nach Ablauf eines Wirtschaftsjahres der Bank feststünde. Infolge der aus diesen Gründen im Zeitpunkt der Leistungserbringung nicht bekannten Umsatzsteuerbelastung der Bankleistung würde diese Belastung definitiv.[405] Dies wäre jedoch nur dann akzeptabel, wenn die additive Methode in der gesamten Volkswirtschaft angewandt würde. Beim Nebeneinander zweier unterschiedlicher Systeme (additive Methode im Finanzsektor, Vorsteuerabzugsmethode in den übrigen Sektoren) wird die additiv ermittelte Umsatzsteuer auf die Bankleistung jedoch im Vorsteuerabzugssystem zum Preisbestandteil, da Unternehmer, die Bankleistungen beziehen, die hierin enthaltene Umsatzsteuerbelastung nicht über einen Vorsteuerabzug kompensieren können.[406]

Umgekehrt stellt sich auf der Eingangsseite der Bank bei Leistungsbezügen aus den übrigen Sektoren, die mit (offen ausgewiesener) Vorsteuer belastet sind, ein Problem, da bei der sich in einem additiven Umsatzsteuersystem bewegenden Bank ein Vorsteuerabzug ausscheidet. Was im durchgängigen System einer additiven Umsatzsteuer systemkonform ist, muss in einem Umsatzsteuersystem mit mehreren Ermittlungsmethoden scheitern, weil diese nicht kompatibel zueinander sind.

Im Ergebnis würde eine additive Methode der Umsatzsteuerermittlung bei Bankleistungen wegen der bei der Bank nichtabzugsfähigen Vorsteuerbeträge zu vergleichbaren Problemen wie im derzeitigen Recht führen (Preisbestandteil und Kaskadeneffekt bei Leistungen auf der Zwischenstufe; dem § 15 Abs. 4 UStG ähnliche Probleme bei Aufteilung der additiv ermittelten Umsatzsteuer auf die einzelne Bankleistung). Zusätzlich würde sich diese Problematik aber noch verschärfen, da sich der Preis der Bankleistung nicht nur um die nichtabzugsfähigen Vorsteuerbeträge, sondern darüber hinaus auch noch um die (nicht einzeln ihren Leistungen zuordenbare additiv ermittelte) Ausgangsumsatzsteuer erhöhen würde.

---

[405] Einen vergleichbaren Kritikpunkt stellte bei Abwägung der Vor- und Nachteile der additiven Methode die bei Aus- und Einfuhren– infolge Unkenntnis der Umsatzsteuerendbelastung der Waren - nicht gelöste Frage des Grenzausgleichs dar.

[406] Dies wäre nur dann möglich, wenn die Bank durch aufwendige Rückrechnungen im nachhinein ihre Zinsabrechnungen mit einer offen ausgewiesenen Umsatzsteuer ausweisen würde. Infolge der anzuwendenden Schlüssel bei der Verteilung der Gesamtumsatzsteuer ergäbe sich ein dem § 15 Abs. 4 UStG („Bankenschlüssel“, siehe Abschnitt 2.4.1.5) vergleichbares Problem.

Schließlich wäre bei Anwendung der additiven Methode noch ein weiteres Problem zu lösen: Da die Habenzinsen einer Bank üblicherweise zu einem (Groß-)Teil auch an Endverbraucher gezahlt werden und demzufolge ebenfalls als in der Bankunternehmung erzeugtes Einkommen anzusehen sind, ergäbe sich die Notwendigkeit, bei den Habenzinsen in solche, die an andere Unternehmen, und solche, die an Endverbraucher gezahlt werden, zu unterscheiden und letztere in die Ermittlung der Wertschöpfung der Bank einzubeziehen.[407] Diese Differenzierung kann praktisch aber in vielen Fällen nicht durchgeführt werden bzw. wäre mit einem hohen Verwaltungsaufwand verbunden.[408]

Unter den wenigen Ländern, die überhaupt Umsatzsteuer auch auf Finanzdienstleistungen erhoben, stellt Israel soweit ersichtlich das einzige Land dar, das eine additive Umsatzsteuer wählte. Diese speziell nur den Finanzsektor betreffende additive Umsatzsteuer betrug 12% auf die Lohn- und Gehaltsaufwendungen sowie die Gewinne der Bank, wurde aber aufgrund von Beschwerden sowohl der Banken wegen deren fehlenden allgemeinen Vorsteuerabzugs aus ihren Eingangsumsätzen als auch der Unternehmerkunden der Banken wegen deren fehlenden Vorsteuerabzugs aus den bezogenen Bankleistungen 1981 wieder abgeschafft[409].

---

[407] Enthalten die Habenzinsen in dem obigen Beispiel (siehe FN 400) auch an Endverbraucher gezahlte Zinsen von z.B. 350 GEH, beliefe sich die Wertschöpfung der Bank dann auf 750 GEH.

[408] Der Wissenschaftliche Beirat beim Bundesministerium der Finanzen sprach sich im Zuge der Reformüberlegungen zu dem neuen Nettoumsatzsteuersystem dann auch dafür aus, alle Habenzinsen einer Bank als an andere Unternehmen gezahlt zu behandeln und bei der Ermittlung der Steuerschuld unberücksichtigt zu lassen. Ausschlaggebend für diesen Vorschlag war, dass die andere Vorgehensweise – alle Habenzinsen als an Endverbraucher gezahlt anzusehen – mit einer teilweisen Kumulativwirkung (soweit gezahlte Habenzinsen auf andere Unternehmen entfallen) verbunden gewesen wäre, vgl. WISSENSCHAFTLICHER BEIRAT [1962], S. 39-40.

[409] Vgl. GILLIS [1987], S. 6-7. Zu der Wirkung des Preisbestandteils und des Kaskadeneffekts bei auf Zwischenstufen bezogenen Bankleistungen durch die israelische (Sonder-) Umsatzsteuer siehe auch SCHENK [1994], S. 836 und MERRILL/EDWARDS [1996], S. 497-498. Die israelische Umsatzsteuer auf Bankleistungen wurde allerdings durch eine separate, von den Einkommensteuerbehörden verwaltete Steuer gleichen Umfangs ersetzt, siehe TAIT [1995], S. 9.

3.3 Vorumsatzabzugsmethode

Das Vorumsatzabzugsverfahren ermittelt auf jeder Wirtschaftsstufe den Nettoumsatz, indem von den Ausgangsumsätzen die auf der Eingangsseite bezogenen Vorumsätze von anderen Unternehmen abgezogen werden und wendet hierauf den Umsatzsteuersatz an (direkte Subtraktionsmethode)[410]. Grundsätzlich führen Vorumsatzabzugs- und Vorsteuerabzugsverfahren zur gleichen Steuerbelastung. Anders als die Vorsteuerabzugsmethode kennt die Vorumsatzabzugsmethode jedoch keine automatische Nachholwirkung[411], so dass es zu Belastungsunterschieden kommt, wenn auf einzelnen Wirtschaftsstufen Steuerbefreiungen oder differenzierte Steuersätze angewendet werden.[412]

Bei Kreditinstituten wären von den Erlösen (Zinsen aus dem Kreditgeschäft zzgl. der Entgelte aus dem Provisionsgeschäft) neben anderen Vorleistungen die an andere Unternehmen gezahlten Habenzinsen abzuziehen.[413] Ebenso wie bei der additiven Methode ergibt sich damit auch bei der Vorumsatzabzugsmethode das (nicht praktikable) Erfordernis, bei den gezahlten Habenzinsen nach den unternehmerischen und den nichtunternehmerischen Empfängern zu unterscheiden.[414]

Des Weiteren ist die Vorumsatzabzugsmethode genauso wenig wie die additive Methode in der Lage, die Wertschöpfung einer Einzeltransaktion zu erfassen, um hierdurch den unternehmerischen Kunden der Bank den Vorsteuerabzug zu ermöglichen. Damit wird auch bei der Vorumsatzabzugsmethode die Umsatzsteuerbelastung der Bankleistung in dem Vorsteuerab-

---

410 Dies erfordert einen entsprechenden Nachweis, z.B. durch Kennzeichnung auf den Rechnungen der Lieferanten, vgl. POHMER [1980], S. 689, um sicherzustellen, dass die Vorleistungen auch tatsächlich von Unternehmern i.S. des Umsatzsteuerrechts erbracht werden.

411 Vgl. WISSENSCHAFTLICHER BEIRAT [1962], S. 65.

412 Vgl. die Beispiele bei WÖHE [1991], S. 344-346. In diesen Fällen ist auch die Endbelastung mit Umsatzsteuer nicht bekannt und ein exakter Grenzausgleich nicht mehr möglich, was den Hauptgrund für die Wahl z.G. der Vorsteuerabzugsmethode darstellte, vgl zu BT-Drucks. V/1581, S. 2/3.

413 Vgl. WISSENSCHAFTLICHER BEIRAT [1962], S. 39. Bezogen auf das Beispiel in FN 400 ergibt sich eine Bemessungsgrundlage von 1.000 GEH ./. 100 GEH (andere Vorumsätze) ./. 150 GEH (an Unternehmer gezahlte Habenzinsen) = 750 GEH.

414 Vgl. WISSENSCHAFTLICHER BEIRAT [1962], S. 40.

zugssystem der übrigen Volkswirtschaft definitiv.[415] Ferner ist der Bank bei der Vorumsatzabzugsmethode aus dem gleichen Grund wie bei der additiven Methode der Vorsteuerabzug aus den von den übrigen Sektoren der Volkswirtschaft bezogenen Eingangsleistungen verwehrt. Auch bei der Vorumsatzabzugsmethode auf Bankleistungen ist somit die Frage nach der Kompatibilität mehrerer Ermittlungsmethoden innerhalb eines Umsatzsteuersystems negativ zu bescheiden. Insbesondere scheitert eine dem gegenwärtigen Umsatzsteuerrecht gem. § 25 a UStG nachgebildete Differenzbesteuerung für Bankleistungen[416], da anders als bei beweglichen körperlichen Gegenständen die Feststellung einer Einzeldifferenz infolge fehlender Identität zwischen Einlage und Kredit nicht möglich ist und die Zugrundelegung einer Gesamtdifferenz analog § 25 a Abs. 4 UStG bei Bankleistungen an andere Unternehmer zu der bereits erwähnten definitiven Umsatzsteuerbelastung innerhalb der Unternehmerkette führt.

Im Ergebnis ist somit die Vorumsatzabzugsmethode bei Bankleistungen mit vergleichbaren Problemen wie die additive Methode behaftet.

Anders als in der Literatur[417] hat die Vorumsatzabzugsmethode in der Besteuerungspraxis keine größere Bedeutung erlangt. In Japan war nach dem 2. Weltkrieg ein Nettoumsatzsteuerrecht verabschiedet worden, das für den Regelfall das Vorumsatzprinzip vorsah[418] und auch auf Finanzdienstleistungen angewendet werden sollte[419], aber nie in Kraft getreten war.

---

[415] Um dieses Problem zu lösen, wird vorgeschlagen, den dem Unternehmerkunden der Bank zustehenden Vorsteuerbetrag aus bezogenen Bankleistungen nach der Größe deren finanzieller Aktiva oder Passiva bei der Bank – der Einlage oder dem Kredit der Unternehmerkunden im Vergleich zu den Gesamteinlagen und Gesamtkrediten der Bank – zu bestimmen; zugleich wird jedoch anerkannt, dass auf diese Weise im Zeitpunkt der Finanztransaktion der Vorsteuerbetrag nicht bestimmbar ist, vgl. HENDERSON [1988], S. 46. Als Nachteil wird auch der fehlende Automatismus bei dieser Vorgehensweise und der hierdurch verursachte Aufwand (Ermittlung der eigenen Umsatzsteuerschuld der Bank, Aufteilung der Gesamtumsatzsteuer auf die Bankkunden und Benachrichtigung der Bankkunden) beanstandet, vgl. ALBA [1995], S. 338. Außerdem darf nicht verkannt werden, dass die Aufteilung der Gesamtumsatzsteuer der Bank auf die Bankkunden wieder zu einem § 15 Abs. 4 UStG ähnlichen Problem führt.

[416] In diesem Fall wäre der Bank der Vorsteuerabzug aus den von den übrigen Sektoren der Volkswirtschaft bezogenen Eingangsleistungen möglich. Nach dem Beispiel in FN 400 ergäbe sich dann eine Bemessungsgrundlage von 850 GEH und ein Vorsteuerabzug aus dem Vorumsatz von 100 GEH.

[417] Vgl. bereits SIEMENS [1921], der den Gedanken der Nettoumsatzbesteuerung gerade an dem Beispiel der Vorumsatztechnik entwickelt hat. Auch das Gutachten des Wissenschaftlichen Beirats beim Bundesministerium der Finanzen scheint dem Vorumsatzabzugsverfahren den Vorzug gegenüber der Vorsteuerabzugsmethode gegeben zu haben, vgl. WISSENSCHAFTLICHER BEIRAT [1962], S. 63-66.

[418] Vgl. POHMER [1980], S. 689.

[419] Vgl. INSLEY [1972], S. 77.

Kanada plante 1987 mit der „Multistage sales tax“ (MSST) ein Vorsteuerabzugssystem einzuführen mit Ausnahme speziell des Bereichs der Finanzdienstleistungen, für die ein Vorumsatzabzugsverfahren vorgesehen war. Kreditgewährungen sollten danach auf der Basis ihrer Margen erfasst werden[420]. Für unternehmerische Abnehmer von Bankleistungen sah die MSST jedoch keinen Abzug der Umsatzsteuer im Rahmen deren Vorsteuerabzugs vor, was schon damals als gravierendes Problem erkannt wurde.[421] Bei Einführung der Goods and Services Tax in 1989 wurde die MSST dann auch fallen gelassen.[422]

3.4 Aktuelle Systemänderungsvorschläge zur Bekämpfung der Umsatzsteuerkriminalität

Um der Erosion der Steuereinnahmen durch zunehmende betrügerische Aktivitäten bei der Umsatzsteuer, insbesondere durch sog. Karussellgeschäfte, aber auch sonstige Betrügereien (z.B. Vorsteuerabzug aus Scheinrechnungen), zu begegnen[423], sieht das im November 2001 verabschiedete Steuerverkürzungsbekämpfungsgesetz[424] weit reichende Regelungen bei der Umsatzsteuer[425] und in der Abgabenordnung[426] vor.[427] Gleichwohl zeigt die jüngere Entwicklung weiter sinkende Einnahmen aus der Umsatzsteuer.[428] In Anbetracht des offensichtlich bestehenden Vollzugsdefizits insbesondere auf

---

[420] Marge verstanden als Differenz zwischen Kredit- und Einlagenzinsen. Näher zur Ausgestaltung der MSST als Nebeneinander eines Vorsteuer- und Vorumsatzabzugssystems siehe HOFFMAN [1988]; THOMPSON [1988] und GARBER/RABOY [1989].

[421] Vgl. hierzu sowie den Gründen für die Ablehnung HENDERSON [1988], S. 46-47; GARBER/RABOY [1989], S. 177-178.

[422] Vgl. MERRILL/ADRION [1995], S. 1499.

[423] Vgl. BT-Drucks. 14/7471, S. 1-2. Zu der Funktionsweise von Karussellgeschäften siehe MERK [2001], S. 97-98 sowie o.V. [September 2001], S. 385.

[424] BGBl. I 2001, S. 3922.

[425] Siehe Art. 1 StVBG - z.B. Einführung einer Sicherheitsleistung bei Vorsteuererstattungen (§ 18f UStG), eines neuen Haftungstatbestands für schuldhaft nicht abgeführte Umsatzsteuer eines Vorlieferers (§ 25d UStG) oder einer allgemeinen Umsatzsteuernachschau (§ 27 b UStG).

[426] Siehe Art. 2 StVBG – z.B. neuer Verbrechenstatbestand der gewerbs- oder bandenmäßigen Steuerhinterzeihung (§ 370a AO).

[427] Zu den umsatzsteuerlichen Auswirkungen vgl. auch NIESKENS [2002], S. 69-75.

[428] Vgl. o.V. [26.3.2002], S. 3.

der Eingangsseite der Umsatzsteuer durch Erschleichung von Vorsteuererstattungen mehren sich die Stimmen, dass das Problem der Betrugsanfälligkeit der Umsatzsteuer nicht durch gesetzliche Maßnahmen innerhalb der derzeitigen Vorsteuerabzugsmethode, sondern nur durch einen neuen systematischen Ansatz bei der Umsatzsteuer gelöst werden kann.[429]

Allen Vorschlägen[430] gemeinsam ist das Bestreben, den Weg zur Auszahlung von Vorsteuern als der Hauptursache für die Steuerausfälle zu versperren. In dem Modell einer **Vorstufenbefreiung** im zwischenunternehmerischen Bereich soll durch Schaffung einer Steuerbefreiung der Ausgangsumsätze an Unternehmer erreicht werden, dass es innerhalb der Unternehmerkette weder zu Umsatzsteuererhebungen noch zu Auszahlungen von Vorsteuern kommt.[431] Andere Vorschläge belassen dagegen grundsätzlich die Steuererhebung und -auszahlung im zwischenunternehmerischen Bereich und verweisen auf zusätzliche Sicherungsmaßnahmen. Das **Vorsteuerverrechnungsmodell** sieht nicht mehr eine Zahlung der Umsatzsteuern durch den Leistungsempfänger an den leistenden Unternehmer, sondern an das eigene Finanzamt[432] bzw. sofortige Vorsteuerverrechnung des Leistungsempfängers mit der Umsatzsteuerschuld des leistenden Unternehmers[433] vor. Bei dem **Reverse-Charge-Modell** verlagert sich bei Umsätzen an unternehmerische Leistungsempfänger[434] die Umsatzsteuerschuldnerschaft auf den Leistungsempfänger, der dann seinen Vorsteuererstattungsanspruch mit dieser Umsatzsteuerschuld verrechnet.[435]

---

[429] Siehe MERK [2001], S. 98; o.V. [September 2001], S. 386; MATTES [2001]; S. 378; AMMANN [2001], S. 430; zurückhaltend dagegen NIESKENS [2001], S. 475, wonach ein tief greifender systematischer Eingriff in das mittlerweile 35 Jahre funktionierende Umsatzsteuersystem sehr genau überlegt sein sollte sowie GRAMBECK [2002], S. 421, der sich für die Beibehaltung der Allphasenbesteuerung als systemtragendes Element der Umsatzsteuer und ein leistungsfähigeres Überwachungs- und Kontrollsystem ausspricht.

[430] Zu der Beschreibung der verschiedenen Modelle siehe die Berichte der vom Bundesfinanzministerium eingesetzte Arbeitsgruppe, BMF [1.3.2002].

[431] Sog. Mainzer Vorschläge, auch Mittler-Modell – nach dem rheinland-pfälzischen Finanzminister – benannt, o.V. [September 2001], S. 385 ff. sowie WIDMANN [2002], S. 14 ff.

[432] Vgl. AMMANN [2001], S. 431. Im Zwischenunternehmerverkehr läuft dies nach Abzug des Vorsteuerbetrags auf eine Zahllast von Null hinaus.

[433] Vgl. MATTES [2001], S. 379.

[434] Ausgewiesen durch eine Identifkations-Nummer.

[435] Vgl. BMF [1.3.2002], Anlage 3.

Ähnlich wie bei einer Einzelhandelsteuer[436] soll bei den genannten Vorschlägen der Tatsache Rechnung getragen werden, dass aus Sicht des Fiskus eigentlich nur die letzte Umsatzstufe an den Endverbraucher interessant ist und dass es sich bei der Umsatzsteuererhebung und Vorsteuererstattung innerhalb der Unternehmerkette um einen „aufkommensmäßig sinnlosen Kreisverkehr“[437] handelt.[438] Insbesondere die Mainzer Vorschläge der Vorstufenbefreiung in der Unternehmerkette setzen diesen Gedanken konsequent um, da sie im gesamten zwischenunternehmerischen Bereich weder Umsatzsteuer noch Vorsteuer entstehen lassen und dadurch millionenfache Buchungen und Zahlungen zwischen den beteiligten Unternehmen sowie zwischen Unternehmen und Finanzämtern vermeiden.[439] Es stellt sich daher die Frage, ob dieses Modell geeignet ist, die Ursachen für die Verstöße gegen die Neutralität der Umsatzsteuer – die aus der Nichtabzugsfähigkeit der Vorsteuerbeträge der Banken resultierenden Wirkungen des Preisbestandteils und des Kaskadeneffekts – zu vermeiden und damit einen wichtigen Beitrag zu dem Untersuchungsgegenstand der vorliegenden Arbeit zu leisten.[440]

Steuertechnisch wird die Nichterhebung von Umsatzsteuer im zwischenunternehmerischen Bereich mit Vorsteuerabzugsberechtigung[441] durch die Schaffung von Steuerbefreiungen nach dem Vorbild des § 4 Nr. 2 i.V.m. § 8 UStG[442] umgesetzt. Damit der leistende Unternehmer erkennen kann, ob

---

[436] Obwohl eine Einzelhandelsteuer einer reinen Verbrauchsbesteuerung am nächsten kommt (so ausdrücklich BT-Drucks. IV/1590, S. 24) wurde der Allphasen-Nettoumsatzsteuer mit Vorsteuerabzug aus „ wirtschaftlichen, fiskalischen, steuertechnischen und nicht zuletzt psychologischen Gründen“ (zu BT-Drucks. V/1581, S. 2) der Vorzug gegeben. Kritisch hierzu WEISS [1993], S. 331 (Allphasensteuer als nicht zu beseitigende Systemschwäche) und S. 333 (Hinweis auf Gefahren für Unternehmer, die ihren Vorsteuerabzug gegen das Finanzamt durchsetzen müssen, aber auch für den Fiskus z.B. bei Unternehmensinsolvenzen); ferner HARDORP [1986], S. 169-171 (Formwiderspruch zwischen beabsichtigter Verbrauchsteuer und vollzogener Verkehrsteuer mit z.B. der Folge der systemwidrigen Steuerbefreiungen ohne Vorsteuerabzug; Vermeidung dieses und anderer Probleme bei Erhebung der Umsatzsteuer erst beim tatsächlichen Verbrauch).

[437] WEISS [1993], S. 333.

[438] Allerdings bewegen sich alle Vorschläge in dem Allphasensystem, so dass eine Gleichsetzung mit der (einphasigen) Einzelhandelsteuer ausscheidet.

[439] Die Schätzung, dass nur ca. 20% bis 25% der in Rechnung gestellten Umsatzsteuer auch fiskalisch ergiebig sind, belegt, dass es sich bei der Allphasen-Nettoumsatzsteuer mit Vorsteuerabzug in weiten Teilen (75% bis 80%) um ein aufkommensmäßiges Nullsummenspiel handelt, BUND DER STEUERZAHLER [2002], S. 43 sowie WIDMANN [2002], S. 17.

[440] Dagegen erscheinen die anderen Modelle auf den ersten Blick weniger geeignet, da diese an der Entstehung von Umsatzsteuer und Vorsteuer innerhalb der Unternehmerkette festhalten.

[441] Vgl. o.V. [September 2001], S. 387.

[442] Umsätze an die Unternehmer der Seeschifffahrt und Luftfahrt. Diese bereits seit 1968 geltenden Steuerbefreiungen wurden geschaffen, um die Wettbewerbsfähigkeit der im Inland ansässigen Industrie zu fördern (Verwaltungs- und Arbeitsvereinfachung, vor allem aber Finanzierungsvorteil,

sein Abnehmer Unternehmer ist und damit steuerfrei beliefert werden kann, sollen sämtliche Unternehmer nach dem Vorbild der Umsatzsteuer-Identifkationsnummer[443] mit einer besonderen Umsatzsteuernummer ausgestattet werden.[444] Da die Vorstufenbefreiungen nicht wie ursprünglich geplant nur für Lieferungen[445] gelten sollen, sondern zwischenzeitlich auch für Dienstleistungen gefordert werden[446], und da diese Vorstufenbefreiungen auch für Unternehmer mit steuerfreien Umsätzen, für die der Vorsteuerabzug ausgeschlossen ist, gelten soll[447], zielen die Mainzer Vorschläge auf eine umfassende Vorstufenentlastung ab[448]. Insofern wäre die Einführung dieser Systemmodifikation[449] im Hinblick auf die Probleme der Neutralität der Umsatzsteuer bei unechten Steuerbefreiungen wie der Kreditgewährung von großem Interesse.

Um Missbräuchen vorzubeugen, sieht das Modell allerdings einen neu zu schaffenden Tatbestand der steuerpflichtigen Verwendung durch Unternehmer vor[450], der auch bei Unternehmern mit steuerfreien Umsätzen anzuwenden ist[451], wobei Bemessungsgrundlage für diesen Umsatz das Nettoentgelt darstellen soll.[452] Anstelle einer bislang steuerfreien Kreditgewährung mit

---

da die bei der Lieferung von Flugzeugen und Schiffen anfallenden großen Summen an Umsatzsteuer nicht vorfinanziert werden müssen), FRITSCH in HARTMANN/METZENMACHER [Umsatzsteuergesetz], E § 4 Nr. 2 Tz 7-9 (Lfg. 3/93). Die Vorstufenbefreiung bewirkt somit eine Vorverlagerung der Umsatzsteuerentlastung.

[443] § 27 a UStG.

[444] Sog. „F-Umsatzsteuernummer" („F" für „Frei/Free"), die über ein EU-weites öffentliches Register verifiziert werden könnte, o.V. [September 2001], S. 387.

[445] Vgl. o.V. [September 2001], S. 387.

[446] Vgl. WIDMANN [2002], S. 16.

[447] Ausdrücklich nennt das Mainzer Modell hier auch Banken mit steuerfreien Kreditumsätzen, o.V. [September 2001], S. 388. Der Einbezug auch dieser Unternehmer in die Vorstufenbefreiungen wird damit begründet, dass ansonsten eine zu große Zahl von Unternehmern aus dem Anwendungsbereich dieser Neuregelung fallen würden.

[448] Siehe auch WIDMANN [2002], S. 15 mit Hinweis auf die steuertechnische Gleichwertigkeit mit der Nullsatzbesteuerung.

[449] So ausdrücklich die Feststellung, dass es sich bei den Mainzer Vorschlägen nicht um einen Systemwechsel handelt, o.V. [September 2001], S. 388.

[450] Vergleichbar den bisherigen unentgeltlichen Wertabgaben nach § 3 Abs. 1 b UStG.

[451] Z.B. bei steuerfreien Kreditgewährungen, o.V. [September 2001], S. 388.

[452] Vgl. o.V. [September 2001], S. 388. Zwar wird das Nettoentgelt nicht näher präzisiert, so dass man hierbei auch an das Nettoentgelt des Ausgangsumsatzes denken könnte. Nach Sinn und Zweck kann jedoch nur das Nettoentgelt des Eingangsumsatzes gemeint sein.

heimlicher Vorsteuerbelastung würde nunmehr neben die nach wie vor steuerfreie Kreditgewährung – aber nunmehr ohne Vorsteuerbelastung - ein steuerpflichtiger Tatbestand treten. Im wirtschaftlichen Ergebnis brächte dies keine Änderung bei der Umsatzsteuer für die Kreditgewährung der Banken mit sich.[453] Bankleistungen an Unternehmer würden unverändert die Wirkungen des Preisbestandteils und des Kaskadeneffekts auslösen und damit gegen die Neutralität der Umsatzsteuer verstoßen.

Dieses Ergebnis ließe sich nur dann vermeiden, wenn der Steuergesetzgeber im Rahmen der Einführung genereller Vorstufenbefreiungen auch die Kraft aufbringen würde, das Problem der systemwidrigen Steuerbefreiungen ohne Vorsteuerabzug anzugehen, indem Banken auch bei steuerfreien Leistungen an andere Unternehmer mit F-Nummer von dem neuen Steuertatbestand der steuerpflichtigen Verwendung verschont bleiben. Dies hätte die gleiche Wirkung wie bei der Umsatzsteueroption nach derzeitigem Recht (nur ohne Wahlrecht) bzw. wie eine Nullsatzbesteuerung in der Unternehmerkette.

Aber selbst wenn die Verletzung der Neutralität der Umsatzsteuer bei der Kreditgewährung in der Unternehmerkette auf diese Weise vermieden werden könnte, verbliebe immer noch das Problem der Einhaltung des Verbrauchsteuergedankens bei Kreditgewährungen an Endverbraucher, da auch nach dem Mainzer Modell die Umsatzsteuerbelastung lediglich in einer nicht transparenten Weise – ähnlich der heimlichen Umsatzsteuerbelastung nach derzeitigem Recht, nur von der Ausgangsseite durch den neuen Steuertatbestand der steuerpflichtigen Verwendung her veranlasst – hergestellt werden könnte. Somit ist auch die vorgeschlagene Vorstufenbefreiung nicht geeignet, die Umsatzsteuerproblematik im Einlagen- und Kreditgeschäft der Banken umfassend zu lösen.

---

[453] Die Zurechnungsregelungen, die derzeit bei gemischten Ausgangsumsätzen für den Vorsteuerabzug angewendet werden (siehe die Ausführungen zu dem „Bankenschlüssel" in Abschnitt 2.4.1.5) müssten in dem Mainzer Vorschlag auf der Ausgangsseite zur Anwendung gelangen, so dass auch auf dieser, die Anwendungspraxis betreffenden Seite, keine Entlastung zu verzeichnen wäre. Lediglich auf der Ausgangsseite bei Bankumsätzen an Unternehmer würde das Erfordernis der Unterscheidung nach Steuersätzen (0% und regulärer Satz) entfallen können.

3.5 Zwischenergebnis: Weiterhin unbeantwortete Frage nach Steuergut und Steuerobjekt

Für den weiteren Gang der Arbeit kann festgehalten werden, dass einzelne der in den obigen Abschnitten dargestellten Alternativen einige der Nachteile der derzeitigen umsatzsteuerlichen Behandlung der Kreditgewährung vermeiden können. Vollständig überzeugen unter dem Blickwinkel des Verbrauchsteuergedankens und der Neutralität der Umsatzsteuer vermögen sie aber nicht. Das Modell der Vorstufenbefreiungen führt bei unechten Steuerbefreiungen wie die Kreditgewährung grundsätzlich zu keiner Verbesserung gegenüber dem derzeitigen Recht. Eine auf den Finanzsektor beschränkte additive Methode oder Vorumsatzabzugsmethode scheitert an der Kompatibilität mit dem Vorsteuerabzugssystem in den übrigen Sektoren der Volkswirtschaft.[454] Eine umsatzsteuerlich überzeugende Lösung muss daher innerhalb des geltenden Vorsteuerabzugssystems gesucht werden.

Unter den alternativen Vorsteuerabzugsmethoden ragt hierbei die generelle Umsatzsteuerpflicht aller Kreditgewährungen heraus, da sie bis auf die Wahrung der Wettbewerbsneutralität im Privatkundengeschäft im Verhältnis zu dem Ausland sämtliche der in Abschnitt 2.4.1 identifizierten Nachteile der bisherigen unechten Steuerbefreiung vermeidet. Allerdings wirft eine Umsatzsteuerpflicht zum einen die Frage nach der Unternehmereigenschaft von Privateinlegern auf. Zum anderen haben die Ausführungen zu der additiven Methode und der Vorumsatzabzugsmethode deutlich gemacht, dass die Frage nach dem Steuergut und dem Steuerobjekt bei den Leistungen im Einlagen- und Kreditgeschäft der Banken unterschiedlich beantwortet wird. Während die additive Methode und die Vorumsatzabzugsmethode nur die Wertschöpfung entsprechend der Konvention der Volkswirtschaftlichen Gesamtrechnung - also die Differenz zwischen Kredit- und Einlagenzins - der Umsatzsteuer unterwerfen, knüpft die Umsatzsteuer im Vorsteuerabzugssystem an dem jeweiligen Zins in voller Höhe an. Sollte sich jedoch herausstellen, dass die Besteuerung nur der Zinsdifferenz das richtige umsatzsteuerliche Ergebnis darstellt, würde die Umsatzsteuerpflicht des ganzen Zinses zu einer Überbesteuerung des Verbrauchs führen.

[454] Beide Methoden führen zu einem Bruch in der Umsatzkette, ALBA [1995], S. 338 („break in the value added chain").

Zusammenfassend ist somit festzustellen, dass für das Einlagen- und Kreditgeschäft bis heute die Vorsteuerabzugsmethode in allen Varianten die Frage nach dem Steuergut ausklammert, in Bezug auf die Steuertechnik jedoch auf den bewährten Mechanismus des derzeitigen Umsatzsteuersystems zurückgreift. Dagegen beziehen die additive Methode und die Vorumsatzabzugsmethode bei der Frage nach dem Steuergut eindeutig Stellung, vermögen dies jedoch steuertechnisch nicht befriedigend umzusetzen. Im 4. Teil der Arbeit soll nun das in jüngerer Zeit im Auftrag der EU-Kommission entwickelte Konzept der Umsatzbesteuerung von Finanzdienstleistungen vorgestellt werden, das auf beide Fragen - Steuergut **und** Steuerobjekt - eine überzeugende Antwort zu geben versucht.

4. Teil: Cash-Flow Umsatzbesteuerung mit Steuerkalkulationskonto (TCA-Modell)

Nachdem in Deutschland spätestens mit Einführung des neuen Umsatzsteuersystems ab 1968 sowie europaweit mit der 6.USt-RL ab 1980 geklärt war, die meisten Bankleistungen weiterhin von der Umsatzsteuer zu befreien, gab es keinen nennenswerten Vorstöße mehr, eine Umsatzbesteuerung des Einlagen- und Kreditgeschäfts herbeizuführen. Allenfalls Fragen des Bankenschlüssels[455] sowie der Option im Kreditgeschäft[456] standen mehr oder weniger häufig auf der Tagesordnung. Somit war es fast ausschließlich Ländern außerhalb Europas, die bislang keine Umsatzsteuern erhoben, sich aber mit deren Einführung befassten, vorbehalten, im Rahmen der allgemeinen Diskussion über die für diese Länder neue Steuerart auch die Frage des Einbezugs der Leistungen von Banken zu diskutieren. Verstärkt ab Mitte der 80er Jahre war die Frage der Umsatzbesteuerung von Finanzdienstleistungen Gegenstand von Untersuchungen vor allem in den USA, Kanada und Neuseeland.[457]

---

[455] Siehe Abschnitt 2.4.1.5.

[456] Siehe Abschnitt 2.3.2.

[457] Die USA erheben bis heute bundesweit keine einheitlich geregelte Umsatzsteuer. Gleichwohl wurde in regelmäßigen Abständen die Einführung einer „federal sales tax" erwogen, was sich bis in die Zeit vor dem Bürgerkrieg („Civil War") zurückverfolgen lässt. Hierzu sowie zu einzelnen bundesstaatlich geregelten Umsatzsteuern wie bspw. einer „Business Activities Tax (BAT)" oder „Single Business Tax (SBT)" vgl. SCHENK [1994], S. 824-825. Zum Teil waren die Umsatzsteuervorschläge auch Teil einer Konsumsteuerdiskussion, die den Ersatz der klassischen Einkommensteuer durch eine Konsumsteuer (Cash-Flow Steuer) mit Befreiung der Ersparnis zum Gegenstand hatte, siehe HILLER [1999], S. 792 ff. Zu den Anfängen der „Cash-Flow Tax" Ende der 70er Jahre in den USA und Großbritannien siehe mit weiterführenden Quellenhinweisen MERRILL [1997], S. 30. In Kanada und in Neuseeland waren die Regierungen ursprünglich fest entschlossen, die Umsatzsteuer auf alle Finanzdienstleistungen zu erheben, jedoch wurde in deren Umsatzsteuern (GST: Goods and Services Tax) nur Versicherungsleistungen außerhalb der Lebensversicherungen (Neuseeland) aufgenommen bzw. die heimischen Finanzdienstleistungen von der Umsatzsteuer befreit („exemption") und deren Export „zero-rated" (Kanada), vgl. SCHENK [1994], S. 823 und 834-836.

Im Zuge dieser Überlegungen wurde insbesondere auch die umsatzsteuerliche Behandlung des Einlagen- und Kreditgeschäfts von Banken diskutiert. Die Fachliteratur kommt dabei zu dem Ergebnis, dass

- auch in diesem Geschäftsbereich die Leistungen der Banken in die Umsatzsteuer einzubeziehen sind
- den Unternehmerkunden der Banken der Vorsteuerabzug (bzw. Vorumsatzabzug) aus den Bankleistungen zu gewähren ist
- die Banken ihrerseits zum Vorsteuerabzug (bzw. Vorumsatzabzug) aus ihren Eingangsleistungen berechtigt sind,

wobei überwiegend die Auffassung vertreten wird, die Leistung der Bank im Einlagen- und Kreditgeschäft als Vermittlung zwischen Einlegern und Kreditnehmern aufzufassen und die Marge zwischen Kredit- und Einlagenzins der Umsatzsteuer zu unterwerfen.[458]

4.1 Ermittlung und Aufteilung der Gesamtmarge im Einlagen- und Kreditgeschäft als Kernproblem (Bestimmung der Bemessungsgrundlage der Bankleistung)

Wenn der ausländischen Fachmeinung zufolge die Zinsmarge als umsatzsteuerliche Bemessungsgrundlage der Vermittlungsleistung der Bank im Einlagen- und Kreditgeschäft aufzufassen ist, stellt sich als nächstes die Frage nach der Messung dieser Marge und deren Aufteilung auf den Einleger und Kreditnehmer. Dies stellt das Kernproblem des Gedankens dar, die Leistung der Bank im Einlagen- und Kreditgeschäft als Vermittlungsleistung aufzufassen und einer Umsatzsteuer zuzuführen.[459] Solange diese Frage nicht zufriedenstellend geklärt ist, kann die Bank diese Vermittlungsleistung nicht

[458] Anders der Standpunkt der europäischen Umsatzsteuer, wonach die Bank als Entleiher und Verleiher von Geld anzusehen und im Falle einer Umsatzsteuerpflicht die Umsatzsteuer auf den gesamten Kreditzins (und bei Unternehmereigenschaft des Einlegers auch auf den gesamten Einlagenzins) erhoben werden muss, wobei die Bank berechtigt ist, die auf Einlagenzinsen gezahlte Umsatzsteuer als Vorsteuer abzuziehen. Nur vereinzelt wird dieser Standpunkt auch von der ausländischen Fachliteratur geteilt, z.B. U.S. TREASURY DEPARTMENT [1984], S. 49 und 52; ALBA [1995], S. 337 und 341.

[459] Vgl. HENDERSON [1988], S. 48; CHANT [1989], S. 225; JOERGENSEN/OWENS [1995], S. 23; DREMINS [1995], S. 18; OWENS [1996], S. 49.

gesondert in Rechnung stellen und ihren Unternehmerkunden keinen Vorsteuerabzug ermöglichen mit der Folge der Doppelbesteuerung der Leistung der Bank und des Kaskadeneffekts.[460]

Die Ermittlung einer derart definierten Bemessungsgrundlage der umsatzsteuerlichen Bankleistung stößt jedoch an ihre Grenzen. Während sich

- bei einer Realtransaktion, wie die nachstehende Darstellung verdeutlicht,

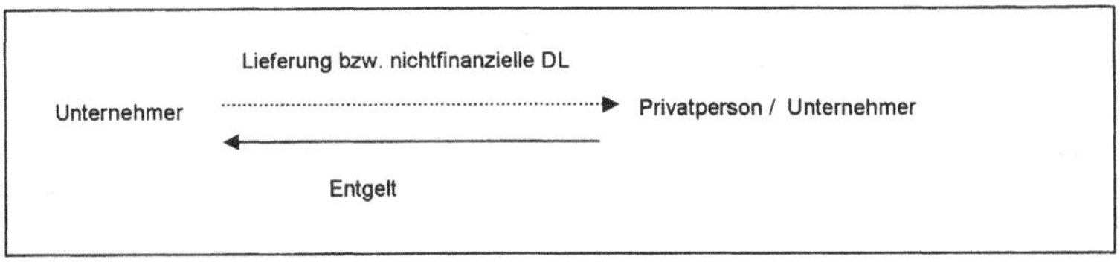

Darst. 21: Leistung und Entgelt bei Realtransaktionen

  das Entgelt jeder einzelnen Leistung leicht und einwandfrei bestimmen lässt[461],

- treten bei dem Einlagen- und Kreditgeschäft entsprechend der Auffassung der europäischen Umsatzsteuer[462] bereits Unterscheidungsprobleme auf, wenn man zwecks Vervollständigung der Darstellung auch die Zahlungsströme der Kapitalsummen in die Darstellung einfügt:

---

[460] Die (Kern-) Frage der Ermittlung einer Einzelmarge würde sich nur dann nicht stellen, wenn die Bank ihre Leistungen ausschließlich Endverbrauchern gegenüber erbringt. In diesem Fall könnte die Bank einfach die Gesamtmarge als Bruttoentgelt auffassen und hieraus Umsatzsteuer an das Finanzamt abführen. Zusammen mit dem auf Ebene der Bank nunmehr möglichen Vorsteuerabzug aus deren Eingangsleistungen wäre die Umsatzsteuerfrage im Einlagen- und Kreditgeschäft damit gelöst.

[461] Siehe die eindeutige Trennung zwischen umsatzsteuerlicher Leistung (gestrichelte Linie) und korrespondierendem Entgelt, das sich in dem Zahlungsstrom (durchgezogene Linie) manifestiert. Dies trifft im übrigen auch für die explizit bepreisten Bankleistungen im Provisions- und Gebührengeschäft zu.

[462] Siehe FN 458.

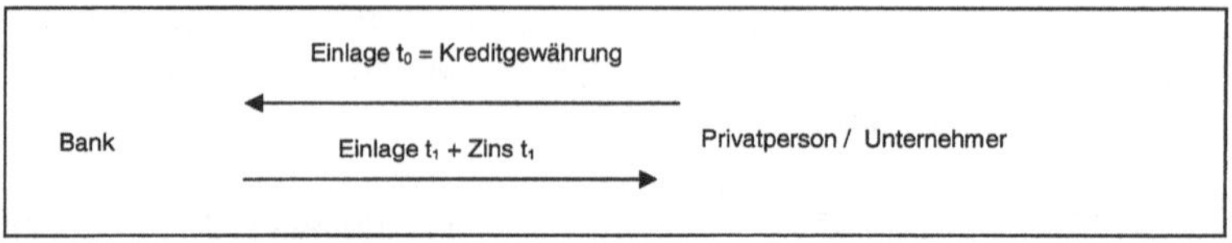

Darst. 22: Leistung und Entgelt bei der Finanztransaktion Einlage (Auffassung der europäischen Umsatzsteuer)

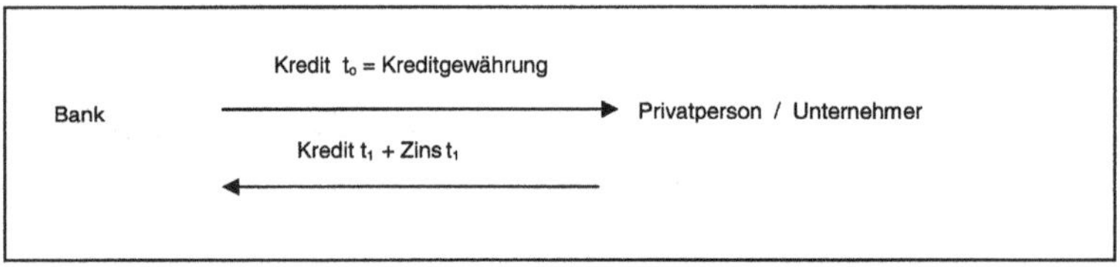

Darst. 23: Leistung und Entgelt bei der Finanztransaktion Kredit (Auffassung der europäischen Umsatzsteuer)

Obwohl unzweifelhaft Leistungsbeziehungen zwischen der Bank und ihren Einlegern oder Kreditnehmern bestehen, ist aus Darst. 22 und 23 eine gestrichelte Linie nicht mehr erkennbar. Bei Finanztransaktionen verschwimmt die Grenze zwischen umsatzsteuerlicher Leistung und Entgelt in den Zahlungsströmen. Während bei Realtransaktionen die Zahlungsströme allein die Wertvorstellungen (das Entgelt) von Anbieter und Nachfrager bzgl. dieser Leistung repräsentieren[463], sind Zahlungsströme bei Finanzdienstleistungen einerseits Leistungsbestandteil, beinhalten andererseits aber auch eine Entgeltkomponente.[464] Hier repräsentieren die Zahlungsströme gerade nicht allein die Wertvorstellungen von Anbieter und Nachfrager bzgl. dieser Leistung.[465] Auch kann bei Finanztransaktionen anders als bei Realtransaktionen aus der Richtung eines Zahlungsstroms nicht immer auf eine entgegenste-

[463] Siehe Darst. 21.

[464] In Darst. 22 und 23 überlagert bildlich gesprochen die durchgezogene Linie der Zahlungsströme die gestrichelte Linie der Leistungsbeziehungen.

[465] Vgl. auch GARBER/ RABOY [1989], S. 183: „The fundamental problem is that gross revenue of a financial service entity ... is not at all comparable to the revenue from manufacturing and other service activities...“.

hende Leistung geschlossen werden.[466] Schließlich kann sich bei Finanzdienstleistungen allein im Zeitpunkt eines Zahlungsstromes eine Wertvorstellung konkretisieren.[467] Gleichwohl kann man aus den Zahlungsströmen in Verbindung mit den vertraglichen Grundlagen das Entgelt separieren und – wenn man möchte – einer Umsatzbesteuerung zuführen.

- Vertritt man jedoch die Auffassung vom Vermittlungscharakter der Bankleistung, kann man deren Entgelt (= die Zinsmarge einer einzelnen Einlagentransaktion und Kredittransaktion) nicht mehr aus den Zahlungsströmen ableiten. Anders als bei Realtransaktionen, wo das Entgelt für die Leistung unmittelbar aus dem Zahlungsfluss abgeleitet werden kann oder bei dem Einlagen- und Kreditgeschäft nach traditioneller Auffassung, wo sich entsprechend der Vertragsvereinbarungen das Entgelt leicht aus den Zahlungsströmen isolieren lässt, geht das Entgelt für die vertraglich nicht vereinbarten Vermittlungsleistungen der Bank ununterscheidbar in den Zahlungsströmen der einzelnen Finanztransaktionen unter und ist implizit in den Zinssätzen für die Einlage und den Kredit enthalten[468].

Bei der Bestimmung des umsatzsteuerlichen Entgelts für die jedem einzelnen Einleger oder Kreditnehmer gegenüber erbrachte Vermittlungsleistung sind nun folgende Probleme zu lösen:

<table>
<tr><td rowspan="4">1. Problem</td><td rowspan="4">Ermittlung der Gesamtmarge</td><td rowspan="4">Einlagenzins mit welchem Kreditzins vergleichen
bzw.
Kreditzins mit welchem Einlagenzins vergleichen</td><td>Nach Losgrößen?</td></tr>
<tr><td>Nach Fristigkeit?</td></tr>
<tr><td>Nach Risikoklassen?</td></tr>
<tr><td>Bei untersch. Währungen?</td></tr>
<tr><td>2. Problem</td><td>Aufteilung der Gesamtmarge auf Einleger und Kreditnehmer</td><td>Nach welchem Maßstab?</td><td>Hälftig?
Nach Bearbeitungsaufwand?</td></tr>
</table>

Darst. 24: Probleme bei der Ermittlung einer einzeltransaktionsbezogenen Marge im Einlagen- und Kreditgeschäft

---

[466] Z.B. kann bei Hingabe einer Einlage nicht darauf geschlossen werden, dass dem eine Leistung der Bank gegenübersteht, vgl. ALWORTH [1995], S. 5.

[467] Regelmäßig bestimmt sich gerade bei Finanztransaktion der Marktwert nach deren Zahlungszeitpunkten.

[468] Vgl. auch GARBER/ RABOY [1989], S. 167.

Zum einen stößt bereits die Ermittlung der Gesamtmarge eines Einlagen- und Kreditgeschäfts an ihre Grenzen, da sich Einlage und Kredit in ihrer Betragsgröße (Losgröße), ihrer Fristigkeit und/oder ihrem Risikogehalt fast immer nicht entsprechen. Nur in ganz seltenen Ausnahmefällen wird eine Bank in der Lage sein, eine Einlage unverändert als Kredit herauszureichen bzw. einen Kredit durch eine voll übereinstimmende Einlage zu refinanzieren. Regelmäßig übernehmen Banken als Finanzintermediäre jedoch dahingehend Transformationsfunktionen, als sie die Teilfunktionen Losgrößen-, Fristigkeit- und Risikotransformation übernehmen.[469] Zum anderen aber ergibt sich selbst für den Fall, dass sich eine Gesamtmarge ermitteln ließe, das Problem, diese Marge auf die dem Einleger und dem Kreditnehmer erbrachte Vermittlungsleistung aufzuteilen.[470]

In Bezug auf die Besteuerung der Einzeltransaktionen im Einlagen- und Kreditgeschäft lieferten die Diskussionsergebnisse im ausländischen Schrifttum allerdings keine Vorschläge. Vielmehr beschränkte sich bspw. die kanadische MSST auf die umsatzsteuerliche Erfassung der Bank auf der Basis einer über eine bestimmte Abrechnungsperiode ermittelten Gesamtmarge und sah einen Vorsteuerabzug aus der Vermittlungsleistung nicht vor. Auch in den USA gab es Versuche, die Leistungen von Finanzintermediären in eine Umsatzsteuer einzubeziehen. Diese Vorschläge waren noch weitreichender, da den Unternehmerkunden der Bank der Vorsteuerabzug aus den Finanzdienstleistungen ermöglicht werden sollte, sahen allerdings keine Regeln vor, wie die Bank den Wert ihrer Intermediationsleistung je Transaktion ermitteln könnte, um diese Ziel zu erreichen.[471]

Um die Vermittlungsleistung der Bank in dem vorherrschenden Vorsteuerabzugssystem erfassen und damit umsatzsteuerlich genauso wie andere steuerpflichtige Güterlieferungen und Dienstleistungen behandeln zu können, muss vielmehr ein System gefunden werden, das das Entgelt sowohl für die

---

[469] Vgl. BÜSCHGEN [1998], S. 39-40, der hierin das wesensbestimmende Merkmal von Banken sieht; ferner zur Notwendigkeit von Finanzintermediären auch SCHIERENBECK/HÖLSCHER [1998], S. 21-22 sowie zu neueren Erklärungsansätzen der Bankintermediation SÜCHTING [1998], S. 12-25.

[470] Allerdings gelten die so gewonnenen Einzelmargen nicht nur die Vermittlungsleistung der Bank, sondern gleichzeitig auch die übrigen nicht bepreisten Leistungen der Bank im Falle der Mischkalkulation (siehe FN 129, 150) ab.

[471] Z.B „American Bar Association VAT Committee Approach" sowie Gesetzentwurf einer Business Activities Tax BAT) der Senatoren Danforth und Boren, vgl. SCHENK [1994], S. 841.

dem Einleger als auch für die dem Kreditnehmer gegenüber **einzeln** erbrachte Vermittlungsleistung misst. An diesem Punkt setzt der Vorschlag einer Cash-Flow Umsatzbesteuerung an.

4.2 Entwicklung des Cash-Flow Mechanismus für die Umsatzsteuer

Die Cash-Flow Steuer als strikt zahlungsstromorientierte Konsumsteuer[472] hat im wissenschaftlichen Schrifttum unter dem Gesichtspunkt der Überwindung der Komplexität und Unübersichtlichkeit sowie der fehlenden Entscheidungsneutralität der vorherrschenden Steuersysteme im Bereich der direkten Steuern beträchtliche Aufmerksamkeit gefunden.[473] Der Cash-Flow Mechanismus ist somit keine vollkommen neu entwickelte Idee, sondern die Übertragung von Gedankengut aus der direkten Konsumbesteuerung von Zahlungssalden auf die Umsatzbesteuerung der Bankleistung.[474]

Der von der Wirtschaftsprüfungs- und Steuerberatungsgesellschaft Ernst & Young Kanada (weiter-) entwickelte Ansatz beruht auf einer Reihe von für die Europäische Kommission durchgeführten Studien. Im Jahre 1993 wurde auf Initiative der Kommission eine Untersuchung zu den Möglichkeiten einer Umsatzsteueroption bei Finanzdienstleistungen in den Mitgliedstaaten erstellt.[475] Im gleichen Jahr wurde für die Kommission eine Untersuchung vorgelegt, in der die Cash-Flow Methode in ihrer Grundform als ein neues Modell zur Besteuerung von Finanzdienstleistungen vorgeschlagen wird.[476] Eine in 1994 folgende Studie hatte die Weiterentwicklung der Cash-Flow Methode zur TCA-Methode, die ihrerseits noch einmal zu der verkürzten TCA-Methode verfeinert wurde, zum Gegenstand.[477] Hintergrund dieser Studien ist

---

472 Vgl. HOMBURG [2000], S. 336 m.w.N.

473 Vgl. auch „Meade Report" (=INSTITUTE FOR FISCAL STUDIES [1978]), S. 230ff., mit bereits grundlegenden Überlegungen zu einer Cash-Flow Besteuerung von Finanzinstituten (S. 233, 240) und mit ersten Ausführungen zu einer Cash-Flow Umsatzbesteuerung des Einlagen- und Kreditgeschäfts (S. 259-260).

474 Vgl. auch LEVITT [1995], S. 7.

475 Vgl. ERNST & YOUNG [Option To Tax]

476 Vgl. ERNST & YOUNG [1993]. In ihren Grundzügen wurde die Cash-Flow-Methode der Umsatzbesteuerung von Bankleistungen bereits sechs Jahre zuvor veröffentlicht, siehe HOFFMAN/PODDAR/WHALLEY [1987].

477 Vgl. ERNST & YOUNG [1994]. Bei beiden Weiterentwicklungen handelt es sich um Cash-Flow Systeme für Finanzdienstleistungen, wobei der zentrale Unterschied zu der Grundmethode in der Verwendung eines Steuerkalkulationskontos („TCA = Tax Calculation Account") begründet liegt, vgl. Ernst & Young [1994], S. 103.

zum einen die Unzufriedenheit der Kommission mit der derzeit praktizierten Umsatzsteuerbefreiung der Finanzdienstleistungen, verbunden mit der Suche nach alternativen Methoden der Umsatzbesteuerung unter dem europäischen System des Vorsteuerabzugs[478] und zum anderen das Bemühen der Kommission, im Bereich der Bankleistungen eine stärkere Harmonisierung bei der Umsatzsteuer in den Mitgliedstaaten herbeizuführen, insbesondere denkbare Wettbewerbsverzerrungen zu beseitigen, die nach ihrer Ansicht durch die unterschiedliche Gewährung des Optionsrechts[479] und von der 6. USt-RL abweichende Verwaltungspraktiken bei der Regelung des Vorsteuerabzugs aus nicht eindeutig dem umsatzsteuerpflichtigen oder umsatzsteuerfreien Bereich zuordenbaren Eingangsumsätzen (Bankenschlüssel)[480] eintreten können.

Zum besseren Verständnis des isoliert dargestellt nur schwer verständlichen TCA-Modells wird die oben skizzierte Entwicklung in den nachfolgenden Abschnitten schrittweise, beginnend mit der Cash-Flow Grundmethode, beschrieben.

---

[478] Vgl. MERRILL [1997], S. 25.

[479] Vgl. KOMMISSION der Europäischen Gemeinschaften [1983], S. 27 sowie Vorwort bei ERNST & YOUNG [1993]. Nach einem Vorschlag der Kommission aus August 1987 sollte das Optionsrecht im Sinne des § 9 UStG für Bank- und andere Finanzdienstleistungen gestrichen werden mit der Konsequenz einer zwingenden Steuerbefreiung dieser Umsätze; dieser Vorschlag wurde jedoch - nicht zuletzt auch aufgrund deutscher Initiative – wieder zurückgezogen, vgl. DIXON [1991], S. 9. Nach Aufforderung durch eine Resolution des Europäischen Parlamentes aus November 1990 kündigte die Kommission eine vertiefte Untersuchung der mit der Besteuerung oder Steuerfreistellung von Bankleistungen verbundenen Probleme an.

[480] Vgl. KOMMISSION der Europäischen Gemeinschaften [1983], S. 56.

4.2.1 Grundform der Cash-Flow Methode

4.2.1.1 Beschreibung

Die Cash-Flow Methode stellt auf die Bank als Finanzintermediär ab und fasst wie oben ausgeführt deren Leistung im Einlagen- und Kreditgeschäft als Vermittlungsleistung für Sparer und Kreditnehmer auf.[481] Dem Modell liegt die Auffassung zugrunde, dass diese durch die Zinsmarge abgegoltenen Finanzdienstleistungen[482] sich aus vier verschiedenen Zahlungsströmen (Geldtransfers, reine Zinsen, Risikoprämien und Entgelt für die Vermittlungsleistungen) zusammensetzen, von denen lediglich das letzte Element der Umsatzsteuer unterworfen werden soll.[483] Die Marge als Wert der erbrachten Finanzdienstleistung soll durch die Differenz von Kapitalzuflüssen und –abflüssen berechnet werden. Die Cash-Flow Methode besteuert den Zahlungsmittelfluss aus Finanztransaktionen in der gleichen Weise wie bei herkömmlichen Nichtfinanztransaktionen. Zahlungsmittelzuflüsse aus Finanztransaktionen werden wie umsatzsteuerpflichtige Ausgangsleistungen und Zahlungsmittelabflüsse wie vorsteuerbelastete Eingangsleistungen qualifiziert.[484] Bei einem Einlagen- und Kreditgeschäft bedeutet dies für die **Bank**, dass

- alle Barmittelzuflüsse (Hereinnahme von Einlagen, Tilgung von Krediten, Zinseinnahmen) als steuerbare und steuerpflichtige sonstige Leistungen behandelt werden, d.h. eine Bank muss bei jeglichem Cash-Inflow Umsatzsteuer berechnen und abführen und

---

[481] Vgl. ERNST & YOUNG [1993], S. 6; ders. S. 5 „...financial intermediation ... is considered to be the element in financial margins that gives rise to value-added and which should be subject to a general consumption tax".

[482] Im Folgenden daher auch Margendienstleistungen genannt.

[483] Vgl. ERNST & YOUNG [1993], S. 6; ders., S. 22 „...the financial flows that arise will consist of transfers of funds from savers to investors and consumers, pure interst charges which reflect a return related to timing of consumption, a risk premium to adjust for losses and the intermediation services of the financial institution. It is only the final element of the four which is value-added and which should be in a VAT base."

[484] Vgl. ERNST & YOUNG [1993], S. 37.

- alle Barmittelabflüsse (Kreditgewährungen, Rückzahlung von Einlagen, Zinsausgaben) als besteuerte Eingangsleistungen mit Vorsteuerabzugsrecht (Anschaffung von Vorleistungen) behandelt werden, d.h. die Bank darf bei jedem Cash-Outflow Vorsteuer abziehen

Zahlungsmittelzufluss			Zahlungsmittelabfluss		
Entgegennahme von Einlagen	Rückzahlung von Krediten	Zins-ein-nahmen	Rückzahlung von Einlagen	Auszahlung von Krediten	Zins-aus-gaben
Umsatzsteuer			Vorsteuer		

Darst. 25: Umsatzbesteuerung von Cash-Inflows und Cash-Outflows in der Grundform der Cash-Flow Methode aus Sicht der.Bank

Unternehmer, die keine Banken sind **(Nichtbanken-Unternehmer)**, werden mit ihren Finanztransaktionen ebenfalls in das Cash-Flow System in seiner Grundform einbezogen[485]. Spiegelbildlich zur Bank hat der Unternehmer aus aufgenommenen Krediten, abgezogenen Einlagen und Zinseinnahmen Umsatzsteuer abzuführen. Bei Tilgung und Verzinsung von Krediten oder bei der Anlage von Geldern kann er dagegen einen Vorsteuerabzug geltend machen.

Für Privatpersonen (und z.B. auch die öffentliche Hand) als Nichtunternehmer **(Endverbraucher)** ergeben sich dagegen auch in der Grundform der Cash-Flow Methode keine Umsatzsteuererklärungs- und –abführungspflichten. Die Umsatzsteuer, die auf von Privatpersonen beanspruchte Margendienstleistungen entfällt, wird von den Banken im Rahmen derer Cash-Flow Umsatzbesteuerung ermittelt und abgeführt und von den Privatpersonen über höhere Bruttokreditzinsen und niedrigere Bruttoeinlagenzinsen getragen.

---

[485] Ebenda

4.2.1.1.1 Ausgangsdaten

Ausgehend von den in der nachstehenden Darstellung dargestellten und auch von Ernst & Young verwendeten Annahmen über Zinssätze und Umsatzsteuersatz[486] soll im folgenden die Funktionsweise der Cash-Flow Methode für das Einlagen- und Kreditgeschäft anhand von Beispielen verdeutlicht werden.

Einlagenzins	7 %
Kreditzins	15 %
Reiner Zinssatz	12 %
Zinsmarge Einleger (einschl. Umsatzsteuer)	5 %
Zinsmarge Kreditnehmer (einschl. Umsatzsteuer)	3 %
Gesamte Zinsmarge der Bank (einschl. Umsatzsteuer)	8 %
Umsatzsteuersatz	10 %

Darst. 26: Ausgangsdaten nach Einführung einer Umsatzsteuer

Die in der Darstellung verwendeten Zinssätze beinhalten bereits die nunmehr anfallende Umsatzsteuer.[487] Im Ergebnis wird die gesamte Brutto-Zinsspanne von 8% mit 10% Umsatzsteuer (= 0,8%) belastet. Dem risikofreien Zinssatz (sog. „pure interest rate"[488]) von 12%, der

[486] Vgl. ERNST & YOUNG [1993], S. 38.

[487] „It can be noted at this point that the illustrative examples are effectively at tax inclusive rates", ERNST & YOUNG [1993], S. 39. „The interest rates shown are tax inclusive", PODDAR/ENGLISH [1997], S. 93. Da es sich bei dem risikofreien Zins um einen Zins ohne Einschaltung eines Finanzintermediärs handelt und die reine Zinszahlung vereinbarungsgemäß nicht der Umsatzsteuer unterworfen werden soll, müsste es sich bei dem risikofreien Zins dagegen um einen Nettozins handeln. Ernst & Young nehmen hierzu allerdings keine Stellung. Außerdem bleibt unerwähnt, dass sich der Umsatzsteuersatz von 10% ebenfalls „tax inclusive" versteht, d.h. sich auf eine Bemessungsgrundlage einschließlich Umsatzsteuer (also Bruttoentgelt) bezieht. Diese Überlegung ist der europäischen Umsatzsteuer fremd, da hier üblicherweise der Umsatzsteuersatz auf das Nettoentgelt (damit „tax exclusive") angewendet wird (vgl. für Deutschland § 10 Abs. 1 Satz 2 i.V.m. § 12 Abs. 1 UStG). Formal besteht zwischen Bruttosteuersatz (S_{Brutto}) und Nettosteuersatz (S_{Netto}) folgender Zusammenhang: $S_{Brutto} = S_{Netto}/(1+S_{Netto})$ bzw. $S_{Netto} = S_{Brutto}/(1-S_{Brutto})$, siehe auch HILLER [2001], S. 329. Nach europäischem Verständnis würde der Umsatzsteuersatz in den obigen Ausgangsdaten somit 11,11% (= 0,8 Umsatzsteuer bezogen auf 7,2 Nettoentgelt) betragen. Zu dem Erfordernis einer klaren Sprachregelung bei der Anwendung von Steuersätzen siehe INSTITUTE FOR FISCAL STUDIES [1978], S. 28-29.

[488] ERNST & YOUNG [1993], S. 28.

- für einen direkten Kredit ohne Vermittlungsleistung (also ohne Einschaltung eines Finanzintermediärs) zur Anwendung kommen würde,
- keine Risikoprämie enthält und
- dessen Höhe sich an kurzfristigen Staatsschulden orientieren soll (mit dem beispielsweise Umsatzsteuerverpflichtungen und –forderungen aus den Zahlungsströmen z.G und z.L des Staates verzinst werden),

kommt in der Cash-Flow Methode eine besondere Bedeutung zu, da er die Aufteilung der Gesamtmarge von 8% in Einlegern und Kreditnehmern zuzurechnende Margenbestandteile von 5% und 3% erlaubt.[489]

In dem Kreditzins von 15% sind daher 0,3% Umsatzsteuer (10% auf die Marge des Kredites von 3%) und in dem Einlagenzins 0,5% Umsatzsteuer (10% auf die Marge der Einlage von 5%) enthalten.[490] Im Vergleich zu der Situation vor Einführung von Umsatzsteuer bedeutet dies eine Verteuerung der Kreditaufnahme und eine Verringerung der Guthabenzinsen, was nach dem Modell von Ernst & Young insofern auch plausibel ist, als Kreditnehmer und Einleger als Leistungsempfänger der Margendienstleistungen der Bank die nunmehr anfallende Umsatzsteuer tragen müssen.[491] Vor Einführung von Umsatzsteuer hätte die Bank deshalb einen Kreditzins von 14,7% verlangt und einen Einlagenzins von 7,5% bezahlt[492]:

Einlagenzins	7,5 %
Kreditzins	14,7 %
Reiner Zinssatz	12 %
Zinsmarge Einleger	4,5 %
Zinsmarge Kreditnehmer	2,7 %
Gesamte Zinsmarge der Bank	7,2 %

Darst. 27: Ausgangsdaten vor Einführung einer Umsatzsteuer

[489] Vgl. ERNST & YOUNG [1993], S. 38.

[490] Jeweils „tax inclusive", siehe FN 487.

[491] Gelingen der Überwälzung der anfallenden Umsatzsteuer unterstellt, siehe Abschnitt 1.3.1.

[492] Vgl. ERNST & YOUNG [1993], S. 39.

Die Nettozinsmarge der Bank beträgt sowohl vor als auch nach Einführung der Umsatzsteuer exakt 7,2%.

In den nun folgenden Beispielen[493] eines einfachen Einlagen- und Kreditgeschäfts über jeweils genau eine Periode seien die Zahlungsströme zwischen Einleger und Bank bzw. Bank und Kreditnehmer immer am Ende einer Periode t fällig und somit genau ein Jahr umfassend. In der Grundform der Cash-Flow Methode wird ferner unterstellt, dass sich Einlage und Kredit dem Betrag nach genau entsprechen. Außerdem sollen die Gewährung und Rückzahlung der Einlage und des Kredites einschließlich Zinsen jeweils zeitgleich erfolgen. Diese Vereinfachungen werden später bei den weiteren Entwicklungsformen der Cash-Flow Methode aufgehoben.[494]

4.2.1.1.2 Privateinleger und Privatkreditnehmer

Die nachstehende Darstellung gibt die Zahlungsflüsse jeweils einer Einlagen- und Kredittransaktion wieder. Der Privateinleger PE leistet seine Einlage von 100 GEH am Ende der Periode t_1 an seine Bank B, die diesen Betrag als Kredit zum gleichen Zeitpunkt an eine andere Privatperson PK weiter reicht. Nach Ablauf eines Jahres (Ende der Periode t_2) werden der Kredit und die Einlage einschließlich der Zinsen zurückbezahlt. Finanzamt FA komplettiert die Darstellung:

[493] In Anlehnung an ERNST & YOUNG [1993], S. 38-47. Allerdings wurde in dieser Arbeit zum besseren Verständnis die Funktionsweise der Cash-Flow Methode anhand von Darstellungen der Zahlungsströme dargestellt.

[494] Siehe Abschnitte 4.2.2 und 4.2.3.

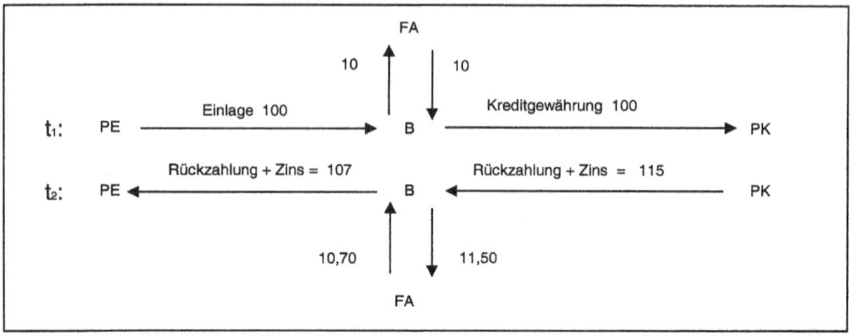

Darst. 28: Zahlungsströme eines Einlagen- und Kreditgeschäfts mit Privatpersonen über eine Periode

Für den Einleger und den Kreditnehmer ergeben sich keine Umsatzsteuerabführungsverpflichtungen (beides Privatpersonen). Dass sich sowohl die Einlage als auch der Kredit von 100 GEH jeweils in einen Nettobetrag und Umsatzsteuer aufteilen, ist für diese Personen ohne Belang. Dies gilt ebenso für die Rückzahlung und Verzinsung von Einlage und Kredit. Allerdings hat die Bank aus dem Zahlungsmittelzufluss der Einlage Umsatzsteuer von 10 GEH an das Finanzamt abzuführen, die sie jedoch mit den Vorsteuern von 10 GEH aus dem Zahlungsmittelabfluss der Kreditgewährung verrechnen kann, so dass am Ende der Periode t_1 per Saldo keine Umsatzsteuerzahlungen fällig werden.

Bei der Rückzahlung des Kredites und der Einlage zum Ende der Periode t_2 enthalten die Zahlungsflüsse nunmehr auch die Zinsen. Die Bank hat an das Finanzamt 11,50 GEH Umsatzsteuer aus der Tilgung und Verzinsung des Kredites von zusammen 115 GEH abzuführen und kann Vorsteuern von 10,70 GEH aus der Rückzahlung und Verzinsung der Einlage gegenrechnen. Im Ergebnis verbleiben dem Finanzamt 0,80 GEH und damit genau der Betrag, der einer Umsatzsteuer von 10% auf die Zinsmarge von 8 GEH entspricht.[495]

[495] Bzw. 11,11% auf die Nettomarge von 7,2 GEH (siehe FN 487). Das Besteuerungsergebnis erscheint auch unter dem Blickwinkel der Umsatzsteuer als Verbrauch- oder Einkommensverwendungssteuer gerechtfertigt, denn der Konsum von PE und PK in Form beanspruchter Bankleistungen beläuft sich auf 7,2 GEH.

4.2.1.1.3 Privateinleger und Unternehmerkreditnehmer

Kreditnehmer der Bank ist nun ein Unternehmer (UK). Dieser wird in den Anwendungsbereich der Cash-Flow Methode in ihrer Grundform[496] einbezogen. Daher muss UK am Ende der Periode t_1 bei Erhalt der Kreditsumme Umsatzsteuer auf diesen Zahlungsmittelzufluss an das Finanzamt abführen. Am Ende der Periode t_2 kann er Vorsteuer auf den Zahlungsmittelabfluss (Kreditrückzahlung und Verzinsung des Kredits) geltend machen. Die umsatzsteuerlichen Konsequenzen für die Bank sind die gleichen wie im vorherigen Beispiel.

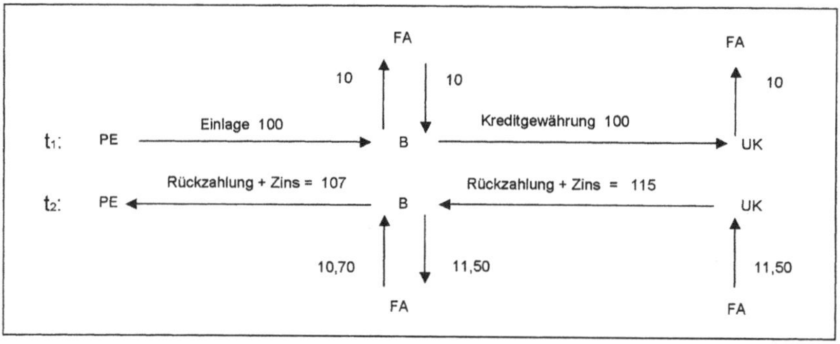

Darst. 29: Zahlungsströme eines Einlagengeschäfts (mit Privatperson) und Kreditgeschäfts (mit Unternehmer) über eine Periode

Nunmehr verbleibt bereits zum Ende der Periode t_1 ein Umsatzsteuersaldo zu Gunsten des Finanzamtes von 10 GEH. Um die Steuerwirkung für den Fiskus zu veranschaulichen, unterstellt die Studie, dass dieser Umsatzsteuersaldo zugunsten des Fiskus aus der Periode t_1 bis zur Rückabwicklung des Kreditverhältnisses am Ende der Periode t_2 mit dem risikofreien Zinssatz von 12% angelegt wird[497]. Im Beispiel umfasst der Verzinsungszeitraum genau eine Periode. Damit stehen am Ende der Periode t_2 dem Fiskus 11,20 GEH zur Verfügung, um die Vorsteuer aus der Rückzahlung und Verzinsung der Einlage von zusammen 10,70 GEH zu finanzieren. Der gesamte Überschuss

---

[496] Wie später noch zu zeigen ist, wird bei der weiterentwickelten Form der verkürzten Cash-Flow Methode mit TCA aus verwaltungsökonomischen Gründen auf den expliziten Einbezug der Unternehmer-Nichtbanken – bei gleichem Besteuerungsergebnis - verzichtet.

[497] Vgl. ERNST & YOUNG [1993], S. 39.

beläuft sich zu Gunsten des Fiskus auf 0,50 GEH. Dies entspricht exakt der Umsatzsteuer von 10% auf die Marge des Bankgeschäfts mit dem Privateinleger von 5 GEH nach Einführung von Umsatzsteuer.[498] Für die an den Unternehmer erbrachte Bankleistung fällt insgesamt keine Umsatzsteuer an, da diese Leistung keinen Endverbrauch, sondern eine Eingangsleistung an das Unternehmen des Kreditnehmers darstellt und folgerichtig innerhalb der Umsatzsteuerkette keine Umsatzsteuer erhoben wird.

4.2.1.1.4 Unternehmereinleger und Privatkreditnehmer

Tätigt ein Unternehmer eine Einlage bei seiner Bank, die diese Mittel als Kredit an eine Privatperson weiter reicht, ergeben sich folgende Zahlungsflüsse:

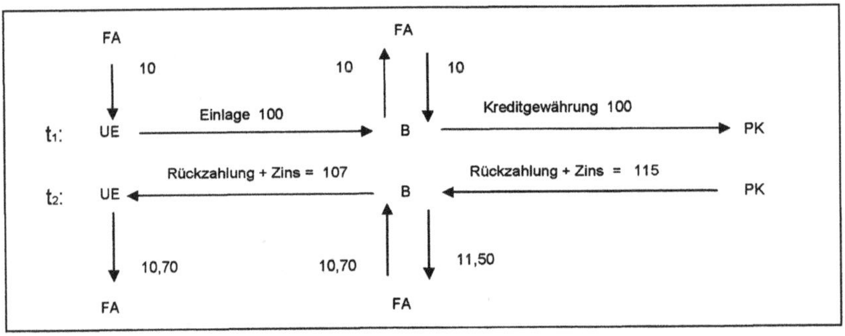

Darst. 30: Zahlungsströme eines Einlagengeschäfts (mit Unternehmer) und Kreditgeschäfts (mit Privatperson) über eine Periode

Bei dieser Fallgestaltung ergibt sich für das Finanzamt am Ende der Periode t_1 ein Finanzierungsbedarf von 10 GEH, der die Aufnahme eines Kredites für eine Periode zu dem risikofreien Zinssatz von 12% erforderlich macht. Da zum Ende der Periode t_2 der Vorsteuererstattung an die Bank aus der Rückzahlung und Verzinsung der Einlage von 10,70 eine gleich hohe Umsatzsteuerzahlung des Unternehmereinlegers gegenübersteht, kann der vom Fiskus aufgenommene Kredit nebst Zinsen von zusammen 11,20 GEH aus

[498] Bzw. 11,11% auf die Nettomarge von 4,5 GEH, siehe FN 487.

der Periode t_1 durch die Umsatzsteuer aus der Kreditrückzahlung und dem Kreditzins von 11,50 GEH beglichen werden. Insgesamt verbleibt ein Überschuss zu Gunsten des Fiskus von 0,30.GEH. Dies entspricht exakt der Umsatzsteuer auf die Marge aus dem Kreditgeschäft mit dem Privatkunden von 10% auf 3 GEH (Bruttomarge) nach Einführung von Umsatzsteuer bzw. 11,11% auf 2,7 GEH (Nettomarge) vor Einführung von Umsatzsteuer[499]. Für die an den Unternehmer erbrachte Bankleistung fällt wiederum keine Umsatzsteuer an, da es sich um eine Leistung innerhalb der Unternehmerkette handelt.

4.2.1.1.5 Unternehmereinleger und Unternehmerkreditnehmer

Die nachstehende Darstellung gibt die Zahlungsflüsse wieder, wenn beide Vertragsparteien der Bank Unternehmer sind:

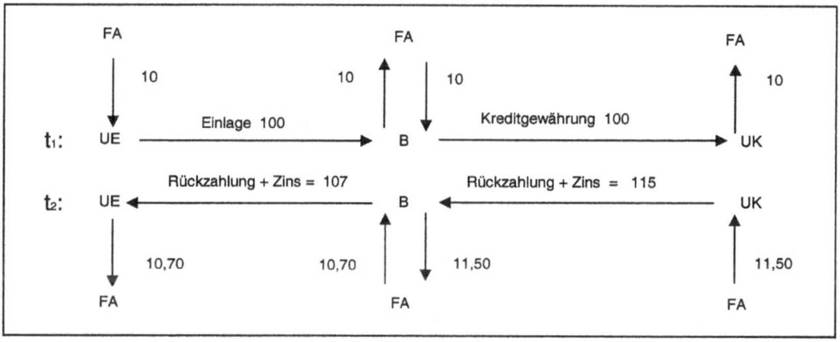

Darst. 31: Zahlungsströme eines Einlagen- und Kreditgeschäfts mit Unternehmern über eine Periode

Da sich die Umsatzsteuerzahlungen und Vorsteuererstattungen jeweils betragsmäßig genau ausgleichen, ist auf Ebene des Finanzamtes weder die Anlage eines finanziellen Überschusses erforderlich noch eine finanzielle Unterdeckung zu finanzieren. Das Gesamtergebnis beim Fiskus von 0 GEH ist folgerichtig, da bei einem Leistungsaustausch innerhalb der Unternehmerkette eine vollständige Entlastung von Umsatzsteuer erfolgt.

---

[499] Siehe FN 487.

4.2.1.2 Anwendungsprobleme

In ihrer Grundform ist – wie deren Verfasser selbst eingestehen – die Cash-Flow Methode mit zwei wesentlichen Problemen, den durch die Umsatzsteuer auf die Finanztransaktionen ausgelösten Auswirkungen auf die Liquidität sowie das Betreiben des Systems bei Umsatzsteueränderungen, behaftet[500], siehe hierzu die beiden folgenden Abschnitte. Daneben dürfen aber auch die durch die Vollbesteuerung aller Finanztransaktionen verursachten Verwaltungskosten der Beteiligten nicht übersehen werden.[501]

4.2.1.2.1 Liquiditätswirkungen aus der Finanzierung der Umsatzsteuer bei Zahlungszuflüssen und der Anlage der Vorsteuer bei Zahlungsabflüssen

Für die Bank und deren Unternehmerkunden ergeben sich aufgrund der Erhebung der Umsatzsteuer auf den vollen Betrag einer Finanztransaktion erhebliche Änderungen bei den Zahlungsströmen. Wie aus vorstehenden Beispielen ersichtlich, hat ein Unternehmerkreditnehmer auf die Auszahlung des Kredits Umsatzsteuer abzuführen. Dies bedingt die Aufnahme eines höheren Kredits, als es ohne Steuerpflicht notwendig gewesen wäre, um die Zahllast an den Fiskus zu entrichten. Die erhöhte Kreditaufnahme soll zwar in einer Gesamtbetrachtung ohne Gewicht sein, da sie durch den Vorsteuerabzug bei Rückzahlung des Kredits exakt kompensiert wird.[502] Gleichwohl ist die Steuer zunächst einmal liquiditätswirksam und den Steuerpflichtigen ggf. nur schwer vermittelbar.[503] Die Bank erscheint dagegen zunächst nicht von dieser Problematik betroffen, da sich bei ihr die Abführung von Umsatzsteuer und Erstattung von Vorsteuer aus den Finanztransaktionen betraglich und zeitlich immer einander entsprechen. Löst man sich jedoch von den (wirklichkeitsfremden) Annahmen der Betrags- und Zeitpunktidentität der Einlagen- und des

[500] Vgl. ERNST & YOUNG [1993], S. 53-55 sowie ERNST & YOUNG [1994], S. 94-96.

[501] Siehe hierzu Abschnitt 4.3.3.5.

[502] Unter Einrechnung der (Zwischen-) Finanzierung zum reinen Zinssatz. Die Unterstellung von Ernst & Young, dass der Unternehmer die fällige Umsatzsteuer jederzeit zum reinen Zinssatz (von im Modell 12%) finanzieren kann, ist jedoch unrealistisch, da der Zinssatz für Staatsanleihen selbst einem Unternehmer erstklassiger Bonität regelmäßig nicht zur Verfügung dürfte.

[503] Ebenso der umgekehrte Fall einer unternehmerischen Einlage, die zu einer Vorsteuererstattung bei dem anlegenden Unternehmer führt, mit der Folge, dass dieser über weitere freie Liquidität disponieren muss. Die Annahme, dass ein rationaler Anleger im gleichen Entscheidungszeitpunkt für zwei laufzeitgleiche Anlagen unterschiedliche Zinssätze akzeptiert (niedrigerer Anlagezins für die Einlage bei der Bank, höherer reiner Zinssatz für die Vorsteuererstattung), ist gleichfalls nicht realistisch.

Kredittransaktion, sieht sich auch die Bank vor ein vergleichbares Problem gestellt.[504] Die Problematik entschärft sich allerdings durch die hohe Anzahl der Finanztransaktionen bei einer Bank, so dass sich nur die Umsatzsteuer aus dem Saldo der Zahlungsströme aller Einlagen- und Kredittransaktionen auf die Liquidität auswirkt.

Dagegen bringt die Cash-Flow Methode für Privatpersonen keine liquiditätsmäßigen Auswirkungen mit sich, da diese Personen nicht in die Umsatzsteuererklärungs- und abführungspflichten dieses Systems eingebunden sind, sondern statt dessen gegenüber der Situation vor Einführung von Umsatzsteuer geringere Einlagenzinsen gutgeschrieben bekommen bzw. höhere Kreditzinsen zahlen müssen[505].

4.2.1.2.2 Änderungen des Umsatzsteuersatzes

Für das ordnungsgemäße Funktionieren des Cash-Flow Besteuerungssystems ist es erforderlich, dass die Umsatzsteuersätze bei Beginn und Ende ein und derselben Finanztransaktion der Höhe nach identisch sind.[506] Daher führt jede im Verlauf einer Finanztransaktion eintretende Umsatzsteuersatzänderung zu einer Störung des Systems.

Beläuft sich beispielsweise im Zeitpunkt einer Einlage durch eine Privatperson der Umsatzsteuersatz auf 10% und ist der Umsatzsteuersatz bis zum Zeitpunkt der Einlagenrückzahlung auf 11% gestiegen, ergibt sich für die Bank eine im Vergleich zu der ursprünglichen Umsatzsteuerzahlung höhere Vorsteuererstattung zu Lasten des Fiskus. Bei einem Kreditgeschäft mit einer Privatperson verhält es sich genau umgekehrt, da der Vorsteuererstattung von 10% bei Auszahlung der Kreditsumme nunmehr eine Umsatzsteuerzahlung von 11% im Zeitpunkt der Kredittilgung gegenübersteht.

Bei Finanztransaktionen der Bank mit Unternehmern, die sich immer durch entgegengesetzte Vorzeichen ausweisen, gleichen sich zwar aus Sicht des Fiskus die Mehr- und Mindereinnahmen bei der Höhe nach identischen Zah-

---

[504] Dies wird auch deutlich bei Einlagen- und Kreditgeschäften mit Personen in Drittstaaten, die in der Cash-Flow Methode weder zu Umsatzsteuerzahlungen noch zu Vorsteuererstattungen führen: „Transactions with non-residents are ignored for purposes of the tax. Inflows and outflows are neither taxable, nor creditable", ERNST & YOUNG [1993], S. 37.

[505] Siehe Darst. 26 und 27.

[506] Vgl. ERNST & YOUNG [1993], S. 53 und [1994], S. 95; ferner PODDAR/ENGLISH [1997], S. 98.

lungsströmen gegenseitig aus. Bank und Unternehmer werden aber unterschiedlich belastet.[507]

Besonders starke Verzerrungen entstünden bei Einführung des Cash-Flow Besteuerungssystems. Wirtschaftlich entspricht die Einführung einer Erhöhung des Umsatzsteuersatzes von 0% auf 10%.[508] Insbesondere ein Einlagenabzug durch Privatpersonen würde zu einer Vorsteuererstattung bei der Bank führen, der nie eine korrespondierende Umsatzsteuerzahlung gegenüber gestanden hätte.

Um die hierdurch aufgeworfenen Probleme zu lösen, schlagen Ernst & Young vor, dass alle Unternehmer im Zeitpunkt der Einführung des Systems oder der Erhöhung des Steuersatzes den Saldo aus Forderungen und Verbindlichkeiten aller Finanztransaktionen feststellen und im Umfang der Steuersatzerhöhung im Falle eines Kapitalzuflussüberschusses (Verbindlichkeitenüberhangs) Umsatzsteuer auf diesen Saldo entrichten bzw. im Falle eines Kapitalabflussüberschusses (Forderungsüberhangs) Vorsteuer durch das Finanzamt erstattet bekommen.[509]

---

[507] Bspw. geht eine Umsatzsteuersatzerhöhung bei einem Kreditgeschäft z.L. der Bank und z.G. des Kreditnehmers und bei einem Einlagengeschäft z.L. des Einlegers und z.G. der Bank.

[508] Siehe hierzu auch das Beispiel bei ERNST & YOUNG [1994], S. 95.

[509] Die Verfasser der Studie verkennen dabei nicht die hiermit verbundenen praktischen Probleme, insbesondere auch politische Widerstände, da gerade bei Einführung der Cash-Flow Umsatzsteuer auf Finanztransaktionen die Kreditnehmer die zu ihren Lasten entstehende Umsatzsteuer ungeachtet des späteren Ausgleichs bei Rückzahlung der Transaktion als eine nachträgliche Steuer auf ihre Verbindlichkeiten betrachten würden, vgl. ERNST & YOUNG [1993], S. 55 sowie [1994], S. 96.

4.2.2 Cash-Flow Methode mit Steuerkalkulationskonto (TCA)

4.2.2.1 Beschreibung

Die Cash-Flow Methode mit Steuerkalkulationskonto (Tax Calculation Account = TCA) will in Verfeinerung der Grundform unter Beibehaltung der Vorteile des Cash-Flow Ansatzes die Hauptschwierigkeiten der Grundform der Cash-Flow Methode vermeiden, insbesondere die Probleme bei Änderungen des Umsatzsteuersatzes oder erstmaliger Einführung des Cash-Flow Systems lösen sowie die mit der Cash-Flow Besteuerung zwangsweise verbundenen Liquiditätseffekte entschärfen und dadurch auch die Erhebung der Umsatzsteuer auf Finanztransaktionen vereinfachen.[510]

Bei dem TCA handelt es sich um ein Konto[511], dem die Umsatzsteuer aus Zahlungsmittelzuflüssen belastet und die Vorsteuer aus Zahlungsmittelabflüssen gutgeschrieben werden[512]. Hierdurch sollen Cash-Flow Verwerfungen bei Kreditaufnahmen und Geldanlagen sowie Anpassungsprobleme bei Umsatzsteuersatzänderungen und bei der Systemeinführung vermieden werden.[513] Die Steuerbeträge werden stattdessen vorgetragen bis zu dem Zeitpunkt, in dem die ursprüngliche Kapitaltransaktion (Kredit oder Einlage) wieder rückgängig gemacht wird (Rückzahlung des Kredits oder der Einlage).[514] Die in das TCA eingestellten Positionen werden mit dem Zinssatz für kurzfristige Staatsanleihen[515] verzinst. Der Saldo des TCA ist in regelmäßigen Zeitabständen auszugleichen.[516] Das TCA wird von allen Unternehmern (Banken und Nichtbanken) geführt[517]. Nichtunternehmer (Privatpersonen und die öffentliche Hand) haben keine TCA-Berechnungen vorzunehmen, da sie wie in der Grundform der Cash-Flow Methode unverändert nicht zur Abfüh-

---

510 Vgl. ERNST & YOUNG [1994], S. 103 und PODDAR/ENGLISH [1997], S. 99.

511 ERNST & YOUNG [1994], S. 103 sprechen auch von einem „tax suspense account", gehen jedoch nicht näher darauf ein, wo das Konto geführt wird bzw. wer Kontoführer des TCA ist.

512 Dem liegt eine Schilderung aus Sicht des Steuerpflichtigen zugrunde. Aus Sicht des Fiskus handelt es sich bei dem TCA um ein Konto, dem Umsatzsteuer gutgeschrieben und Vorsteuer belastet wird.

513 Vgl. ERNST & YOUNG [1994], S. 103.

514 Vgl. ERNST & YOUNG [TCA-ADD Report], S. 33, S. 35 und S. 37-39. Ein Großteil der Liquiditätsprobleme (nämlich der durch die Höhe der Kapitalsummen hervorgerufenen Schwierigkeiten, vgl. Abschnitt 4.2.1.2.1) könnte dadurch gelöst werden.

515 Stellvertretend für den reinen Zins, vgl. ERNST & YOUNG [1994], S. 104.

516 Vgl. ERNST & YOUNG [1994], S. 104, der Veranlagungszeitraum wird von Ernst & Young allerdings nicht näher spezifiziert.

517 Vgl. ERNST & YOUNG [1994], S. 104..

rung von Umsatzsteuer verpflichtet bzw. zur Geltendmachung von Vorsteuerbeträgen berechtigt sind, sondern als Endverbraucher von Bankleistungen die hierauf entfallende Umsatzsteuer in Form niedrigerer Einlagenzinsen und höherer Kreditzinsen zu tragen haben.[518]

Aus Sicht der Bank gilt[519]:

Zahlungsmittelzufluss			Zahlungsmittelabfluss		
Einzahlung von Einlagen	Rückzahlung von Krediten	Zinseinnahmen	Rückzahlung von Einlagen	Auszahlung von Krediten	Zinsausgaben
Belastung des TCA mit Umsatzsteuer			Gutschrift auf TCA mit Vorsteuer		

Darst. 32: Umsatzbesteuerung von Cash-Inflows und Cash-Outflows im TCA-System aus Sicht der Bank

518 Die Umsatzsteuer auf Finanztransaktionen mit Privatpersonen wird von den Banken in deren TCA ermittelt

519 Aus Sicht des Fiskus erfolgt der Kontoeintrag mit umgekehrtem Vorzeichen.

Aus Sicht eines Nichtbankenunternehmers stellt sich dessen TCA wie folgt dar[520]:

Zahlungsmittelzufluss			Zahlungsmittelabfluss		
Rückzahlung von Einlagen	Auszahlung von Krediten	Zins-ein-nahmen	Einzahlung von Einlagen	Rückzahlung von Krediten	Zins-aus-gaben
Belastung des TCA mit Umsatzsteuer			Gutschrift auf TCA mit Vorsteuer		

Darst. 33: Umsatzbesteuerung von Cash-Inflows und Cash-Outflows im TCA-System aus Sicht des Nichtbankenunternehmers

Unter Verwendung der Ausgangsdaten der Grundform der Cash-Flow Methode[521] soll im Folgenden die Funktionsweise des TCA für eine Einlagen- und eine Kredittransaktion jeweils über eine Periode erläutert werden. Anders als bei der Grundform der Cash-Flow Methode wird zum Ende der Periode t_1 weder Umsatzsteuer noch Vorsteuer aus den Kapitalbeträgen fällig. Die Steuerbeträge werden vielmehr in dem TCA der Bank erfasst und bis zum Zeitpunkt der Rückzahlung der Einlage bzw. des Kredits am Ende der Periode t_2 vorgetragen. Die Salden des TCA werden mit dem reinen Zins von 12% verzinst.

Im Anschluss an die Darstellung der Steuerkalkulationskonten für Einlagen- und Kredittransaktionen wird die Beschränkung auf eine Periode aufgehoben.

---

520 Durch Vergleich des Steuerkalkulationskontos der Bank mit dem des Nichtbankenunternehmers wird deutlich, dass sich die Eintragungen aus Finanztransaktionen zwischen den beiden Parteien spiegelbildlich zueinander verhalten. Dies ist die logische Folge der umgekehrten Vorzeichen der Liquiditätswirkungen ein und derselben Finanztransaktion zwischen Bank und Nichtbankenunternehmer. Diese Spiegelbildlichkeit macht sich eine weitere Verfeinerung der Cash-Flow Methode, die sog. verkürzte TCA-Methode, zunutze, indem das Führen aller Steuerkalkulationskonten auf die Banken verlagert wird (siehe Abschnitt 4.2.3).

521 Siehe Abschnitt 4.2.1.1.1.

4.2.2.1.1 Einlagentransaktion über eine Periode

Aus Sicht der Bank führt der Zahlungsmittelzufluss aus der Einlage von 100 GEH am Ende der Periode t_1 zu einer Belastung des TCA mit Umsatzsteuer von 10 GEH. Aus der Verzinsung dieses Postens für das Jahr bis zur Rückzahlung der Einlage resultiert eine weitere Belastung des TCA von 1,20 GEH. Am Ende der Periode t_2 führen die Zahlungsmittelabflüsse aus der Einlagenrückzahlung und –verzinsung zu Gutschriften auf dem TCA von zusammen 10,70 GEH. Der verbleibende Schuldsaldo von 0,50 GEH zu Gunsten des Fiskus entspricht der 10%igen USt auf die Marge der dem Einleger[522] gegenüber erbrachten Bankleistung von 5 GEH:

Ende der Periode	Bank	TCA-Eintragungen bei Einlagen Gutschrift (+) Belastung (-)
t1	Einlage	- 10,00
t2	TCA-Zinsen	- 1,20
	Einlagenrückzahlung	+ 10,00
	Einlagenzins	+ 0,70
	Summe	- 0,50

Für den Unternehmerkunden der Bank ergibt sich aus dem Zahlungsmittelabfluss einer Einlage eine Gutschrift auf dem TCA von 10 GEH. Auch dieser Posten wird bis zur Rückzahlung der Einlage mit dem reinen Zins von 12% verzinst. Das TCA des Nichtbankenunternehmers weist eine Forderung gegenüber dem Fiskus von 0,5 GEH und gleicht damit aus Sicht des Unternehmers den Nachteil des durch Einführung von Umsatzsteuer auf Bankleistungen von 7,5% auf 7,0% gesunkenen Einlagenzinses aus.

[522] Es spielt keine Rolle, ob es sich bei dem Einleger um einen Nichtunternehmer oder Unternehmer handelt, da in beiden Fällen das TCA der Bank identisch ist und zu einer Umsatzsteuerzahlung der Bank an das Finanzamt von 0,5 GEH führt. Im Falle einer unternehmerischen Einlage wird die Umsatzsteuerzahlung der Bank von 0,5 GEH durch eine gleich hohe Vorsteuererstattung an den Unternehmerkunden aus dessen TCA kompensiert, so dass bei Finanztransaktionen innerhalb der Unternehmerkette das Gesamtergebnis für den Fiskus richtigerweise 0 GEH beträgt.

Ende der Periode	Nichtbankenunternehmer	TCA-Eintragungen bei Einlagen Gutschrift (+) Belastung (-)
t1	Einlage	+ 10,0
t2	TCA-Zinsen	+ 1,2
	Einlagenrückzahlung	- 10,0
	Einlagezinsen	- 0,7
	Summe	+ 0,5

Fasst man die Salden der beiden TCA´s von Bank und Nichtbankenunternehmer zusammen, beläuft sich das Gesamtergebnis für den Fiskus auf 0 GEH. Dieses Ergebnis ist bei dem Einlagengeschäft einer Bank mit Unternehmern korrekt, da die Leistungen innerhalb der Unternehmerkette vollständig von Umsatzsteuer zu entlasten sind.

Handelt es sich dagegen bei dem Einleger um eine Privatperson, steht dem TCA der Bank mit einer Zahllast von 0,5 GEH kein TCA mit einem entsprechenden Guthaben entgegen. Die insgesamt an das Finanzamt zu entrichtenden 0,5 GEH entspricht der Umsatzsteuer auf die Marge des Bankgeschäfts mit dem Endverbraucher.

Dem Vergleich zwischen dem TCA der Bank und dem TCA des Nichtbankenunternehmers kann schließlich entnommen werden, dass die beiden Konten bzgl. des Inhalts ihrer Positionen spiegelbildlich zueinander stehen[523], d. h. die Eintragung einer Position in das TCA der Bank weist eine korrespondierende Eintragung mit umgekehrtem Vorzeichen in dem TCA des Nichtbankenunternehmers auf und umgekehrt. Dies gilt auch bei den nachfolgend beschriebenen TCA Positionen einer Kredittransaktion.

---

[523] „The TCAs in the books of a business borrower or a business depositor are the mirror images of the TCAs for a loan or a deposit in the books of the bank", ERNST & YOUNG [1994] S. 105; so auch PODDAR/ENGLISH [1997], S. 101. Zu diesem Effekt siehe auch Abschnitt 4.2.3 mit Hinweis auf die weitere Verfeinerung der Cash-Flow Methode durch die verkürzte TCA-Methode.

4.2.2.1.2 Kredittransaktion über eine Periode

Bei einem Kredit von 100 GEH ergibt sich nach den in das TCA der Bank einzutragenden Positionen eine Verbindlichkeit gegenüber dem Fiskus von 0,3 GEH, das sind 10% Umsatzsteuer auf die Marge des dem Kreditnehmer[524] gegenüber erbrachten Kreditgeschäfts.

Ende der Periode	Bank	TCA-Eintragungen bei Krediten Gutschrift (+) Belastung (-)
t1	Kredit	+ 10,0
t2	TCA-Zinsen	+ 1,2
	Kreditrückzahlung	- 10,0
	Kreditzins	- 1,5
	Summe	- 0,3

Wiederum spiegelbildlich zu dem TCA der Bank weist das TCA des Unternehmerkunden der Bank gegenüber dem Fiskus ein Guthaben von 0,3 GEH aus, das ihn für den aufgrund der Cash-Flow Umsatzbesteuerung von 14,7% auf 15% gestiegenen Kreditzinses kompensiert.

Ende der Periode	Nichtbankenunternehmer	TCA-Eintragungen bei Krediten Gutschrift (+) Belastung (-)
t1	Kredit	- 10,0
t2	TCA-Indexierung	- 1,2
	Kreditrückzahlung	+ 10,0
	Kreditzinsen	+ 1,5
	Summe	+ 0,3

[524] Wiederum (siehe FN 522) spielt es für das TCA der Bank keine Rolle, ob die Bank das Kreditgeschäft mit einem privaten oder einen unternehmerischen Kunden abschließt.

4.2.2.1.3 Mehrperiodenfall

Sollte die Einlage oder der Kredit infolge vereinbarter mehrjähriger Laufzeit am Ende der betrachteten Periode noch nicht zurückzuzahlen sein, steht dem TCA-Eintrag aus ursprünglicher Einlage und ursprünglichem Kredit kein entsprechender Betrag umgekehrten Vorzeichens gegenüber. Wenn nun am Ende der Periode das TCA abgerechnet würde, hätte dies zur Folge, dass Umsatzsteuer auch auf die Kapitaltransaktion und nicht nur auf die Vermittlungsleistung zu zahlen ist. Diese Problem wird dadurch gelöst, dass in das TCA eine weitere Zeile – sog. „closing value" - eingefügt wird, der dem Umsatzsteuerbetrag auf den Wert der Kapitaltransaktion am Ende dieser Abrechnungsperiode entspricht[525], wie nachstehendes Beispiel des TCA der Bank zeigt[526]:

Ende der Periode	Bank	TCA-Eintragungen bei Einlagen Gutschrift (+) Belastung (-)
t_1	Einlage	- 10,0
t_2	TCA-Zinsen	- 1,2
	Einlagenzins	+ 0,7
	Closing value Einlage	+ 10,0
	Summe	- 0,5

Ende der Periode	Bank	TCA-Eintragungen bei Krediten Gutschrift (+) Belastung (-)
t1	Kredit	+ 10,0
t2	TCA-Zinsen	+ 1,2
	Kreditzins	- 1,5
	Closing value Kredit	- 10,0
	Summe	- 0,3

525 „However, because the accounts are still open since they contain an asset and a liability respectively, a calculation of the notional value of the debit/credit that would be associated with closing the account needs to be made... The notional adjustment ... is carried out by subtracting a notional amount equal to the tax rate times the value of the financial instrument at the end of the period", ERNST & YOUNG [1994] S. 105; so auch PODDAR/ENGLISH [1997], S. 101. Für die einzufügende Zeile soll es bei deren Originalbezeichnung bleiben („closing value").

526 Auf die Wiedergabe der - erneut spiegelbildlich verlaufenden - TCA´s des Unternehmerkunden soll hier verzichtet werden.

Durch die Feststellung des „closing value" einer Finanztransaktion wird sichergestellt, dass die am Ende einer Abrechnungsperiode an das Finanzamt gezahlten Umsatzsteuerbeträge sich nicht auf die Kapitaltransaktion beziehen.[527]

4.2.2.2 Vorteil der Vermeidung einiger mit der Grundform verbundenen Probleme durch das TCA

Durch Einschaltung des TCA lässt sich die Umsatzsteuer auf Kapitaltransaktionen auf die Periode vortragen, in der sich die Kapitaltransaktion umkehrt[528]. Während in der Grundform der Cash-Flow Methode bei jeder Finanztransaktion (Kapital- oder Zinszahlung) Umsatzsteuer fällig wird[529], vermeidet das Steuerkalkulationskonto durch Vortrag der Umsatzsteuer auf den Kapitaltransaktionen und Verzinsung der TCA-Salden zum reinen Zinssatz die mit der Grundform verbundenen Liquiditätsprobleme der Zwischenfinanzierung und Zwischenanlage der Umsatzsteuerbeträge[530]. Damit kann auch die wenig realistische Annahme, dass es den Unternehmerkunden einer Bank jederzeit möglich sein muss, Steuerbeträge zum reinen Zinssatz anzulegen oder zwischenzufinanzieren, entfallen. Die nachfolgenden Darstellungen der Zahlungsströme der bereits bei der Grundform der Cash-Flow Methode besprochenen Einlagen- und Kredittransaktionen verdeutlichen den Vereinfachungseffekt:

[527] Grund hierfür ist, dass sich die Kapitaltransaktion noch nicht umgekehrt hat. Dem „closing value" des in einer Periode abgeschlossenen TCA's müsste in dem TCA der folgenden Periode t_3 ein „opening value" gleichen Betrags gegenüberstehen. Von Ernst & Young wird diese Frage jedoch erst in der jüngsten Studie angesprochen, siehe ERNST & YOUNG [TCA-ADD Report], S. 37.

[528] Vgl. ERNST & YOUNG [1994], S. 103 sowie PODDAR/ENGLISH [1997], S. 99.

[529] Siehe Abschnitt 4.2.1.2.1.

[530] Vgl. ERNST & YOUNG [1994], S. 106 und S. 114 sowie PODDAR/ENGLISH [1997], S. 101-102.

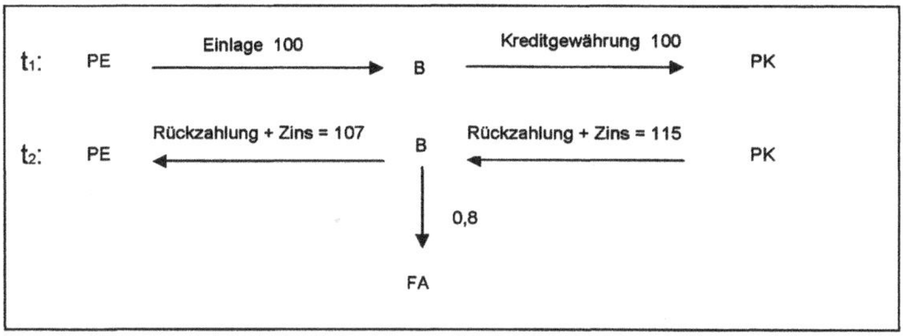

Darst. 34: Zahlungsströme eines Einlagen- und Kreditgeschäfts mit Privatpersonen über eine Periode bei Einschaltung eines TCA

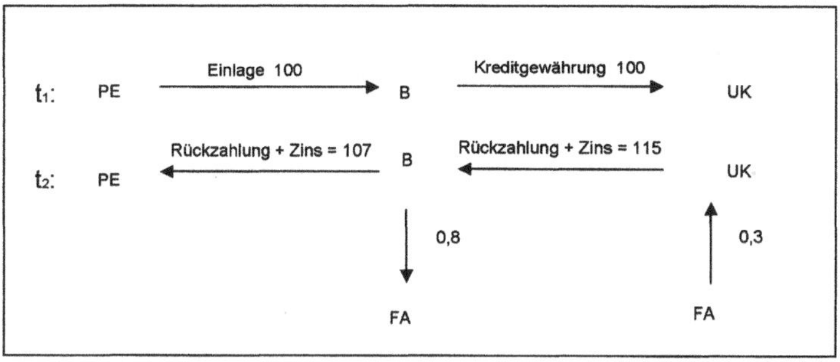

Darst. 35: Zahlungsströme eines Einlagengeschäfts (mit Privatperson) und Kreditgeschäfts (mit Unternehmer) über eine Periode bei Einschaltung eines TCA

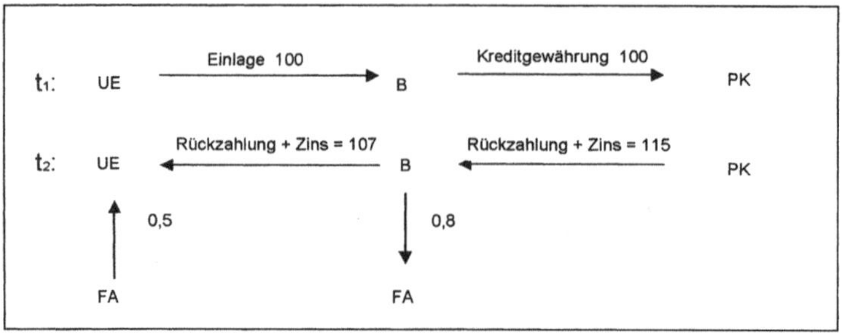

Darst. 36: Zahlungsströme eines Einlagengeschäfts (mit Unternehmer) und Kreditgeschäfts (mit Privatperson) über eine Periode bei Einschaltung eines TCA

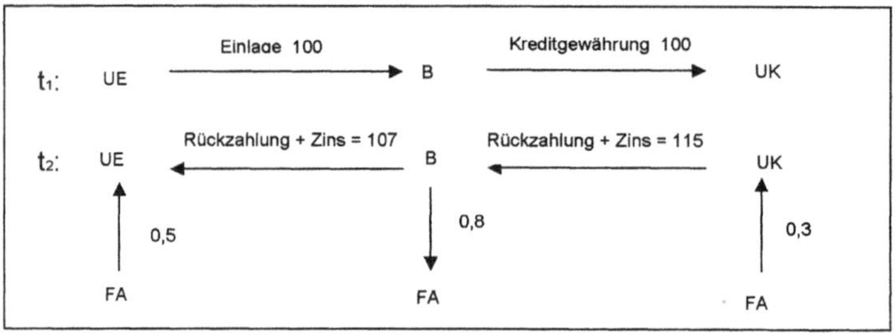

Darst. 37: Zahlungsströme eines Einlagengeschäfts (mit Unternehmer) und Kreditgeschäfts (mit Unternehmer) über eine Periode bei Einschaltung eines TCA

Im Vergleich zu den korrespondierenden Darstellungen 28 bis 31 der Grundform der Cash-Flow Methode fällt bei der TCA-Methode sofort die geringere Anzahl von Zahlungsströmen im Verhältnis zu dem Finanzamt auf: Während in der Grundform für die einzelnen Fallkonstellationen vier, sechs bzw. acht Zahlungstransaktionen mit dem Finanzamt zu verzeichnen sind, kommt die TCA-Methode mit einer, zwei bzw. drei Zahlungen aus.

Außerdem kommt in der TCA-Methode deutlicher als in der Grundform der Cash-Flow Methode der Charakter der Vermittlungsleistung der Bank zum

Ausdruck, da die anfallende Umsatzsteuer aus den Einzelmargen unmittelbar aus den Zahlungsströmen zu und von dem Finanzamt ersichtlich wird.

Ein weiterer Vorteil liegt bei der TCA-Methode darin begründet, dass die Schwierigkeiten bei Einführung des Systems bzw. Änderungen des Umsatzsteuersatzes[531] liquiditätsneutral beseitigt werden können.[532] Hierzu sind bei Erhöhungen des Steuersatzes die offen stehenden TCA-Salden in dem Umfang aufzuwerten, dass diese betragsmäßig der bei Umkehrung (Rückzahlung) der Kapitaltransaktionen resultierenden Umsatzsteuer und Vorsteuer entsprechen.[533] Im Falle einer Reduzierung des Steuersatzes wären die TCA-Salden entsprechend abzuwerten. Folglich entstehen weder dem Fiskus noch den Unternehmen Liquiditätsprobleme aus der Steuersatzänderung.

Auf gleiche Weise kann bei der erstmaligen Einführung des Cash-Flow-Systems verfahren werden. Beim Inkrafttreten des Systems ist ein Soll-/Habensaldo in Höhe des Produkts aus aktuellem Umsatzsteuersatz mal Wert der jeweiligen Kapitaltransaktionen auf der Vermögens- und Schuldenseite zu berechnen und in das TCA einzutragen.[534]

Schließlich reduziert das TCA auch den Verwaltungsaufwand der Grundform der Cash-Flow Methode insofern deutlich, als die Anlage oder Aufnahme von Liquidität durch Eintragung in das TCA und Verzinsung der TCA-Salden vermieden wird.

---

[531] Siehe Abschnitt 4.2.1.2.2.

[532] Vgl. ERNST & YOUNG [1994], S. 106 und S. 109 sowie PODDAR/ENGLISH [1997], S. 101-102. Hierdurch entfällt die bei der Grundmethode vorgeschlagene nachträgliche Entrichtung oder Erstattung von Umsatzsteuer auf die zuvor begründeten Kapitaltransaktionen.

[533] Damit soll sichergestellt werden, dass vor dem Stichtag der Umsatzsteuersatzänderung erbrachte Finanzleistungen zum alten Steuersatz, danach erbrachte Finanzleistungen zum neuen Steuersatz abgerechnet werden, vgl. ERNST & YOUNG [1994], S. 113.

[534] Vgl. Beispiel bei ERNST & YOUNG [1994], S. 108-109. Hierdurch soll gewährleistet sein, dass die Umsatzbesteuerung oder Vorsteuererstattung auf nach dem Stichtag der Einführung des Systems erbrachte Finanzleistungen beschränkt wird, vgl. ERNST & YOUNG [1994], S. 113, ebenso zu Fragen der Bewertung der finanziellen Vermögens- und Schuldenwerte im Einführungszeitpunkt.

4.2.2.3 Problem der Bestimmung eines Indexierungssatzes

In der Grundmethode unterstellen Ernst & Young, dass die Finanzierung der Umsatzsteuer und Anlage der Vorsteuer jederzeit zum reinen Zinssatz erfolgen kann. Diese Annahme ist allerdings unrealistisch. Vielmehr bleibt es den Unternehmern selbst überlassen, ihre Liquiditätsprobleme insbesondere aus den Steuerzahlungen auslösenden Kapitaltransaktionen möglichst kostengünstig zu lösen. Bei dem reinen Zins der Grundmethode handelt es sich daher um eine Fiktion. Die Kenntnis der tatsächlichen Höhe des reinen Zinses ist bei der Grundmethode ohne Belang. Durch das ausschließliche Anknüpfen an Zahlungsströme könnte die Grundmethode, wenn auch zum Preis von erheblichen Zusatzkosten für die Beteiligten, auch ohne Bestimmung des reinen Zinses funktionieren.

Der Ansatz der TCA-Methode setzt jedoch die Kenntnis eines reinen Zinses, mit dem die in das TCA eingestellten Positionen[535] verzinslich vorgetragen - d.h. indexiert - werden, voraus. Außerdem teilt dieser Zins die Gesamtmarge zwischen Anleger und Kreditnehmer auf. Die Festlegung eines Indexierungssatzes ist somit für das Funktionieren der TCA-Methode unabdingbar.[536]

Die Höhe des Indexierungssatzes soll sich Ernst & Young zufolge an diesen beiden Funktionen des Index ausrichten,

- einerseits also danach, welchen Zinsertrag der Fiskus hätte erzielen können, wenn es nicht zu einer zeitlichen Verzögerung des Zuflusses an Umsatzsteuer durch Einrichtung des TCA gekommen wäre; in diesem Fall sollte der Zinssatz für Staatsanleihen den Indexierungssatz darstellen,

- andererseits aber auch der Aufteilung der Gesamtmarge in den Einlegern und den Kreditnehmern zuzurechnende Margenanteile Rechnung tragen; unter diesem Gesichtspunkt sollte der reine Zins, der weder eine Marge für Vermittlungsleistungen noch eine Risikoprämie enthält der geeignete Indexierungssatz sein.

---

[535] Das sind die Steuerbeträge aus den Zinszahlungen der Finanztransaktion bis zum Ende der Abrechnungsperiode des TCA sowie die Steuerbeträge aus den Kapitaltransaktionen bis zum Zeitpunkt der Umkehr der Kapitaltransaktion.

[536] „The indexing rate in the cash-flow method with TCA plays the critical role ...“, ERNST & YOUNG [1994], S. 109.

Da letztlich jeder längerfristige Zinssatz eine Risikoprämie enthält (z.B. für Kreditausfälle oder für Zinssatzänderungen), soll der Zinssatz für kurzfristige Staatsanleihen[537] der allgemeine Maßstab sein, um die Funktionen des Indexierungssatzes (annäherungsweise) zu erfüllen.[538]

4.2.3 Verkürzte Cash-Flow-Methode mit TCA

Der durch die Führung der TCA´s für die beteiligten Unternehmer hervorgerufene Aufwand war für Ernst & Young Anlass, die Cash-Flow-Methode mit TCA in ihrer Anwendung für Nichtbankenunternehmer weiter zu vereinfachen.[539]

Der Vorschlag macht sich die bereits weiter oben erwähnte Spiegelbildlichkeit[540] der von Banken und Nichtbankenunternehmern geführten TCA´s dadurch zunutze, dass die Cash-Flow-Umsatzbesteuerung vollständig auf die TCA-Berechnungen der Banken gestützt wird, die aufgrund ihrer eigenen TCA-Berechnungen über die hierzu erforderlichen Informationen verfügen.[541] Die Banken werden verpflichtet, ihren Unternehmerkunden über deren Finanztransaktionen mit Banken auf der Grundlage der TCA-Berechnungen in periodischen Abständen Rechnungen mit gesondertem Ausweis der Umsatzsteuer auf den Wert der Bankdienstleistungen zu erteilen und der Nichtbankenunternehmer kann hieraus einen Vorsteuerabzug gegenüber seinem Finanzamt geltend machen[542]. Es erscheine daher für die Unternehmerkunden der Bank entbehrlich, ebenfalls ein TCA zu führen. Durch diese „Verkür-

537 An anderer Stelle sprechen sich die Verfasser für Zinssätze am Interbankenmarkt aus, ERNST & YOUNG [TCA-ADD Report], S. 33.

538 Vgl. ERNST & YOUNG [1994], S. 110 sowie PODDAR/ENGLISH [1997], S. 104. Neben der Entscheidung für einen bestimmten TCA-Zins ist noch auf weitere Fragen einzugehen wie z.B. Anpassung an Schwankungen der Marktzinsen. Zu den hieraus entstehenden Problemen siehe Abschnitt 4.3.3.1.

539 Vgl. ERNST & YOUNG [1994], S. 117.

540 Siehe Abschnitt 4.2.2.1.1 und 4.2.2.1.2.

541 „Basically, the simplification is achieved by basing tax computations entirely on the computations performed by financial institutions, which would be in a position to the necessary information as a consequence of their own compliance with the tax“, ERNST & YOUNG [1994], S. 117.

542 Vgl. ERNST & YOUNG [1994], S. 118 sowie PODDAR/ENGLISH [1997], S. 107. Eine solche Rechnung hätte somit eine dem heutigen Umsatzsteuersystem i.S.v. § 14 UStG entsprechende Rechnung vergleichbare Funktion.

zung"[543] in der Anwendung werde die Komplexität der Berechnungen auf einen begrenzten Anwenderkreis (Finanzinstitute) reduziert.

Bei der verkürzten TCA-Methode handelt es sich um eine Modifikation der (unverkürzten) TCA-Methode. Folglich nimmt der Indexierungszins auch bei der verkürzten TCA-Methode eine entscheidende Funktion wahr. Sämtliche damit verbundenen Probleme, von der Auswahl eines Zinssatzes bis hin zu weiteren Fragen[544], bleiben somit unverändert bestehen.

4.3 Beurteilung

Die bisherigen Vorschläge einer Umsatzbesteuerung der Zinsmarge von Banken beschränkten sich auf die Ebene der **Gesamtbank**, was eine Berücksichtigung als Vorumsatz- oder Vorsteuerabzug bei unternehmerischen Abnehmern von Bankleistungen ausschloss.[545] Der Cash-Flow Methode gebührt dagegen der Verdienst, im Rahmen des weltweit vorherrschenden Vorsteuerabzugssystems einen Mechanismus bereitzustellen, der das in der Zinsspanne zum Ausdruck kommende Entgelt der **einzelnen** Finanztransaktionen der Umsatzsteuer unterzieht. Damit ermöglicht die Cash-Flow Methode grundsätzlich eine durchgehende Umsatzsteuerpflicht aller Bankleistungen sowie einen umfassenden Vorsteuerabzug aus allen Eingangsleistungen der Bank. Auch die unternehmerischen Kunden erfahren bei Bezug von Bankleistungen durch den eröffneten Vorsteuerabzug entsprechend dem Neutralitätsprinzip die erforderliche Entlastung, während Privatpersonen in Übereinstimmung mit dem Verbrauchsteuergedanken belastet werden. Als bislang einzig ernst zu nehmender Lösungsvorschlag für eine umfassende Umsatzbesteuerung von Finanzdienstleistungen verdient die Cash-Flow Methode daher eine vertiefende Auseinandersetzung.

---

[543] Ernst & Young sprechen in diesem Zusammenhang von der „Truncated Cash-Flow-Method with a TCA". OXFORD Advanced Learner's Dictionary beschreibt „truncate" mit „shorten by cutting the tip, top or end from". Ins Deutsche übersetzt bedeutet dieser Begriff so viel wie abschneiden, stutzen und soll im Rahmen dieser Arbeit mit verkürzt bezeichnet werden.

[544] Siehe FN 538.

[545] Siehe auch Abschnitt 4.1.

4.3.1 Merkmale der Cash-Flow Methode

4.3.1.1 Vermittlung zwischen Einleger und Kreditnehmer als umsatzsteuerliche Leistung (Steuergut)

Nach zivilrechtlicher Betrachtungsweise sind bei einem Einlagen- und Kreditgeschäft der Einleger (E) und die Bank (B) die jeweils leistenden Personen: E gewährt ein Darlehen an B und erhält dafür im Gegenzug den Habenzins $r_{H,}$ B gewährt eine Darlehen an den Kreditnehmer (KN) und erhält den Sollzins $r_{S.}$ Diesem Verständnis folgt auch die Umsatzsteuer.[546] Die nachstehende Darstellung gibt diese Auffassung wieder[547]:

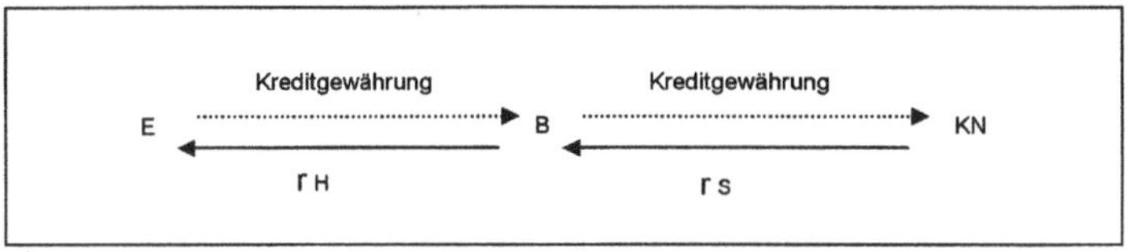

Darst. 38: Leistungsbeziehungen und Entgelte im Einlagen- und Kreditgeschäft nach bisherigem umsatzsteuerlichen Verständnis (zivilrechtliche Auffassung)

[546] Insbesondere bei Einlagen, die als Darlehen i.S.d. §§ 607 ff. BGB gelten und auch umsatzsteuerlich als Kreditgewährung des Einlegers an die Bank zu qualifizieren sind, vgl. HARTMANN/WEBER/SCHNITTKER [1995], S. 19.

[547] Die gestrichelten Pfeile stehen für die Richtung der Leistungsbeziehung und die durchgezogenen Pfeile für die Richtung der Zahlungsströme.

Losgelöst von diesem durch die zivilrechtliche Betrachtungsweise geprägten traditionellen Verständnis fasst die Cash-Flow Methode die umsatzsteuerliche Leistung der Bank als Vermittlungsleistung auf. Das heißt:

- nicht der Einleger erbringt eine Leistung an die Bank und die Bank eine Leistung an den Kreditnehmer (jeweils in Form von Darlehen),
- sondern die Bank ist als Vermittler tätig[548] und erbringt dadurch sowohl eine Leistung an den Einleger als auch eine Leistung an den Kreditnehmer[549]:

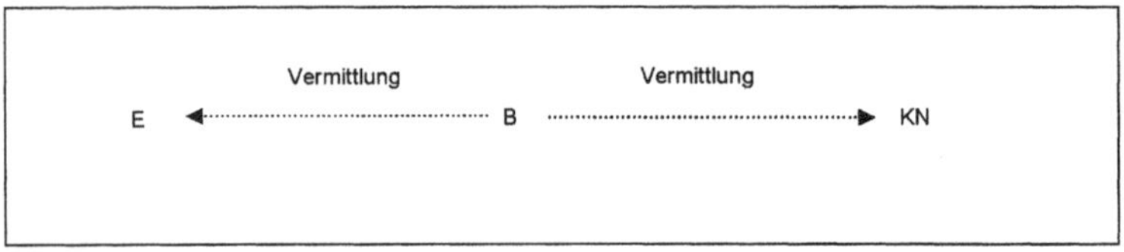

Darst. 39: Bankleistung im Einlagen- und Kreditgeschäft nach anderem umsatzsteuerlichen Verständnis (Vermittlungsauffassung)

Die Richtung der Pfeile in der obigen Darstellung – beide führen von der Bank weg - soll die Überlegung veranschaulichen, dass nicht nur die Kreditnehmer, sondern auch die Einleger Leistungsempfänger der Bank sind. „Das gewohnte Muster nichtfinanzieller Dienstleistungen, wonach nur Kreditnehmer die Leistungsempfänger wären, weil sie Zinsen zahlen, die Anleger hingegen Leistungserbringer, die für die Hingabe ihres Kapitals Zinsen erhalten, verfehlt den ökonomischen Gehalt der Transaktion."[550]

---

[548] „Financial intermediation brings depositors and borrowers together.", GARBER/ RABOY [1989], S. 167.

[549] Statt vieler SCHENK [1994], S. 831: „Financial institutions render financial intermediation services as they take deposits and make loans .... They render services **both to** borrowers **and** depositors." [Hervorhebungen durch den Verfasser].

[550] SCHMIDT [1999], S. 220.

Fügt man in die Darstellung noch die Leistungsbeziehungen zwischen Einleger und Kreditnehmer ein, ergibt sich nachstehendes, nunmehr umfassendes Bild:

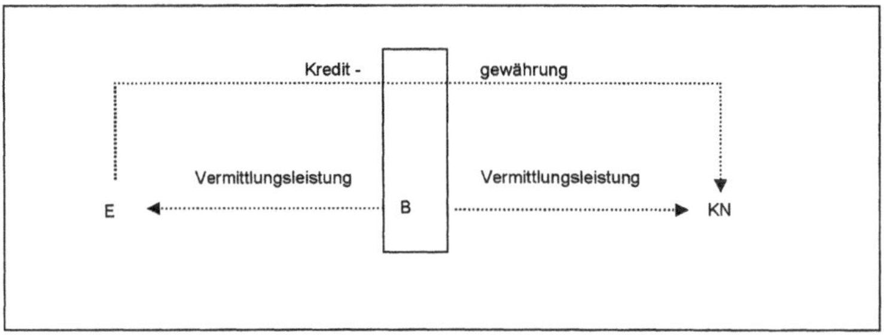

Darst. 40: Leistungsbeziehungen im Einlagen- und Kreditgeschäft nach anderem umsatzsteuerlichen Verständnis (Vermittlungsauffassung)

Der Vermittlungsgedanke deutet die Einlagen- und Kredittransaktion als die Bank durchlaufende Zahlungsströme. „...depositors lend money to borrowers **through** the institution of the bank“[551]. Banken sind in dem dem Wertestrom der Sachgüter und Dienstleistungen entgegengerichteten Geldstrom tätig.[552] Bezogen auf das Einlagen- und Kreditgeschäft bedeutet dies, „dass die Kreditinstitute wirtschaftlich nur Durchlaufstellen des Geld- und Kreditverkehrs sind, also nach der Grundregel des Kreditgeschäfts keinen anders gearteten Kredit geben sollen, als sie nehmen“[553]. Die Aufgabe der Bank besteht darin, einen Ausgleich zwischen den in Losgröße, Fristigkeit und Risiko nicht zueinander passenden Wünschen der Einleger und Kreditnehmer herbeizuführen (vgl. Abschnitt 4.1).

[551] GARBER/ RABOY [1989], S. 167 [Hervorhebung durch den Verfasser]. Daher verläuft in Darstellung 40 die gestrichelte Linie der Kreditgewährung von dem Einleger an den Kreditnehmer durch die Bank und nicht an der Bank vorbei.

[552] Vgl. SÜCHTING [1998], S. 3.

[553] So bereits der RFH im Urteil vom 31.5.1938, S. 788 zu der Dauerschuldfrage bei der Gewerbesteuer von Kreditinstituten, bestätigend BFH mit Urteil vom 2.8.1960, S. 390. Demzufolge gelten nach der Spezialvorschrift des § 19 GewStDV bei Kreditinstituten hereingenommene Gelder nur insoweit als Dauerschulden, als der Ansatz bestimmter zum Anlagevermögen gehörenden Wirtschaftsgüter (Sachanlagevermögen, Anteile an Unternehmen sowie Forderungen aus stillen Vermögenseinlagen und aus Genussrechten) das Eigenkapital überschreitet.

4.3.1.2 Marge zwischen Kreditzins und Einlagenzins als Umsatz (Steuerobjekt)

Das für die europäische Umsatzsteuer neuartige Verständnis von der Vermittlungsleistung der Bank im Einlagen- und Kreditgeschäft hat naturgemäß Auswirkung auf die Frage nach der Bemessungsgrundlage dieser Leistung. Entsprechend dem Vermittlungsgedanken kann nicht der Kreditzins, sondern nur die Marge zwischen Einlagen- und Kreditzins Bestandteil des Entgelts der Leistung der Bank sein.[554]

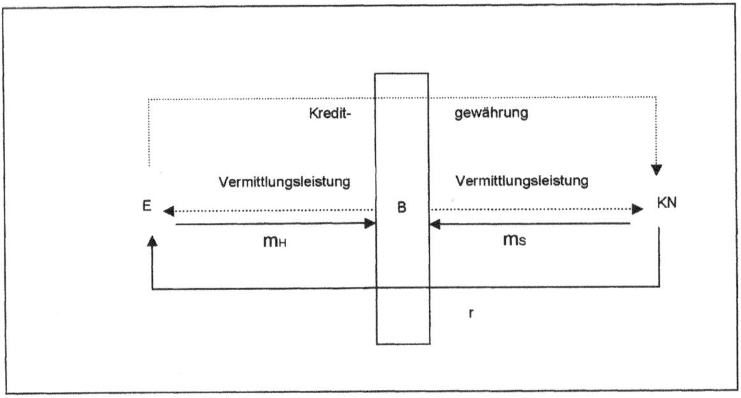

Darst. 41: Leistungsbeziehungen und Entgelte im Einlagen- und Kreditgeschäft nach der Vermittlungsauffassung

Die Einfügung der Entgelte für die Kreditgewährung und die Vermittlungsleistung in obige Darstellung 41 lässt bereits erahnen, dass Kreditzins und Einlagenzins, die aus der Darstellung nicht unmittelbar ersichtlich sind, das Endresultat verschiedener Elemente wiedergeben. „... interest is a .. complex kind of price, bundling together elements relating to the real cost of capital, the rate of inflation, and the cost of intermediation."[555] Der reine Zins r als

[554] Dies entspricht dem unterstellten Dienstleistungsentgelt bei der Ermittlung der Wertschöpfung der Kreditinstitute in der volkswirtschaftlichen Gesamtrechnung, siehe DOROW [1972] und GÖCKELER [1975].

[555] TAIT [1988], S. 92-93. Die Risikoprämie hat in dieser Aufzählung keine explizite Berücksichtigung gefunden. Es ist zu vermuten, dass der Autor diese als Bestandteil der Kosten für die Vermittlungsleistung betrachtet.

Entgelt der Kreditgewährung stellt den Preis für die Verschiebung des Konsums (aus Sicht des Einlegers) bzw. für die Vorziehung von Konsummöglichkeiten (aus Sicht des Kreditnehmers) dar, der von dem Kreditnehmer über die Bank an den Einleger gezahlt wird, und beinhaltet weder Risikoprämie noch Kosten der Vermittlung.[556] Die Zinsmarge als Preis der eigentlichen Bankleistung (Vermittlungsleistung) setzt sich aus von dem Einleger (m_H) bzw. von dem Kreditnehmer (m_S) aufzubringende Entgeltbestandteile zusammen.

Der Einlagenzins r_H und der Kreditzins r_s ergeben sich aus der Saldierung des Entgelts für die Kreditgewährung mit den Entgelten für die Vermittlungsleistung. Hierbei wird noch einmal deutlich, dass dem reinen Zins r die wesentliche Funktion zukommt, die Gesamtmarge m in die von Einlegern und Kreditnehmern aufzubringende Einzelmargen m_H und m_S aufzuteilen[557]:

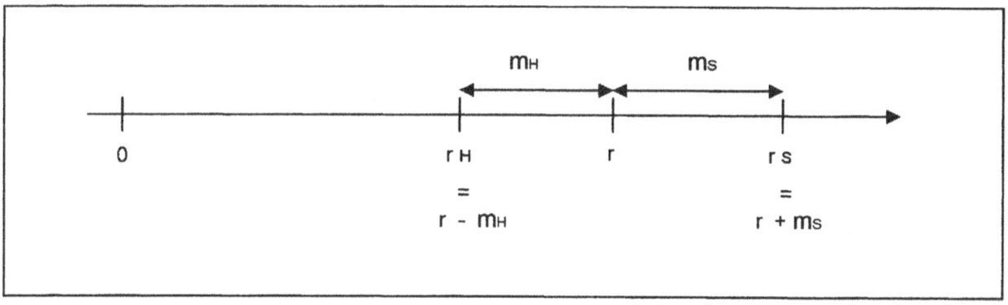

Darst. 42: Margen als Entgelt der Finanzintermediation (in Anlehnung an SCHMIDT [1999], S. 220)

Da die Vermittlungsleistung der Bank in der Cash-Flow Methode eine umsatzsteuerbare und –pflichtige sonstige Leistung darstellt, und da unterstellt wird, dass die Bank die entstehende Umsatzsteuer auf Einleger und Kreditnehmer überwälzt, verschlechtern sich die Cash-Flows von Einleger und Kreditnehmer noch einmal und zwar um die entstehende USt:

---

[556] Siehe Abschnitt 4.2.1.1.1.

[557] Siehe bereits in Abschnitt 4.2.2.3 die Ausführungen zu dem TCA-Indexierungssatz.

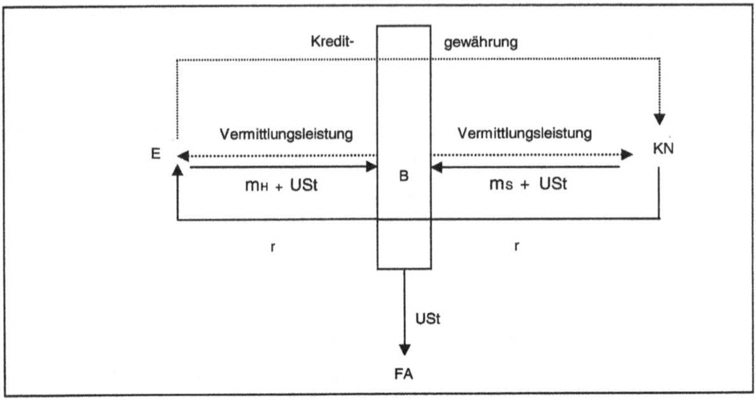

Darst. 43: Leistungsbeziehungen und Entgelte im Einlagen- und Kreditgeschäft nach der Vermittlungsauffassung unter Einbezug der Umsatzsteuer

Nach Berücksichtigung der Umsatzsteuer lassen sich die Beziehungen zwischen dem reinen Zinssatz, den Einzelmargen, der Umsatzsteuer und dem Einlagen- und Kreditzins beschreiben als:

$r_H \;=\; r \;./.\; m_H \;./.\; USt$

$r_s \;=\; r + m_S + USt$

4.3.1.3 Keine Erhebung von Umsatzsteuer auf den reinen Zins (intertemporale Neutralität)

Die Freistellung des reinen Zinses von Umsatzsteuer ist ein zentrales Anliegen der Cash-Flow Methode. Begründet wird dies mit dem Konsumsteuergedanken (Verbrauchsteuergedanken) der Umsatzsteuer. Der reine Zins repräsentiert demnach einen Betrag, der erforderlich ist, um den Einleger für den verschobenen Konsum zu entschädigen bzw. einen Betrag, den der Kreditnehmer zu zahlen bereit ist dafür, dass er die Mittel für seinen Konsum früher erhält.[558] Dieser Zins ist der Preis für die zeitliche Verschiebbarkeit von Konsummöglichkeiten. Intertemporale Neutralität als die von Steuern nicht

---

[558] Vgl. auch ERNST & YOUNG [1993], S. 52-53.

beeinflusste Transformationsrate r von Gegenwartskonsum in Zukunftskonsum ist aber die wesentliche Eigenschaft einer Konsumbesteuerung.[559]

Da der reine Zins von der Bank an den Einleger weitergeleitet wird und demzufolge keinen von der Bank geschaffenen Mehrwert darstellt[560], ist auch unter dem Blickwinkel der Umsatzsteuer als Mehrwertsteuer sichergestellt, dass der reine Zins nicht mit einer Umsatzsteuer belegt werden muss. Konsequenterweise stellt nach dieser Sichtweise nur der Spread (die Marge) zwischen Kredit- und Einlagezins eine Kompensation für den von der Bank geschaffenen Mehrwert dar, der der Umsatzsteuer zu unterwerfen ist.

Aus Sicht der Cash-Flow Methode ist die aktuelle Gesetzeshandhabung der Freistellung der Zinsen von der Umsatzsteuer nach § 4 Nr. 8 Buchst. a) UStG zu weitgehend. Zwar besteht Übereinstimmung mit der Cash-Flow Methode insoweit, als Zinsen steuerbefreit sind. Allerdings entgeht auf diese Weise der Finanzsektor in dem Bereich des Einlagen- und Kreditgeschäfts vollständig einer Umsatzbesteuerung, da auch die Vermittlungsleistung der Cash-Flow Methode nicht der Umsatzsteuer unterliegt. Auch ist festzuhalten, dass die zivilrechtliche Auffassung und die Vermittlungsauffassung unter Umsatzsteuerbefreiung von Zinsen Unterschiedliches verstehen (Befreiung des Einlagen-/Kreditzinses bzw. des reinen Zinses). Klar ist aber auch, dass – würde man die Kreditgewährung der Bank der gesamten Zinshöhe nach der Umsatzsteuer unterwerfen, die dann erhobene Umsatzsteuer nicht mehr der Leistung der Bank entspricht. Die Umsatzsteuer wäre – in der Gedankenwelt der Margenbesteuerung - zu hoch.[561]

4.3.1.4 Vermeidung von Nachteilen der Steuerbefreiung derzeitigen Rechts durch ein vorsteuerabzugskompatibles Steuersystem

Die Besteuerungsergebnisse der in Abschnitt 4.2. dargestellten Fälle zeigen, dass sich durch die Besteuerung der vollen Zahlungsströme von Finanztransaktionen die nahtlose Eingliederung der Finanzintermediation im Einlagen- und Kreditgeschäft in das bestehende Allphasen-Netto-Umsatzsteuersystem mit Vorsteuerabzug erreichen lässt. Die Cash-Flow Methode ist somit

---

559 Siehe Abschnitt 1.3.2 (dort unter FN 122 bis 124).

560 Vgl. GARBER/ RABOY [1989], S. 167-168.

561 Insoweit als in der Cash-Flow Methode die Umsatzsteuer „nur" auf die Marge anstatt auf den vollen Zins erhoben wird, müssten sozialpolitische Bedenken (siehe auch Abschnitt 2.4.2.4) geringer ausfallen, ganz ausschalten lassen sie sich jedoch auch hier nicht.

- anders als die additive Methode und die Vorumsatzabzugsmethode[562] - kompatibel zu der derzeit in Deutschland und der EU praktizierten Umsatzsteuer. Damit erscheint zum ersten Mal die Umsatzbesteuerung einer Bankleistung wie die des Einlagen- und Kreditgeschäfts in den Blickfang des Möglichen zu rücken[563], verbunden mit der Vermeidung einer Reihe von Nachteilen der derzeit praktizierten Handhabung der Umsatzsteuerbefreiung[564]:

Anders als die bisherige Besteuerungspraxis setzt sich die Cash-Flow Methode konkret mit der Frage nach dem Steuergut bei den Leistungen einer Bank im Einlagen- und Kreditgeschäft auseinander und kommt unter der Sichtweise der Vermittlerfunktion der Bank zu dem Ergebnis, dass der Verbrauch (Konsum) in der Vermittlungsleistung der Bank begründet liegt. Die Umsatzbesteuerung dieser Bankleistung trägt insoweit dem Verbrauchsteuergedanken der Umsatzsteuer Rechnung, da Privatpersonen diesen Kriterien entsprechend zutreffend belastet werden.[565]

Die Unternehmerkunden der Bank werden aufgrund des eröffneten Vorsteuerabzugs aus Bankleistungen zutreffend entlastet. Die Wirkungen des Preisbestandteils und des Kaskadeneffekts können insoweit nicht eintreten. Damit ist die Neutralität der Umsatzsteuer umfassend[566] sichergestellt.[567]

Durch die Umsatzbesteuerung der Bankleistung entfällt auf Seiten der Bank die Notwendigkeit, zwischen steuerfreien und steuerpflichtigen Ausgangsumsätzen unterscheiden zu müssen.[568]

Das Problem auf der Eingangsseite der Bank ist grundsätzlich gelöst, da Kreditinstitute nunmehr einen generellen Vorsteuerabzug haben. Auseinandersetzungen mit dem Fiskus über den anzuwendenden Bankenschlüssel

---

562 Siehe Abschnitt 3.2 und 3.3.

563 Siehe auch Vorwort bei ERNST & YOUNG [1993]: „... the method developed ... will certainly merit serious considerations as it is the only approach identified to date which is compatible with the credt invoice system of VAT."

564 Siehe Abschnitte 2.4.1.1 bis 2.4.1.6.

565 Siehe Abschnitt 2.4.1.1.

566 Sowohl auf Eingangs- als auch auf Ausgangsumsätze bezogen, siehe Darst. 3 in Abschnitt 1.3.2.

567 Siehe Abschnitt 2.4.1.1.

568 Siehe Abschnitt 2.4.1.4, jedoch nur unter der (allerdings plausiblen) Annahme, dass auch die anderen Bankumsätze umsatzsteuerpflichtig gemacht werden, sofern erst einmal bei dem Kernproblem (dem Einlagen- und Kreditgeschäft) die Frage der Umsatzsteuerpflicht geklärt wurde.

gehören der Vergangenheit an.[569] Das gegebenenfalls auch volkswirtschaftlich erwünschte Outsourcen bestimmter Arbeitsabläufe innerhalb der Bank auf externe Dienstleistungsanbieter wird aufgrund des vollen Vorsteuerabzugs der Bank umsatzsteuerlich nicht mehr beeinträchtigt.[570] Schließlich trägt der Vorsteuerabzug auch zur Finanzierungsneutralität der Umsatzsteuer bei.[571]

Obwohl der Bank der generelle Vorsteuerabzug und dem Unternehmerkunden der Bank der Vorsteuerabzug aus in Anspruch genommenen Bankleistungen nunmehr zusteht, verzeichnet der Staat insbesondere aus der Umsatzsteuerpflicht der Privatpersonen gegenüber erbrachten Bankleistungen Steuermehreinnahmen.[572]

Lediglich das Problem der internationalen Wettbewerbsbeeinträchtigung[573] kann durch die Cash-Flow Methode alleine nicht gelöst werden, solange der Grenzausgleich bei Bankleistungen durch die Bestimmung über den Ort sonstiger Leistungen hergestellt wird und solange unterschiedlich hohe nationale Umsatzsteuersätze zur Anwendung gelangen.

Positiv zu vermerken ist außerdem, dass Privatkunden der Bank gegenüber erbrachte Leistungen besteuert und die Unternehmerkunden der Bank über den regulären Vorsteuerabzug korrekt entlastet werden, ohne dass die einzeltransaktionsbezogenen Margen zum jeweiligen Zeitpunkt der Finanztransaktionen zu berechnen sind. Praktische Schwierigkeiten bei der Ermittlung der Bemessungsgrundlage[574] treten – unter der Prämisse der Existenz eines geeigneten Indexierungssatzes - nicht auf.

Ferner wird denkbaren sozialpolitischen Erwägungen[575] insofern Rechnung getragen, als sich für Privatpersonen die Verteuerung des Sparens (durch niedrigere Einlagenzinsen) und der Kreditaufnahme (durch höhere Kreditzinsen) in engem Rahmen hält, da Bemessungsgrundlage der Umsatzsteuer

---

[569] Siehe Abschnitt 2.4.1.5.

[570] Siehe Abschnitt 2.4.1.2.

[571] Siehe Abschnitt 2.4.1.3.

[572] Siehe Abschnitt 2.4.1.6.

[573] Siehe Abschnitt 2.4.1.2.

[574] Damit entfallen „technische Gründe“ als eine der zentralen Rechtfertigungen einer Steuerbefreiung von Bankleistungen (siehe Abschnitt 2.4.2.5).

[575] Siehe Abschnitt 2.4.2.4.

nicht der gesamte Zins, sondern nur die (vergleichsweise geringe) Marge ist. Die Vermeidung der Umsatzbesteuerung des reinen Zinses muss dabei nicht ausdrücklich vorgeschrieben werden[576], sondern folgt automatisch aus Höhe und Zeitpunkt der Zahlungen, die sich durch die Vereinbarungen zwischen Bank und Einlegern bzw. Kreditnehmern über Nominalzins und Fälligkeiten der einzelnen Finanztransaktionen ergeben. Dies erkennt man nicht zuletzt daran, dass der reine Zins für die Erhebung der Umsatzsteuer keine Bedeutung hat, sondern lediglich der rechnerischen Aufzinsung der Umsatzsteuereinnahmen des Fiskus dient.

---

[576] Damit entfällt auch die Notwendigkeit, die Marge der Bank in ihre einzelnen Komponenten zu zerlegen, um den reinen Zins zu isolieren.

4.3.2 Prüfung auf Vereinbarkeit mit geltendem Umsatzsteuerrecht

4.3.2.1 Zahlungen als umsatzsteuerbarer Vorgang

Die Grundform der Cash-Flow Methode geht explizit von einer Besteuerung einzelner Zahlungen aus[577], unabhängig davon, ob es sich um Kapitaltransaktionen oder um Zinszahlungen handelt. Auch die TCA-Methode besteuert grundsätzlich sämtliche Zahlungen im Einlagen- und Kreditgeschäft. Zwar wird bei beiden Methoden durch die Umkehrung der Finanztransaktion bei Rückzahlung der Einlage oder des Kredits die Steuerzahlung auf die ursprüngliche Kapitaltransaktion im Endergebnis wieder ausgeglichen bzw. durch Eintrag in das TCA vermieden, gleichwohl ist es mit der Umsatzsteuersystematik nicht vereinbar, reine Kapitalzahlungen ohne zugrunde liegenden Leistungsaustausch der Umsatzsteuer zu unterwerfen bzw. einen Vorsteueranspruch begründen zu lassen.[578]

Die Cash-Flow Umsatzbesteuerung ist demzufolge mit dem grundlegenden Fehler behaftet, dass sie infolge der steuertechnischen Unmöglichkeit der Bestimmung einer einzeltransaktionsbezogenen Marge auch Zahlungen als bloße Vermögensumschichtungen besteuert.

Auch der Hinweis, dass infolge der Kapitalumkehrungen im Endergebnis gar keine Umsatzsteuer bei Kapitaltransaktionen ausgelöst werde, verfängt nicht, wenn man bedenkt, dass der Bank im Fall Not leidender Forderungen ein Vorsteuerabzug aus nicht erfolgten Kreditrückzahlungen zustehen soll[579].

---

[577] Ausgenommen Zahlungen in das Drittland.

[578] Vgl. bereits POPITZ [1918], S. 66, wonach Zahlungen als Maßstab für die Besteuerung der Leistungen nicht selbst Steuerobjekt sein können, ferner die Akzentverschiebung in der umsatzsteuerlichen Definition der Kreditgewährung, weg von der Hingabe und Rückzahlung von Kredit und hin zur Überlassung der Nutzung von Kapital (siehe Abschnitt 2.1.1).

[579] Siehe Abschnitt 4.3.3.4.

4.3.2.2 Cash-Flow Umsatzsteuer als Wertschöpfungssteuer

Die europäische Form der Umsatzsteuer bemisst sich nach den Roheinnahmen des den Umsatz ausführenden Unternehmers unter Abzug der von den Vorunternehmern in Rechnung gestellten Umsatzsteuer (Vorsteuerabzug).[580] Ziel der Cash-Flow Methode ist es dagegen, den durch Banken geschaffenen Mehrwert zu identifizieren und der Umsatzsteuer zu unterwerfen.[581] Damit zielt die Cash-Flow Methode bei der einzelnen Finanztransaktion - vergleichbar mit der volkswirtschaftlichen Gesamtrechnung in aggregierter Form - auf den Wertschöpfungsbeitrag der Kreditinstitute in Form der Zinsmarge. Die Cash-Flow Methode entspricht somit einer Wertschöpfungssteuer.

Die Umsatzsteuer ist nach geltendem Recht jedoch ausdrücklich gerade keine Wertschöpfungssteuer, sondern als Verbrauchsteuer (bzw. Einkommensverwendungssteuer) ausgestaltet, die auf den vollen Wert der Leistung im Rahmen eines Leistungsaustauschs erhoben wird. Bemessungsgrundlage für die Ermittlung des geschuldeten Steuerbetrages ist das Gesamtentgelt[582] und nicht nur die Wertschöpfung.

Die Cash-Flow Steuer ließe sich allenfalls dann als Umsatzsteuer und nicht als Wertschöpfungssteuer bezeichnen, wenn man die Marge zwischen Soll- und Habenzins als die Roheinnahme der Bank auffassen könnte. Vereinzelt wird dies auch in der Literatur vertreten. „It is this difference between borrowing and lending rates ..., which represents the gross revenue to the bank that is equivalent to the gross revenue from sales for a manufacturer."[583] Diese Auffassung setzt allerdings voraus, dass die Vermittlungsleistung den Gegenstand des Leistungsaustauschs zwischen Bank und Einleger bzw. Kreditnehmer darstellt. Dies wird in Abschnitt 4.3.2.3 noch zu untersuchen sein.

---

[580] Vgl. KIRCHHOF/MOLL [1981], S. 1436. Für das Einlagen- und Kreditgeschäft einer Bank hätte dies zur Folge, dass auf den gesamten Kreditzins Umsatzsteuer erhoben wird und die Bank berechtigt wäre, Umsatzsteuer auf Einlagenzinsen als Vorsteuerabzug geltend zu machen.

[581] Vgl. ERNST & YOUNG [1993], S. 5 („...to identify ...the nature of financial services, thereby isolating the value-added produced by such activities").

[582] § 10 Abs. 1 Satz 2 UStG (mit Ausnahme der Fälle des § 25 Abs. 3 UStG und § 25a UStG). Zu der insoweit missverständlichen Bezeichnung „Mehrwertsteuer" siehe auch FN 57.

[583] GARBER/ RABOY [1989], S. 168.

Überzeugender ist jedoch die Äußerung, dass der Wert der Bankleistung nicht besteuert werden kann, ohne gleichzeitig auch den reinen Zins zu besteuern.[584]

4.3.2.3 Zur Frage der maßgeblichen Leistung der Bank im Einlagen- und Kreditgeschäft (Vermittlung oder Kreditgewährung)

In Abschnitt 4.3.1.1 wurde dargelegt, dass die Cash-Flow Methode für die angestrebte Umsatzbesteuerungszwecke die Leistung der Bank im Einlagen- und Kreditgeschäft als Vermittlungsleistung auffasst. Damit steht die Cash-Flow Methode in Übereinstimmung mit der Handhabung in der volkswirtschaftlichen Gesamtrechnung und der Auffassung in der bankbetriebswirtschaftlichen Literatur. Dies gilt es im folgenden aus Sicht der Umsatzsteuer nach geltender Rechtslage zu überprüfen.

Mit

- der Vermittlung zwischen Einleger und Kreditnehmer durch die Bank in einer noch darzustellenden Weise sowie
- der Kreditgewährung an die Bank (durch den Einleger) und von der Bank (an den Kreditnehmer)

stehen zwei Auffassungen zur Disposition. Andere Ansätze einer Leistung sind nicht erkennbar. Aus dem Vergleich der beiden Auffassungen in den nachfolgenden Darstellungen wird deutlich, dass nur eine Auffassung richtig sein kann:

---

[584] Vgl. THOMPSON [1988], S. 1188, denn dies bedeutet, dass eigentlich der Kreditzins zu besteuern ist, wovor jedoch aus Gründen des Konsumsteuergedankens, d.h. der intertemporalen Neutralität wegen, zurück geschreckt wird.

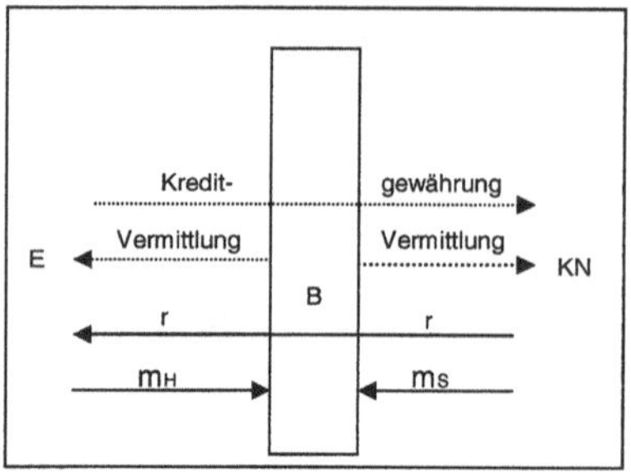

Darst. 44: Leistungsbeziehungen und Entgelte im Einlagen- und Kreditgeschäft nach der Vermittlungsauffassung

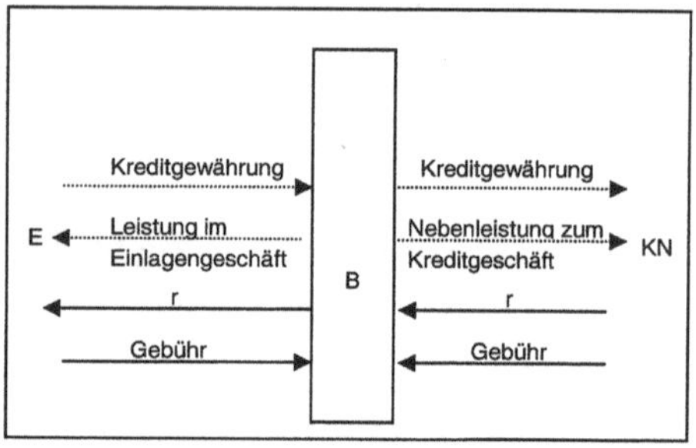

Darst. 45: Leistungsbeziehungen und Entgelte im Einlagen- und Kreditgeschäft nach der Auffassung von der Kreditgewährung

Folgt man der Vermittlungsauffassung in Darst. 44, dann vermittelt die Bank einen Kredit zwischen Einleger und Kreditnehmer (Deutung der Einlagen- und Kredittransaktion als die Bank durchlaufende Zahlungsströme, siehe FN 551). Die Kreditbeziehung besteht demnach zwischen dem Einleger und dem Kreditnehmer. Dies schließt jedoch eine gleichzeitige Kreditgewährung des Einlegers an die Bank und der Bank an den Kreditnehmer aus. Folgt man dagegen der Auffassung von der Kreditgewährung zwischen Einleger und Bank sowie Bank und Kreditnehmer in Darst. 45, dann bedarf es keiner Vermittlungsleistung zur Herstellung einer Kreditbeziehung zwischen Einleger und Kreditnehmer mehr. Als weitere Leistungen sind allenfalls Nebenleistungen im Zusammenhang mit der Einlage und dem Kreditgeschäft zu verzeichnen, die mit einer Gebühr an die Bank abgegolten werden.

Da sich die beiden Auffassungen gegenseitig ausschließen, muss nun der Frage nachgegangen werden, welche der beiden Auffassungen die richtige ist:

Zunächst einmal sprechen die zivilrechtlichen Leistungsbeziehungen für die Auffassung von der Kreditgewährung. Es bestehen eindeutige Vertragsbeziehungen zwischen dem Einleger und der Bank sowie der Bank und dem Kreditnehmer. Jedoch ist die zivilrechtliche Beurteilung für die Umsatzsteuer nicht maßgeblich, denn das Umsatzsteuergesetz ist vor dem Hintergrund der Umsatzsteuer als Verbrauchsteuer bzw. Einkommensverwendungssteuer auszulegen.[585] Maßgebend sind die tatsächlichen Leistungsvorgänge. Allerdings haben bisher Rechtsprechung und Fachliteratur keinerlei Zweifel an einer Kreditgewährung des Einlegers an die Bank und der Bank an den Kreditnehmer gelassen.[586] Auch die Umsatzsteueroption ist bislang immer von dem Kreditzins als Bemessungsgrundlage ausgegangen, was für eine Leistungsbeziehung zwischen Bank und Kreditnehmer (bzw. ggf. auch Einleger und Bank) spricht.

Andererseits sind die Überlegungen zu der Vermittlungsfunktion von Banken nicht von der Hand zu weisen, wenn schon in der volkswirtschaftlichen Gesamtrechnung bzgl. der Ermittlung der Wertschöpfung von Banken deren Tätigkeit als Vermittler Rechnung getragen und auf die Differenz zwischen Kredit- und Einlagenzins abgestellt wird[587]. Es stellt sich daher die Frage, ob dies einzelwirtschaftlich nicht gewürdigt werden kann. Zwar ist die Umsatzsteuer nicht als Wertschöpfungssteuer ausgestaltet. Jedoch enthält das Umsatzsteuergesetz mit § 25 Abs. 3 UStG oder § 25a UStG bereits für andere Bereiche Ausnahmevorschriften, die auf eine Differenzbesteuerung zielen. Allerdings setzen diese Regelungen Identität zwischen bezogenem und weiter veräußertem Gegenstand voraus. Diese Übereinstimmung ist auch Wesensmerkmal von Vermittlungsleistungen, bei denen ein Makler (Intermediär) einen Abschluss zwischen zwei Parteien in Bezug auf einen Gegenstand oder eine Leistung herbeiführt. Der Abschluss muss sich immer auf ein und denselben Gegenstand oder dieselbe Leistung beziehen. Diese Übereinstimmung ist aber bei dem Einlagen- und Kreditgeschäft nicht gegeben, denn unterschiedliche Vorstellungen von Einlegern und Kreditnehmern über Losgröße, Fristigkeit und Risiko verhindern, dass ein Abschluss unmittelbar zwischen diesen beiden Parteien zu Stande kommen kann.[588] Zumindest unter

---

585 Vgl. STADIE in RAU/DÜRRWÄCHTER [Umsatzsteuergesetz], Einf. Anm. 92, Lfg. 104, November 2000.

586 Nach EuGH vom 11.7.1996 – Regie dauphinoise (zu Fremdgeldanlagen eines Immobilienverwalters), Rdnr. 16 sind die Geldanlagen bei Finanzinstituten als an diese erbrachte Dienstleistungen anzusehen, nämlich als befristete Gelddarlehen, für die als Entgelt Zinsen gezahlt werden.

587 Vgl. POHMER [1964], S. 333 (dort unter FN 85 m.w.N.); DOROW [1972], S. 378; GÖCKELER [1975], S. 18; vgl. ferner auch HUTCHINGS [1973], S. 48-49.

588 Insbesondere die Handhabung bei notleidenden Krediten macht deutlich, dass die Vermittlungsauffassung nicht zutreffend sein kann, denn wäre das Einlagen- und Kreditgeschäft zwischen Einleger und Kreditnehmer abgeschlossen worden, müsste der Einleger den Forderungsausfall tragen. Tatsächlich erleidet jedoch die Bank den Forderungsausfall. Außerdem schließt die Tatsache einer ständigen Leistungsbereitschaft die Vermittlungsauffassung aus, denn Banken nehmen auch dann Einlagen entgegen, wenn eine sofortige Verwendung im Kreditgeschäft nicht gegeben ist bzw. vergeben auch dann Kredite, wenn keine ausreichenden Einlagen zur Verfügung stehen, z.B. durch Refinanzierung aus dem Eigenkapital oder aus bereits früher entgegengenommenen Einlagen.

der herkömmlichen Vermittlungsauffassung ist die Parallele zu dem Margengedanken in den §§ 25 Abs. 3 und 25a UStG hinfällig.

Der ökonomische Sinn der Finanzintermediation durch Banken besteht nun aber gerade darin, einen Ausgleich zwischen diesen unterschiedlichen Vorstellungen herbeizuführen. Erst durch die Wahrnehmung der Transformationsfunktionen ist die Kreditversorgung einer modernen Wirtschaft überhaupt möglich.[589] Der Vermittlungsbegriff bei der Finanzintermediation, bei der **abstrakt** Geld vermittelt wird[590], indem die Bank in Vertragsbeziehungen mit beiden Seiten eines Einlagen- und Kreditgeschäfts eintritt, ist ein anderer als bei der herkömmlichen Vermittlungsauffassung.

Die Frage ist nur, ob die Umsatzsteuer einem solch weit verstandenen Vermittlungsbegriff folgen kann. Nach einer jüngeren Entscheidung des EuGH, in der es auch um die Auslegung des Begriffs der Vermittlung ging, hat sich jedenfalls der EuGH klar im Sinne einer (nur) herkömmlichen Vermittlungsauffassung geäußert.[591]

Entscheidend für die Frage, welche der beiden Auffassungen zutrifft, ist jedoch die Eigenschaft der Umsatzsteuer als Verbrauchsteuer bzw. Einkommensverwendungssteuer. In Zweifelsfällen ist das Umsatzsteuergesetz unter diesem Gesichtspunkt auszulegen.[592] Maßgebliche Bedeutung kommt hier dem Gesichtspunkt des Leistungsaustauschs, also des Vorhandenseins einer Leistung gegen Entgelt, zu. Leistung und Gegenleistung (Entgelt) müssen innerlich verknüpft sein, so dass die Leistung die Gegenleistung be-

[589] Vgl. Abschnitt 4.1.

[590] Vgl. SCHMIDT [1999], S. 221.

[591] EuGH-Urteil vom 13.12.2001. Auch wenn das Urteil zur Auslegung des Begriffs der Vermittlung von Wertpapierumsätzen ging, sind die Äußerungen des EuGH in diesem Zusammenhang eindeutig, siehe Rz. 39 [Hervorhebungen durch den Verfasser]: Danach bezieht sich der Begriff Vermittlung auf eine Tätigkeit, „die von einer Mittelsperson ausgeübt wird, die **nicht den Platz eines Vertrages über ein Finanzprodukt einnimmt**... die Vermittlungstätigkeit ist eine Dienstleistung, die einer Vertragspartei erbracht und von dieser **als eigenständige Mittlertätigkeit vergütet** wird. Sie kann u.a. darin bestehen, der Vertragspartei die Gelegenheiten zum Abschluss eines solchen Vertrages nachzuweisen, mit der anderen Partei Kontakt aufzunehmen oder im Namen und für Rechnung des Kunden über die Einzelheiten der gegenseitigen Leistungen zu verhandeln. Zweck dieser Tätigkeit ist es also, das Erforderliche zu tun, damit zwei Parteien einen Vertrag schließen, **ohne dass der Vermittler ein Eigeninteresse am Inhalt des Vertrages hat**." Die Ausführungen machen deutlich, dass dieser Vermittlungsbegriff nicht mit der von der Cash-Flow Methode vertretenen Vermittlungsauffassung für das Einlagen- und Kreditgeschäft in Einklang zu bringen ist.

[592] Vgl. STADIE in RAU/DÜRRWÄCHTER [Umsatzsteuergesetz], Einf. Anm. 291 und 87, Lfg. 104, November 2000.

zweckt.[593] Auch unter dem weit verstandenen Vermittlungsbegriff muss daher gefragt werden, was Einleger und Kreditnehmer aufwenden, um ihre jeweilige Leistung zu erhalten. Und genau aus dieser Sicht erscheint es äußerst unwahrscheinlich, dass der Kreditnehmer einer Bank außer dem Zins für die Kreditgewährung wissentlich noch ein Entgelt für eine andere Leistung (Vermittlungsleistung) entrichten möchte. Die Aufspaltung des Kreditzinses in einen reinen Zins an den Einleger und in ein Vermittlungsentgelt an die Bank scheidet ebenfalls aus, denn zum Einleger besteht weder eine zivilrechtliche Vereinbarung noch ein tatsächliches Leistungsverhältnis.[594] Ebenso wenig glaubhaft ist die Annahme, dass der Einleger bereit ist, ein Entgelt an die Bank für eine Vermittlung zu zahlen – erschwerend tritt hier hinzu, dass der Einleger in keinster Weise davon ausgeht, überhaupt ein Entgelt an die Bank zu leisten. Vor allem aber möchte ein Einleger sein Geld nur seiner Bank und nicht einem ihm nicht oder kaum bekannten Kreditinteressenten überlassen.

Demnach ist die Frage nach der umsatzsteuerlich maßgebenden Leistung im Einlagen- und Kreditgeschäft der Banken klar im Sinne der Kreditgewährung zu beantworten.[595] Banken sind ohne Zweifel Finanzintermediäre, dies umschreibt jedoch nur ihre Funktion und nicht ihre umsatzsteuerliche Leistung. Die Funktion ist für umsatzsteuerliche Zwecke aber nicht ausschlaggebend.[596] Das häufig gegen die Auffassung der Kreditgewährung vorgebrachte Argument, es entspräche nicht der Realität, dass nur der Einleger an die Bank eine Leistung erbringt, vielmehr sei der Einleger doch Kunde der Bank, überzeugt nicht, denn es verkennt die Existenz eines tauschähnlichen Um-

---

593 Vgl. auch STÖCKER in PETER/BURHOFF/STÖCKER [Umsatzsteuer], § 1 Rdnr 95, 31. Lfg. 1995 mit zahlreichen Rechtsprechungshinweisen.

594 Der umsatzsteuerrechtlich Leistende kann im Einzelfall abweichend von der zivilrechtlich wirksamen Vereinbarung zu bestimmen sein, wenn tatsächlich ein anderer als der zivilrechtlich Verpflichtete die Leistung im eigenen Namen erbringt, vgl. MEYER in OFFERHAUS/SÖHN/LANGE [Umsatzsteuer], § 1 UStG Rn. 47, 136. Erg.-Lfg., März 2001.

595 Vgl. auch POPITZ [1918], S. 87 für den Bereich des Effektengeschäfts in der Form des An- und Verkaufs von Wertpapieren, wo sich die Frage nach einer Vermittlungsleistung ggf. noch dringlicher als im Einlagen- und Kreditgeschäft stellt: „Denn die Bank pflegt selten als Vermittler aufzutreten, indem sie etwa im Namen ihres Auftraggebers kaufte oder verkaufte und sich lediglich eine Provision ausbedingte. Vielmehr ist sie entweder Selbstkäufer oder –verkäufer dem Kunden gegenüber ... ."

596 Auch die Verfasser der Cash-Flow Methode räumen ein, dass die Analyse der steuerlichen Behandlung von Finanzdienstleistungen sich nicht an den Funktionen eines Finanzintermediärs, sondern an dessen Marktleistungen ausrichten sollte: „The tax treatment of financial services is .. generally defined in the taxing statutes by reference to the nature of services actually provided in the market place, as opposed to the functional classification. ...it is useful to categorize financial service not by the underlying functions performed by the financial institutions, but on the basis of how they are packaged and presented in the market place", ERNST & YOUNG [1993], S. 8.

satzes mit Baraufgabe[597], mit dem sich eine Leistung der Bank an den Einleger denklogisch ermöglichen ließe.

4.3.2.4 Zur Frage der Nichterhebung von Umsatzsteuer auf den reinen Zins

Das geltende Umsatzsteuerrecht geht von der Steuerbarkeit erhaltener Zinsen aus[598], stellt diese jedoch in § 4 Nr. 8 Buchst. a UStG von der Umsatzsteuer frei, während im Fall der Option zur Umsatzsteuer der gesamte Kreditzins und damit auch der reine Zins der Umsatzsteuer unterliegt. Bei der Cash-Flow Methode ist dagegen der reine Zins nicht steuerbar.[599] Damit stimmen geltendes Umsatzsteuerrecht und Cash-Flow Methode bei der umsatzsteuerlichen Behandlung des reinen Zinses nicht überein.[600]

Vom finanzwissenschaftlichen Standpunkt aus gebietet das Postulat der intertemporalen Neutralität[601] einer konsumorientierten Einkommensbesteuerung als Ersatz für die traditionelle Einkommensteuer die Freistellung des Kapitaleinkommens in Höhe der marktüblichen Normalverzinsung[602] von der Besteuerung[603]. Nichts anderes kann unter diesem Blickwinkel für die Umsatzsteuer gelten, denn in diesem Punkt unterscheiden sich die beiden Steuerarten nur durch den Steuertarif (progressionsabhängiger Einkommensteuersatz versus konstanter Umsatzsteuersatz). Wer für eine überperiodisch gleichmäßige Einkommensbesteuerung eintritt, muss demnach auch die Freistellung des Zinses von der Umsatzsteuer befürworten. Es stellt sich allenfalls die grundsätzliche Frage nach der Berechtigung der Forderung nach intertemporaler Neutralität eines Steuersystems.

---

[597] Vgl. Darst. 45.

[598] Im Unterschied zu Dividendenerträgen einer Bank, die (bei bloßem Halten von Beteiligungen ohne wirtschaftliche Betätigung durch Eingriffe in die Verwaltung der Tochtergesellschaften) infolge fehlenden Entgeltcharakters außerhalb des Umsatzsteuersystems liegen, ausführlich hierzu KESSLER/SCHMIDT [2001], besitzen Zinserträge einer Bank Entgeltcharakter, da sie zweifellos die Gegenleistung für eine wirtschaftliche Tätigkeit bilden.

[599] Siehe Abschnitt 4.3.1.3 zu der Nichterhebung von Umsatzsteuer auf den reinen Zins als einem der zentralen Anliegen der Cash-Flow Methode.

[600] Siehe auch Abschnitt 4.3.1.3.

[601] Verstanden als Neutralität der Konsum-Spar-Entscheidung, siehe Abschnitt 1.3.2.

[602] Mit anderen Worten in Höhe des reinen Zinses.

[603] Vgl. LANG in TIPKE/LANG [1998], § 4 Rz. 110-122 m.w.N.

Dem soll an dieser Stelle jedoch nicht weiter nachgegangen werden, zu vielschichtig erscheinen die zu berücksichtigenden Aspekte.[604] Vor allem aber ist eine das gesamte Steuersystem berührende finanzwissenschaftliche Thematik nicht Gegenstand der vorliegenden Untersuchung. An dieser Stelle stellt sich (nur) die Frage, welche der beiden Auffassungen, Umsatzbesteuerung oder Umsatzsteuerbefreiung von Zinsen, dem Charakter der derzeitigen Umsatzsteuer entspricht. Dabei gebietet es das Ziel der Umsatzsteuer, den Verbrauch zu besteuern, die Frage aus dieser Sicht heraus, d.h. verbrauchsorientiert und nicht unter dem Gesichtspunkt der intertemporalen Neutralität, zu beantworten.

Allerdings ist die Frage des Verbrauchsbegriffs bis heute nicht eindeutig geklärt. Weder das Umsatzsteuergesetz oder die Umsatzsteuerrichtlinien der EU noch die Rechtsprechung sagen, was unter Verbrauch zu verstehen ist. Sie setzen es einfach voraus.[605] Hier soll der wohl überwiegend geäußerten Meinung gefolgt werden, die den Begriff des Verbrauchs nicht i.S. eines physischen Verzehrs[606], sondern als Einkommens- oder Vermögensverwendung[607] bzw. als Konsum[608] definiert.

Für die Kreditgewährung, also die entgeltliche Überlassung von Geldkapital zur Nutzung[609], bedeutet dies: Sind die als das Entgelt für die Kreditgewährung von dem Kreditnehmer gezahlten Kreditzinsen als Einkommens- oder Vermögensverwendung für Verbrauchsgüter des Kreditnehmers im weiteren

---

[604] Die Frage der Besteuerung von Zinsen scheint nicht zuletzt auch eine wertende Frage zu sein (vgl. SCHREIBER/STELLPFLUG [1999], S. 190; SIEGEL [2000], S. 739), die „...nicht wissenschaftlich, sondern nur politisch entschieden werden kann", HOMBURG [2000], S. 338.

[605] Bereits POPITZ kritisierte den seiner Auffassung nach unsystematischen Aufbau des Umsatzsteuergesetzes, da dieses nicht im ersten Paragraphen das Steuergut und erst in den anschließenden Paragraphen das Steuerobjekt umschreibt, POPITZ [1928], S. 4.

[606] „Der Verbrauch selbst, rein äußerlich genommen, ist ein Vorgang, der nicht steuertechnisch erfassbar ist", POPITZ [1927], S. 183. Siehe ferner THEILE [1995], S. 32.

[607] Siehe WISSENSCHAFTLICHER BEIRAT [1962], S. 10; SÖHN [1975], S. 2 und 5; ders. [1975a], S. 164; TEHLER [1986]; S. 38 und 112; WALDEN [1988], S. 48 und 60; TIPKE [1992], S. 107; RUPPE [1995], S. 459; STADIE in RAU/DÜRRWÄCHTER [Umsatzsteuergesetz], Einf. Anm. 291, Lfg. 104, November 2000; HAMACHER/FRENZEL/DIETZ [2001], Kz 1910, S. 3 sowie bereits Abschnitt 1.3.1.

[608] Siehe POHMER [1980], S. 651; WALDEN [1988], S. 64; STADIE in RAU/DÜRRWÄCHTER [Umsatzsteuergesetz], Einf. Anm. 87; KEIL [1997], S. 371; BIRK [2001], S. 7.

[609] Siehe Abschnitt 2.1.1.

Sinne (Verbrauchsgüter, Gebrauchsgüter, Werkleistungen und Dienstleistungen)[610] anzusehen? Stellt das von dem Kreditnehmer empfangene Geldkapital bei diesem ein Verbrauchsgut dar?

Richtig ist, dass nur durch die Kreditaufnahme selbst, also den Empfang des Geldkapitals, sich noch kein Konsum feststellen lässt.[611] Erst mit Verausgabung des durch die Kreditgewährung empfangenen Geldkapitals für Verbrauchsgüter steht der Zeitpunkt des Verbrauchs und damit der Belastungsgrund der Umsatzsteuer fest. Wie verhält es sich aber mit dem durch das aufgenommene Geldkapital erworbenen Verbrauchsgut selbst? Stellen die Kreditzinsen eine Gegenleistung für dieses Verbrauchsgut dar? Die Definition der Bemessungsgrundlage der Umsatzsteuer in § 10 Abs. 1 Satz 2 UStG („...alles, was der Leistungsempfänger aufwendet, um die Leistung zu erhalten ...") könnte auf den ersten Blick darauf schließen lassen, dass auch die aufgewendeten Kreditzinsen zu dem Entgelt für das erworbene Verbrauchsgut gehören. Allerdings fehlt es an der für einen Leistungsaustausch erforderlichen Verknüpfung zwischen Leistung und Gegenleistung[612], da die Kreditzinsen nicht an den Veräußerer des Verbrauchsguts entrichtet werden.[613] Zutreffender ist, die Kreditgewährung nicht im Zusammenhang mit dem späteren Erwerb des Verbrauchsguts zu sehen, sondern als die Ermög-

---

[610] Vgl. SÖHN [1975a], S. 164.

[611] Nur der Endverbrauch - Lieferungen oder Dienstleistungen, die von einem Unternehmer an einen Endverbraucher gelangen und von diesem konsumiert werden können – soll durch die Umsatzsteuer belastet werden, JAKOB [1992], S. 3. Geld kann man aber nicht essen, GIESBERTS [1991], S. 177 („Altindianischer Spruch"). Geld als solches ist kein Konsumgut. Siehe auch MENSCHING [1998], S. 255, demzufolge Bankumsätze nicht in einen Endverbrauch des Leistungsempfängers münden. Abzulehnen, weil dem Verbrauchsteuercharakter der Umsatzsteuer nicht genügend, ist jedoch seine Ansicht, wonach aus der Tatsache, dass das Steuergut der Umsatzsteuer nicht im Verbrauch an sich, sondern in der Einkommensverwendung erblickt werden muss, zu schließen ist, dass es für die Rechtfertigung der Umsatzsteuer nicht darauf ankommt, ob Einkommen für „verbrauchbare" Güterlieferungen und Dienstleistungen aufgewendet wird oder nicht, vielmehr alleine maßgeblich sei, dass Einkommen verwendet wird (so in seiner Ablehnung des Arguments des fehlenden Endverbrauchs für eine Befreiung der Bankgeschäfte von der Umsatzsteuer).

[612] Siehe FN 593.

[613] Ausnahmsweise bei Warenkrediten ist der Veräußerer des Verbrauchsguts gleichzeitig auch Empfänger der Kreditzinsen. Aber selbst in diesem Fall, in dem eindeutig eine Verknüpfung zwischen Leistung des Veräußerers und Gegenleistung des Erwerbers durch Entrichtung des Kaufpreises und der Kreditzinsen besteht, sieht die Rechtsprechung in dem verzinslichen Zahlungsaufschub grundsätzlich einen (steuerfreien) Kredit, d.h. neben der Veräußerung des Verbrauchsguts eine weitere umsatzsteuerlich relevante Leistung, EuGH vom 27.10.1993 – Muys und De Winter (zur Verzinsung eines Grundstückskaufpreises bis zum Abschluss der Bauleistungen), Rdnr. 12. Lediglich wenn die Zahlung des Kaufpreises nur bis zur Lieferung gegen Zinsen aufgeschoben wird, sind die Zinsen Teil des Gesamtwerts des Verkaufsgegenstandes, EuGH a.a.O., Rdnr. 18. Zu den Voraussetzungen zweier selbständig zu beurteilender Leistungen aus Sicht der Finanzverwaltung siehe Abschnitt 29a UStR 2000.

lichung des zeitlichen Vorziehens des Konsums durch die entgeltliche Überlassung von Geldkapital zur Nutzung. Damit führt die Kreditgewährung als eigenständige Leistung gerade nicht zu einem privaten Verbrauch, sondern bereitet einen solchen allenfalls vor.[614] Konsum setzt bestehende[615] Leistungsfähigkeit im Sinne von Zahlungsfähigkeit voraus.[616] Aus Verbrauchsteuersicht sind somit Zinsen als Entgelt für die Kreditgewährung nicht der Umsatzsteuer zu unterwerfen.[617]

4.3.2.5 Zwischenergebnis: Die Besteuerung der Funktion der Bank im Einlagen- und Kreditgeschäft durch die Cash-Flow Methode ist mit geltendem Umsatzsteuerrecht unvereinbar

Die vorstehenden Überlegungen haben gezeigt, dass sich die Konzeption der Cash-Flow Methode völlig von der des geltenden Umsatzsteuerrechts unterscheidet. Da die direkte Bestimmung der einzeltransaktionsbezogenen Margen nicht möglich ist, geht die Cash-Flow Methode den (Um-)Weg der Besteuerung aller Zahlungen, ohne dass dem ein Leistungsaustausch zugrunde liegt. Hierdurch soll die Funktion der Bank als Vermittler und damit deren Wertschöpfung der Umsatzsteuer unterworfen werden.[618] Das geltende Umsatzsteuerrecht knüpft an umsatzsteuerliche Leistungen und demzufolge an den Kreditgewährungen an und ist ausdrücklich keine Wertschöpfungssteuer. Die Cash-Flow Methode mag technisch kompatibel mit der Vorsteuerabzugsmethode sein, sie ist jedoch nicht kompatibel mit dem Umsatzsteuergesetz. Folglich bedürfte es einer Änderung des Umsatzsteuergesetzes,

---

[614] Vgl. auch REIß in TIPKE/LANG [1998], § 14 Rz. 94.

[615] Im Unterschied zur Einkommensbesteuerung, die an das Entstehen der Leistungsfähigkeit anknüpft, BIRK [2001], S. 7.

[616] Ebenda.

[617] Zur Ablehnung einer Umsatzsteuer auf Sparzinsen siehe TIPKE [1972], S. 5 („Nicht realisierbar ... auch das Sparen zu belasten. Insoweit müsste man das Entsparen und die daran sich anschließende Einkommensverwendung abwarten."); SÖHN [1977], S. 275 (Sparen „als eine Einkommens- und/oder Vermögensverwendung, die von einer allgemeinen Verbrauchsteuer gerade nicht erfasst werden soll, weil nichts konsumiert wird."); POHMER [1983], S. 394 (Wesen einer allgemeinen Verbrauchsteuer und anderer indirekter Steuern, dass sie die gesparten Einkommensteile nicht treffen). Demnach muss, was für das (Vor-)Sparen Gültigkeit hat, aber auch für das (Nach-)Sparen in Form von Verzinsung und Tilgung von aufgenommenen Krediten gelten.

[618] Ohne Vorliegen einer Vereinbarung zwischen den Parteien über einen Preis oder einen Gegenwert, was nach geltendem Recht jedoch Voraussetzung für einen steuerbaren Umsatz ist, vgl. EuGH vom 3.3.1994 - Tolsma (zu der Tätigkeit eines Straßenmusikants), Rdnr. 12-17; vgl. ferner EuGH vom 15.5.2001 - Primback, Rdnr. 25: „Entscheidend ist daher das Bestehen einer Vereinbarung zwischen den Parteien über einen Austausch gegenseitiger Leistungen, wobei das Entgelt, das die eine Partei erhält, den tatsächlichen Gegenwert des der anderen gelieferten Gegenstands darstellt".

um die Cash-Flow Methode in das geltende Umsatzsteuerrecht zu integrieren.[619] Dies allerdings nur unter der Voraussetzung, dass es sich bei der Cash-Flow Umsatzbesteuerung um ein konzeptionell überzeugendes und in der Praxis funktionierendes System handelt. Diese Überlegungen sind Gegenstand des folgenden Abschnitts.

[619] Analog den Sonderregelungen des § 25 Abs. 3 und § 25a UStG zur Differenzbesteuerung, vgl. auch Abschnitt 4.3.2.3.

4.3.3 Überlegungen de lege ferenda zur Anwendbarkeit des Systems

4.3.3.1 Margenberechnungskonzeption

4.3.3.1.1 Auswahl eines geeigneten Indexierungssatzes

Bei der TCA-Methode ist es erforderlich, den für eine Einlage oder einen Kredit maßgebenden Indexierungssatz aus einer Vielzahl von möglichen Zinssätzen zu bestimmen. Grundsätzlich kann ein einheitlicher Indexierungssatz für alle Einlagen- und Kreditgeschäfte oder aber für jedes einzelne dieser Geschäfte ein (dem Volumen, der Laufzeit und/oder des Zinsanpassungsverhaltens) korrespondierender Indexierungssatz vorgeschrieben werden. Zusätzlich ist zu berücksichtigen, dass Zinssätze variabel oder über eine gewisse Laufzeit festgeschrieben sein können. Die nachstehende Tabelle gibt die verschiedenen Alternativen wieder[620]:

Alternative		Indexierungs-satz	Einlagen-/ Kreditzins
1	Einheitlicher Indexierungssatz	variabel	variabel
2	Einheitlicher Indexierungssatz	variabel	$\text{fest}_{1 \text{ bis n Jahre}}$
3	Einheitlicher Indexierungssatz	fest_{*}	variabel
4	Einheitlicher Indexierungssatz	fest_{*}	$\text{fest}_{1 \text{ bis n Jahre}}$
5	Vielzahl von Indexierungssätzen	variabel	variabel
6 ff	Vielzahl von Indexierungssätzen	$\text{fest}_{1 \text{ Jahr}}$	$\text{fest}_{1 \text{ Jahr}}$
	Vielzahl von Indexierungssätzen	$\text{fest}_{n \text{ Jahre}}$	$\text{fest}_{n \text{ Jahre}}$

Darst. 46: Alternativen der Bestimmung des TCA-Indexierungssatzes[621]

Ernst & Young schlagen als Indexierungssatz den Zinssatz für kurzfristige Staatsanleihen bzw. Interbankgeschäfte vor, da dieser frei von Margen für

[620] Die weitere Unterscheidung nach variablen Zinssätzen oder Zinsfestschreibungen innerhalb der Einlagen und Krediten wurde an dieser Stelle ausgeklammert; siehe hierzu die Ausführungen unter Abschnitt 4.3.3.1.2.

[621] Hierbei gibt „fest*" den aus den Zinsfestschreibungszeiträumen 1 Jahr bis n Jahre ausgewählten einheitlichen Festzins an.

Vermittlungsleistungen und von Risikoprämien ist.[622] Durch Anwendung **eines einzigen** Zinssatzes **für alle** Transaktionen in einer Währung und unabhängig von der Laufzeit der zugrunde liegenden Finanztransaktion sollen die auf Einleger oder Kreditnehmer verschiedener Banken entfallenden Margen nur dann unterschiedlich sein, wenn die Einlagen- oder Kreditzinssätze der Banken differieren.[623] Damit kommen nur die ersten vier Alternativen der obigen Tabelle in Frage. Außerdem entscheiden sich Ernst & Young in Anbetracht der mit einem festen Indexierungssatz verbundenen Probleme für einen variablen Indexierungssatz[624], womit nur die erste und zweite Alternative verbleiben.[625]

Der als Indexierungssatz zu verwendende Zinssatz ist vor dem Hintergrund dessen Funktionen für das TCA[626]

- Finanzierung der TCA-Salden (Umsatzsteuer auf Kapitaltransaktionen)

  sowie

- Aufteilung der Gesamtmarge auf Einleger und Kreditnehmer[627]

---

[622] Siehe Abschnitt 4.2.2.3.

[623] Vgl. ERNST & YOUNG [TCA-ADD Report], S. 8.

[624] Vgl. ERNST & YOUNG [TCA-ADD Report], S. 49-50. Als problematisch für einen festen Indexierungssatz werden dabei insbesondere das Erfordernis der verbindlichen Festlegung jeweils eines Zinssatzes für alle denkbaren Laufzeiten und für alle Währungen angesehen. Außerdem könne es in Anbetracht der heutigen oftmals komplexen Produktstrukturen auf den Finanzmärkten nicht sicher sein, für jede Einlage oder jeden Kredit einen Indexierungssatz zu finden (z.B. innerhalb einer Bandbreite schwankende Einlagen- oder Kreditzinssätze, ggf. auch gekoppelt mit einem Cap oder Floor).

[625] Genau genommen scheiden aber Alternativen, die einen variablen Indexierungssatz zugrundelegen, aus, da am Geld- und Kapitalmarkt mit Ausnahme der Floating Rate Notes keine variabel verzinslichen Geschäfte existieren, sondern nur Festzinsgeschäfte mit entsprechender Zinsbindung (von einem Tag bis bspw. 10 Jahren oder länger) abgeschlossen werden können, vgl. auch SCHIERENBECK [1999], S. 102. Im folgenden soll aber die Sprachregelung „variable Indexierungssätze" beibehalten und als Synonym für ein Festzinsgeschäft mit kurzer Laufzeit verstanden werden.

[626] Siehe Abschnitt 4.2.2.3.

[627] So auch ausdrücklich INSTITUTE FOR FISCAL STUDIES [1978], S. 260 mit Hinweis auf die Bedeutung des Indexierungssatzes für die Verteilung der Umsatzsteuerbelastung zwischen Sparer und Kreditnehmer, ebenso CHANT [1989], S. 239, 235.

zu rechtfertigen. Die Entscheidung, den Zinssatz für kurzfristige Staatsanleihen bzw. Interbankgeschäfte einheitlich für alle Einlagen- und Kreditgeschäfte zu verwenden, wirft dabei mehrere Fragen auf:

Für die Besteuerungspraxis muss zunächst einmal der anzuwendende Zinssatz konkret bestimmt werden. Dabei ist externen Referenzgrößen der Vorzug vor bankinternen Zinssätzen zu geben.[628] Bereits hier stellt sich jedoch das Problem, dass es am Markt in Reinform keine risikofreien Zinssätze gibt, da naturgemäß jeder Emittent (Banken, aber auch Staaten) ein Risiko (und sei es auch noch so klein) aufweist. Zwangsläufig müsste man sich somit auf die als Ausdruck der geringsten Risikokosten jeweils niedrigsten Zinssätze in einem Währungsgebiet „irgendwie einigen".[629] Wegen seiner Bedeutung ist der Indexierungssatz dabei auf jeden Fall in einem geregelten (transparenten) Verfahren, das auch den oder die Entscheidungsträger umfasst, offiziell zu bestimmen.[630]

Hinzu tritt ein spezielles Problem innerhalb der EU, da trotz gleicher Währung und im internationalen Vergleich geringen Bonitätsunterschieden zwischen den Staaten gleichwohl unterschiedliche Zinssätze zu verzeichnen sind. Auch hier müsste man sich auf den niedrigsten Zinssatz verständigen. Sollte der Indexierungssatz jedoch nicht einheitlich in der EU festgelegt werden können, sondern statt dessen von den Finanzverwaltungen der Mitgliedstaaten festgesetzt werden, würden Wettbewerbsunterschiede zwischen den Mitgliedstaaten verstärkt und Anreize für Steuerarbitrage gesetzt werden.[631]

Besonders problematisch ist aber die Festlegung **nur eines** Zinssatzes **für** sämtliche Volumina, Laufzeiten und Zinsfestschreibungen **aller** Einlagen und

[628] Das INSTITUTE FOR FISCAL STUDIES [1978], S. 260 schlägt als Alternative zu dem Zinssatz für kurzfristige Schatzwechsel das Mittel der durchschnittlichen Haben- und Sollzinsen der Bank vor. Dies ist jedoch abzulehnen, da dies zum einen eine hälftige Teilung der Gesamtmarge und somit immer gleichgewichtige Vermittlungsleistungen gegenüber Einlegern und Kreditnehmern festschreiben würde. Zum anderen können die durchschnittlichen Haben- und Sollzinsen einer Bank regelmäßig erst im nachhinein nach Ablauf einer bestimmten Zeit ermittelt werden, für Zwecke des Vorsteuerabzugs aus gegenüber Unternehmerkunden erbrachten Bankleistungen wird jedoch die Kenntnis des Indexierungszinses ggf. sofort benötigt. Zu dem Erfordernis eines Alternativgeschäfts am Geld- und Kapitalmarkt, dessen Konditionen objektiv, d.h. von den einzelnen Entscheidungsträgern in der Bank nicht willkürlich manipulierbar sein müssen, siehe auch SCHIERENBECK [2001], Spalte 1535.

[629] Dass bei einer solchen Einigung Schwierigkeiten auftreten werden, ist vorhersehbar, ALBA [1995], S. 339.

[630] Bspw. in Anlehnung an die Regeln der Ermittlung des Euribor (European Interbank Offered Rate), vgl. hierzu ENZYKLOPÄDISCHES LEXIKON, S. 520.

[631] Vgl. auch LEVITT [1995], S. 10.

Kredite. Da die Cash-Flow Methode die Margen der einzelnen Kundeneinlagen und Kundenkredite besteuern möchte, müssten diese jeweils äquivalenten Geld- und Kapitalmarktgeschäften gegenüber gestellt werden.[632] Wenn nun jedoch einem Festzinsgeschäft auf der Einlagen- oder Kreditseite ein variabler Zins als Indexierungssatz (zweite Alternative) oder innerhalb der ersten Alternative einem variabel verzinslichen Einlagen- oder Kreditgeschäft ein zwar auch variabler, aber durch eine andere Zinselastizität gekennzeichneter Indexierungssatz zugrunde gelegt wird, ist der umsatzsteuerliche Beurteilungsmaßstab nicht ordnungsgemäß wiedergegeben. Da nicht Gleiches mit Gleichem verglichen wird, kann die Marge als Differenz zwischen dem Marktzins der Einlagen/Kredite und dem Indexierungssatz den Wert der den Einlegern und Kreditnehmern gegenüber erbrachten Bankleistung unter dem Gesichtspunkt einer Vermittlung von vornherein nicht korrekt zum Ausdruck bringen[633]. Erforderlich ist vielmehr ein eigener Indexierungssatz für jedes einzelne Einlagen- und Kreditgeschäft (also Alternativen 5 ff.).

---

632 Insofern steht die Cash-Flow/TCA-Methode vor einem vergleichbaren Problem wie das interne Rechnungswesen der Kreditinstitute, das neben der vergangenheitsbezogenen Nachkalkulation vor allem auch der zielorientierten Fundierung von Entscheidungen zu dienen hat. Auch hier ist die Kenntnis der Margen der einzelnen Geschäfte der Bank von entscheidender Bedeutung. Als mittlerweile anerkannte Methode der Margenkalkulation kann hierbei die Marktzinsmethode gelten, die die traditionelle Pool- und Schichtenbilanzmethode abgelöst hat, siehe auch WIMMER [2002], S. 110 ff. Statt einer Bewertung der einzelnen Aktiv- und Passivgeschäfte jeweils mit den Durchschnittszinssätzen der gegenüberliegenden Bilanzseite werden bei der Marktzinsmethode die einzelnen Kredit- und Einlagengeschäfte mit Bewertungsmaßstäben der gleichen Bilanzseite gemessen, idealerweise mit der nächstbesten Kredit- bzw. Einlagenalternative, die wegen des anstehenden Geschäftes gerade nicht mehr verwirklicht wird, in Ermangelung der Kenntnis einer solchen internen Alternative mit realisierbaren, äquivalenten Alternativen am Geld- und Kapitalmarkt, vgl. grundlegend SCHIERENBECK [1999]. Damit wird dem sog. Opportunitätsprinzip Rechnung getragen, wonach der Nutzen eines Kundengeschäfts darin besteht, mehr zu erwirtschaften als ein vergleichbares und in jedem Fall mögliches Alternativgeschäft am Geld- und Kapitalmarkt. Maßstab für die Messung der Margen jedes einzelnen Kundengeschäfts bei der Marktzinsmethode ist also die Rendite eines äquivalenten Geld- und Kapitalmarktgeschäfts, SCHIERENBECK [2001], Spalte 1535 mit Hinweis auf die Notwendigkeit der Existenz von vergleichbaren Alternativgeschäften.

633 In dem Ausgangsbeispiel in Abschnitt 4.2.1.1.1 wurde von einem Einlagen-, Indexierungs- und Kreditzins von 7,5%, 12% und 14,7%, einer Gesamtmarge von 7,2% und Einzelmargen von 4,5% und 2,7% (jeweils vor Umsatzsteuer) ausgegangen. Hieraus resultierte eine Umsatzsteuer von 0,5% aus dem Einlagengeschäft und von 0,3% aus dem Kreditgeschäft. Unterstellt, dass es sich bei den Einlagen- und Kreditzinssätzen um für einen bestimmten Zeitraum festgeschriebene Zinssätze handelt, und dass der demselben Zinsfestschreibungszeitraum entsprechende Indexierungssatz 13% beträgt, beläuft sich die Gesamtmarge zwar unverändert auf 7,2%, die korrekten Einzelmargen jedoch auf 5,5% im Einlagengeschäft und auf 1,7% im Kreditgeschäft mit der Folge einer zutreffenden Umsatzsteuerbelastung von 0,61% und 0,19%. Durch die Verwendung eines nicht korrespondierenden Indexierungssatzes ist in diesem Fall der Privateinleger um 0,11% benachteiligt und der Privatkreditnehmer um 0,11% begünstigt (bei Unternehmerkunden der Bank stellt sich das Problem durch deren Vorsteuerabzug nicht).

Schließlich ist noch zu hinterfragen, ob ein einheitlicher Zinssatz sowohl die dem TCA-Indexierungssatz zukommenden Funktion des fiskalischen Ausgleichs als auch die der Gesamtmargenaufteilung erfüllen kann. Beide Ansprüche an den Indexierungszins (Ausgleich für die zeitliche Verzögerung des Zuflusses an Umsatzsteuer und Messung der Intermediationsleistung der Bank) setzen eigentlich unterschiedliche Zinssätze voraus. Allerdings löst sich diese Problem bei näherer Betrachtung zumindest teilweise, da die Höhe der Staatseinnahmen nur bei einem nicht ausgeglichenen Einlagen- und Kreditgeschäft von der Höhe des Indexierungssatzes abhängig ist.[634] Insoweit besteht kein echter Konkurrenzgesichtspunkt zwischen den beiden Funktionen des TCA-Zinssatzes.

4.3.3.1.2 Schwankungen der Zinssätze

Selbst nachdem die Entscheidung für einen bestimmten Geld- oder Kapitalmarktzins als anzuwendenden Indexierungssatz für das TCA gefallen ist und bei Abschluss des Einlagen- oder Kreditgeschäfts die Margen ermittelt wurden, bedeutet dies noch keine dauerhafte Festschreibung der Margen, da sich Einlagenzins, Indexierungssatz und Kreditzins fortlaufend ändern können. Zur weiteren Untersuchung dient die folgende Tabelle, in die gegenüber den Ausgangsdaten des Abschnitts 4.2.1.1.1 (im folgenden Szenario I) verschiedene Zinsszenarien[635] aufgenommen wurden[636]:

---

[634] Solange die Gesamtmarge des Einlagen- und Kreditgeschäfts unverändert bleibt, ändert auch eine Variation des TCA-Zinssatzes nicht die Höhe der insgesamt entstehenden Umsatzsteuer. Soweit sich allerdings die Zinsbindungsstrukturen im Einlagen- und Kreditgeschäft (realistischerweise zumindest zu einem gewissen Teil) unterscheiden, führt die Anwendung unterschiedlicher TCA-Zinssätze zu einem Gewinn oder Verlust an Staatseinnahmen im Vergleich zu der Anwendung eines einheitlichen TCA-Zinssatzes, LEVITT [1995], S. 10.

[635] Entsprechend der Entwicklung des Cash-Flow Mechanismus wurde dabei der Rückschluss von den Zinssätzen vor Umsatzsteuer auf die Zinssätze nach Umsatzsteuer gezogen.

[636] Szenario II a und b geben dabei die Alternative 1 der Darst. 47 (allerdings mit unterschiedlichen Zinselastizitäten bei Szenario II b), Szenario III und IV die Alternativen 2 und 3 – jeweils bei Schwankungen der Zinssätze – wieder. Die übrigen Alternativen in Darst. 47 sind durch Zinsschwankungen nicht betroffen.

		Einlage	Indexierung	Kredit
Szenario I	Zinssätze vor USt	7,50%	12%	14,70%
(Ausgangsdaten)	Marge	4,50%		2,70%
	USt	0,50%		0,30%
	Zinssätze nach USt	7,00%		15,00%
Szenario II a	Zinssätze vor USt	8,50%	13%	15,70%
	Marge	4,50%		2,70%
	USt	0,50%		0,30%
	Zinssätze nach USt	8,00%		16,00%
Szenario II b	Zinssätze vor USt	8,05%	13%	15,70%
	Marge	4,95%		2,70%
	USt	0,55%		0,30%
	Zinssätze nach USt	7,50%		16,00%
Szenario III	Zinssätze vor USt	7,50%	13%	14,70%
	Marge	5,50%		1,70%
	USt	0,61%		0,19%
	Zinssätze nach USt	6,89%		14,89%
Szenario IV	Zinssätze vor USt	8,50%	12%	15,70%
	Marge	3,50%		3,70%
	USt	0,39%		0,41%
	Zinssätze nach USt	8,11%		16,11%

Darst. 47: Einfluss verschiedener Zinsszenarien auf die Umsatzsteuerbelastung des Einlagen- und Kreditgeschäfts

Szenario II a zeigt für beide Seiten des Bankgeschäfts ein umsatzsteuerlich gegenüber Szenario I unverändertes Ergebnis an, was nicht weiter verwundert, da alle drei relevanten Zinssätze im gleichen Ausmaß von einem Prozentpunkt gestiegen sind.[637] Dieses Szenario ist umsatzsteuerlich unproblematisch. Problematisch erscheinen dagegen die nachfolgenden Szenarien:

In Szenario II b ändern sich die Zinssätze aufgrund unterschiedlicher Zinselastizitäten nicht gleichmäßig. Die Bank gibt einen Anstieg des relevanten Indexierungssatzes um einen Prozentpunkt zwar in voller Höhe ihren Kreditnehmern weiter, lässt ihre Einleger aber nur zu etwas mehr als die Hälfte an dem Zinsanstieg partizipieren. Diese ungleichmäßige Weitergabe der Zinsveränderung führt zu einer neuen, höheren Gesamtmarge von 7,65% (anstelle von 7,2%) und zu einer um 0,05% höheren, alleine den Einleger tref-

[637] Das gleiche Besteuerungsergebnis tritt ein, wenn man, statt die drei Zinssätze zu erhöhen, diese gleichmäßig reduziert.

fenden Umsatzsteuer.[638] Der Kreditnehmer bleibt von umsatzsteuerlichen Änderungen verschont, da sich die Marge im Kreditgeschäft infolge der vollen Weitergabe der Zinserhöhung nicht verändert hat.

Von einem gegenüber dem Ausgangssachverhalt (Szenario I) unveränderten Einlagen- und Kreditzins geht Szenario III aus. Eine Änderung erfährt hier ausschließlich der Indexierungszins.[639] Es erfolgt also keinerlei Eingriffe in die Zinssätze der Einleger und der Kreditnehmer, die ursprünglich abgeschlossenen Geschäfte bestehen unverändert fort, so dass es keinerlei Tätigkeit (Leistung) des Kreditinstituts bedarf. Gleichwohl wird die Gesamtmarge von 7,2% auf die Bankkunden neu verteilt (Einlegerseite 0,61%, Kreditnehmerseite 0,19%).

Zu einer Verschiebung der Umsatzsteuerbelastung trotz gleich bleibender Gesamtmarge führt schließlich auch Szenario IV bei gleich hoher Erhöhung der Zinssätze für Einleger und Kreditnehmer um einen Prozentpunkt und unverändertem Indexierungssatz.

Die Szenarien II b, III und IV sind aus umsatzsteuerlicher Sicht deshalb problematisch, da es nach Abschluss des Einlagen- und Kreditgeschäfts zu Änderungen der Umsatzsteuerbelastung kommen kann. In allen drei Szenarien stellt sich daher die Frage, warum die Bankkunden im nachhinein mit Umsatzsteuer belastet oder von Umsatzsteuer entlastet werden.

Die Verfasser des TCA-Ansatzes beschreiben die Umsatzsteuerneuverteilungen als Kapitalgewinne und –verluste, gehen explizit aber nur auf den Fall eines Rückgangs des Indexierungssatzes (bei festverzinslichen Einlagen und Krediten) ein und bezeichnen dies als Kapitalgewinne des Einlegers und Kapitalverluste des Kreditnehmers.[640] Der Einleger verzeichne einen Gewinn, da er nunmehr über eine vergleichsweise höher verzinsliche Einlage verfügt („locked-in at the old, higher interest rate“[641]), der Kreditnehmer dagegen ei-

[638] Die Besteuerungskonsequenzen sind gerade umgekehrt, wenn man in Szenario II b den Einlagenzins um 1% und den Kreditzins nur um 0,55% erhöht. In diesem, vor dem Hintergrund der nach Gewinnmaximierung strebenden Bank unplausiblen Fall, würde ausschließlich den Kreditnehmer die Veränderung bei der Umsatzsteuer treffen, hier freilich in Form einer Minderbelastung von 0,05%.

[639] Bspw. bei Festzinsgeschäften, in denen die Zinsbindung für einen bestimmten Zeitraum festgeschrieben werden oder aber auch bei variabel verzinslichen Geschäften, wenn Änderungen der Marktzinssätze aufgrund von Verzögerungs- oder Verharrungseffekten nicht sofort durchschlagen.

[640] Vgl. ERNST & YOUNG [1994], S. 111 und PODDAR/ENGLISH [1997], S. 105-106.

[641] Ebenda.

nen entsprechenden Verlust, wobei der Kapitalgewinn als eine Reduktion des Entgelts für die Leistung der Bank (an den Einleger) und der Kapitalverlust als Erhöhung des Entgelts für die Leistung der Bank (an den Kreditnehmer) angesehen wird.[642] In diesem Sinne vollständig beschrieben, sind die in der nachstehenden Tabelle aufgeführten Fälle zu unterscheiden[643]:

	Einlage	**Kredit**
Sinkender Indexierungssatz	Marge sinkt Kapitalgewinn Reduktion des Entgelts der Bankleistung?	Marge steigt Kapitalverlust Erhöhung des Entgelts der Bankleistung?
Steigender Indexierungssatz	Marge steigt Kapitalverlust Erhöhung des Entgelts der Bankleistung?	Marge sinkt Kapitalgewinn Reduktion des Entgelts der Bankleistung?

Darst. 48: Konsequenzen aus der unterschiedlichen Entwicklung von Indexierungssatz und Einlagen- bzw. Kreditzinssätzen

Der ersten Aussage (Veränderung der Marge führt zu einem Kapitalgewinn oder –verlust) als Zustandsbeschreibung ist zuzustimmen, fraglich ist jedoch die dann folgende Begründung der Entgeltänderung. Vor dem Hintergrund der umsatzsteuerlichen Konzeption der Bankleistung als Vermittlungsleistung zwischen Einleger und Kreditnehmer müsste man eigentlich die Auffassung vertreten, die Leistung der Bank sei im Zeitpunkt der Entgegennahme der Einlage und der Vergabe des Kredits erbracht, da ab diesem Zeitpunkt die beiden Vertragsparteien „zusammengebracht wurden", so dass für eine Entgeltänderung keine Notwendigkeit besteht und auch eine höhere oder niedrigere Umsatzsteuerbelastung nicht rechtfertigt werden kann.

Dem könnte man allenfalls bei variabel verzinslichen Einlagen oder Krediten erwidern, dass diese nur bis auf weiteres, spätestens bis zum nächsten Zinsanpassungszeitpunkt, vereinbart seien, so dass neue Zinssätze für die Bankkunden eine neu zu bewertende, weitere Vermittlungsleistung, erfor-

---

[642] Ebenda. Die Erhöhung des durch den Kreditnehmer gezahlten Entgelts wird damit begründet, dass er im Falle einer vorzeitigen Befreiung von seiner (nunmehr vergleichsweise höher verzinslichen) Verbindlichkeit eine Vorfälligkeitsentschädigung an die Bank bezahlen müsste, die auch der Umsatzsteuer unterliegen müsste.

[643] Die folgenden Aussagen gelten aber auch für variabel verzinsliche Einlagen und Kredite mit von dem Indexierungssatz abweichenden Zinselastizitäten.

dern. Dies stellt dann aber keine Entgeltänderung, sondern ein neu ausgehandeltes Entgelt dar.

Der Standpunkt der weiteren Vermittlungsleistung mit einem neu zu vereinbarenden Entgelt wird aber spätestens in Szenario III widerlegt, in dem sowohl Einlagen- als auch Kreditzins als Festzinsgeschäfte gegenüber dem Ausgangssachverhalt in Szenario I unverändert bleiben. Hier hat die Bank definitiv keine erneute Vermittlungsleistung erbracht. Auch für eine Entgeltänderung bleibt bei Festzinsgeschäften kein Raum. Ohne dass sich das Konsumverhalten des Einlegers oder des Kreditnehmers, die tatsächliche Leistung der Bank oder die Konditionen geändert hätten, nimmt die Bankleistung einen anderen Wert an, wenn der Indexierungssatz sich ändert. Die auftretenden Belastungsänderungen bei der Umsatzsteuer aufgrund von Zinsschwankungen können daher nicht überzeugen.[644]

Offen bleibt auch, ob die Bank in Anbetracht der Festzinsvereinbarungen eine höhere Umsatzsteuer selbst tragen muss bzw. bei einer niedrigeren Umsatzsteuer den Differenzbetrag vereinnahmen darf[645]. Nicht verständlich ist ferner, dass alleine die Änderung des Indexierungssatzes Einfluss auf die Höhe der Staatseinnahmen nehmen kann, wenn das Privatkundengeschäft der Bank nicht gleichgewichtig auf Einlagen- und Kreditseite verteilt ist.[646]

Es gilt daher festzuhalten, dass Änderungen in der Umsatzsteuerbelastung, die nach Abschluss eines Einlagen- oder Kreditgeschäfts auftreten, vor dem Hintergrund der bereits erbrachten Vermittlungsleistung der Bank nicht zu rechtfertigen und als willkürlich abzulehnen sind.[647] Die durch Schwankungen der Zinssätze verursachten Probleme lassen sich nur vermeiden, wenn ent-

---

[644] Ebensowenig die Begründung, wonach der Kapitalgewinn oder –verlust als Maß für die von den Kunden gezahlte Versicherungsprämie gegen Zinsänderungsrisiken anzusehen sei, ERNST & YOUNG [TCA-ADD Report], S. 51. Während ein Verlust des Kunden noch als aufgewendete Versicherungsprämie interpretierbar sein mag, muss dies denklogisch aber bei einem Gewinn scheitern.

[645] Die Beantwortung dieser – nur das Privatkundengeschäft betreffenden - Frage ist davon abhängig, ob die Vertragsvereinbarungen mit den Kunden vorsehen, die Umsatzsteuer zusätzlich zu erheben („tax-exclusive pricing", siehe hierzu auch ERNST & YOUNG [TCA-ADD Report], S. 52) oder ob die Umsatzsteuer untrennbarer Bestandteil des Einlagen- oder Kreditzinses wird („tax-inclusive pricing", ebenda S. 53 ff.). § 29 UStG in der derzeitigen Gesetzesfassung müsste geändert werden, damit auch Schwankungen von Zinssätzen zu einem Ausgleich berechtigen.

[646] Wenn in Szenario III mehr Einlagen von Endverbrauchern stammen als Kredite an Endverbraucher vergeben wurden, profitiert der Fiskus von der Belastungsverschiebung mit Umsatzsteuer, dagegen verliert der Fiskus im umgekehrten Fall.

[647] Vgl. auch LEVITT [1995], S. 8

sprechend dem Opportunitätsprinzip[648] den einzelnen Einlagen- und Kreditgeschäften jeweils äquivalente Indexierungssätze gegenüber gestellt werden.

4.3.3.1.3 Indexierungssatz außerhalb des Bereichs zwischen Einlagen- und Kreditzins

In bestimmten Fällen kann der Indexierungssatz den Einlagenzins unterschreiten oder den Kreditzins übersteigen[649] mit der Folge negativer Einzelmargen, die einer konzeptionellen Begründung bedürfen.

Ausgehend von variablen Zinssätzen für Einlagen, TCA-Indexierung und Krediten von 7%, 12% und 15% entwerfen die Verfasser des TCA-Ansatzes ein Beispiel mit einem unveränderten variablen Indexierungssatz von 12% sowie aufgrund von Zinsfestschreibungen über 5 Jahre deutlich gestiegenen Einlagenzinsen von 14% und Kreditzinsen von 22%[650]:

	Indexierung	Einlage		Kredit	
Zinssätze	12%	14%		22%	
Marge		- 2%		10%	
Margenkomponenten		5%	- 7%	3%	7%

Darst. 49: Margen bei einem Indexierungssatz kleiner als dem Einlagenzins

Die auf das Kreditgeschäft entfallende Marge von 10% wird dabei als aus zwei Bestandteilen zusammengesetzt betrachtet, einer Gebühr von 3% für die übliche Bankleistung und einer zusätzlichen Gebühr von 7% für die Marktrisiken, die mit einer Festanlage über 5 Jahre für den Kreditgeber ver-

---

[648] Siehe FN 632.

[649] Da die Verfasser des TCA-Ansatzes einen variablen Indexierungssatz auch bei Festzinsgeschäften verwenden, kann bei einem deutlichen Zinsrückgang der Indexierungssatz durchaus kleiner als der unveränderte Einlagenzins werden. Denkbar ist aber auch bei Neugeschäften, dass bei einer mit zunehmendem Zinsfestschreibungszeitraum ansteigenden Zinsstrukturkurve von Anfang an der Festzinssatz einer Einlage größer ist als der Indexierungssatz. Umgekehrt ist in Zeiten einer inversen Zinsstruktur möglich, dass kurzfristige Zinsen höher sind als längerfristig festgeschriebene Kreditzinsen.

[650] Vgl. ERNST & YOUNG [1994], S. 110; PODDAR/ENGLISH [1997], S. 104.

bunden sind.[651] Ebenso wird die Marge im Einlagengeschäft aufgeteilt in eine wie im Ausgangsfall vom Einleger an die Bank zu zahlende übliche Bankgebühr von 5% und in eine umgekehrt von der Bank an den Einleger gezahlte Gebühr von 7% für die von ihm als Kreditgeber durch die Festzinsschreibung übernommenen o.g. Marktrisiken, so dass sich per Saldo die negative Marge von 2% ergibt.

Die Begründung vermag jedoch allenfalls dann zu überzeugen, wenn es sich bei Einleger und Kreditnehmer um Unternehmerkunden der Bank handelt.[652] Was aber, wenn es sich bei den Kunden der Bank um Privatpersonen handelt? Hier entsteht ein Widerspruch, da einerseits nach der obigen Begründung der Einleger eine Leistung an die Bank erbringt, andererseits ein Privateinleger aber gar keine umsatzsteuerrelevante Leistung erbringen kann. Dieser Widerspruch wird auch nicht dadurch gelöst, dass die Verfasser des TCA-Ansatzes in einem solchen Fall durch nicht näher spezifizierte ad hoc-Maßnahmen die Banken verpflichten wollen, keine Indexierungssätze zu verwenden, die niedriger als der Einlagenzins oder höher als der Kreditzins sind[653] bzw. die Leistung des Einlegers wie die Leistung eines Kleinunternehmers behandeln wollen, die keine Umsatzsteuer auslöst, womit gleichzeitig auch geklärt wäre, dass die Bank keinen Vorsteuerabzug aus dem an den Einleger bezahlten Entgelt von 2% geltend machen kann[654], denn die Frage, ob jemand Nichtunternehmer, Kleinunternehmer oder regulärer Unternehmer ist, bestimmt sich nicht nach den Zufälligkeiten von Marktzinsentwicklungen.

Widersprüchlich erscheint ferner, dass in der Gedankenwelt des Vermittlungscharakters der Bankleistung, die sich von der an dem Zivilrecht orientierenden umsatzsteuerlichen Auffassung gerade dadurch unterscheidet, dass nicht der Einleger eine Kreditleistung an die Bank, sondern ausschließlich die Bank Leistungen (sowohl an Einleger als auch an Kreditnehmer) tätigt, nun plötzlich doch der Einleger eine Leistung an die Bank erbringt.

---

[651] Beide Bestandteile werden konzeptionell als zu der Bemessungsgrundlage der Umsatzsteuer gehörend betrachtet, PODDAR/ENGLISH [1997], S. 104. Wie später in Abschnitt 4.3.3.1.5 noch zu zeigen sein wird, dürfen jedoch die 7% Gebühr als Ausgleich für die Zinsfestschreibung unter dem Gesichtspunkt der Vermittlungsleistung gerade nicht mit Umsatzsteuer belegt werden.

[652] In diesem Fall, so ERNST & YOUNG [1994], S. 110, führt der Einleger Umsatzsteuer auf 2% Marge und die Bank Umsatzsteuer auf 8% Marge ab, während der Kreditnehmer einen Vorsteuerabzug aus 10% Marge geltend macht. Dies verkennt jedoch, dass Umsatzsteuer- und Vorsteuerbeträge jeweils getrennt ermitteln werden müssen. Korrekt wäre somit allenfalls die Abführung von Umsatzsteuer auf 7% (15%) Marge und Geltendmachung von Vorsteuer auf 5% (7%) Marge durch den Einleger (die Bank).

[653] Vgl. ERNST & YOUNG [1994], S. 112.

[654] Vgl. PODDAR/ENGLISH [1997], S. 105.

Schließlich ist aber auch die Zusammensetzung der Margen der beiden Bankgeschäfte zu hinterfragen, da wie selbstverständlich unterstellt wird, dass das Entgelt für die Bankleistung 5% (gegenüber dem Einleger) und 3% (gegenüber dem Kreditnehmer) beträgt. Diese Margenbestandteile wurden aber unreflektiert aus den Zahlen des Ausgangssachverhalts übernommen und wären nur dann konzeptionell korrekt, wenn sich der 5-Jahrressatz für Staatsanleihen oder Interbankengelder ebenfalls auf 12% beläuft.

Der umgekehrte Fall der Problematik eines den Kreditzins übersteigenden Indexierungssatzes wird von den Verfassern des TCA-Ansatzes nicht mit einem konkreten Zahlenbeispiel erläutert. Unterstellt man in dem o.g. Beispiel einen Indexierungssatz von bspw. 24% statt 12 %[655],

	Einlage		**Kredit**		**Indexierung**
Zinssätze	14%		22%		24%
Marge	10%		- 2%		
Margenkomponenten	5%	5%	3%	- 5%	

Darst. 50: Margen bei einem Indexierungssatz größer als dem Kreditzins

müssten dem obigen Erklärungsmuster folgend, die Margen für die beiden Bankgeschäfte wieder als aus zwei Bestandteilen zusammengesetzt betrachtet werden. Eine plausible Begründung für diese Besteuerungsergebnisse fällt nun aber nicht mehr ein, weder für die zusätzliche Marge von 5% von dem Einleger an die Bank noch für die Marge von 5% für eine gegenläufige Leistung des Kreditnehmers als Ursache für die negative Marge der Bank.

Auch hier ist festzuhalten, dass sich das Problem negativer Margen bei Indexierungssätzen außerhalb des Bereichs zwischen Einlagen- und Kreditzinssätzen vermeiden ließe, wenn jedes einzelne Einlagen- oder Kreditgeschäft mit dem zugehörigen Opportunitätszins verglichen würde.[656]

---

655 Als Erklärung für die vergleichsweise hohen Zinssätze mag der Hinweis auf eine inverse Zinsstruktur dienen, bei der ein ohnehin schon hoher Festzins im Kreditgeschäft von einem kurzfristigen Zins noch übertroffen wird.

656 Siehe FN 632.

4.3.3.1.4 Sonderproblem negativer Einlagenzinsen

Die bisherigen Ausführungen haben gezeigt, dass die Umsatzsteuerbelastung mit steigender Marge und diese mit zunehmendem Abstand des Zinses im Kundengeschäft zu dem TCA-Zinssatz zunimmt. Für das Einlagengeschäft bedeutet dies: Je kleiner der Habenzins im Vergleich zu dem TCA-Zins, desto größer ist die Marge und die dann fällige Umsatzsteuer. Bei besonders niedrigverzinslichen Einlagen wie den Sichteinlagen einer Bank kann dies im Extremfall dazu führen, dass die entstehende Umsatzsteuer den Habenzins sogar übersteigt, d.h. Negativzinsen entstehen.[657] Ganz offenkundig ist dies der Fall bei unverzinslichen Sichteinlagen.

Auf diese Problematik gehen die Verfasser des TCA-Ansatzes soweit ersichtlich nicht ein. Eine schlüssige Begründung für das Entstehen von Negativzinsen fällt schwer. Zwar mag die Ermittlung der Negativzinsen vor dem Hintergrund des der TCA-Methode zugrunde liegenden Verständnisses plausibel erscheinen. Gleichwohl wird gegenüber einem Privateinleger in einer solchen Situation die Konzeption einer unterstellten umsatzsteuerpflichtigen Dienstleistungsgebühr nur schwer zu vermitteln sein.[658] In der Bankpraxis werden daher negative Zinsen auf Einlagen nicht akzeptiert werden.

Dieses Problem lässt sich auch nicht bei Beachtung des Opportunitätsprinzips befriedigend lösen, da selbst bei Verwendung eines der Sichteinlage äquivalenten Zinses am Geldmarkt als Indexierungssatz nicht auszuschließen ist, dass negative Einlagenzinsen entstehen. Allerdings spricht dies nicht gegen eine korrekte Margenkalkulation durch Verwendung eines vergleichbaren Alternativzinssatzes am Geldmarkt. Vielmehr ist dies eine Folge der in diesem Bereich sich vollziehenden Mischkalkulation der Banken, die nicht nur eine Vermittlungsleistung, sondern auch eine Leistung im Zahlungsverkehr durch das Führen von Kontokorrentkonten erbringen, sich aber diese

---

[657] Zur Verdeutlichung mag wieder der Ausgangsfall variabler Einlagenzinsen von 7,5% (vor Umsatzsteuer) und TCA-Zinsen 12% dienen. Werden Sichteinlagen nun mit bspw. 0,5% verzinst, ergibt dies eine Marge von 11,5% und eine Umsatzsteuer von 1,28 Prozentpunkten, so dass sich der Einlagenzins nach Umsatzsteuer auf – 0,78% beläuft.

[658] Nicht verständlich ist bspw., dass verhandlungsschwache Einleger, die den niedrigen Einlagenzins ohne weiteres akzeptieren, im Vergleich zu - der Bank zusätzlichen Aufwand verursachenden - verhandlungsstarken Kunden durch die Umsatzsteuer noch zusätzlich benachteiligt werden.

Bankleistung anstatt durch ein separates Entgelt durch einen niedrigen Sichteinlagenzins vergüten lassen.[659]

4.3.3.1.5 Zu hohe Bemessungsgrundlage bei Verwendung eines einheitlichen Indexierungssatzes

Die bisherigen Ausführungen haben gezeigt, dass nur der Vergleich jedes einzelnen Kundengeschäfts mit seinem zugehörigen Opportunitätszins die korrekte Marge liefern kann und nur hierdurch Änderungen bei der Umsatzsteuerbelastung aufgrund von Zinsschwankungen bzw. negative Margen bei Indexierungssätzen außerhalb des Bereichs zwischen Einlagen- und Kreditzinssätzen vermeidbar sind. Da ein schlüssiges Margenkonzept voraussetzt, dass nur Gleiches mit Gleichem verglichen wird, müssten konsequenterweise für alle Volumina, Laufzeiten und/oder Zinsanpassungsverhalten der Kundengeschäfte auf Einlagen- und Kreditseite entsprechende Indexierungssätze zur Anwendung gelangen mit der Folge einer nahezu unbegrenzten Anzahl von Verzinsungserfordernissen des TCA.[660] Besteuerungsgerechtigkeit und Praktikabilität bzw. Kostengünstigkeit des TCA-Systems stehen insoweit in einem unauflöslichen Spannungsverhältnis zueinander.

Den einzelnen Einlagen- und Kreditgeschäften jeweils äquivalente Indexierungssätze gegenüberzustellen wäre jedoch noch aus einem weiteren Grund erforderlich. Dies soll anhand eines Beispiels mit einer stark vereinfachten Bankbilanz verdeutlicht werden, deren Bilanzseiten jeweils nur aus zwei Geschäftsarten besteht: Im Kreditgeschäft vergibt die Bank 30 GEH Kredite mit einer Zinsfestschreibung von einem Jahr und 70 GEH Kredite mit einer Zinsfestschreibung von zehn Jahren zu einem Vertragszins von 5% bzw. 7%, wobei die jeweils äquivalenten Zinsen am Kapitalmarkt 4% bzw. 5,5% betragen. Die Bank refinanziert sich durch 40 GEH Sichteinlagen und 60 GEH Spareinlagen zu Vertragszinsen von 0,5% bzw. 3% (bei jeweils äquivalenten Marktzinsen von 3,5% und 3,8%). Der als Indexierungssatz für alle Geschäfte Verwendung findende Tagesgeldzins beträgt 3,5%. Dann verteilt sich die

[659] Die Marge von 11,5% in dem obigen Beispiel in FN 657 setzt sich somit aus einer Vermittlungsgebühr von 5% und einer Gebühr für die Unterhaltung von Kontokorrentkonten in Höhe von 6,5% zusammen.

[660] Vergleichbar der Auswahl des Bewertungsmaßstabes bei der Marktzinsmethode, siehe FN 632. Bestimmte Grenzen der Marktzinsmethode, vgl. hierzu auch STEINER [2001], Sp. 255, wie bspw. die Unvollkommenheit der Geld- und Kapitalmärkte sowie die nicht vollständige Erfüllbarkeit des Opportunitätsprinzips bei variabel verzinslichen Einlagen und Kreditensiehe (siehe FN 625) gelten daher auch bei der Cash-Flow/TCA-Methode.

gesamte, der Umsatzsteuer zu unterwerfende Zinsmarge von 4,4 GEH mit 1,2 GEH auf die Sichteinlagen, mit 0,3 GEH auf die Spareinlagen und mit 0,45 GEH und 2,45 GEH auf die kurz- und langfristigen Kredite.

Würde man dagegen entsprechend dem Opportunitätsprinzip jeweils äquivalente Marktzinssätze verwenden, beliefen sich die Margen bei den Sichteinlagen und Spareinlagen auf 1,2 GEH und 0,48 GEH und bei den kurz- und langfristigen Krediten auf 0,3 GEH und 1,05 GEH. Der Umsatzsteuer werden in diesem Fall insgesamt nur 3,03 GEH unterworfen, im Vergleich zu dem gesamten Zinsüberschuss also 1,37 GEH weniger. Die 1,37 GEH stellen das Ergebnis der Fristentransformation der Bank dar, das mit 0,15 GEH und 1,4 GEH auf die Aktivseite und mit -0,18 GEH auf die Spareinlagen der Passivseite entfällt (ermittelt als Differenz zwischen Tagesgeldzins und dem jeweiligen äquivalenten Zins).

Durch Verwendung eines einheitlichen Indexierungssatzes unterwirft die Cash-Flow Methode die gesamte Zinsspanne der Umsatzsteuer. Die als umsatzsteuerliches Entgelt Verwendung findenden Margen umfassen somit

- den Erfolgsbeitrag des Kreditgeschäfts als der Differenz zwischen Kreditzinssatz und äquivalenter Alternativanlage am Geld- und Kapitalmarkt (1,35 GEH)[661]

- den Erfolgsbeitrag des Einlagengeschäfts als der Differenz zwischen Einlagenzinssatz und vergleichbaren Refinanzierungen am Geld- und Kapitalmarkt (1,68 GEH)[662]

- den Erfolgsbeitrag aus der Fristentransformation als Differenz der kapitalgewichteten aktivischen und passivischen Geld- und Kapitalmarktrenditen der Gesamtbank (1,37 GEH)[663].

Nur die **Konditionsbeiträge** stellen aber den Wert der den Kunden gegenüber erbrachten Vermittlungsleistung dar. Der **Strukturbeitrag** ist den Kundengeschäften dagegen **nicht** verursachungsgerecht zurechenbar, sondern

---

661 Aktivischer Konditionsbeitrag i.S. der Marktzinsmethode.

662 Passivischer Konditionsbeitrag i.S. der Marktzinsmethode.

663 Sog. Strukturbeitrag i.S. der Marktzinsmethode (Fristentransformationsprämie), vgl. SCHIERENBECK [1999], S. 73-80; ferner WIMMER [2002], S. 115. Sofern die Bank in unterschiedlichen Währungen refinanziert bzw. anlegt, kann der Strukturbeitrag auch noch eine Währungstransformationskomponente enthalten, vgl. SCHIERENBECK [1999], S. 73 und 80-82.

verbleibt als eigenständige Erfolgsquelle des Bilanzstrukturmanagements[664], der auch im Konzept der Cash-Flow Methode nicht der Umsatzsteuer unterliegen darf. Durch die Besteuerung auch der Erträge aus den Transformationsleistungen führt das Cash-Flow/TCA-System systematisch zu einer zu hohen Bemessungsgrundlage für die Umsatzbesteuerung der Kundengeschäfte.[665] Dies stellt einen nicht lösbaren, gravierenden Mangel in der Konzeption der Cash-Flow Methode dar.[666]

4.3.3.2 Abgrenzung des Anwendungsbereichs der Cash-Flow Methode

4.3.3.2.1 Definition der Finanzintermediation

Margen als Bemessungsgrundlage von Vermittlungsleistungen im Finanzsektor weichen von der sonst üblichen umsatzsteuerlichen Behandlung in den übrigen Sektoren der Volkswirtschaft ab und machen eine Festlegung des Bereichs, für den die Cash-Flow Methode zur Anwendung gelangen soll, notwendig.[667] Die Verfasser der Studien weisen hierbei auf die Bedeutung der Definition des Finanzintermediärs hin, da sämtliche TCA-Berechnungen in der verkürzten TCA-Methode durch die Finanzintermediäre durchzuführen

---

[664] Vgl. ENTROP/SCHOLZ/WILKENS [2002], S. 361. Den Strukturbeitrag könnte eine Bank auch ohne Abschluss von Kundengeschäften realisieren, wenn nur Geld- und Kapitalmarktgeschäfte getätigt würden, WIMMER [2002], S. 116, d.h. im Rahmen der Fristentransformationstätigkeit der Bank ist im Verhältnis zu den Kunden der Bank eine umsatzsteuerliche Leistung ausgeschlossen. Für die Ermittlung des Strukturbeitrags insgesamt ist es im übrigen nicht entscheidend, ob man wie in dem obigen Beispiel den Tagesgeldsatz oder einen beliebigen anderen Satz für verwendet, da sich lediglich die Zusammensetzung des Strukturbeitrags ändert.

[665] Leider werden aussagefähige Daten zur durchschnittlichen Fristentransformation von den Banken nicht veröffentlicht, doch dürften Schätzungen von bis zu einem Drittel der Gesamtzinsspanne nicht unrealistisch sein, vgl. ENTROP/SCHOLZ/WILKENS [2002], S. 362 sowie aufgrund einer Auswertung von Jahresabschlüssen verschiedener Sparkassen und Volksbanken WERNER/PADBERG [2002], S. 484-485, bei allerdings großen Unterschieden (von 23% bis 41%) in Abhängigkeit der Zinsstrukturpolitik der einzelnen Institute. Auch darf die Marktsituation (hier die Steigung der Zinsstrukturkurve) bei dieser Schätzung nicht außen vor bleiben. Es ist anzunehmen, dass bei der derzeitig relativ flach verlaufenden Zinsstrukturkurve der Anteil des Fristentransformationsbeitrags zurückgegangen ist.

[666] Auch eine pauschalierende Vorgehensweise im Wege eines geschätzten Abschlags von den ermittelten Einzelmargen im Kundengeschäft vermag dieses Problem nicht zufriedenstellend lösen, da jegliche Aufspaltung des Strukturbeitrags in einen aktivischen und einen passivischen Strukturbeitrag für diesen Zweck als willkürlich verworfen werden muss. Daher könnte man ggf. sogar zu der Auffassung gelangen, dass die Cash-Flow/TCA-Methode eine Art Ertragsteuer darstellt, da sie gerade nicht eine den Kunden gegenüber erbrachte Dienstleistung, sondern die gesamte Wertschöpfung der Bank besteuert.

[667] Jeder Zahlungsstrom ist dahingehend zu beurteilen, ob sich dahinter eine Intermediationsleistung verbirgt (dann Einbezug in die Cash-Flow Berechnungen) oder nicht (dann Einbezug in das traditionelle Umsatzsteuersystem).

sind und diese hierüber Rechnungen zu erteilen haben.[668] Andererseits soll aus Wettbewerbsgründen aber ggf. auch die Finanzintermediationsleistung der Unternehmen in die Cash-Flow Methode einbezogen werden, die auf den ersten Blick nicht zu den typischen Anbietern von Finanzdienstleistungen gehören[669], wie bspw. die Tätigkeit der Finanzabteilung eines Konzernunternehmens, das in eigenem Namen für die einzelnen Konzerngesellschaften am Kapitalmarkt auftritt[670]. Auch wenn der Schwerpunkt der Überlegungen auf der Frage der Abgrenzung der verschiedenen Institutionen zu liegen scheint[671], darf dabei aber nicht übersehen werden, dass für die Frage des Einbezugs oder Nichteinbezugs nur die Tätigkeit des jeweiligen Unternehmers und nicht die Eigenschaft als eine bestimmte Person entscheidend sein kann.[672] Da die Cash-Flow Methode selbstverständlich nicht auf das Einlagen- und Kreditgeschäft der Banken beschränkt ist, sondern für alle Finanzdienstleistungen gelten soll, die durch verdiente Margen anstelle durch separat vereinbarte Gebühren und Provisionen abgegolten werden, liegt es auf der Hand, dass in Anbetracht der rasanten Entwicklung auf den Geld- und Kapitalmärkten in den letzten Jahren es immer schwieriger wird, das Wesensmerkmal der Finanzintermediation zweifelsfrei zu bestimmen.[673] Die Problematik der Abgrenzung der beiden Umsatzsteuerbereiche – Cash-flow Steuersystem für Finanztransaktionen und traditionelles Umsatzsteuersystem für Realtransaktionen – wird noch dadurch verkompliziert, dass diese

---

[668] Vgl. PODDAR/ENGLISH [1997], S. 108-109; ERNST & YOUNG [TCA-ADD Report], S. 26-27; ERNST & YOUNG [1994], S. 93. Für die Grundform und die nicht verkürzte TCA-Methode ist die Definition des Finanzintermediärs ebenfalls bedeutsam, da nur der Finanzintermediär, nicht aber andere Unternehmer die Finanztransaktionen mit Endverbrauchern in den Cash-Flow Mechanismus einbeziehen muss, vgl. Abschnitt 4.2.1 und 4.2.2.

[669] Vgl. ERNST & YOUNG [TCA-ADD Report], S. 27, die sich hier nicht genau festlegen sowie präziser, aber widersprüchlich PODDAR/ENGLISH [1997], die einerseits bis auf genau spezifizierte Ausnahmen alle Unternehmer mit ihren Finanztransaktionen in die Cash-Flow Berechnungen einbeziehen wollen (S. 108), andererseits jedoch für eine pragmatische Vorgehensweise als entscheidenden Faktor für die Frage dieses Einbezugs plädieren (S. 109).

[670] Sowohl im Falle der Anlage überschüssiger Liquidität von anderen Konzerngesellschaften als auch bei der Beschaffung von Finanzierungsmitteln für andere Konzerngesellschaften ist diese Tätigkeit mit der einer Bank im Einlagen- und Kreditgeschäft dem Grunde nach vergleichbar.

[671] Siehe die Aufzählungen der unter die Definition von Finanzinstituten fallenden Institute bei PODDAR/ENGLISH [1997], S. 109; ERNST & YOUNG [TCA-ADD Report], S. 27; ERNST & YOUNG [1994], S. 93.

[672] Vgl. auch NUTSFORD [1995], S. 17, der für eine weite Definition von „financial services" eintritt. Insofern besteht eine Parallele zu dem heutige Umsatzsteuerrecht, da die im sog. „Bankenkatalog" in § 4 Nr. 8 Buchst. a bis g UStG aufgezählten steuerbefreiten Tätigkeiten für alle Unternehmer Gültigkeit haben.

[673] Siehe auch ALWORTH [1995], S. 7 mit Hinweis auf die Problematik des Einbezugs von komplexeren Finanztransaktionen, wie bspw. Finanzinnovationen, in die Berechnungen der Cash-Flow Methode.

Trennlinie ggf. durch ein und dasselbe Unternehmen läuft, d.h. ein Unternehmen (Bank oder Nichtbankenunternehmer) seine Zahlungsströme zwischen den beiden Systemen aufzuteilen hat.[674] Neben diesen Abgrenzungsproblemen stellt sich noch eine Reihe weiterer Fragen, z.B. wie im Falle von Finanztransaktionen zwischen Banken zu verfahren ist[675] oder welche Konsequenzen aus dem Nebeneinander zweier Umsatzsteuersysteme resultieren[676], die weitergehend zu untersuchen, jedoch über das im thematischen Rahmen dieser Arbeit gebotene Maß an Ausführlichkeit hinausgehen würde. Die folgenden Ausführungen beschränken sich daher auf eine knapp umrissene Darstellung zweier bedeutsamer, den Bankbetrieb betreffende Abgrenzungsfragen.

4.3.3.2.2 Finanztransaktionen in Verbindung mit Eigenkapital

Die Studien über die Cash-Flow Methode weisen darauf hin, dass sich die Finanzintermediation nicht auf das Einlagen- und Kreditgeschäft beschränkt, sondern auch in den Zahlungsströmen anderer Finanztransaktionen wie bspw. bei Aktien und sonstigen Finanzinstrumenten ihren Ausdruck findet.[677] Die Verfasser nehmen aber Zahlungen an und von den Produktionsfaktoren generell aus den Cash-Flow Berechnungen aus.[678] Dies gilt für den Produktionsfaktor Arbeit[679] und auch für den Produktionsfaktor Kapital. Letzteres bedeutet für das Eigenkapital[680], dass auf Zahlungsströme im Zusammenhang

---

[674] Vgl. auch MERRILL/ EDWARDS [1996], S. 493.

[675] Bspw. müsste noch geklärt werden, wer im Einlagen- und Kreditgeschäft zwischen Banken (z.B. eine Sparkasse unterhält ein Termingeldkonto bei ihrer Girozentrale) wem gegenüber eine Vermittlungsleistung erbringt und die TCA-Berechnungen durchzuführen sowie Rechnung zu erteilen hat. Vermittelt die Sparkasse zwischen ihren Einlegern und ihrem Kreditnehmer (der Girozentrale) oder vermittelt die Girozentrale zwischen ihrem Einleger (der Sparkasse) und ihrem Kreditnehmer? Dieses Problem wird in den Studien nicht angesprochen. Vielmehr wird, um die Anwendung zu vereinfachen, vorgeschlagen, Finanztransaktionen zwischen inländischen Finanzinstituten ohne Konsequenz für deren Vorsteuerabzug aus dem Cash-Flow Mechanismus herauszunehmen („Nullsatzbesteuerung innerhalb der Cash-Flow Methode"), ERNST & YOUNG [TCA-ADD Report], S. 30.

[676] Vgl. hierzu die Übersicht bei CHANT [1989], S. 242-243 im Rahmen der Diskussion über die Einführung einer Multistage sales tax in Kanada.

[677] Vgl. ERNST & YOUNG [1993], S. 48.

[678] Vgl. ERNST & YOUNG [1994], S. 80.

[679] D.h. keine Umsatzsteuer auf Lohn- und Gehaltszahlungen und auch kein Vorsteuerabzug hieraus.

[680] Zu den Zahlungen auf Fremdkapital in Form von Zinsen wurde ja in Abschnitt 4.3.1.3 bereits gezeigt, dass diese im Ergebnis durch die Cash-Flow Berechnungen ebenfalls nicht besteuert werden.

mit Aktienemissionen, Dividenden oder Rückkäufen von Aktien keine Umsatzsteuer erhoben und auch kein Vorsteuerabzug gewährt wird[681] mit der Begründung, dass der Erwerb von Aktien lediglich einen Transfer von Geldmitteln darstellt, der eine Vermittlungsleistung nicht erfordert.[682] Ohne die Herausnahme dieser Zahlungsströme würde das Umsatzsteueraufkommen durch die Ausschüttung von Jahresüberschüssen in Form von Dividenden[683] durch Banken oder die Anlage von Kundeneinlagen in Aktien[684] bei Banken beeinflusst werden.[685] Die Finanztransaktionen im Zusammenhang mit dem Eigenkapital stellen insoweit einen nichtsteuerbaren Bereich dar.[686] Dagegen unterliegt der An- und Verkauf von Aktien für Kunden im Rahmen des Provi-

---

681 Vgl. ERNST & YOUNG [1993], S. 49; ERNST & YOUNG [1994], S. 80.

682 Vgl. ERNST & YOUNG [1993], S. 49 („This treatment of shares and dividends is consistent with that of a direct loan from an individual saver/lender, that does not involve any intermediation services [by] a financial institution").

683 Für den Fiskus ergäbe sich ein Minder- oder Mehraufkommen, je nachdem, ob die ausgeschüttete Dividende höher oder niedriger als der reine Zins ausfällt. Dies soll in Anlehnung an die Ausgangsdaten in Abschnitt 4.2.1.1.1 an dem Beispiel des Geschäftes mit Privateinlegern und Privatkreditnehmern analog des Abschnitts 4.2.1.1.2 verdeutlicht werden, wobei der Zufluss von 100 GEH nicht durch eine Einlage, sondern durch die Ausgabe von Aktien erfolgen soll und eine Periode später eine Dividende von 13 GEH (10 GEH) ausgeschüttet wird. Das Umsatzsteueraufkommen aus der Kreditvergabe beläuft sich in beiden Fällen auf unverändert 0,30 GEH (10,00 GEH Vorsteuererstattung anlässlich der Kreditvergabe, 1,20 GEH TCA-Verzinsung aus dieser Vorsteuererstattung, 1,50 GEH und 10,00 GEH Umsatzsteuer aus erhaltenem Kreditzins und closing value des Kredits). Das Steueraufkommen im Falle des Einbezugs der Finanztransaktionen im Zusammenhang mit der Aktienemission beträgt dagegen –0,10 GEH (+0,20 GEH) und setzt sich zusammen aus 10 GEH Umsatzsteuer aus dem Cash Inflow der Aktienemission zuzüglich 1,20 GEH TCA-Verzinsung und abzüglich Vorsteuererstattungen von 1,30 GEH (1,00 GEH) aus der gezahlten Dividende und 10,00 GEH aus dem closing value des Aktienkapitals. Unter der Annahme, dass in diesem Fall dem Aktionär keine Vermittlungsleistung gegenüber erbracht wurde, ist es folglich konsequent, sämtliche Zahlungsströme auf der Eingangsseite der Bank unberücksichtigt zu lassen, denn dann ergibt sich das Umsatzsteueraufkommen nur aus der Kreditvergabe. Andererseits stellt aber auch das Eigenkapital eine Grundlage der Kreditgewährung dar, so dass nicht nachzuvollziehen ist, warum bei Einlagen, die als Kredite ausgereicht werden, von einer Vermittlung ausgegangen wird, bei zur Verfügung gestelltem Eigenkapital dies jedoch nicht gelten soll. Die Begründung, wonach der Eigenkapitalgeber sein Geld der Bank als Eigenkapital und nicht deren Kreditnehmern als Fremdkapital zur Verfügung stellen möchte, kann nicht verfangen, da in der Cash-Flow Methode von einer abstrakten Vermittlungsleistung ausgegangen wird, vgl. Abschnitt 4.3.2.3 (FN 590).

684 So im Ergebnis ERNST & YOUNG [1993], S. 49-50.

685 LEVITT [1995], S. 14 weist darauf hin, dass der Nichteinbezug dieser Finanztransaktionen im Zusammenhang mit dem Eigenkapital auch einen Anreiz für Umgehungen darstellen kann, z.B. wenn anstelle von Bankkrediten verstärkt auf die Finanzierung durch Eigenkapitalzuführungen über Finanzintermediäre zurückgegriffen wird. Dies verkennt jedoch, dass im unternehmerischen Bereich die Umsatzsteuerbelastung aus der Vermittlung von Fremdkapital durch einen Vorsteuerabzug wieder ausgeglichen wird, eine Benachteiligung insoweit gar nicht existiert.

686 Wenn Eigenkapitaltitel im nichtsteuerbaren, Fremdkapitaltitel dagegen im steuerbaren Bereich der Cash-Flow Methode angesiedelt sind, kann es Abgrenzungsprobleme bei hybriden Finanzinstrumenten mit teils Eigen- und teils Fremdkapitalcharakter, geben. ERNST & YOUNG [1993], S. 66 sprechen diese Thematik nur an, ohne näher hierauf einzugehen.

sionsgeschäfts von Banken der Umsatzsteuer, denn hier werden zweifellos Finanzdienstleistungen erbracht.[687]

4.3.3.2.3 Eigenportfolioinvestments

Zahlungsströme im Zusammenhang mit Investitionen, die lediglich dazu bestimmt sind, Erträge abzuwerfen (Eigenanlagen), sollen einen weiteren nichtsteuerbaren Bereich bilden, d.h. aus den Cash-flow Berechnungen ausgenommen werden, da sie nicht in Verbindung mit den eigentlichen Grundgeschäften der Bank stehen, sondern ebenfalls einen Transfer von Geldmitteln darstellen, der eine Vermittlungsleistung nicht erfordert.[688] Unterscheidungsprobleme zwischen Finanztransaktionen, die dem Eigenportfolio dienen und solchen aus den regulären umsatzsteuerpflichtigen Geschäftstätigkeiten der Bank werden sich dabei kaum vermeiden lassen, denn die Abgrenzung zu dem Handelsbestand ist fließend.[689]

Für die weitere Untersuchung ist somit festzuhalten, dass mit dem Eigenkapital und den Eigenanlagen auch unter der Cash-Flow Methode nichtsteuerbare Bereiche existieren, was Anlass für die im folgenden Abschnitt beschriebene Feststellung ist.

---

[687] Vgl. ERNST & YOUNG [1994], S. 80-81.

[688] Vgl. ERNST & YOUNG [1994], S. 81.

[689] Vgl. ERNST & YOUNG [1994], S. 82 sowie LEVITT [1995], S. 13 („...how would the authorities distinguish trading on behalf of customers from proprietory trading?"). Bspw. stellt sich die Frage, wie mit Wertpapieren oder Devisen verfahren werden soll, die zunächst den Eigenanlagen (also dem nichtsteuerbaren Bereich) zugeordnet waren, später jedoch an Kunden der Bank veräußert werden (also als Handelsbestand unter der Cash-Flow Methode zu erfassen sind). Bei zutreffender Behandlung müssten die Wirtschaftsgüter nachträglich in das TCA eingestellt werden, wobei sich hier gleich die nächste Frage nach der Bewertung (Anschaffungskosten oder Zeitwert, letzterer noch einmal unterschieden nach dem Umwidmungszeitpunkt oder dem Veräußerungszeitpunkt) anschließt. Ferner ist fraglich, wie Beteiligungen zu beurteilen sind, die eingegangen wurden, um Unternehmen zu sanieren oder um überhaupt erst eine Kreditgewährung an solche Unternehmen zu ermöglichen.

4.3.3.3 Fortbestehende Problematik der Vorsteueraufteilung

Die Neutralität der Umsatzsteuer in der Unternehmerkette setzt einen möglichst umfassenden Vorsteuerabzug voraus. Nach derzeitigem Umsatzsteuerrecht ist die Umsetzung des Vorsteuerabzugs bei Banken jedoch nur eingeschränkt möglich. Zum einen liegt dies in der Versagung des Vorsteuerabzugs aus Eingangsleistungen begründet, die im Zusammenhang mit steuerfreien Bankumsätzen stehen, was jedoch durch die Cash-Flow Methode mit steuerpflichtigen Ausgangsumsätzen vermieden würde. Zum anderen stellt aber auch die Handhabung der Vorsteueraufteilung nach § 15 Abs. 4 UStG ein gravierendes Problem in der gegenwärtigen Besteuerungspraxis dar.[690]

Gerade diese Problematik bleibt aber der Cash-Flow Methode infolge der Existenz nichtsteuerbarer Bereiche[691] unverändert erhalten, da das Ziel, sämtliche Vorsteuern der Bank abzugsfähig zu machen, nicht erreicht wird. Damit wird das aufwendige Prozedere der pro-rata-Aufteilung bei gemischt zurechenbaren Vorsteuerbeträgen auch in der Cash-Flow Methode beibehalten.

4.3.3.4 Kompliziertheit der TCA-Berechnungen, dargestellt an der Problematik uneinbringlicher Forderungen

Der Kreditzins einer Bank beinhaltet regelmäßig eine Risikoprämie, die nach der Konzeption der Cash-Flow Methode nicht der Umsatzsteuer unterworfen werden soll, da es sich um eine bloße Umverteilung von Vermögen handelt, die keinen Mehrwert schafft.[692] Es ist jedoch nicht möglich, die Risikoprämie eines einzelnen Kredits ex ante zu bestimmen. Vielmehr steht das Risiko erst im nachhinein fest, wenn die tatsächlichen Darlehensverluste bekannt sind. Daher zieht die Cash-flow Methode den Kreditzins einschließlich der Risikoprämie in die Ermittlung der Umsatzsteuer ein und gewährt der Bank einen Vorsteuerabzug aus erlittenen Forderungsausfällen.[693] Die Bank soll jedoch erst dann zum Vorsteuerabzug berechtigt sein, wenn der Forderungsausfall feststeht und die Forderung tatsächlich abgeschrieben wird.[694] Da im Zeitpunkt der Kreditvergabe der Bank ein Vorsteuerabzug aus der Kapitalsumme

---

[690] Siehe die Diskussion um einen konzeptionell überzeugenden und vor allem auch praktikablen „Bankenschlüssel" in Abschnitt 2.4.1.5.

[691] Siehe die Abschnitte 4.3.3.2.2 und 4.3.3.2.3.

[692] Vgl. ERNST & YOUNG [1993], S. 6, S. 22 und S. 52 sowie Abschnitt 4.2.1.1.

[693] Vgl. ERNST & YOUNG [1993], S. 24 und 29; ERNST & YOUNG [TCA-ADD Report], S. 41.

[694] Vgl. ERNST & YOUNG [TCA-ADD Report], S. 41.

zusteht (Grundform der Cash-Flow Methode) bzw. ein entsprechender Eintrag in das TCA der Bank erfolgt und das Ausbleiben der Darlehensrückzahlung und des Darlehenszinses zu einem reduzierten Cash-Inflow führt bzw. der Eintrag eines Gegenpostens in das TCA unterbleibt, soll sich der erforderliche Ausgleich quasi automatisch vollziehen[695], und unter der Prämisse, dass die in den Kreditzinsen enthaltene Risikoprämie den tatsächlichen Forderungsausfällen entspricht, das zutreffende Besteuerungsergebnis gewährleisten.[696]

Die o.g. überaus komplexen Zusammenhänge werden von den Verfassern der Cash-Flow Methode nur verbal erläutert. Zum besseren Verständnis soll daher in dem nachfolgend konstruierten, auf den Zahlen der Ausgangsfälle[697] beruhendem Beispiel, davon ausgegangen werden, dass der erwartete und auch tatsächlich eintretende Forderungsausfall 2% beträgt. Die Bank rechnet also bei einer Kreditvergabe von 1.000 GEH, dass 20 GEH nicht zurückbezahlt werden. Dementsprechend erhöht sie den Kreditzins von 15% auf 17,35%[698]. Eine Periode später werden erwartungsgemäß nur 980 GEH zzgl. 17,35% Kreditzins (= 1.150 GEH) zurückbezahlt. Das den Forderungsausfall automatisch berücksichtigende TCA der Bank weist die nachstehenden Eintragungen auf

Ende der Periode	Bank	TCA-Eintragungen Gutschrift (+) Belastung (-)
t1	Kredit	+ 100,00
t2	TCA-Zinsen	+ 12,00
	Kredit-RZ einschl. Zins	- 115,00
	Summe	- 3,00

und schließt mit einer Umsatzsteuerzahllast der Bank von 3,00 GEH. Dieses Besteuerungsergebnis entspricht 10% Umsatzsteuer auf die unter Zugrunde-

695 Vgl. ERNST & YOUNG [1994], S. 83.

696 Vgl. ERNST & YOUNG [TCA-ADD Report], S. 41.

697 Siehe die Ausgangsdaten in Abschnitt 4.2.1.1.1.

698 Damit der von der Bank insgesamt angestrebte Rückfluss von 1.150 GEH (1.000 GEH zzgl. 15% Kreditzins) mit einem Kapital nach 2% Forderungsausfall (= 980 GEH) erzielt werden kann, müssen sich diese mit 17,3469% (gerundet 17,35%) verzinsen (Probe: 980 GEH zzgl. (gerundet) 17,35% Kreditzins (= 170 GEH) ergibt 1.150 GEH).

legung eines Kreditzinses von 17,35% (also einschließlich Risikoprämie) ermittelten Marge des Kreditgeschäfts von 5,35% über 980 GEH (= 5,24 GEH) abzüglich des Vorsteueranspruchs aus dem Forderungsausfall von 2,24 GEH[699]. Das Besteuerungsergebnis lässt sich aber auch erklären als die Umsatzsteuer auf die Vermittlungsleistung der Bank, d.h. auf 3% Marge (15% abzgl. 12%) aus dem vermittelten Betrag von 1.000 GEH.

Zur Überprüfung der Korrektheit des obigen, automatisch ermittelten Besteuerungsergebnisses, werden in den nachfolgenden Tabellen für die Bank und die privaten Kreditnehmer die Zahlungsströme ohne und mit Forderungsausfall, jeweils getrennt nach bonitätsmäßig guten Kreditnehmern (98%) und schlechten Kreditnehmern (2%), dargestellt. Die Tabelle für die Bank enthält außerdem noch die für die Kreditnehmer geführten TCA´s:

Bank	**Ohne Forderungsausfall (15% Zins)**					
	98% der KN		2% der KN		Summe der KN	
	TCA	Liquidität	TCA	Liquidität	TCA	Liquidität
Kredit	+98,00	-980,00	+2,00	-20,00	+100,00	-1000,00
TCA-Zins	+11,76		+0,24		+12,00	
Kredit-RZ	-98,00	+980,00	-2,00	+20,00	-100,00	+1000,00
Kreditzins	-14,70	+147,00	-0,30	+3,00	-15,00	+150,00
USt/VorSt	-2,94	-2,94	-0,06	-0,06	-3,00	-3,00
Summe		+144,06		+2,94		+147,00
	Mit Forderungsausfall (17,35% Zins)					
	98% der KN		2% der KN		Summe der KN	
	TCA	Liquidität	TCA	Liquidität	TCA	Liquidität
Kredit	+98,00	-980,00	+2,00	-20,00	+100,00	-1000,00
TCA-Zins	+11,76		+0,24		+12,00	
Kredit-RZ	-98,00	+980,00			-98,00	+980,00
Kreditzins	-17,00	+170,00			-17,00	+170,00
USt/VorSt	-5,24	-5,24		+2,24	-3,00	-3,00
Summe		+164,76		-17,76		+147,00

699 Forderungsausfall von 20 GEH x 10% Vorsteueranspruch = 2 GEH, aufgezinst über eine Periode zu 12%.

Private Kreditnehmer	Ohne Forderungsausfall (15% Zins)		
	98% der KN	2% der KN	Summe der KN
	Liquidität	Liquidität	Liquidität
Kredit	+980,00	+20,00	+1000,00
Kredit-RZ	-980,00	-20,00	-1000,00
Kreditzins	-147,00	-3,00	-150,00
(enthaltene USt)	(-2,94)	(-0,06)	(-3,00)
Summe	-147,00	-3,00	-150,00
	Mit Forderungsausfall (17,35% Zins)		
	98% der KN	2% der KN	Summe der KN
	Liquidität	Liquidität	Liquidität
Kredit	+980,00	+20,00	+1000,00
Kredit-RZ	-980,00		-980,00
Kreditzins	-170,00		-170,00
(enthaltene USt)	(-5,24)		(-5,24)
Summe	-170,00	+20,00	-150,00

Die Trennung zwischen bonitätsmäßig guten und schlechten Kreditnehmern macht deutlich, dass dem Fiskus nur 2,94 GEH an Umsatzsteuer zustehen Zwar wurden die gesamten 1.000 GEH (und damit auch die ausgefallenen Forderungen von 20 GEH) vermittelt, jedoch ist zu berücksichtigen, dass die Bank einen Ausfall des Entgelts von 3% Marge auf den Forderungsausfall von 20 GEH (= 0,60 GEH) verzeichnet, so dass die hierauf entfallende Umsatzsteuer von 0,06 GEH im Ergebnis nicht erhoben werden darf[700]. Wird bei Kalkulation des Kreditzinses diesem Gesichtspunkt nicht Rechnung getragen, wird insgesamt ein zu hohes Entgelt und damit auch eine zu hohe Umsatzsteuer erhoben. Berücksichtigt man diese Zusammenhänge, beläuft sich der „umsatzsteuerlich korrekte“ Kreditzins in dem obigen Beispiel auf 17,2857%[701]:

[700] Vgl. die Umsatzsteuerberichtigungsvorschrift des § 17 Abs. 2 Nr. 1 UStG im Falle uneinbringlicher Forderungen.

[701] Um mit einem Kapital von 980 GEH nach Forderungsausfall nach Ablauf eines Jahres insgesamt 1.149,40 GEH (= 1.150 GEH abzgl. 0,60 GEH berichtigte Umsatzsteuer) zu erzielen, muss sich das Kapital von 980 GEH mit 17,2857% verzinsen.

Bank	Mit Forderungsausfall (17,29% Zins)					
	98% der KN		2% der KN		Summe der KN	
	TCA	Liquidität	TCA	Liquidität	TCA	Liquidität
Kredit	+98,00	-980,00	+2,00	-20,00	+100,00	-1000,00
TCA-Zins	+11,76		+0,24		+12,00	
Kredit-RZ	-98,00	+980,00			-98,00	+980,00
Kreditzins	-16,94	+169,40			-16,94	+169,40
USt (-)/VorSt (+)	-5,18	-5,18	+2,24	+2,24	-2,94	-2,94
Summe		+164,22		-17,76		+146,46

Private Kreditnehmer	Mit Forderungsausfall (17,29% Zins)		
	98% der KN	2% der KN	Summe der KN
	Liquidität	Liquidität	Liquidität
Kredit	+980,00	+20,00	+1000,00
Kredit-RZ	-980,00		-980,00
Kreditzins	-169,40		-169,40
(enthaltene USt)	(-5,18)		(-5,18)
Summe	-169,40	+20,00	-149,40

Im Vergleich zu den vorherigen Tabellen (mit einem Kreditzins von 17,35%) sinkt der Cash-Flow der Bank von 147 GEH um 0,54 GEH auf 146,46 GEH, das sind 0,60 GEH entgangene Marge (Entgeltausfall) abzgl. 0,06 GEH ersparte Umsatzsteuer. Die Differenz zwischen dem Cash-Flow der Bank (146,46 GEH) und dem aller Kreditnehmer (149,40 GEH) entspricht den Umsatzsteuereinnahmen des Fiskus von 2,94 GEH.

Der Vergleich der nachstehenden Darstellungen verdeutlicht die Interpretation der Forderungsausfälle in der Cash-Flow Methode:

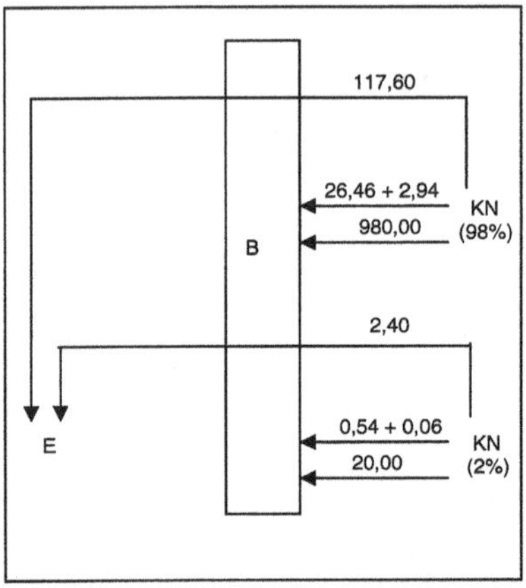

Darst. 51: Zusammensetzung der Zahlungen der Kreditnehmer über 1.150 GEH in einer Situation ohne Forderungsausfälle

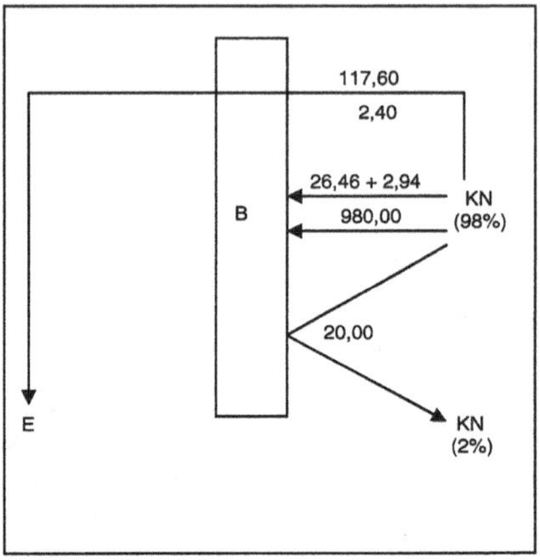

Darst. 52: Zusammensetzung der Zahlungen der Kreditnehmer über 1.149,40 GEH in einer Situation mit 2% Forderungsausfällen

In Darstellung 51 leisten in der Situation ohne Forderungsausfälle alle Kreditnehmer Zahlungen von 1.127,00 GEH und 23,00 GEH, insgesamt also 1.150,00 GEH, davon 120,00 GEH als reine Zinsen über die Bank an die Einleger, 27,00 GEH Entgelt für die Vermittlungsleistung zzgl. 3,00 GEH Umsatzsteuer sowie 1.000,00 GEH Tilgung an die Bank. In einer Situation mit Forderungsausfällen belaufen sich die von den 98% bonitätsmäßig guten Kreditnehmern aufzuwendenden Beträge auf 1.149,40 GEH (980,00 GEH Tilgung und 169,40 GEH Kreditzinsen), das sind 22,40 GEH mehr als in der Situation ohne Forderungsausfälle. Darstellung 52 erklärt den von den 98% bonitätsmäßig guten Kreditnehmern aufgrund der Forderungsausfälle zusätzlich geleisteten Betrag von 22,40 GEH. Dieser entfällt mit 20,00 GEH auf den Forderungsausfall, der von der Cash-Flow Methode als nicht der Umsatzsteuer unterliegende bloße Umverteilung von Vermögen aufgefasst und daher in Darst. 52 als Zahlungsstrom von den bonitätsmäßig guten an die schlechten Kreditnehmer dargestellt wird, und mit 2,40 GEH auf die an die von den Forderungsausfällen nicht betroffenen Einleger zu zahlenden reinen Zinsen.

Das oben dargestellte Besteuerungsergebnis von 2,94 GEH zugunsten des Fiskus ist endgültig, wenn es sich bei den Kreditnehmern um Privatpersonen handelt. Im Kreditgeschäft mit Unternehmerkunden muss jedoch noch deren Besteuerungsergebnis in die Betrachtung einbezogen werden:

Ende der Periode	Unternehmerkunden	98% der KN TCA-Eintragungen Gutschrift (+) Belastung (-)	2% der KN TCA-Eintragungen Gutschrift (+) Belastung (-)	Summe TCA-Eintragungen Gutschrift (+) Belastung (-)
t1	Kredit	- 98,00	- 2,00	- 100,00
t2	TCA-Zinsen	-11,76	- 0,24	- 12,00
	Kredit-RZ	+98,00		+ 98,00
	Kreditzins	+16,94		+16,94
	Summe	+5,18	- 2,24	+2,94

In der Spalte „Summe" aller TCA der unternehmerischen Kreditnehmer scheint auf den ersten Blick ein Umsatzsteuerergebnis von + 2,94 GEH (Vorsteuerüberhang) zu resultieren, das dem Umsatzsteuerergebnis des TCA der Bank von – 2,94 GEH gegenübergestellt den Eindruck der Korrektheit vermittelt, da bei Leistungen innerhalb der Unternehmerkette sich Umsatzsteuer und Vorsteuer gegenseitig aufheben. Dieser Eindruck ist jedoch bei genauerer Betrachtung – d.h. getrennt nach bonitätsmäßig guten und schlechten Kreditnehmern - nicht richtig, da der Fiskus den ihren Kredit tilgenden Unternehmerkunden einen Betrag von 5,18 GEH gutschreiben muss, aber von den nicht ihren Kredit zurückzahlenden Unternehmern keine Zahlung mehr erwarten darf.[702] Insgesamt verzeichnet der Staat somit einen Verlust von 2,24 GEH. Das Problem liegt in dem Mechanismus der Cash-Flow Besteuerung begründet, der bei Kapitaltransaktionen einen Vorsteuerabzug (aus der Kreditvergabe) und eine Umsatzsteuer (aus der Entgegennahme des Kredits) auslöst - bei der TCA-Methode allerdings erst im Zeitpunkt der Rückzahlung der Kredite bzw. wenn ein Forderungsausfall feststeht. Dem Vor-

[702] Oder anders ausgedrückt: Aus Sicht des Fiskus gleichen sich bei den 98% bonitätsmäßig guten Forderungen der Vorsteuerabzug der Unternehmerkunden und die Umsatzsteuerzahlung der Bank über jeweils 5,18 GEH aus, dem Vorsteuerabzug der Bank von 2,24 GEH aus den 2% Forderungsausfällen steht aber keine entsprechende Umsatzsteuereinnahme gegenüber.

steuerabzug der Bank aus der Kreditvergabe steht bei Ausbleiben von Rückzahlungen keine Umsatzsteuer bei dem Kreditnehmer gegenüber. Insofern ist das Problem für den Fiskus durchaus mit dem der gegenwärtigen Rechtslage bei Forderungsausfällen vergleichbar, wo der leistende Unternehmer seine bereits erfolgte Umsatzsteuerzahlung berichtigen kann[703], eine korrespondierende Korrektur auf Seiten des Leistungsempfängers (Rückgängigmachung des Vorsteuerabzugs) aber aus Gründen dessen Bonität unterbleiben muss.[704]

In diesem Zusammenhang weisen die Verfasser der Cash-Flow Methode darauf hin, dass der Verlust an Staatseinnahmen in Anbetracht der Größenordnung von Kreditausfällen vergleichsweise hoch ausfallen könnte.[705] Diese Auffassung kann vor dem Hintergrund der Zahlen des obigen Beispiels nicht geteilt werden, da der Fiskus umgekehrt durch höhere Umsatzsteuerzahlungen (5,18 GEH) aus den höheren Zinsen der bonitätsmäßig guten Kreditnehmer, die diesen Kreditausfall ausgleichen sollen, profitiert. Gleichwohl bestehen Bedenken, dass aufgrund der komplexen Zusammenhänge die permanenten, aus Forderungsausfällen resultierenden Vorsteuervergütungen an Banken, politisch problematisiert werden.[706]

Bereits die obigen – noch überschaubaren – Berechnungen zeigen die außerordentliche Kompliziertheit des Cash-Flow Mechanismus, wenn man ein theoretisch überzeugendes Umsatzsteuerergebnis darlegen möchte.[707] Dies bleibt auch nicht ohne Folgen für die Praxis der Kreditinstitute, die sich in Anbetracht des harten Wettbewerbs nicht einfach über die Besteuerungskonsequenzen und deren Einfluss auf die Preisfindung im Rahmen der Kalkulation der Risikokosten hinwegsetzen kann.[708] Ob die Einführung eines komplizierten Systems wie das der Cash-Flow Umsatzsteuer mit einem der

---

[703] § 17 Abs. 2 Nr. 1 UStG.

[704] Die Ursachen für den Verlust des Fiskus sind aber nicht vergleichbar, da diese bei der gegenwärtigen Rechtslage in dem Vorsteuerabzug des Leistungsempfängers und bei der Cash-Flow Methode in dem Vorsteuerabzug des leistenden Unternehmers (hier der Bank) liegen.

[705] Vgl. ERNST & YOUNG [TCA-ADD Report], S. 42-43.

[706] Erst recht, wenn schon die Verfasser des Cash-Flow Ansatzes (unzutreffenderweise) höhere Verlusten an Staatseinnahmen für möglich halten, siehe obige FN 705.

[707] Auch ohne explizite Darstellung lässt sich leicht vorstellen, um wieviel komplexer die Überlegungen bei Kreditengagements sein müssen, die sich nicht wie in dem bisherigen Beispiel über nur eine Periode, sondern über mehrere Perioden erstrecken.

[708] Kreditinstitute können, schon auch im Interesse ihrer Unternehmerkunden, deren Steuerkalkulationskonten sie bei der verkürzten TCA-Methode zu führen haben, den Besteuerungsergebnissen nicht „blind“ vertrauen, sondern müssen die Besteuerungsergebnisse nachvollziehen.

Hauptziele der Kommission, das gegenwärtige Mehrwertsteuerrecht innerhalb der EU zu vereinfachen[709], in Übereinstimmung zu bringen ist, darf daher bezweifelt werden.

4.3.3.5 Verwaltungsaufwand

Neben der Kompliziertheit der Berechnungen der Umsatzsteuer und Vorsteuer in Einzelfällen wie bspw. bei uneinbringlichen Forderungen ist als weiterer Nachteil der Cash-Flow Methode der den Beteiligten erwachsende Verwaltungsaufwand anzusehen. Immerhin muss bei jeder Finanztransaktion Umsatzsteuer (Vorsteuer) berechnet und im Rechnungswesen verbucht werden.[710] Außerdem müssen die durch die Cash-Flow Umsatzsteuer ausgelösten Zahlungsströme disponiert werden.[711]

Bisher müssen bei einer Realtransaktion zwischen zwei Unternehmern in Bezug auf die Umsatzsteuer ohne Cash-Flow Methode nur zwei Zahlungen erfasst werden (Umsatzsteuer bei dem Verkäufer und Vorsteuer bei dem Käufer). Nach Einführung einer Cash-Flow Methode auf Finanztransaktionen sind dagegen zusätzlich zu den zwei Umsatzsteuerzahlungen aus den Realtransaktionen anlässlich der Überweisung des Rechnungsbetrags weitere Umsatzsteuerzahlungen zu leisten[712], bei dem Regelfall der Abwicklung einer Überweisung über verschiedene Banken noch viele mehr[713]. In Anbetracht

---

[709] Zur Anpassung an die Erfordernisse des Binnenmarkts hat die Kommission im Laufe des Jahres 2000 eine neue Strategie mit vier Hauptzielen (Vereinfachung, Modernisierung, einheitlichere Anwendung und neue Konzeption der Zusammenarbeit der Verwaltungen) festgelegt, BR-Drucks. 122/02, S. 3.

[710] Die Verfasser der Studie gehen nur kurz in einem Absatz auf diesen Verwaltungsaufwand ein und stellen dies auch nur als Nachteil von kleineren Unternehmen dar, ERNST & YOUNG [1994], S. 96. Dies darf allerdings nicht darüber hinwegtäuschen, dass – in Anbetracht der Vielzahl von Finanztransaktionen, siehe hierzu folgend im Abschnitt - auch Mittel- und Großunternehmen vor erhebliche Probleme gestellt werden.

[711] Da sich die Umsatzsteuer in der Grundform der Cash-Flow Methode auch auf die Kapitalsumme einer Finanztransaktion bezieht, müssen teilweise nicht unerhebliche Steuerzahlungen angelegt oder zwischenfinanziert werden. Auf die Schwierigkeit, Geldanlagen oder –aufnahmen zum reinen Zins zu tätigen, wird in diesem Zusammenhang noch einmal verwiesen.

[712] Solange die Cash-Flow Methode darauf abzielt, jede einzelne Einlagen- und Kredittransaktion der Umsatzsteuer zu unterwerfen, müssten vier weitere Umsatzsteuerzahlungen ausgelöst werden - zwei Umsatzsteuerzahlungen bei Verfügung des zahlungsverpflichteten Unternehmers bei seiner Bank (Rückzahlung der Einlage oder Verfügung durch Kreditaufnahme) und zwei Umsatzsteuerzahlungen bei Gutschrift auf dem Konto des unternehmerischen Zahlungsempfängers (Einlage) bei der Bank. Aus den Studien zu der Cash-Flow Methode geht jedoch nicht hervor, ob dies auch dann gilt, wenn Zahlungsverpflichteter und Zahlungsempfänger ihre Konten bei derselben Bank führen.

[713] Jede zwischengeschaltete Bank würde ihrerseits zwei weitere Umsatzsteuerzahlungen auslösen.

der Vielzahl der täglich in einer modernen Volkswirtschaft sich vollziehenden Finanztransaktionen stellt dies auch im Zeitalter moderner EDV-Unterstützung eine nicht zu unterschätzende Belastung dar.

Obwohl die Weiterentwicklung der Grundform der Cash-Flow Methode zu der TCA-Methode insofern eine Erleichterung mit sich bringt, als die Suche nach einer möglichst günstigen Anlage- und Finanzierungsmöglichkeit für die entstandenen Umsatzsteuern aus Kapitaltransaktionen entfällt[714] und damit nicht jede Finanztransaktion sofort eine Umsatzsteuerzahlung auslöst[715], ändert sich jedoch nichts an der Gesamtzahl der zu berücksichtigenden Umsatzsteuergeschäftsvorfälle. Weiterhin muss jede durch eine Finanztransaktion ausgelöste Umsatzsteuer berechnet und gebucht werden. Aus Sicht des Rechnungswesens der Banken und der Nichtbankenunternehmen besteht der Verwaltungsaufwand im Grunde unverändert fort, da sich lediglich die Bezeichnung des Kontos, auf dem die Umsatzsteuer gebucht wird, ändert.[716]

Denkbar wäre sogar eine Steigerung des Aufwands, da die TCA´s in regelmäßigen Abständen abgestimmt werden müssten.[717] Das Führen der TCA´s wird insbesondere für die Nichtbankenunternehmer als bedeutender Nachteil dieser Methode gesehen.[718]

In der verfeinerten Form der verkürzten TCA-Methode haben Banken zusätzlich zu ihren eigenen TCA´s auch die TCA´s für die Nichtbankenunternehmer zu führen. Begründet wird diese zusätzliche Aufgabe damit, dass die Banken über die für die Besteuerung der Nichtbankenunternehmen erforderlichen Informationen als Konsequenz ihrer eigenen TCA-Berechnungen verfügen[719].

---

714 Das TCA gewährleistet sozusagen für diese Steuerbeträge eine jederzeitige Geldanlage oder Kreditaufnahme zum Zinssatz für kurzfristige Staatsanleihen.

715 Siehe die unter Abschnitt 4.2.2.2 dargestellte Vereinfachung durch die geringere Anzahl von Zahlungsströmen im Verhältnis zum Finanzamt.

716 Anstelle der Verbuchung der tatsächlich geflossenen Umsatzsteuer bei der Grundform der Cash-Flow Methode ist bei der TCA-Methode die (nicht sofort zu zahlende) Umsatzsteuer auf dem TCA festzuhalten (also auch zu verbuchen).

717 Wie dies im einzelnen erfolgen könnte, bleibt mangels detaillierter Ausführungen in den Studien zu der Cash-Flow Methode offen. Im Grunde müsste jede einzelne Einlage und jeder einzelne Kredit separat verschlüsselt werden – wegen zwischenzeitlicher Abstimmungshandlungen aber auch bei der späteren Rückzahlung der Einlage/des Kredits, damit über die zugehörige Schlüsselnummer der TCA-Eintrag ausgebucht werden kann. Denkbar wäre aber auch, dass für jede einzelne Finanztransaktion eines jeden Kunden ein separates TCA geführt wird.

718 Vgl. ERNST & YOUNG [1994], S. 114.

719 Vgl. ERNST & YOUNG [1994], S. 117. Da sich die hierfür erforderlichen Information bereits im Hause der Banken befinden, können die Banken die Spiegelbildlichkeit der Eintragungen in den TCA´s nutzen.

Dem Vorteil der Ersparnis an Verwaltungskosten bei Unternehmerkunden durch die Verkürzung der TCA-Methode steht somit ein Mehraufwand auf Seiten der Banken gegenüber. Die Verwaltungskostenproblematik wird damit aber nur verlagert, wenn auch das Führen der TCA´s in einem Hause günstiger sein dürfte als das Führen der TCA´s in zwei Häusern. Ob allerdings die Nichtbankenunternehmen tatsächlich eine Entlastung erfahren, darf bezweifelt werden, da diese in ihrer Buchführung sicherlich Gegenkonten zu den TCA´s bei ihrer Bank führen werden.[720] Auf den mit der zusätzlichen Kontoführung verbundenen Arbeitsaufwand der Kreditinstitute wie beispielsweise der Abstimmung mit den Nichtbankenunternehmern, auf die Frage, ob Banken als Aussteller von Rechnungen über das TCA-Besteuerungsergebnis von dem Fiskus in Haftung genommen werden können[721] oder auf künftig aufwendigere Betriebsprüfungen bei Kreditinstituten[722], wird von Ernst & Young nicht eingegangen. Entlastend, aber aus steuersystematischen Gründen abzulehnen, ist der Vorschlag, Kleinbetragskonten aus der Ausstellung von Rechnungen über Finanztransaktionen herauszunehmen.[723]

Der Aufwand der Kreditinstitute aus der Erhebung, Speicherung und Dokumentation riesiger Datenmengen wäre somit beträchtlich. Hinzu kommt, dass das Rechnungswesen von Banken derzeit nicht darauf ausgerichtet ist, Zahlungsströme periodisch zu erfassen. Da die für die Führung derartiger TCA´s notwendigen Daten und Systeme bei den Banken nicht vorhanden sind, müssten nur für Umsatzsteuerzwecke völlig neue Buchungs- und EDV-Systeme eingerichtet und unterhalten werden mit der Folge eines nicht nur

---

[720] Auch diese Gegenkonten sind mit den TCA´s bei den Banken abzustimmen. Fraglich ist aber auch, ob ein Nichtbankenunternehmer sich dabei vollständig auf die TCA-Berechnungen der Bank verlassen kann oder nicht doch die Berechnungen für Kontrollzwecke selbst durchführen muss. Ein denkbares Argument gegen die Durchführung eigener Berechnungen, z.B. dass Zinsabrechnungen bei Kontokorrentkonten ggf. doch auch nicht nachgerechnet werden, verkennt jedoch die andere Qualität des TCA´s, denn diese Umsatzsteuerberechnungen spiegeln Verpflichtungen gegenüber dem Staat wider, bei der Frage des Nachvollzugs der Kontokorrentberechnungen geht es dagegen nur um eine Verpflichtung gegenüber sich selbst.

[721] In Anbetracht ungelöster Einzelfragen und Abgrenzungsproblemen auch in anderen Bereichen, z.B. im Rahmen dieser Untersuchung nicht behandelter moderner Finanzinstrumente, vor allem aber auch wegen der enormen Volumina und Zahl von Finanztransaktionen, steigt das Risiko einer umsatzsteuerlichen Falschbehandlung und besteht die Gefahr erheblicher Steuerhaftungsrisiken. Naheliegende Begründung für die Übernahme der Haftung durch die Kreditinstitute könnte aus Sicht des Fiskus dabei sein, dass die Kreditinstitute als leistende Unternehmer für die Korrektheit der TCA-Berechnungen verantwortlich zeichnen.

[722] Da sich die Betriebsprüfung auf einzelne Zahlungsströme beziehen müsste, könnte künftig auch die Gewährleistung des Schutzes legitimationsgeprüfter Bankkonten gem. § 30a Abs. 3 AO gefährdet sein.

[723] Vgl. ERNST & YOUNG [1994], S. 120.

einmaligen, sondern dauerhaften personellen und sachkostenmäßigen Mehraufwands.[724]

4.3.3.6 Gesamtwirtschaftliche Konsequenzen

Ohne Anspruch auf Vollständigkeit zu erheben, soll nachstehend auf einige mögliche gesamtwirtschaftliche Auswirkungen einer Cash-Flow Umsatzsteuer auf Finanzdienstleistungen hingewiesen werden.

Ceteris paribus wirkt sich eine Umsatzsteuer auf Finanzdienstleistungen für Endverbraucher gleichzeitig zinserhöhend (auf der Kreditseite) und zinssenkend (auf der Sparseite) aus.[725] Investitionen werden hierdurch in zweifacher Weise tangiert, zum einen über die unmittelbare Erhöhung der Kreditkosten und zum anderen über eine mittelbare Erhöhung der Kreditzinsen infolge gesunkener Sparanreize. Gegebenenfalls verstärkt sich dieser Effekt noch durch die Verlagerung von Geldkapital in Drittlandstaaten ohne eine vergleichbare Belastung. Vor dem Hintergrund der Erfahrungen mit der Zinsabschlagsteuer in Deutschland ist jedenfalls zu befürchten, dass ein solcher Effekt spürbar sein wird. Da der Zins in einer modernen Volkswirtschaft nicht irgend ein beliebiger Preis, sondern eine(n) zentrale(n) Indikator und Steuergröße darstellt, wäre vor Einführung eines solchen Besteuerungssystems auf alle Fälle auch die Europäische Zentralbank zu befragen, die bislang noch überhaupt nicht in diese Überlegungen eingeschaltet wurde. Durch Belastung der Investitionen könnte die Cash-Flow Umsatzsteuer somit wachstumshemmend wirken.

Die Auswirkungen auf den Staatshaushalt und damit künftige Staatsausgaben als bedeutende gesamtwirtschaftliche Nachfragegröße sind nicht eindeutig vorherzusagen. Was das Umsatzsteueraufkommen betrifft, resultieren zusätzliche Steuereinnahmen ausschließlich aus der Inanspruchnahme von Finanzdienstleistungen durch Endverbraucher. Dem steht der Verlust aus dem Wegfall des generellen Vorsteuerabzugsverbots der Banken und ande-

---

[724] LEVITT [1995], S. 9 spricht in diesem Zusammenhang von mehreren Millionen (englischen) Pfund je Bank und erwähnt ferner, dass beträchtliche Kontrollkosten auch für die Finanzverwaltungen entstehen würden. Der Schätzung einer führenden englischen Bausparkasse zufolge würden sich die Kosten auf rund 30 Millionen Pfund belaufen, DREMINS [1995], S. 17. Im Vergleich zu der Einführung der Umsatzsteueroption dürfte die Einführung einer Cash-Flow Umsatzsteuer ein Vielfaches davon betragen.

[725] Vgl. auch die Ausgangsdaten in Abschnitt 4.2.1.1.1, wo unter den dortigen Annahmen durch Einführung einer Umsatzsteuer auf die Zinsmarge die Einlagenzinsen von 7,5% auf 7,0% gesunken und die Kreditzinsen von 14,7% auf 15,0% gestiegen sind.

rer Finanzdienstleistungsanbieter gegenüber. Auf das Ertragsteueraufkommen wirken sich einerseits die oben beschriebenen Effekte einnahmenmindernd aus, andererseits lässt der Wegfall des Vorsteuerabzugsverbots Steuermehreinnahmen erwarten. Außerdem sind die einmaligen und dauerhaft hohen Verwaltungsaufwendungen[726] aus der Einführung und Unterhaltung des Cash-Flow Steuersystems zu berücksichtigen, die als Betriebsausgaben einkommensmindernde Berücksichtigung finden. Schließlich ist der Staat als Endverbraucher und bedeutender Schuldner durch eine Cash-Flow Umsatzsteuer auch unmittelbar infolge der Erhöhung der Kreditkosten betroffen. Allerdings ist hierbei zu berücksichtigen, dass der Staat auf der anderen Seite eben auch Zahlungsempfänger der zusätzlichen Umsatzsteuereinnahmen ist, per Saldo ergeben sich hier also keine Auswirkungen.[727] Unter Bezugnahme auf die Untersuchung von Genser/Winker, die einen doch nennenswerten Anstieg der Umsatzsteuereinnahmen erwarten lassen[728], müsste insgesamt von einer positiven Auswirkung auf die Staatshaushalte ausgegangen werden können, sofern sich die o.g. negativen Effekte, insbesondere die Ausweichreaktionen von Privatkunden, in Grenzen halten.

Aus systematischer Sicht ist auf den möglichen Einfluss des reinen Zinses bzw. des TCA-Indexierungssatzes auf die Höhe der Staatseinnahmen hinzuweisen. In den Beispielsfällen eines betrags- und fristenkongruenten Einlagen- und Kreditgeschäfts in Abschnitt 4.2.1.1 wurde zwar gezeigt, dass die Höhe des Indexierungssatzes keine Bedeutung für die Höhe der Steuereinnahmen hat. Ist allerdings das Einlagen- und Kreditgeschäft einer Bank innerhalb ihres Privatkundengeschäfts nicht ausgeglichen, beeinflusst die Höhe des TCA-Zinses die Staatseinnahmen[729], damit die Höhe des Haushaltsdefizits und dies wiederum die Zinsentwicklung an den Geld- und Kapital-

---

[726] Siehe Abschnitt 4.3.3.5.

[727] Wegen der föderalen Struktur des Staatsaufbaus in Deutschland besteht jedoch keine vollständige Übereinstimmung zwischen Zinsschuldnerschaft und Steuergläubigerschaft. Verwerfungen zwischen den einzelnen Gebietskörperschaften lassen sich daher nicht ausschließen.

[728] Siehe FN 300.

[729] In dem Beispielsfall in Abschnitt 4.2.1.1.2 betrug bei einem reinen Zins von 12% das Umsatzsteueraufkommen für den Fiskus 0,80 GEH aus dem ausgeglichenen Einlagen- und Kreditgeschäft mit jeweils Privatkunden und entfällt mit 0,50 GEH auf die Einlagenseite und mit 0,30 GEH auf die Kreditseite. Variiert man in diesem Beispiel nur den reinen Zins (z.B. Erhöhung auf 14%), so hat dies auf das Besteuerungsergebnis von 0,80 GEH keinen Einfluss. Lediglich die Verteilung der anfallenden Umsatzsteuer hat sich geändert (0,70 GEH Umsatzsteuer entfallen auf den Einleger und 0,10 GEH auf den Kreditnehmer). Hieraus lässt sich aber die Bedeutung auch der Struktur des Bankgeschäfts für die Staatseinnahmen erkennen. Handelt es sich in dem Beispiel bei dem Kreditnehmer nämlich um einen Unternehmerkunden, steigt infolge des gestiegenen reinen Zinssatzes das Steueraufkommen von 0,50 GEH auf 0,70 GEH. Im umgekehrten Fall (Einleger als Unternehmerkunde) sinkt das Steueraufkommen von 0,30 GEH auf 0,10 GEH.

märkten. Es ist also denkbar, dass sich mit dem reinen Zins bzw. dem TCA-Indexierungssatz eine geldpolitisch bedeutsame ökonomische Größe indirekt selbst beeinflusst, ein Aspekt, der für die Europäische Zentralbank von großer Bedeutung werden könnte.

Schließlich sei an dieser Stelle noch auf einen verteilungspolitischen Gesichtspunkt hingewiesen. Üblicherweise zahlen die ärmeren Haushalte aufgrund schwacher Verhandlungsmacht und/oder dem Unvermögen, ausreichende Kreditsicherheiten stellen zu können, die höchsten Kreditzinsen. Aufgrund der höheren Zinsmarge wären diese Haushalte bei Einführung einer Cash-Flow Umsatzsteuer auf Finanzdienstleistungen dann aber auch mit vergleichsweise höheren Kreditkosten belastet. Dies könnte sich negativ auf den Konsum in einer Volkswirtschaft und damit das Wirtschaftswachstum auswirken, da gerade diese Bevölkerungsgruppe im Vergleich zu Haushalten mit höheren Einkommen einen überproportionalen Anteil ihres Einkommens konsumiert.[730]

4.3.3.7 Zwischenergebnis: Infolge Mängel in der Konzeption, Abgrenzungsproblemen sowie fehlender Praktikabilität kann die Cash-Flow Umsatzbesteuerung der Bankleistungen auch de lege ferenda nicht überzeugen

Obwohl die Methode als Cash-Flow Rechnung beschrieben wird und folgerichtig auch die Zahlungsströme aus Finanztransaktionen in die Rechnung einbezogen werden, handelt es sich doch faktisch um den Versuch, die Marge einzelner Einlagen und Kredite als Bemessungsgrundlage der Umsatzsteuer zu bestimmen. Um so schwerer wirken die Mängel in der Konzeption der Margenberechnung, insbesondere das Unvermögen, jedes einzelne Kundengeschäft mit seinem zugehörigen Opportunitätszins zu vergleichen und die systematisch zu hohe Bemessungsgrundlage durch Einbezug des Fristentransformationsergebnisses.

Ferner widersprechen die aus dem Nebeneinander zweier Umsatzsteuersysteme resultierenden Abgrenzungsprobleme sowie die außerordentliche Kompliziertheit der Cash-Flow Steuerberechnungen einschließlich der hier-

[730] Andererseits ist in Bezug auf die Verteilungswirkungen der Cash-Flow Umsatzsteuer festzuhalten, dass auf der Einlagenseite die Personen vergleichsweise höher belastet werden, die viel sparen (also die reicheren Haushalte). Insoweit leistet das Cash-Flow System einen Beitrag zur Minderung der Regressivität der Umsatzsteuer, vgl. auch U.S. TREASURY DEPARTMENT [1984], S. 47.

mit verbundenen Aufwendungen für alle Beteiligten dem Charakter einer einfach zu handhabenden Umsatzsteuer. Geradezu ironisch mutet an, dass mit der fortbestehenden Notwendigkeit der Vorsteueraufteilung die Problematik des Bankenschlüssels als eines der Hauptproblemfelder der derzeitigen Umsatzsteuerbesteuerung im Bankgewerbe auch unter einer Cash-Flow Umsatzbesteuerung erhalten bleibt.

Schließlich stünde selbst für den Fall, dass man sich über die vorgenannten Mängel hinwegsetzt bzw. diese abstellen könnte, die Anwendung des neuen Rechts vor einem Dilemma, da in der Besteuerung von Zahlungsströmen allein eine Umsatzsteuersystematik nicht erkannt werden kann. Ohne inneres System kann das Steuerrecht aber keine Gerechtigkeitsordnung sein.[731]

---

[731] Vgl. LANG in TIPKE/ LANG [1998], § 4 Rz. 27 und in Rz. 28 ff. mit weiteren Hinweisen auch auf die Systemabhängigkeit der Methode der Rechtsanwendung bei der Gewinnung des teleologischen Orientierungsmaßstabes, dem Ausfüllen von Gesetzeslücken, der Aufdeckung von Verstößen gegen den Gleichheitssatz des Art. 3 Abs. 1 GG sowie der Ermessensausübung entsprechend § 5 AO.

5. Teil: Zusammenfassung

Den Anstoß für die vorliegende Untersuchung gaben verschiedene für die Europäische Kommission erarbeitete Studien über eine Cash-Flow Umsatzbesteuerung von Finanzdienstleistungen, die sich zum Ziel gesetzt haben, Schwachpunkte der derzeit praktizierten Umsatzsteuerbefreiung der Finanzdienstleistungen zu überwinden. Dies bestimmte auch den Gang der Untersuchung, die im wesentlichen vier Aufgaben erfüllte: Zum ersten wurden aus der dem gemeinsamen europäischen Umsatzsteuersystem zugrunde liegenden 1. USt-RL mit dem Verbrauchsteuercharakter und dem Neutralitätsgrundsatz die systemtragenden Prinzipen der Umsatzsteuer abgeleitet, die zusammen mit weiteren Gesichtspunkten wie der Praktikabilität oder der Frage der Steuereinnahmen den Beurteilungsmaßstab für die existierenden Besteuerungsalternativen bildeten. Zum zweiten wurde die derzeitige gesetzliche Regelung des § 4 Nr. 8 Buchst. a) UStG einer kritischen Analyse unterzogen. Die hierbei aufgedeckten Mängel belegten, dass der Anlass für die Entwicklung der Cash-Flow/TCA-Methode offensichtlich begründet war. Zum dritten wurden alternative Ansätze innerhalb der traditionellen Nettoumsatzsteuer einschließlich der jüngsten Reformüberlegungen untersucht. Nachdem nachgewiesen wurde, dass auch diese Methoden keinen Erfolg versprechenden Beitrag zur Lösung der aufgedeckten Probleme leisten können, erfolgte zum vierten eine vertiefende Auseinandersetzung mit der Cash-Flow/TCA-Methode.

Nach Bewältigung dieser Aufgaben lassen sich die dabei gewonnenen Ergebnisse für das Einlagen- und Kreditgeschäft der Banken wie folgt zusammenfassen:

1. Unter Verbrauchsteuergesichtspunkten ist nicht einsehbar, warum die Leistung der Bank bei der Kreditgewährung von der Umsatzsteuer befreit sein soll. Die verdeckte Umsatzsteuerbelastung aufgrund Überwälzung der nichtabzugsfähigen Vorsteuerbeträge kann dabei nicht als Entschuldigung herhalten, zu offensichtlich sind die Verstöße gegen den Neutralitätsgrundsatz sowohl auf der Eingangs- als auch auf der Ausgangsseite, da die effektive Umsatzsteuerbelastung der Bankleistung durch den Wert der steuerpflichtigen Vorleistungen und nicht durch den Wert der Ausgangsleistungen bestimmt wird. Gegen die Neutralität der Umsatzsteuer wird aber auch verstoßen, wenn die Nichtüberwälzung zu einer Belastung der Bank führt, da innerhalb der Unternehmerkette eine definitive Umsatzsteuerbelastung eintritt.

2. Die Verstöße gegen den Verbrauchsteuercharakter und das Neutralitätsprinzip sind die generelle Folge der Umsatzsteuerbefreiung und des Vorsteuerabzugsverbots. Sie sind bei allen Steuerbefreiungen anzutreffen, die zu einem Vorsteuerausschluss führen und stellen daher keine Besonderheit bei den Bankleistungen dar. Allerdings kommt den Bankleistungen unter den Steuerbefreiungen eine besondere Bedeutung zu, da sie vom Umfang her in einer Volkswirtschaft eine besondere Rolle spielen und anders als die meisten übrigen Steuerbefreiungen in großem Umfang auch von Unternehmern nachgefragt werden und daher in besonderem Maße zu einer Preisverschmutzung beitragen.

3. Keiner der gängigen Rechtfertigungsgründe für eine Umsatzsteuerbefreiung der Kreditgewährung vermag zu überzeugen. Die Steuerbefreiung ist vielmehr die Folge einer technischen Unzulänglichkeit in der Erfassung einer überzeugenden Bemessungsgrundlage. Die Umsatzbesteuerung von Bankleistungen, die gegen gesondert vereinbarte Gebühren oder Provisionen erbracht werden, ist dagegen ohne weiteres möglich, da sie technisch leicht zu erfassen sind. Allerdings muss mit Ausweichreaktionen der Beteiligten infolge der Vielzahl an Bepreisungsmöglichkeiten bei Bankleistungen gerechnet werden (z.B. Mischkalkulation im Provisions- und Zinsgeschäft). Die Klärung der Umsatzbesteuerung von Bankleistungen im Einlagen- und Kreditgeschäft ist somit von zentraler Bedeutung auch für die gesondert bepreisbaren Bankleistungen.

4. Die weitere Vorgehensweise hängt davon ab, was man unter der Bankleistung im Einlagen- und Kreditgeschäft versteht. In diesem Zusammenhang ist auch zu klären, ob Zinsen der Umsatzsteuer unterworfen werden sollen und wer im Einlagengeschäft leistender Unternehmer ist.

5. Nach traditionellem Verständnis der Vorsteuerabzugsmethode gewährt der Einleger einen Kredit an seine Bank und diese einen Kredit an ihren Kreditnehmer. Dies entspricht auch der gegenwärtigen Rechtslage. Die Cash-Flow/TCA-Methode fasst dagegen analog der Handhabung in der volkswirtschaftlichen Gesamtrechnung die Bank als Vermittler zwischen Einlagen- und Kreditseite auf, wobei sie den Vermittlungsgedanken weit auffasst. Die Cash-Flow/TCA-Methode ist daher mit geltendem Umsatzsteuerrecht, das nicht die Funktion in einer Marktwirtschaft, sondern den Leistungsaustausch besteuert, nicht vereinbar.

6. Die geltende Rechtslage, die von einer Steuerbarkeit der Zinsen als Entgelt der Kreditgewährung ausgeht, entspricht allerdings nicht dem Verbrauchsteuercharakter der Umsatzsteuer. Weder stellt das aufgenommene Geldkapital ein Verbrauchsgut dar, noch lassen sich Zinsen als Einkommensverwendung für das mittels des aufgenommenen Geldkapitals erworbene Verbrauchsgut auffassen. Folglich lässt sich auch die Umsatzsteueroption im Kreditgewerbe nicht mit dem Verbrauchsteuercharakter der Umsatzsteuer vereinbaren.

7. Da somit auch das derzeitige Besteuerungssystem mit einem konzeptionellen Mangel behaftet ist, erscheint es gerechtfertigt, de lege ferenda die Anwendbarkeit der Cash-Flow/TCA-Methode zu erwägen. Diese Methode stellt die bislang einzig ernst zu nehmende Alternative dar, da sie sich technisch in das vorherrschende Vorsteuerabzugssystem integrieren lässt.

8. Die Cash-Flow/TCA-Methode ist jedoch durch gravierende Mängel konzeptioneller Art (Besteuerung der gesamten Zinsspanne und damit auch der Fristen- und Währungstransformationsleistung der Bank) und praktikabler Art gekennzeichnet. Vor allem die Probleme in der Durchführung, Steuerhaftungsrisiken, die mit einem Systemwechsel verbundenen einmaligen und dauerhaften Kosten sowie die Furcht vor Wettbewerbsnachteilen gegenüber drittlandsansässigen Anbietern von Finanzdienstleistungen dürften der Grund sein, warum dieses Konzept bei den Finanzdienstleistern der Mitgliedstaaten auf heftige Ablehnung stieß und nach derzeitigem Sachstand nicht wieder aufgegriffen werden soll[732].

9. Gleichwohl ist die der Cash-Flow/TCA-Methode zu Grunde liegende Fokussierung auf die Zinsmarge im Einlagen- und Kreditgeschäft hochaktuell, wie die derzeitige Diskussion um den neuen Bankenschlüssel zeigt.[733] Sollte sich die Margenüberlegung in diesem Bereich endgültig durchsetzen, ist auch eine Neuauflage der Diskussion über die Cash-Flow/TCA-Methode nicht auszuschließen, denn ein Nebeneinander beider Ansichten – traditionelle Umsatzsteuer mit dem **Zins** als Bemessungsgrundlage auf der Ausgangsseite der Bank und neuer Bankenschlüssel mit der **Zinsmarge** als Schätzung der Bemessungsgrundlage

[732] Vgl. die Übersicht kreditwirtschaftlich wichtiger Vorhaben der EU bei RABE [1999], S. 1214. Auch von politischer Seite her fand das Vorhaben keine Unterstützung, SCHMIDT [2001], S. 1510.

[733] Siehe Abschnitt 2.4.1.5 (dort FN 296 und 297).

des Umsatzes bei der Vorsteueraufteilung auf der Eingangsseite der Bank – widerspricht sich.

10. In der Literatur wird schließlich noch eine dritte Auffassung vertreten, wonach selbst eine Vermittlungsleistung im Finanzdienstleistungsgewerbe nicht mit Umsatzsteuer zu belegen ist. Begründet wird dies wie bei dem Verbrauchsteuercharakter nach traditionellem Umsatzsteuerverständnis damit, dass Finanzdienstleistungen zur Ermöglichung des Konsums beitragen, selbst aber keinen Konsum darstellen.[734] Allerdings bleibt die Frage nach dem genauen Charakter eines Konsumguts ausgeklammert. Statt dessen wird über den Umweg nutzentheoretischer Überlegungen versucht, den eigenen Standpunkt zu untermauern. Tatsächlich löst dies das Problem jedoch nicht, da nur ein unbestimmter Begriff („Konsum") durch einen anderen, noch weniger bestimmten Begriff („Nutzen"), ersetzt wird. Sollte sich gleichwohl dieser Standpunkt durchsetzen, wäre dies die einfachste Lösung, man hätte sozusagen das Problem einfach weg definiert. Gegen diese Auffassung spricht jedoch, dass Banken offensichtlich zur Bedürfnisbefriedigung ihrer Kunden beitragen und die Kunden hierfür, wenn auch nur indirekt über vergleichsweise niedrigere Einlagenzinsen und höhere Kreditzinsen, ein Entgelt entrichten.

11. Somit verbleibt für diese Untersuchung festzustellen, dass es theoretisch **und** praktisch schwierig ist, den Umsatz der Tätigkeit der Banken im Einlagen- und Kreditgeschäft zu bestimmen. Eine befriedigende Lösung dieses bald ein Jahrhundert alten Problems setzt dabei voraus, dass sich der Steuergesetzgeber Klarheit über das Steuergut verschaffen muss. Drei Alternativen stehen ihm hierbei zur Auswahl:

- Die Bankleistung im Einlagen- und Kreditgeschäft stellt keinen umsatzsteuerwürdigen Tatbestand dar.

  Dann kann die konsequente Lösung nur die Steuerbefreiung mit gleichzeitig uneingeschränktem Vorsteuerabzugsrecht (Nullsatzbesteuerung) sein.

---

[734] Vgl. MERRILL [1997], S. 16-19; CHIA/WHALLEY [1999] und zuletzt GRUBERT/MACKIE [2000].

- Die Bankleistung im Einlagen- und Kreditgeschäft stellt einen umsatzsteuerwürdigen Tatbestand dar. Der Verbrauch bzw. die Einkommensverwendung besteht in der Kreditgewährung und das Entgelt in dem vollen Zins.

  Demnach müsste die Umsatzsteuerbefreiung des § 4 Nr. 8 Buchst. a) UStG (und in Folge auch die übrigen Befreiungstatbestände des § 4 Nr. 8 UStG) aufgehoben werden. Gleichzeitig entfiele das bisherige Vorsteuerabzugsverbot des § 15 Abs. 2 Nr. 1 UStG.

- Die Bankleistung im Einlagen- und Kreditgeschäft stellt einen umsatzsteuerwürdigen Tatbestand dar. Der Verbrauch bzw. die Einkommensverwendung besteht in einem abstrakten Vermittlungsverständnis und das jeweilige Entgelt in einem Teil der Zinsmarge.

  Dies ist der Ansatzpunkt der Cash-flow/TCA-Methode. Allerdings spiegelt dieses Modell nur eine vermeintliche Genauigkeit vor, die es trotz des großen hiermit verbundenen Verwaltungsaufwands nicht einhalten kann. Dann aber sollte akzeptiert werden, dass Finanzdienstleistungen besser für die Anwendung spezifischer Steuern (z.B. Kapitalverkehrsteuern) als für die Anwendung der Umsatzsteuer geeignet sind.

Welche dieser Auffassungen sich letztlich durchsetzen wird, bleibt abzuwarten. Wissenschaft und Praxis werden aber schon in naher Zukunft anlässlich des IFA Kongresses 2003 in Sydney, bei dem die Frage der indirekten Besteuerung von Finanzdienstleistungen einen von zwei Hauptschwerpunkten bilden wird, Gelegenheit haben, sich mit diesen spannenden Fragen auseinanderzusetzen.

LITERATURVERZEICHNIS

AISENBREY, Friedrich/ECK, Michael, [1993], Ausschluss des Vorsteuerabzugs aus den Baukosten von Bank- und Versicherungsbauten, DStR 1993, S. 1904.

ALBA, Cristian E. Rosso, [1995], Taxation of Financial Services under the Value Added Tax: A Survey of Alternatives and an Analysis of the Argentine Approach , VAT Monitor, S. 335-349.

ALBRECHT, Christian, [1992], Umsatzsteuer und Vorsteuer beim Factoring und im Kreditkartengeschäft, DB 1992, S. 549-552.

AMMANN, Gunter, [2001], Anmerkungen zum Entwurf des Steuerverkürzungsbekämpfungsgesetzes. Umsatzsteuer-Betrug mit Vorsteuer-Verrechnung vermeiden, UR 2001, S. 428-433.

ARNDT, Hans-Wolfgang/FETZER, Thomas, [2000], Der Richtlinienvorschlag der Europäischen Kommission zur Mehrwertbesteuerung des Elektronischen Handels, BB 2000, S. 2545-2551.

ASHAUER, Günter, [2002], Die Rentabilität der Kreditwirtschaft im internationalen Vergleich, Sparkasse 2002, S. 248-259.

BÄHR, Horst, [1996], Umsatzsteuer, München und Wien 1996.

BAKKER, Carl/CHRONICAN, Phil, [1985], Financial Services and the GST: A Discussion Paper, Victoria University Press [Hrsg.], Wellington, New Zealand 1985.

BEA, Franz Xaver, [1980], Umsatzsteuern I: Ziele und Ausgestaltung, in: Willi Albers et al. [Hrsg.], Handwörterbuch der Wirtschaftswissenschaft, Bd. 8, Stuttgart 1980, S. 27-40.

BENDA, Josef, [1989], Aufteilung von Leistungen aus der Sicht des Vorsteuerabzugs?, in: Vereinigung zur wissenschaftlichen Pflege des Umsatzsteuerrechts e. V. [Hrsg.], Umsatzsteuerkongress-Bericht 1988/89, Köln 1989.

BERZ, Stefan/BECK, Robert, [2000], Die umsatzsteuerliche Behandlung von Börsen einführungskosten, DStR 2000, S. 1298-1301.

BIRK, Dieter, [2001], Die Umsatzsteuer, Vortrag, Symposion Freiheit, Gleichheit, Effizienz: Ökonomische und verfassungsrechtliche Grundlagen der Steuergesetzgebung, Frankfurter Institut der Stiftung Marktwirtschaft und Politik, Berlin 29./30.3.2001.

BIRKENFELD, Wolfram, [1969], Zweifelsfragen bei der Umsatzsteuerfreiheit von Kreditgewährungen, UR 1969, S. 335-337.

BIRKENFELD, Wolfram, [1993], Umsatzsteuer in der Zeit, UR 1993, S. 321-329.

BIRKENFELD, Wolfram, [1997], Rechtsprechung des Europäischen Gerichtshofs zu Umsatzsteuerfragen, UR 1997, S. 241-250.

BIRKENFELD, Wolfram, [Umsatzsteuer-Handbuch], Das große Umsatzsteuer-Handbuch, 3. Aufl., Köln 1998.

BIRKENFELD, Wolfram, [2002], Umsatzsteuer 2002, UR 2002, S. 153-162.

BIRKENFELD, Wolfram/FORST, Christian, [1998], Das Umsatzsteuerrecht im Europäischen Binnenmarkt - Erläuterungen zum Mehrwertsteuersystem nach der 6. Umsatzsteuerrichtlinie mit einer Textsammlung aller maßgeblichen Richtlinien, 3. Aufl., Bielefeld 1998.

BOTTLER, Jörg, [1968], Untersuchung möglicher Kumulationswirkungen im neuen Umsatzsteuergesetz (Mehrwertsteuergesetz), WPg 1968, S. 92-95.

BRADFORD, David F., [1996], Treatment of Financial Services under Income and Consumption Taxes, in: Aaron, Henry J./Gale, William G. [Hrsg.], Economic effects of fundamental tax reform, Washington, D.C. S. 437-464.

BUND DER STEUERZAHLER, [2002], Mainzer Vorschläge - Systemwechsel im Umsatzsteuerrecht -, Der Steuerzahler 2002, S. 43.

BUNJES, Johann/GEIST, Reinhold , [Umsatzsteuergesetz], Umsatzsteuergesetz, 6. Aufl., München 2000.

BURHOFF, A. / HÜNNEKENS, H. et al., [1971], Umsatzsteuer - ABC, 3. Aufl., Herne/Berlin 1971.

BURHOFF, A./MIELKE, K./SCHWARZE, R., [1974], Lehrbuch der Umsatzsteuer (Mehrwertsteuer), 3. Aufl., Herne/Berlin 1974.

BÜSCHGEN, Hans E., [1998], Bankbetriebslehre, 5. Aufl., Wiesbaden 1998.

CHANT, John F., [1989], Financial Institutions and Tax Reform, in: Mintz, Jack/ Whalley, John [Hrsg.], The economic impacts of tax reform. Canadian Tax Paper No. 84, S. 223-254.

CHIA, Ngee-Choon/WHALLEY, John, [1999], The Tax Treatment of Financial Intermediation, Journal of Money, Credit, and Banking 1999, S. 704-719.

CREZELIUS, Georg, [1991], Steuerrecht II, München 1991.

DAHM, Joachim/HAMACHER, Rolfjosef, [1998], Das EG-Recht und der Vorsteuerabzug deutscher Banken, IStR 1998, S. 449-457.

DASSEL/SCHÜTTE/EGGER, [1982], Das für öffentliche Sparkassen geltende Steuerrecht, Stuttgart 1982, Loseblatt (eingestellt).

DICKOPF, Judith, [1997], Anmerkung, IStR 1997, S. 401-402.

DIXON, James, [1991], Option to Tax Financial Services - Part 1, International VAT Monitor, July/August 1991, S. 2-12.

DIXON, James, [1991a], Option to Tax Financial Services - Part 2, International VAT
Monitor, September 1991, S. 2-9.

DOROW, Frank, [1972], Zur Behandlung der unterstellten Bankgebühr in den Volkswirtschaftlichen Gesamtrechnungen, Wirtschaft und Statistik, N.F., 24. Jg., S. 377-382.

DREMINS, Denis, [1995], VAT and financial services: The way forward?, Irisch Banking Review 1995, S. 13-22.

DÜRRWÄCHTER, Erich-Gerd, [1967], Mehrwertsteuer und Finanzreform. Zur Frage der regionalen Radifizierbarkeit des Mehrwertsteueraufkommens, Karl-Bräuer-Institut des Bundes der Steuerzahler, Heft 7 [Hrsg.], Wiesbaden 1967.

DZIADKOWSKI, Dieter, [1985], "Heimliche" Umsatzsteuer infolge von Steuerbefreiungen mit Vorsteuerabzugsverbot, DStZ 1985, S. 419-421.

DZIADKOWSKI, Dieter, [1990], Umsatzsteuer, 3. Aufl., München/Wien 1990.

DZIADKOWSKI, Dieter, [1998], Die Erhöhung des Umsatzsteuersatzes – ein ökonomisch untaugliches Mittel am untauglichen Objekt, UR 1998, S. 181-183.

DZIADKOWSKI, Dieter, [1999], Das Neutralitätsprinzip als Basis der Mehrwertbesteuerung in Europa - Zugleich Anmerkungen zu den Neuregelungen zwecks Vorsteuerkappung -, DStZ 1999, S. 625-629.

DZIADKOWSKI, Dieter/WALDEN, Peter, [1985], Die "heimliche" Umsatzsteuer bei Steuerbefreiungen, SteuerStud 1985, S. 358-360.

ECKHARDT, Walter/WEISS, Eberhard, [Umsatzsteuergesetz], Umsatzsteuergesetz (Mehrwertsteuer), Kommentar, München 1975, Loseblatt.

ENTROP, Oliver/SCHOLZ, Hendrik/WILKENS, Marco [2002], Zum Einfluss der Fristentransformation auf den Wert einer Bank, Sparkasse 2002, S. 360-364.

ENZYKLOPÄDISCHES LEXIKON für das Geld-, Bank- und Börsenwesen, 4. Aufl., Frankfurt am Main 1999.

ERNST & YOUNG, [1993], Value Added Tax, A study of Methods of Taxing Financial and Insurance Services, Europäische Kommission, Generaldirektion XXI: Zoll und Indirekte Steuern [Hrsg.], o.O., 1993.

ERNST & YOUNG, [1994], Treatment of Financial Services under a VAT: Further Exploration of the Cash-Flow Method of taxation, Europäische Kommission, Generaldirektion XXI: Zoll und Indirekte Steuern [Hrsg.], o.O., 1994.

ERNST & YOUNG, [Option To Tax], Option to Tax Financial Services - A Special Report, o.O., o.J.

ERNST & YOUNG, [TCA-ADD Report], The TCA System - A detailed description (TCA-ADD Report), Europäische Kommission [Hrsg.], o.O., o.J.

FASOLD, Rudolf, [1967], Der systemwidrige Verlust des Vorsteuerabzugs im steuerfreien Bereich der neuen Mehrwertsteuer, BB 1967, S. 1205-1206.

FLOSS, Wilhelm, [1964], Die Umsatzsteuer im Bankgewerbe, 2. Aufl., Herne und Berlin 1964.

FORSTER, Eduard/SCHORER, Eva, [2002], Ökonomische Aspekte der Option zur Umsatzsteuer. Unter welchen Umständen sie ausgeübt werden sollte, UStB 2002, S. 25-30.

GARBER, Harry D. / RABOY, David G., [1989], Value Added Taxation of Financial Services, in: Murray L. Weidenbaum, David G. Raboy and Ernest S. Christian [Hrsg.], Value Added Tax: Orthodoxy and New Thinking, Boston/Dordrecht/London 1989, S. 163-188.

GEIGER, Karl Heinz, [1981], Praktische Erfahrungen mit der Mehrwertsteuer-Option, Bank-Information 1981, S. 12-16.

GENSER, Bernd/WINKER, Peter, [1997], Measuring the Fiscal Revenue Loss of VAT Exemption in Commercial Banking, FA N.F. 1997, S. 563-585.

GEORGI, Günter, [1968], Unerwünschte Steuerkumulierungen im neuen Umsatzsteuerrecht, UR 1968, S. 269-275.

GEURTS, Matthias, [1998], Vorsteueraufteilung aus Sicht der 6. Mehrwertsteuer-richtlinie, UR 1998, S. 138-142.

GIESBERTS, Franz J., [1991], Zum Leistungsbegriff und zum Beginn eines Unternehmens im Sinne des Umsatzsteuerrechts, StuW 1991, S. 175-179.

GILLIS, Malcolm, [1987], The VAT and Financial Services, in: Discussion Paper for the Conference on Value Added Taxation in Developing Countries 1987.

GILLIS, Malcolm, [1990], The VAT and Financial Services, in: Malcolm Gillis, Carl S. Shoup and Gerardo P. Sicat [Hrsg.], Value Added Taxation in Developing Countries. A World Bank Symposium, Washington (D. C.) 1990, S. 83-94.

GÖCKELER, Werner, [1975], Die Wertschöpfung der Kreditinstitute. Untersuchun gen zu einem Merkmal für die Messung der Unternehmungskonzentration, Berlin 1975.

GOERGEN, Robert, [1985], Kritische Bestandsaufnahme des Entwicklungsstandes der Umsatzsteuerharmonisierung in der EWG, in: Vereinigung zur wissenschaftlichen Pflege des Umsatzsteuerrechts e. V. [Hrsg.], Umsatzsteuerkongress-Bericht 1985, Köln 1985, S. 15-32.

GOTTFRIED Peter/WIEGARD, Wolfgang, [1991], Exemption versus zero rating. A hidden problem of VAT, Journal of Public Economics 1991, S. 307-328.

GRABOWER, Rolf, [1925], Die Geschichte der Umsatzsteuer und ihre gegenwärtige Gestaltung im Inland und im Ausland, Berlin 1925.

GRABOWER, [1952], Zum Start einer „Umsatzsteuer-Rundschau"!, UR 1952, S. 2.

GRAMBECK, Hans-Martin, [2002], Überlegungen zur umgekehrten Steuerschuld nerschaft bei der Umsatzsteuer – Die Neuregelung setzt ein falsches Signal – UR 2002, S. 416-421

GRATZ, Kurt, [1981], Die optimale Nutzung des Optionsrechts nach § 9 UStG, DB 1981, S. 2148-2152.

GRUBERT, Harry/MACKIE, James, [2000], Must Financial Services be Taxed Under a Consumption Tax? National Tax Journal 2000, S. 23-40.

HAGEN, Alexander/REIß, Wolfram, [2000], Die Zukunft der Umsatzsteuer als EG-Steuer?, UR 2000, S. 106-110.

HAHN, Volker/KORTSCHAK, Hans-Peter, [1996], Lehrbuch der Umsatzsteuer, 7. Aufl., Herne/Berlin 1996.

HAMACHER, Rolfjosef, [1989], Umsatzsteuerliche Behandlung neuer Finanzinstrumente, Die Bank 1989, S. 666-674.

HAMACHER, Rolfjosef, [1997], Auswirkungen des EuGH-Urteils SCD-Sparekassernes Datacenter auf die Zahlungsverkehrssysteme, IStR 1997, S. 718-719.

HAMACHER, Rolfjosef/FRENZEL, Mathias/DIETZ, Hans-Ulrich u. a., [2001], Steuerpraxis für Kreditinstitute. Besteuerung der Kreditinstitute – Steuerfragen aus der Kundenberatung, Berlin, Bielefeld, München 2001, Loseblatt.

HAMACHER, Rolfjosef/FRENZEL, Mathias, [2002], Outsourcing bei Banken, Versicherungen und Kapitalanlagegesellschaften – Eine neue Standortbestimmung – UR 2002, S. 297-305.

HARDORP, Benediktus, [1984], Verbrauchsbesteuerung als Orientierungspunkt der Steuerpolitik?, WPg 1984, S. 639-645.

HARDORP, Benediktus, [1986], Vom Wesen der Umsatzsteuer und deren innerem Formwiderspruch. Eine Warnung vor falsch angelegter Steuerharmonisierung, UR 1986, S. 168-171.

HARTMANN, Alfred / METZENMACHER, Wilhelm, [Umsatzsteuergesetz], Umsatzsteuergesetz, Kommentar, 7. Aufl., Berlin 1991, Loseblatt.

HARTMANN, Jürgen / WEBER, Sabine / SCHNITTKER, Anke, [1995], Die Umsatzsteuer im Bank- und Finanzgeschäft, Köln 1995.

HAUFLER, Karl-Heinz/RENNER, Siegfried/BOULEY, Hans-Heiner, [1995], Gute Erfahrungen mit der Option in Pforzheim, B. Bl. 1995, S. 362-363.

HEIDNER, Hans-Hermann, [2002], Aufteilung von Vorsteuern nach § 15 Abs. 4 UStG – Insbesondere die neuere Rechtsprechung des BFH zur Vorsteueraufteilung bei Gebäuden mit gemischter Verwendung -, UR 2002, S. 193-197.

HENDERSON, Yolanda K., [1987], The Taxation of Banks: Particular Privileges or Objectionable Burdens?, New England Economic Review 1987, S. 3-18.

HENDERSON, Yolanda K., [1988], Financial Intermediaries under Value-Added Taxation, New England Economic Review 1988, S. 37-50.

HILLER, Matthias, [1999], US-amerikanische Vorschläge zur Konsumbesteuerung, DBW 1998, S. 792-808.

HILLER, Matthias, [2001], Ökonomische Wirkungen der umsatzsteuerrechtlichen Behandlung von Warenkreditgeschäften, UR 2001, S. 328-337.

HOFFMAN, Lorey Arthur, [1988], The Application of a Value-Added Tax to Financial Services, Canadian Tax Journal 1988, S. 1204-1224.

HOFFMAN, Lorey Arthur/PODDAR, Satya/WHALLEY, John, [1987], Taxation of Banking Services Under a Consumption Type, Destination Basis VAT, National Tax Journal 1987, S. 547-554.

HOFMANN, Alfred Dieter, [1991a], Geschenk an das Finanzamt? Umsatzsteueroption im Bankgewerbe, Der Bankkaufmann 1991, S. 27-30.

HOFMANN, Alfred Dieter, [1991b], Die Umsatzsteueroption im Kreditgewerbe, BB 1991, S. 1388-1390.

HOLTMANN, Claus-Friedrich/KLEINHEYER, Norbert, [2002], Strategische Schritte zur Errichtung einer Kreditfabrik, Kreditwesen 2002, S. 477-483.

HOLZHEIMER, Dieter, [1967], Die Besteuerung der Bankumsätze nach dem neuen Umsatzsteuergesetz (Mehrwertsteuer), Sonderdruck in "Bank-Betrieb" 1967, S. 162-168.

HOLZHEIMER, Dieter, [1980], Das Umsatzsteuergesetz 1980 aus Bankensicht, Die Bank 1980, S. 33-42.

HOMBURG, Stefan, [2000], Allgemeine Steuerlehre, 2. Aufl., München 2000.

HÖRMANN, Karl Heinz, [2001], Auswirkungen der Steuerreformen auf die Ertragslage von Kreditinstituten, BB 2001, S. 395-397.

HÖRMANN, Karl Heinz, [2001a], Auswirkungen der Steuerreformen auf die Dividendenpolitik von Kreditinstituten, Kreditwesen 2001, S. 1016-1020.

HUBER, Sigmund / WELLE, G., [1967], Mehrwertsteuerprobleme bei Banken, BB 1967, S. 1331-1333.

HUTCHINGS, Gerard, [1973], Bank- und Finanzgeschäfte und die Mehrwertsteuer, in: Kommission der Europäischen Gemeinschaften [Hrsg.], Reihe Wettbewerb - Rechtsangleichung Nr. 22, Brüssel 1973.

INSLEY, Gordon,[1972], The Value-Added tax and financial institutions, Tax Policy 1972, S. 72-79.

INSTITUTE FOR FISCAL STUDIES, [1978], The Structure and Reform of Direct Taxation. Report of a Committee chaired by Professor James Edward Meade, London 1978.

JAKOB, Wolfgang, [1992], Umsatzsteuer, München 1992.

JENKINS, Peter, [1999], Tightening The Screw, Taxation 1999, S. 534-536.

JOERGENSEN, Erik/OWENS, Jeffrey, [1995], The Move to VAT, The OECD Observer 1995, S. 21-24.

KEIL, Thomas, [1997], Der Weg zum echten Binnenmarkt - Umsetzungsprobleme der Harmonisierungsvorschläge der Europäischen Kommission und Ansätze zur Lösung, UR 1997, S. 368-375.

KESSLER, Wolfgang/SCHMIDT, Wolfgang, [2001], Umsatzsteuerliche Probleme und Gestaltungsüberlegungen bei Beteiligungskonzernen – Neue Entwicklungen der EuGH-Rechtsprechung, DStR 2001, S. 1677-1685.

KIRCHHOF, Paul/MOLL, Heinz, [1981], Umsatzsteuer, in: STRICKRODT, Georg/ WÖHE, Günter et al. [Hrsg.], Handwörterbuch des Steuerrechts, 2. Band, 2. Aufl., München und Bonn 1981, S. 1434-1443.

KLEIN, Friedrich, [1967], Die Kürzung des Vorsteuerabzuges im Rahmen der Mehrwertsteuer, UR 1967, S. 253-255.

KLENK, Friedrich, [1994], 40 Jahre Mehrwertsteuer, StuW 1994, S. 277-281.

KNOF, Edwin, [1936], Die Umsatzsteuer im Bankgeschäft, Bankarchiv 1936, S. 268-273.

KRAUTWALD, Hans, [1982], Ungelöste Probleme im Rahmen der Umsatzbesteuerung - Eine Bestandaufnahme, Frankfurt am Main 1982.

LEINGÄRTNER, Wilhelm, [1965], Zur Besteuerung der Bankumsätze nach dem Pauschalierungsverfahren des § 68 Abs. 1 UStDB, DStR 1965, S. 412- 414.

LIPPROSS, Otto-Gerd, [2000], Umsatzsteuer, 20. Aufl., Achim 2000.

LOHSE, Christian W., [1999], Die Zuordnung im Mehrwertsteuerrecht, in: Vereinigung zur wissenschaftlichen Pflege des Umsatzsteuerrechts e.V. [Hrsg.], Schriften zum Umsatzsteuerrecht Bd. 13, Köln 1999.

LOHSE, Christian W., [2002], Kommentar, BB 2002, S. 559-560.

LUKAS, Heinz, [1973], Unternehmereigenschaft durch Unterhaltung von Sparkonten? - Zu § 13 BerlinFG, UR 1973, S. 182-184.

MATHEJA, Kurt W., [1973], Zum Umfang des Kreditgeschäfts, UR 1973, S. 116-119.

MATTES, Norbert, [2001], Umsatzsteuerbetrug: Vorsteuerüberrechnung statt Vorsteuerforderung, UR 2001, S. 378-379.

MENNER, Stefan/BROER, Frank, [2000], Die umsatzsteuerliche Mehrmütter-Organschaft. Auswirkung der Rechtsprechungsänderung zur Gewerbesteuer auf die Umsatzsteuer, UStB 2000, S. 241-247.

MENNER, Stefan/HERRMANN, Harald, [2001], Outsourcing bei Versicherungen – Ende der Gestaltungsmöglichkeiten nach der Entscheidung des EuGH v. 8.3.2001 – Rs C-240/99? - UR 2001, S. 229-234.

MENNER, Stefan/HERRMANN, Harald, [2001a], Outsourcing bei Kreditinstituten. Gestaltungen zur Steuerbefreiung von EDV-Dienstleistungen nach BMF und EuGH, UStB 2001, S. 61-66.

MENNER, Stefan/HERRMANN, Harald, [2002], Outsourcing bei Banken und Versicherungen – Auswirkungen der EuGH-Entscheidung CSC Financial Services – UR 2002, S. 112-117.

MENNER, Stefan/HERRMANN, Harald, [2002a], Der Vertrieb von Finanzprodukten im Umsatzsteuerrecht, BB 2002, S. 1074-1076.

MENSCHING, Oliver, [1997], Umsatzsteuer bei Erbfall und vorweggenommener Erbfolge, in: Vereinigung zur wissenschaftlichen Pflege des Umsatzsteuerrechts e.V. [Hrsg.], Schriften zum Umsatzsteuerrecht, Bd. 10, Köln 1997.

MENSCHING, Oliver, [1998], Das neue kroatische Mehrwertsteuergesetz, UR 1998, S. 253-258.

MERK, Ludwig, [2001], Bekämpfung des Umsatzsteuerbetrugs im EG-Binnenmarkt, UR 2001, S. 97-99.

MERRILL, Peter R., [1997], Taxation of Financial Services under a Consumption Tax, Washington, D. C. 1997.

MERRILL, Peter R. / EDWARDS, Chris R., [1996], Cash-Flow Taxation of financial Services, National Tax Journal 1996, S. 487-500.

MERRILL, Peter R./ADRION, Harold, [1995], Treatment of Financial Services Under Consumption-Based Tax Systems, Tax Notes 1995, S. 1496-1500.

MITTELSTEINER, K. H., [1967], Verzicht auf Steuerbefreiungen bei der Mehrwertsteuer (§ 9 UStG), DStR 1967, S. 694-697.

MÜLLER, Felix, [1972], Stand der Umsatzsteuerharmonisierung in der EWG, UR 1972, S. 17-21.

MÜLLER-BARDORFF, U., [1967], Die Kreditgewährung und die Umsätze im Geld- und Kapitalverkehr nach dem Mehrwertsteuergesetz, UR 1967, S. 249-253.

NIESKENS, Hans, [2001], Stellungnahme des UmsatzsteuerForums zum Entwurf des Steuerverkürzungsbekämpfungsgesetzes, UR 2001, S. 473-475.

NIESKENS, Hans, [2002], Steueränderungsgesetz 2001 und Steuerverkürzungsbekämpfungsgesetz, UR 2002, S. 53-75.

OFFERHAUS, Klaus/SÖHN, Hartmut/LANGE, Hans-Friedrich, [Umsatzsteuer], Umsatzsteuer – Kommentar, Heidelberg 1967/2002, Loseblatt.

OECD, [1998], Indirect Tax Treatment of Financial Services. Report of the OECD, Committee on Fiscal Affairs [Hrsg.], 22.10.1998.

OHO, Wolfgang/HEINZERLING, Christof, [1991], Umsatzsteuerliche Aspekte des Kreditkartengeschäfts, DB 1991, S. 2104-2108.

o. V. [2.4.2001], Um das Für und Wider der Umsatzsteuer. Ökonomen und Juristen diskutieren Steuermissstände, FAZ v. 2.4.2001, S. 19.

o. V. [2.4.2001a], Ökonomen und Juristen für Umbau des Steuerrechts. Heftige Kritik an Ökosteuer - Umsatz- und Einkommensteuer sollen auf den Prüfstand, HB v. 2.4.2001, S. 5.

o. V. [18.6.2001], Pläne für EU-Steuer werden konkreter, HB v. 18.6.2001, S. 2.

o. V. [10.8.2001], Neue Vorstöße und alte Modelle für eine Europa-Steuer, FAZ v. 10.8.2001, S. 14

o.V. [September 2001], Einführung von Vorstufenbefreiungen als Mittel zur Umsatzsteuer-Betrugsbekämpfung. Der rheinland-pfälzische Finanzminister Gernot Mittler schlägt Systemänderungen bei der Mehrwertsteuer vor, UR 2001, S. 385-389.

o.V. [26.3.2002], Eichels Gesetz zur Bekämpfung von organisiertem Steuerbetrug greift ins Leere. Steuereinnahmen brechen ein, HB v. 26.3.2002, S. 3.

o. V. [26.3.2002a], Deutsche Bank hält zu Transaktionsbank, Lamberti spricht mit Dresdner Bank über „Abwicklungsfabrik“, FAZ v. 26.3.2002, S. 23.

OWENS, Jeffrey, [1996], The Move to VAT, Intertax 1996, S. 45-52.

OXFORD Advanced Learner´s Dictionary of current English, Third Edition, Oxford 1974.

PETER, Karl/BURHOFF, Armin/STÖCKER, Ernst Erhard, [Umsatzsteuer], Umsatzsteuer Kommentar, 5. Aufl., Herne/Berlin 2000, Loseblatt.

PHILIPOWSKI, Rüdiger, [1969], Vorsteuerabzug bei Geld-, Kapital- und Kreditumsätzen, UR 1969, S. 319-329.

PHILIPOWSKI, Rüdiger, [1971], Mehrwertsteuer für Volksbanken, Die gewerbliche Genossenschaft 1971, S. 633-639.

PHILIPOWSKI, Rüdiger, [1973], Die Umsatzbesteuerung der Bank- und Geldgeschäfte, Köln 1973.

PHILIPOWSKI, Rüdiger, [1979], Zum Begriff der Kreditgewährung, UR 1979, S. 1-2.

PHILIPOWSKI, Rüdiger, [1980], Verbesserung des Vorsteuerabzugs durch freiwillige Umsatzversteuerung ausgewählter Bankleistungen, Bundesverband der Deutschen Volksbanken und Raiffeisenbanken e. V. Bonn [Hrsg.], Wiesbaden 1980.

PHILIPOWSKI, Rüdiger, [1985], Umsatzsteuer: Verbrauch- oder Verkehrsteuer?, in: Umsatzsteuerkongress-Bericht 1985, hrsg. von der Vereinigung zur wissenschaftlichen Pflege des Umsatzsteuerrechts e. V. durch Costede, Jürgen, Schriften zum Umsatzsteuerrecht Bd. 2, Köln 1985, S. 183-207.

PHILIPOWSKI, Rüdiger, [2000], Gestaltungsmissbrauch durch Dritte? Die "Vorschaltung" von nahestehenden Personen im Umsatzsteuerrecht, BB 2000, S. 278-282.

PLÜCKEBAUM, Konrad / MALITZKY, Heinz, [Umsatzsteuergesetz], Umsatzsteuergesetz (Mehrwertsteuer), Kommentar, Köln, 1978, Loseblatt.

PODDAR, Satya/ENGLISH, Morley, [1997], Taxation of financial services under a value-added tax: Applying the cash-flow approach, National Tax Journal 1997, S. 89-111.

POHMER, Dieter, [1964], Über die Bedeutung des betrieblichen Werteumlaufs für das Rechnungswesen der Unternehmungen, in: Erwin Grochla [Hrsg.], Organisation und Rechnungswesen: Festschrift für Erich Kosiol, Berlin 1964, S. 305-349.

POHMER, Dieter, [1980], Allgemeine Umsatzsteuern, in: Fritz Neumark [Hrsg.], Handbuch der Finanzwissenschaft, Bd. II, 3. Aufl., Tübingen 1980, S. 647-707.

POHMER, Dieter, POHMER [1983], Zur Systematik und Praxis der Mehrwertsteuern unter besonderer Berücksichtigung der Entwicklung in Europa, in: Lutz Fischer [Hrsg.], Unternehmung und Steuer: Festschrift zur Vollendung des 80. Lebensjahres von Peter Scherpf, Wiesbaden 1983, S. 375-395.

POHMER, Dieter/PFLUGMANN-HOHLSTEIN, Barbara, [1993], 25 Jahre Nettoumsatzsteuer in Deutschland, UR 1993, S. 37-48.

POPITZ, Johannes, [1918], Kommentar zum Umsatzsteuergesetze vom 26. Juli 1918, Berlin 1918.

POPITZ, Johannes, [1921], Kommentar zum Umsatzsteuergesetze vom 24. Dezember 1919, 2. Aufl., Berlin 1921.

POPITZ, Johannes, [1927], Allgemeine Verbrauchsteuer, in: Wilhelm Gerloff und Franz Meisel [Hrsg.], Handbuch der Finanzwissenschaft, Zweiter Band, Tübingen 1927, S. 180-197.

POPITZ, Johannes, [1928], Kommentar zum Umsatzsteuergesetz in der Fassung vom 8. Mai 1926, 3. Aufl., Berlin 1928.

PRIEWASSER, Erich/KLEINBROD, Annette, [2002], Zinsempfindlichkeit und preisautonomer Bereich im mittelständischen Firmenkundengeschäft der Banken, Kreditwesen 2002, S. 465-474.

PRINZ, Ulrich, [2002], „Fortentwicklung" des Organschaftsrechts: Neue Irrungen und Verzerrungen, FR 2002, S. 66-75.

RABE, Stephan F., [1999], Kreditwirtschaftlich wichtige Vorhaben in der EU, Kreditwesen 1999, S. 1209-1217.

RAU, Günter/DÜRRWÄCHTER, Erich, [Umsatzsteuergesetz], Kommentar zum Umsatzsteuergesetz, 8. Aufl., Köln 1997, Loseblatt.

REIß, Wolfram, [1990], Der Belastungsgrund der Umsatzsteuer und seine Bedeutung für die Auslegung des Umsatzsteuergesetzes, in: Lothar Woerner [Hrsg.], Veröffentlichungen der Deutschen Steuerjuristischen Gesellschaft e.V., Bd. 13, Köln 1990, S. 3-37.

REISS, Wolfram, [1997], Thesen zur Umsatzbesteuerung im europäischen Binnenmarkt, UR 1997, S. 22-25.

REIß, Wolfram, [2002], Leistungen eines Call Center: Keine befreiten Finanzdienstleistungen (Rs C-235/00 – CSC – Financial Services), RIW 2002, S. 298.

ROSE, Gerd, [1967], Options- und Gestaltungsmöglichkeiten im Mehrwertsteuerrecht, in: H. Jacob [Hrsg.], Die Mehrwertsteuer in unternehmenspolitischer Sicht, Schriften zur Unternehmensführung, Bd. 3, Wiesbaden 1967, S. 35-53.

ROSE, Gerd, [1985], Überlegungen zur Steuergerechtigkeit aus betriebswirtschaftlicher Sicht, StuW 1985, S. 330-344.

RUPPE, Hans Georg, [1995], "Unechte" Umsatzsteuerbefreiungen, in: Joachim Lang [Hrsg.], Die Steuerrechtsordnung in der Diskussion. Festschrift für Klaus Tipke zum 70. Geburtstag, Köln 1995, S. 457-471.

RUPPE, Hans Georg, [1997], Verbot mehrwertsteuergleicher Abgaben im EG-Recht – Kritische Bemerkungen zur EuGH-Judikatur betr. Art. 33 Abs. 1 der 6. USt-Richtlinie, in: Franz Klein et al. [Hrsg.], Unternehmensteuern. Festschrift für Hans Flick zum 70. Geburtstag, Köln 1997, S. 971-987.

RUPPE, Hans Georg, [1999], Umsatzsteuergesetz 1994, Kommentar, 2. Aufl., Wien 1999.

RÜRUP, Bert/SCHREIBER, Eberhard, [1981], Wettbewerb und Besteuerung, in: STRICKRODT, Georg / WÖHE, Günter et al. [Hrsg.], Handwörterbuch des Steuerrechts, 2. Band, 2. Aufl., München und Bonn 1981, S. 1625-1627.

SCHENK, Alan, [1994], Taxation of financial services under a value added tax: A critique of the Treatment abroad and the proposals in the United States, Tax Notes International 1994, S. 823-841.

SCHIERENBECK, Henner, [1999], Ertragsorientiertes Bankmanagement, Band 1: Grundlagen, Marktzinsmethode und Rentabilitäts-Controlling, 6. Aufl., Wiesbaden 1999.

SCHIERENBECK, Henner, [2001], Marktzinsmethode, in: GERKE, Wolfgang/ STEINER, Manfred [Hrsg.], HWF, 3. Aufl., Stuttgart 2001, Sp. 1534-1549.

SCHIERENBECK, Henner/HÖLSCHER, Reinhold, [1998], BankAssurance, Institutionelle Grundlagen der Bank- und Versicherungsbetriebslehre, 4. Aufl., Stuttgart 1998.

SCHLIENKAMP, August, [1967], Die neue Umsatzsteuer (Mehrwertsteuer). Einführung in das neue Umsatzsteuersystem und Überblick über die Vorschriften des neuen Umsatzsteuergesetzes, BB 1967, Beilage 5 zu Heft 14.

SCHLIENKAMP, August, [1984], Erster Bericht der EG-Kommission über das Funktionieren des gemeinsamen Mehrwertsteuersystems, UR 1984, S. 6-9, S. 51-54 und S. 99-102.

SCHLIENKAMP, August, [1997], Unternehmensort oder Betriebsstätte als umsatzsteuerlicher Leistungsort bei der Vermietung von Beförderungsmitteln, UR 1997, S. 117-129.

SCHLÜTER, Wulff/HÖHFELD, Hendrik, Möglichkeiten der Umsatzsteuerbefreiung ausgelagerter Dienstleistungen bei Kapitalanlagegesellschaften, DStR 2000, S. 1587-1590.

SCHMIDT, Arnold, [1968], Der Verzicht auf Steuerbefreiungen (Option) nach § 9 UStG 1967, UR 1968, S. 328-335.

SCHMIDT, Carsten, [2001], Auf der Suche nach dem "Bankenschlüssel". Zum eingeschränkten Vorsteuerabzug bei Finanzdienstleistungsunternehmen in Deutschland, BB 2001, S. 1506-1510.

SCHMIDT, Peter, [1999], Konsumbesteuerung durch Mehrwertsteuer. Zur konsumorientierten Ausgestaltung mehrwertsteuerlicher Erhebungstechnik, Bielefeld 1999 (zugl. Diss. Univ. Tübingen 1998).

SCHMÖLDERS, Günter, [1981], Überwälzung, in: Günter Wöhe u. a. [Hrsg.], Handwörterbuch des Steuerrechts, 2. Aufl., München und Bonn 1981, S. 1429-1430.

SCHNEIDER, Dieter, [1982], Was senkt die Unternehmensgewinne mehr: eine Ergänzungsabgabe oder eine Umsatzsteuer- und Verbrauchsteuererhöhung?, BB 1982, S. 381-385.

SCHNEIDER, Dieter, [2000], Mängel in der ökonomischen Begründung einer Steuerfreiheit, StuW 2000, S. 421-430.

SCHREIBER, Ulrich/STELLPFLUG, Thomas, [1999], Einkommen oder Konsum als Steuerbasis?, WiSt 1999, S. 186-192.

SCHÜLE, Fritz, [1967], Der Vorsteuerabzug - Kernstück des Mehrwertsteuergesetzes, UR 1967, S. 217-222.

SCHÜLE, Fritz/TESKE, Günter/WENDT, Karl Friedrich, [Umsatzsteuer], Kommentar zur Umsatzsteuer, Stuttgart-Wiesbaden 1967/1980, Loseblatt (eingestellt).

SCHULT, Eberhard, [1998], Betriebswirtschaftliche Steuerlehre, 3. Aufl., München und Wien 1998.

SEUFFERT, Walter, [1968], Geldumsätze - paradoxe Mehrwertsteuer?, DStR 1968, S. 299-300.

SIEGEL, Theodor, [2000], Konsum- oder einkommensorientierte Besteuerung? Aspekte quantitativer und qualitativer Argumentation, ZfbF 2000, S. 724-741.

SIEGEL, Theodor, [2001], Steuern und Finanzierung, in: GERKE, Wolfgang/ STEINER, Manfred [Hrsg.], HWF, 3. Aufl., Stuttgart 2001, Sp. 1999-2019.

SIEMENS, Carl Friedrich von, [1921], Veredelte Umsatzsteuer, 2. Ausg., Siemensstadt 1921.

SLAPIO, Ursula, [2000], Gestaltungsmöglichkeiten bei umsatzsteuerlicher Organschaft, DStR 2001, S. 999-1001.

SÖHN, Hartmut, [1975], Die Umsatzsteuer als Verkehrsteuer und/oder Verbrauchsteuer, StuW 1975, S. 1-18.

SÖHN, Hartmut, [1975a], Zur Umsatzsteuer, StuW 1975, S. 164-174.

SÖHN, Hartmut, [1976], Die Harmonisierung der Umsatzsteuern in der Europäischen Gemeinschaft - Eine steuersystematische Bestandsaufnahme, StuW 1976, S. 1-31.

SÖHN, Hartmut, [1977], Zur Umsatzsteuer - Ausgabe von Kommanditanteilen -, StuW 1977, S. 271-276.

SÖHN, Hartmut, [1996], Die Umsatzsteuer als indirekte, allgemeine Verbrauchsteuer, StuW 1996, S. 165-168.

SÖLCH/RINGLEB, [Umsatzsteuer], Umsatzsteuergesetz, Kommentar, München 2002, Loseblatt.

STADIE, Holger, [1989], Das Recht des Vorsteuerabzugs, Köln 1989.

STEINER, Jürgen, [2001], Bankkalkulation, in: GERKE, Wolfgang/STEINER, Manfred [Hrsg.], HWF, 3. Aufl., Stuttgart 2001, Sp. 249-260.

STRENG, Jürgen, [1999], Zuschüsse und Subventionen im Umsatzsteuerrecht, in: Vereinigung zur wissenschaftlichen Pflege des Umsatzsteuerrechts e.V. [Hrsg.], Schriften zum Umsatzsteuerrecht, Bd. 12, Köln 1999.

STROTHOTTE, Hans-Wilhelm, [1991], Contra Umsatzsteueroption. Umsatzsteueroption im Bankgewerbe, Der Bankkaufmann 1991, S. 30.

SÜCHTING, Joachim/PAUL, Stephan, [1998], Bankmanagement, 4. Aufl., Stuttgart 1998.

TAIT, Alan A., [1988], Value-Added Tax. International Practice and Problems, Washington (D. C.) 1988.

TEHLER, Hermann-Josef, [1986], Die Umsatzsteuer als angewandte Verkehr- und/ oder Verbrauchsteuer, Diss. jur. Univ. Köln 1986.

TEICHMANN, Knud Michael, [1975], Der Verlust des Vorsteuerabzugs im steuerfreien Bereich der Mehrwertsteuer (§ 15 Abs. 2 UStG). Eine steuersystematische und verfassungsrechtliche Untersuchung, StuW 1975, S. 189-205.

THEILE, Carsten, [1995], Wettbewerbsneutralität der harmonisierten Umsatzsteuer – Theoretischer Anspruch und praktische Umsetzung, in: Vereinigung zur wissenschaftlichen Pflege des Umsatzsteuerrechts e.V. [Hrsg.], Schriften zum Umsatzsteuerrecht, Bd. 7, Köln 1995.

THEILE, Carsten, [1996], Die Belastungswirkung der Umsatzsteuer. Steuerrechtswissenschaftlicher Glaube, gesetzgeberischer Wille und ökonomische Wirklichkeit, StuW 1996, S. 154-164.

THOMPSON, A. E. J., [1988], The Canadian proposal for a value-added tax on financial institutions and its application to the insurance industries, Canadian Tax Journal 1988, S. 1186-1203.

TIPKE, Klaus, [1972], Die Umsatzsteuer im Steuersystem, UR 1972, S. 2-6.

TIPKE, Klaus, [1992], Über Umsatzsteuer-Gerechtigkeit, StuW 1992, S. 103-120.

TIPKE, Klaus/LANG, Joachim, [1998], Steuerrecht, 16. Aufl., Köln 1998.

U.S. TREASURY DEPARTMENT, Office of the Secretary, [1984], Tax Reform for Fairness, Simplicity and Economic Growth. The Treasury Department Report to the President. Volume 3: Value-Added Tax, Washington 1984.

VOGEL, Alfred/REINISCH, Günther/HOFFMANN, Günther/SCHWARZ, Bernhard, [Umsatzsteuergesetz], Umsatzsteuergesetz, Kommentar, Freiburg i. Br. 1980, Loseblatt.

VÖLKEL, Dieter/KARG, Helmut, [1983], Die umsatzsteuerrechtliche Behandlung von Warenkrediten, Handelswechseln und Skontoabzug, UR 1983, S. 101-105 und 125-126.

WACHWEGER, Dieter, [1973], Stand und Perspektiven der Umsatzsteuerharmonisierung, DStZ 1973, S. 219-224.

WAGNER, Wilfried, [1991], Beginn, Ruhen und Ende eines Unternehmens. Neuere Umsatzsteuer-Rechtsprechung des BFH zum Unternehmerbegriff, StuW 1991, S. 61-65.

WALDEN, Peter, [1988], Die Umsatzsteuer als indirekte Verbrauchsteuer, Berlin 1988.

WALTER, Wolfgang/GROSCHUPP, Matthias, [2000], Umsatzsteuerliche Mehrmütterorganschaft als Gestaltungsinstrument für Körperschaften des öffentlichen Rechts, UR 2000, S. 449-455.

WEISS, Eberhard, [1993], Quo vadis Umsatzsteuer? Rückblick und Ausblick auf zwei Umsatzsteuersysteme, UR 1993, S. 329-335.

WERNER, Thomas/PADBERG, Thomas, [2002], Bankbilanz als gute Möglichkeit für eine Konkurrenzanalyse, B. Bl. 2002, S. 484-486.

WIDMANN, Werner, [1990], Ort der Lieferung und der sonstigen Leistung unter Berücksichtigung der Regelungen innerhalb und außerhalb der Europäischen Gemeinschaften, in: Lothar Woerner [Hrsg.], Veröffentlichungen der Deutschen Steuerjuristischen Gesellschaft e.V., Bd. 13, Köln 1990, S. 119-136.

WIDMANN, Werner, [2001], Was nun, Herr Bolkestein? Warum die Vorschläge der Europäischen Kommission zur Umsatzbesteuerung des elektronischen Geschäftsverkehrs nicht überzeugen, UR 2001, S. 14-17.

WIDMANN, Werner, [2002], Zu den Mainzer Vorschlägen zur Umsatzsteuer, UR 2002, S. 14-20.

WIDMANN, Werner, [2002a], Steuerfreiheit für Finanzdienstleistungen? Vorsteuerabzug beim Outsourcing, UStB 2002, S. 117-118.

WIMMER, Konrad, [2002], Moderne Bankkalkulation - Grundlagen und Anwendungsmöglichkeiten, 2. Aufl., Stuttgart 2002.

WISSENSCHAFTLICHER BEIRAT beim Bundesministerium der Finanzen, [1953], Bericht über eine Organische Steuerreform vom 14.2.1953, in: Bundesministerium der Finanzen [Hrsg.], Der Wissenschaftliche Beirat beim Bundesministerium der Finanzen - Entschließungen, Stellungnahmen und Gutachten 1949-1973, Tübingen 1974.

WISSENSCHAFTLICHER BEIRAT beim Bundesministerium der Finanzen, [1962], Gutachten "Probleme einer Netto-Umsatzbesteuerung", in: Heft 2 der Schriftenreihe des Bundesministeriums der Finanzen, Bonn 1962.

WISSENSCHAFTLICHER BEIRAT beim Bundesministerium der Finanzen, [1974], Entschließung zur Umsatzbesteuerung vom 21. Januar 1956, in: Bundesministerium der Finanzen [Hrsg.], Der Wissenschaftliche Beirat beim Bundesministerium der Finanzen - Entschließungen, Stellungnahmen und Gutachten 1949-1973, Tübingen 1974.

WÖHE, Günter, [1991], Die Steuern des Unternehmens, 6. Aufl., München 1991.

URTEILSVERZEICHNIS

1. Bundesverfassungsgericht

Datum	Aktenzeichen	Fundstelle
20.12.1966	1 BvR 320/57, 1 BvR 70/63	BStBl III 1967, S. 7
29.10.1999	2 BvR 1264/90	BStBl II 2000, S. 155
10.11.1999	2 BvR 2861/93	BStBl II 2000, S. 160

2. Reichsfinanzhof

Datum	Aktenzeichen	Fundstelle
22.12.1933	V A 395/32	RStBl 1934, S. 636
31. 5.1938	I 153/38	RStBl 1938, S. 787
26. 4.1940	V 121/39	RStBl 1940, S. 655

3. Bundesfinanzhof

Datum	Aktenzeichen	Fundstelle
8. 3.1956	V 216/54 U	BStBl III 1956, S. 158
2. 8.1960	I 231/59 S	BStBl III 1960, S. 390
31. 7.1969	V 94/65	BStBl II 1969, S. 637
19. 3.1970	V R 137/69	BStBl II 1970, S. 602
1. 2.1973	V R 2/70	BStBl II 1973, S. 172
11.10.1973	V R 14/73	BStBl II 1974, S. 47

15. 1.1987	V R 3/77	BStBl II 1987, S. 512
26. 2.1987	V S 4/86	BFH/NV 1987, S. 604
21. 7.1988	V R 201/83	UR 1989, S. 117
21.11.1991	V R 99/87	BStBl II 1992, S. 637
18.12.1996	XI R 12/96	BStBl II 1997, S. 374
9. 6.1999	I R 43/97	DStR 1999, S. 2070
26. 4.2001	IV R 75/99	DB 2001, S. 1536
17.08.2001	V R 1/01	DStR 2001, S. 1977
19. 6.2002	V R 6/02	noch nicht veröffentlicht (Gerichtsbescheid)

4. Finanzgerichte

Datum	Aktenzeichen	Fundstelle
FG Nürnberg		
30.7.1991	II 107/89	UR 1993, S. 259 – rkr.

5. Europäischer Gerichtshof

Datum	Rechtssache Namensbezeichnung	Fundstelle
27.10.1993	C-281 Muys und De Winter	UR 1993, S. 567
3. 3.1994	C-16/93 Tolsma	UR 1994, S. 399
5. 6.1997	C-2/95 Sparekassernes Datacenter (SDC)	IStR 1997, S. 397

11. 7.1996	C-306/94 Regie dauphinoise	EuGHE 1996, I-3695
14. 7.1998	C-172/96 First National Bank of Chicago	EuGHE 1998, I-4387
25. 2.1999	C-349/96 Card Protection Plan Ltd. (CPP)	IStR 1999, S. 206
8. 3.2001	C-240/99 Skandia	UR 2001, S. 157
15. 5.2001	C-34/00 Primback	UR 2001, S. 308
13.12.2001	C-235/00 CSC	UR 2002, S. 84

VERWALTUNGSANWEISUNGEN

Datum	Aktenzeichen	Fundstelle
28. 6.1969	BdF IV A/3 – S 7300 – 48/69	BStBl I 1969, S. 349
28. 6.1969	BdF IV A/2 – S 7198 – 2/69	BStBl I 1969, S. 363
30. 6.1981	BdF IV A 1 – S 7300 – 31/81	BStBl I 1981, S. 508
Dezember 1990	OFDén Freiburg, Karlsruhe und Stuttgart, S 7304 Karte 1	UR 1991, S. 210
29. 5.1992	BMF IV A 2 – S 7300 – 63/92	BStBl I 1992, S. 378
11. 3.1993	BMF IV A 2 – S 7306 – 1/93	DB 1993, S. 662
29. 6.1993	BMF IV A 3 – S 7160 – 41/93	nicht veröffentlicht
30. 5.2000	BMF IV D 2 – S 7160 – 5/00	DB 2000, S. 1258
4.12.2000	BMF IV A 2 – S 2770 – 3/00	BStBl I 2000, S. 1571
30. 1.2001	BMF I A 2	UR 2001, S. 179

SONSTIGE QUELLEN

Deutscher Bundestag [BT-Drucks. IV 1590] vom 30.10.1963 zum Entwurf eines Umsatzsteuergesetzes

Deutscher Bundestag [zu BT-Drucks. V/1581] vom 30.3.1967: Schriftlicher Bericht des Finanzausschusses (14. Ausschuss) über den von den Fraktionen der CDU/CSU, FDP eingebrachten Entwurf eines Umsatzsteuergesetzes (Nettoumsatzsteuer) – Drucksache V/48 – Bericht des Abgeordneten Dr. Dr. h.c. Toussaint.

Deutscher Bundestag [BT-Drucks. 8/1779] vom 5.5.1978 zum Entwurf eines Umsatzsteuergesetzes (UStG 1979)

KOMMISSION der Europäischen Gemeinschaften, [1983], Erster Bericht der Kommission an den Rat über das Funktionieren des gemeinsamen Mehrwertsteuersystems, KOM (83) 426 endg. vom 14.9.1983.

ALWORTH, Julian S., [1995], VAT and the organisation of financial institutions and markets, Vortrag, Seminar on the treatment of financial services under VAT systems, organised by the European Commission and the OECD vom 6.3. bis 7.3.1995, Paris 1995.

LEVITT, Malcolm, [1995], VAT on financial services, Vortrag, Seminar on the treatment of financial services under VAT systems, organised by the European Commission and the OECD vom 6.3. bis 7.3.1995, Paris 1995.

NUTSFORD, Mike, [1995], Definition of exempt financial services, Vortrag, Seminar on the treatment of financial services under VAT systems, organised by the European Commission and the OECD vom 6.3. bis 7.3.1995, Paris 1995.

PINEL, Enrique, [1995], The need to find a balanced solution to the absence of neutrality which the current exemption system poses, Vortrag, Seminar on the treatment of financial services under VAT systems, organised by the European Commission and the OECD vom 6.3. bis 7.3.1995, Paris 1995.

TAIT, Alan A., [1995], Review of the current tax treatment of financial services under the value added tax, Vortrag, Seminar on the treatment of financial services under VAT systems, organised by the European Commission and the OECD vom 6.3. bis 7.3.1995, Paris 1995.

TREVETT, Peter, [1995], The treatment of international financial services: A discussion paper, Vortrag, Seminar on the treatment of financial services under VAT systems, organised by the European Commission and the OECD vom 6.3. bis 7.3.1995, Paris 1995.

WESTERBURGEN, Jos, [1995], Difficulties and risks of applying VAT to financial services, Vortrag, Seminar on the treatment of financial services under VAT systems, organised by the European Commission and the OECD vom 6.3. bis 7.3.1995, Paris 1995.

Schreiben des BMF vom 31.7.1997 – IV C 3 – S 7306 – 4/97 an die Verbände des Kreditgewerbes

Schreiben der Verbände des Kreditgewerbes an das BMF vom 29.10.1997.

KOMMISSION der Europäischen Gemeinschaften, [2000], Mitteilung der Kommission an den Rat und das Europäische Parlament. Strategie zur Verbesserung der Funktions-weise des MWSt-Systems im Binnenmarkt, KOM (2000) 348 endg. vom 7.6.2000.

BMF [2001], Der Eigenmittelbeschluß vom 29. September 2000 in der Entwicklung des Finanzierungssystems der Europäischen Union, Monatsbericht September 2001, S. 39-45.

Schreiben des BMF vom 2.5.2001 – AZ IV B 7 – S 7306 – 4/01 an die Verbände des Kreditgewerbes

Schreiben der Verbände des Kreditgewerbes an das BMF vom 18.7.2001

Bundesministerium der Finanzen, [2001], Der Eigenmittelbeschluss vom 29. September 2000 in der Entwicklung des Finanzierungssystems der Europäischen Union, Monatsbericht September 2001, S. 39-45.

Bundesministerium der Finanzen v. 30.1.2001 – I A 2, [2001a], Umsatzsteuersätze im internationalen Vergleich, UR 2001, S. 179.

Deutscher Bundestag [BT-Drucks. 14/7471] vom 23.11.2001, Bericht des Finanzausschusses zum Entwurf eines Gesetzes zur Bekämpfung von Steuerverkürzungen bei der Umsatzsteuer und anderen Steuern (Steuerverkürzungsbekämpfungsgesetz – StVBG).

Deutscher Bundesrat [BR-Drucks. 122/02] vom 5.2.2002: Mitteilung der Kommission der Europäischen Gemeinschaften an das Europäische Parlament und den Rat über die Zweckmäßigkeit der Fortführung des gemeinschaftlichen Aktionsprogramms zur Verbesserung der Systeme der indirekten Besteuerung im Binnenmarkt.

Schreiben des BMF [1.3.2002] vom 1.3.2002 – IV B 2 – S 7050 – 12/02 an die Verbände der Wirtschaft.

GLOBUS Infografik GmbH, [2002], Steuerspirale 2001, NWB 2002, Heft Nr. 32, S. 2493.

DEUTSCHE BUNDESBANK, [2002], Die Ertragslage der deutschen Kreditinstitute im Jahr 2001, Monatsbericht September 2002, S. 17-47.

Freiburger Steuerforum

Herausgegeben von Wolfgang Kessler

Band 1 Andreas Sinz: Stützungsmaßnahmen im transnationalen Konzern. Steuerwirkungen von Zuschuss und Forderungsverzicht im Verhältnis Deutschland, Frankreich und Schweiz. 2001.

Band 2 Christian Gastl: Betriebe gewerblicher Art im Körperschaftsteuerrecht. Abgrenzung – Einkommensermittlung – Steuerbelastung. 2002.

Band 3 Tobias Teufel: Steuerliche Rechtsformoptimierung. Gestaltungssuche im Gesellschaft-Gesellschafter-Verhältnis. 2002.

Band 4 Markus Peter: Fortentwicklung des Betriebsstättenprinzips. 2002.

Band 5 Ingmar Schörck: Veränderungen der Kommunikation in der Steuerberatung durch den Einsatz internetbasierter Technologie. 2003.

Band 6 Ralph-Erich Schmidt: Die Umsatzbesteuerung der Bankleistung im Einlagen- und Kreditgeschäft. Mängel und Alternativen unter besonderer Berücksichtigung einer Cash-Flow Umsatzbesteuerung (TCA-Modell). 2003.